1回で合格！　賃貸不動産経営管理士　テキスト＆問題集 '24年版

令和5年度試験を総括！
賃貸住宅管理業法は避けて通れない!!

賃貸不動産経営管理士が国家資格化してから3度目の試験となる**令和5年度試験**が終わりました。ここでは簡単に**令和5年度試験の出題内容を総括**します。なお、本書では**各章の冒頭で出題ポイントや学習方法をマンガで解説**していますので、そちらも確認してください。

まず、令和3年度試験から試験範囲に含まれた新法である**賃貸住宅管理業法**からは、その施行規則や解釈・運用の考え方からの出題を含めると、**令和4年度と同じく20問以上の出題**がありました。よって、**この法律の学習を避けて通ることはできないことが明らかとなった**といえるでしょう。この点、本書は賃貸住宅管理業法のポイントをバランスよく解説しており、**同法の学習は本書でしっかり行えます。**

また、令和5年度試験について特筆すべきことは、**民法において近年の改正点が出題された**こと、さらに、なかなか手の回らない**細かい判例を素材とした問題が出題され、内容面での難化**が始まっていることです。とはいえ、基本的な知識を身に付けていれば十分合格できますし、本書では近時の改正点についても触れています。

他方、全体的に事例を使った問題やいわゆる個数問題（正しい選択肢又は誤っている選択肢をすべて回答する問題）が減り、この点では難易度が下がりました。どちらにしましても、本書では合格に必要な重要知識も十分に解説していますので、本書を用いて、令和6年度試験での合格を勝ち取ってください。

マンガでわかる！　本書の特長

友達が賃貸不動産経営管理士試験を受験するんですが…
賃貸を受験する？
先輩は賃貸不動産経営管理士の講師で、試験も一発で合格したのよ
ありがと～!! これで合格も同然!!
いい加減にせい…
来たわよ!!!
えぇ～！もう!?
その…賃貸不動産経営管理士試験って…難しいんですか？
うむうむ…そこからか…
近年は30%前後の合格率が続いているから、簡単な試験ではないわね…。
ふむふむ…

私にも合格できるでしょうか…
うんうん…
法律は大学で少しかじった程度だし…
できるわ!!
'24
賃貸不動産経営管理士
テキスト&問題集
そして、参考書なら、この本が絶対におススメ!
テキスト
この試験は、試験実施団体からテキストが紹介されているんだけど、このテキストをふまえて出題が予想される部分をまとめてあるの
理解を助けるいろいろな工夫がされているのよ
詳しくは p.5,6 を見てね
過去問
Q
予想問
Q
各節の最後には、**過去問題・予想問題**と詳しい解説も載っているの
詳しくは p.7 を見てね
つまり、本書は 1 冊でテキストと問題集の両方として使えるの！
1 粒で 2 度おいしい!!
テキストと問題集を兼ねているだけではないわ。では、その他の本書の工夫を見ていきましょう！

この本は試験に出る部分を中心に、必要な知識をわかりやすくまとめてるの。理解を助ける工夫の具体例を見ていきましょう。
勉強がはかどる!!
第1章 賃貸住宅管理とは
第2節 賃貸不動産に関する社会状況と政策
学習日
／
頻出度
B
賃貸住宅管理の対象となる賃貸不動産に関する社会状況や空き家問題などの知識は、毎年出題される傾向にあります。数字を中心に、しっかり覚えておきましょう。
モレのないよう、学習日を記入しましょう
A～Cで頻出度がわかる
I 賃貸不動産に関する社会状況
重要度
★★
★～★★★で重要度がわかる
POINT
いずれの知識も、赤字部分を中心に押さえましょう。特に「住宅・土地統計調査」に関する知識は頻出の重要事項です。
1 賃貸住宅に関する状況
「平成30年住宅・土地統計調査」による平成30年10月1日現在の賃貸住宅に関するデータは、以下のようになっています。
②は居住世帯のある住宅（空き家除く）
覚えよう！ 日本の住宅数(平成30年10月1日現在)
①総住宅数…6,241万戸（平成25年から　　）
②持ち家数…3,280万戸（持ち家率　　）
③借家数……1,907万戸（うち民営借家は　　）
2 人口の減少、少子高齢化社会
「令和2年国勢調査」によれば、令和2年10月1日現
用 語
住宅・土地統計調査
総務省統計局が行う調査であって、日本における住宅と住宅に居住する世帯の居住状況、世帯の保有する土地等の実態を把握して、その現状と推移を明らかにするもの。5年ごとに行われており、令和5年度の調査は、令和5年10月に実施され、翌年以降に公表される予定である。
平成30年10月1日現在の全国の所有関係別住宅数では、
★が多いほど重要なのね
POINT
各節で押さえたいポイントだからしっかりチェックしてね！
覚えよう！
《覚えよう》の囲みの中は、そのまま覚えるのがベスト！
本書は赤シート対応になっているから、効果的な学習ができるのよ
赤シートで覆うと赤い字が消える必須アイテムですね！

解説には、合格に役立つ追加情報も盛りだくさん！

本文の右欄外には、4つのお役立ちアイテムがあるのよ

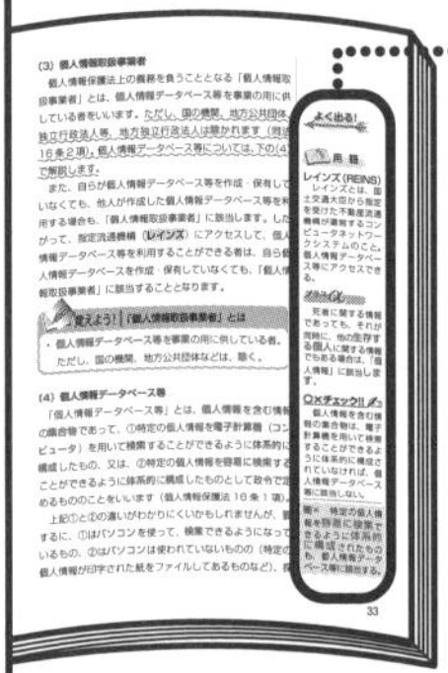

よく出る!

《よく出る！》試験でよく出る部分が波線を引いて示されています。

用 語

レインズ（REINS）
レインズとは、国土交通大臣から指定

《用語》本文に出てきた用語について解説しています。用語の意味をきちんと理解することは学習の基本です。

プラスα

2022 年 4 月 1 日施行の改正個人情報保護法では、行政

《プラスα》法改正や変更があったことなどは、ここでチェックしましょう。

法改正はなかなか自分で探せないから助かるわ

〇×チェック!!

個人情報を含む情報の集合物は、電子

《〇× チェック》特に重要な知識を〇× 形式の問題でチェックできます。

本文の下の キーワードでCHECK! にも注目！

レインズへのアクセスと個人情報取扱事業者 ⇒

レインズにアクセスして個人情報データベース等を利用できる者は、自ら個人情報データベースを作成・保有していなくても、個人情報取扱事業者に該当する。

左ページ下には、この見開きの内容のうち《キーワード》となる単語をピックアップしてます。

右ページでその内容を確認できるのよ

ここだけを通して勉強するのもアリですね！

（注）実際の紙面とは、一部異なる部分があります。

「早見版　本書の特長と使い方」でおさらいを⇒

早見版 本書の特長と使い方

A 各章のタイトルと各節のタイトルです。今、自分が全体の中のどこを学習しているかの確認をしましょう。

B 学習した日を記入し、モレのないように注意しましょう。

C この節のテーマが試験に出る頻度です。高い順にA、B、Cとなっていますが、出題傾向が変わることもあるのでまんべんなく学習しましょう。

D ★～★★★で、★の数が多いほど重要な内容です。3つ星（★★★）の項目は念入りに学習しましょう。

E その項目での学習の指針や初めに押さえておきたいポイントです。しっかりチェックしてから次に進みましょう。

F 本文中の用語（太い文字に赤アミが付いているもの）について解説しています。

G 試験でよく問われるところには波線を引いています。ポイントをしっかりマスターしましょう。

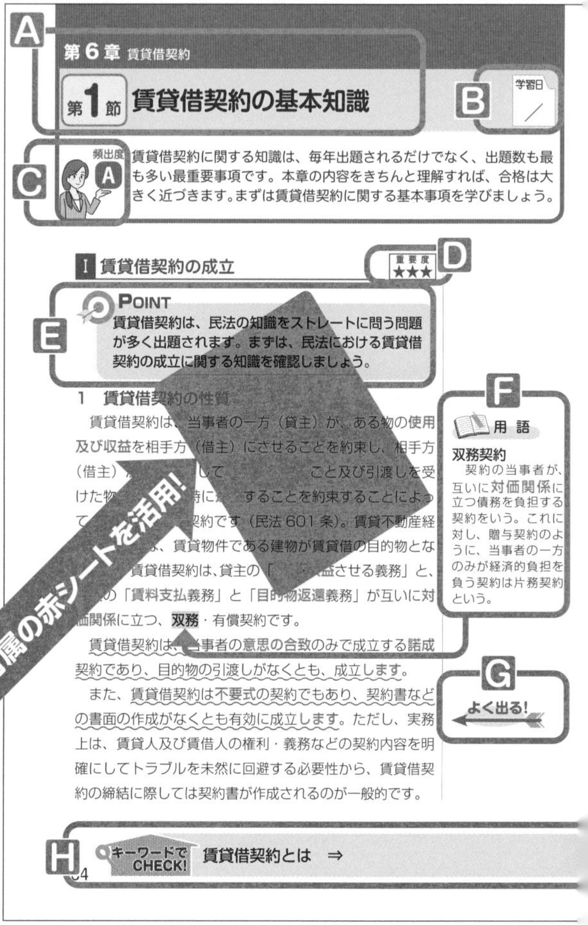

H その見開きの内容から《キーワード》をピックアップしています。赤シートで確認しながら、ここだけを通して勉強する方法もおススメです。

I もう一歩踏みこんだ解説や、間違えやすい事柄の注意点などを解説しています。

＊ここに掲載しているページは見本で、本文と一致しません。

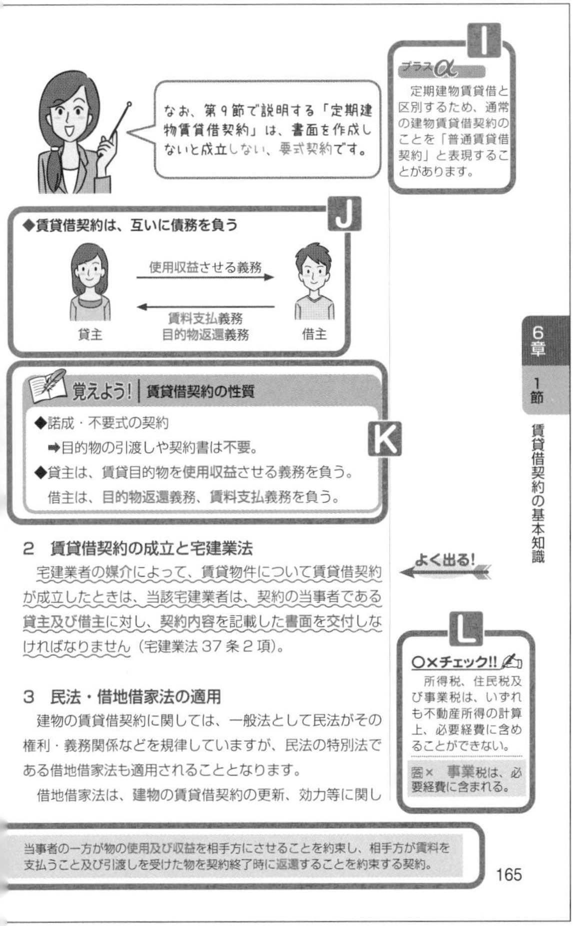
I

プラスα

定期建物賃貸借と区別するため、通常の建物賃貸借契約のことを「普通賃貸借契約」と表現することがあります。

なお、第９節で説明する「定期建物賃貸借契約」は、書面を作成しないと成立しない、要式契約です。

J

◆賃貸借契約は、互いに債務を負う

K

覚えよう!｜賃貸借契約の性質

◆諾成・不要式の契約

➡目的物の引渡しや契約書は不要。

◆貸主は、賃貸目的物を使用収益させる義務を負う。

借主は、目的物返還義務、賃料支払義務を負う。

6章 1節 賃貸借契約の基本知識

2　賃貸借契約の成立と宅建業法

よく出る!

宅建業者の媒介によって、賃貸物件について賃貸借契約が成立したときは、当該宅建業者は、契約の当事者である貸主及び借主に対し、契約内容を記載した書面を交付しなければなりません（宅建業法 37 条２項）。

L

○×チェック!!

所得税、住民税及び事業税は、いずれも不動産所得の計算上、必要経費に含めることができない。

答×　事業税は、必要経費に含まれる。

3　民法・借地借家法の適用

建物の賃貸借契約に関しては、一般法として民法がその権利・義務関係などを規律していますが、民法の特別法である借地借家法も適用されることとなります。

借地借家法は、建物の賃貸借契約の更新、効力等に関し

当事者の一方が物の使用及び収益を相手方にさせることを約束し、相手方が賃料を支払うこと及び引渡しを受けた物を契約終了時に返還することを約束する契約。

165

J 文章だけでは理解しにくい部分には、理解を助けるイラストも付いています。イメージをつかむことで、記憶の定着にも役立ちます。

K 覚えておきたいことをまとめています。囲みの中の内容をそのまま覚えましょう。

L 重要事項を、○×形式の問題でチェックします。内容の理解を確実にし、記憶に定着させます。

＊本書は原則として、令和６年度の賃貸不動産経営管理士試験の出題法令基準日と同じ令和６年４月１日現在の情報に基づいて編集しています。

各節の末尾には、充実の問題＆解説付き

■ **一問一答で確認しよう!**

その節の内容を理解できたか、○×問題で1つずつ確認しましょう。わかりやすいワンポイント解説が付いています。

■ **過去問を確認しよう!**

実際に試験に出た問題ですので、本番のつもりでチャレンジしてください。最新の過去問題には NEW! マークが付いています。原則として、すべての肢に詳しい解説が付いています（解説は本書独自の見解に基づいています）。

■ **予想問題にチャレンジ!**

本試験の形式をとりながら出題されそうな問題を掲載します。原則として、すべての肢に詳しい解説が付いています。

『1回で合格! 賃貸不動産経営管理士　テキスト&問題集'24年版』目次

賃貸不動産経営管理士試験　試験ガイダンス

■**試験日**　年1回、令和6年度試験は、令和6年11月17日（日）

■**受験料**　12,000円

■**受験資格**　日本国内に居住する人であれば、年齢、性別、学歴等に制約はありません。どなたでも受験できます。

■**受験申込・願書請求期間**

令和6年度試験は、令和6年8月1日（木）～9月26日（木）
願書請求期間は令和6年9月19日（木）PM12：00まで

■**受験地**　北海道、青森、岩手、宮城、福島、群馬、栃木、茨城、埼玉、千葉、東京、神奈川、新潟、石川、長野、静岡、岐阜、愛知、三重、滋賀、奈良、京都、大阪、兵庫、島根、岡山、広島、山口、香川、愛媛、高知、福岡、熊本、長崎、大分、宮崎、鹿児島、沖縄　（全国38地域）。

■**出題形式**　全50問の四肢択一形式で、120分（13:00～15:00）の試験です。

令和5～6年度の賃貸不動産経営管理士講習（以下「講習」とする）を修了している人は、出題50問のうち、5問※が免除されます。

※免除される範囲は、決まっていません。

■**合格発表**　令和6年度試験は、令和6年12月26日（木）予定

■**合格基準**　令和5年度試験は、50問中36問以上正解した者
（講習修了者は45問中31問以上正解した者）

■**試験に関する問い合わせ先**

一般社団法人 賃貸不動産経営管理士協議会 受付センター
TEL：0476-33-6660（電話受付：平日10:00～17:00）
FAX：050-3153-0865（FAX受付：24時間）
URL：https://www.chintaikanrishi.jp/

第１章

賃貸住宅管理とは

第1章の学習ポイントをマンガでチェック！

また不動産ファンドの発展で、アセットマネ―ジャーへの報告義務などの業務もあるわ。アセットマネ―ジャーは、不動産投資を行う会社の人ね。
こうなってます
OK!
賃貸不動産経営管理士
アセットマネージャー
賃貸人、賃借人、転貸人に転借人、アセットマネージャー…登場人物が多い…
その他、賃貸不動産を取り巻く社会的な状況も出題されるの。
住宅数の統計や、不動産にまつわる国の政策とかね。
まとめると、第1章では、これを押さえればいいの！
●賃貸住宅管理とは何か（具体的な業務）、その重要性
●管理業者の役割
●不動産にまつわる統計
●不動産にまつわる国の政策
なるほど…
いずれにしても、管理業者は貸主や投資家が最大限の利益を確保できる役割が求められているわ…
最大限の利益…
これから私たちの勉強も最大限の利益を出しましょうね！
ハイ！

第1節 賃貸住宅管理とはどのようなものか

学習日 ／

頻出度 A

賃貸不動産経営管理士は「賃貸住宅管理」の専門家です。賃貸不動産経営管理士試験対策の前提として、そもそも賃貸住宅管理とはどのような業務なのかを、その重要性とともに理解しておきましょう。

I 賃貸住宅管理の意義とその概要

重要度 ★★

POINT

賃貸不動産経営管理士試験の学習を本格的に始める前に、賃貸住宅管理の内容や流れを理解しておきましょう。これは今後の学習の前提となる知識です。

1　賃貸住宅管理とは

賃貸不動産経営管理士試験における「賃貸住宅管理」とは「**賃貸不動産の管理**」のことを意味します。賃貸不動産経営管理士は、アパートやマンションなどを中心とする賃貸不動産の管理を業務として行う専門家です。

2　賃貸住宅管理の内容

(1) 賃貸住宅管理の流れ

賃貸住宅管理は通常、貸主からの委託によって、①契約前業務、②契約期間中業務、③契約更新・再契約業務、④契約終了時業務という流れによって行われます。また、この他に、⑤共用部分の維持・保全等の業務も行われます。

(2) 賃貸住宅管理の内容

では、上記それぞれの賃貸住宅管理の内容を確認していきましょう。

プラスα

講習の修了者は問46～問50の5問分が免除されますが、免除部分の出題内容はその年の試験ごとに変わりますので、すべての範囲を学習することをおすすめします。

キーワードでCHECK!　通常の賃貸住宅管理の流れ　⇒

①契約前業務

管理業者は、借主の**募集**に関する提案をして、**募集**の準備を行い、**媒介《ばいかい》業者**の**募集**業務への協力をします。媒介業者から借受希望者の紹介があれば、管理業者は、貸主とともに、借受希望者の**審査**を行います。

②契約期間中業務

管理業者は、借主から**賃料**を収納したうえで貸主に**送金**することや、賃貸物件の**点検**や**修繕**をします。また、賃料の改定や賃貸借の用途の変更など、契約条件の**変更**を検討して対応することもあります。建物・設備や騒音などに関する**苦情**への対応も行います。

③契約更新・再契約業務

管理業者は、賃貸借契約期間の満了前に、借主の意思を確認して、借主に更新の意思があれば契約の**更新**手続を行います。

定期建物賃貸借の場合における管理業者は、期間満了時に貸主と借主の双方の意思を確認し、双方に**再契約**の意思があれば**再契約**手続を行います。

契約の**更新**・**再契約**の手続を行うに際しては、新しい賃貸条件の提案を行い、貸主の委託により、借主との間で条件変更に関する交渉を行います。

④契約終了時業務

管理業者は、賃貸借契約終了時に、貸主と借主の間に入って賃貸物件の明渡し日の決定などの連絡調整を行い、賃貸物件の明渡しの立会いや鍵の受領、原状回復に関する協議、敷金の精算などを行います。

なお、契約終了時業務の完了後、管理業者は、新たな借

用語

管理業者
「賃貸住宅」の「管理事務」という、「賃貸住宅管理業」を行う業者のこと。本書は原則として、「管理業者」と表記する。

媒介業者
「媒介業者」とは、**契約**を**締結**する権限を持たず、契約当事者とは**ならずに**、依頼者と相手方との間の契約を成立させるため、両者の仲立ちをする業者のこと。

用語

定期建物賃貸借
建物の賃貸借契約で定めた期間の満了によって契約が終了し、**契約の更新がされない**建物賃貸借のこと。その反面、契約期間中の解約は、原則としてできない。

①**契約前業務**、②**契約期間中業務**、③**契約更新**・**再契約業務**、④**契約終了時業務**という流れで行われ、この他に⑤**共用部分の維持**・**保全**等の業務も行われる。

主を募集するため、新たに①契約前業務を行います。

⑤共用部分の維持・保全等の業務

管理業者は、①から④の業務の他に、共用部分に関する建物・設備の点検・修理などの維持管理、清掃、防犯・巡回なども行います。

◆賃貸管理業務の内容

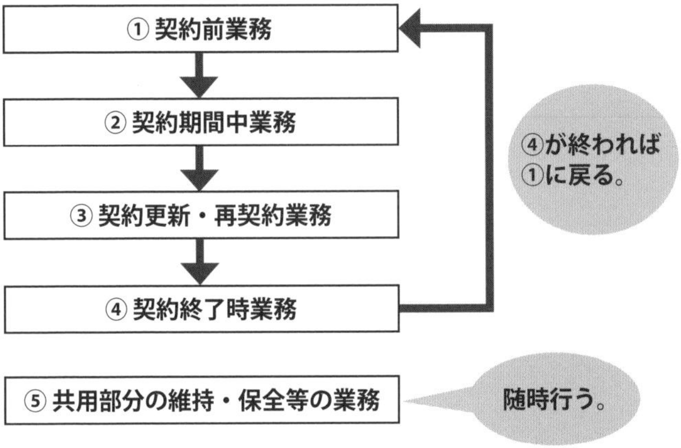

ここまで見ればわかると思いますが、賃貸不動産の管理業務においては、不動産賃貸に関するほとんどの業務を行います。

プラスα

2021年4月21日に公布された国土交通省令（同年6月15日施行）に基づき、賃貸不動産経営管理士は、国家資格となりました。

キーワードでCHECK! インターネットの普及と専門的知識を有する者による管理 ⇒

Ⅱ 賃貸住宅管理の重要性と管理業者の役割 重要度★★★

POINT
賃貸住宅管理の重要性については、ほぼ毎年のように出題されています。序章とはいえここは重要な部分なので、必ず理解しておきましょう。

1　賃貸住宅管理の重要性

(1) 専門的知識の重要性

インターネットの普及に代表される情報化社会の進展により、私たちは容易に賃貸住宅の管理に関する情報を入手できるようになりました。しかし、通常、一般の人々は賃貸住宅の管理について専門的な知識はありません。そこで、賃貸借契約の当事者が不利益を被らないよう、賃貸住宅の管理は、賃貸住宅管理に関する**専門的知識**を有する者によって行われることが重要です。

よく出る!

覚えよう! | 専門的知識を有する者による管理

①情報化社会の進展により、誰もが賃貸住宅管理に関する情報を入手できるようになった。

⬇しかし

②専門的知識のない一般人は、それらの情報を正しく活用することができず、不利益を被るおそれがある。

⬇よって

③賃貸住宅管理に関する専門的知識の重要性は、**増加**している。

インターネットが普及した現在でも、賃貸住宅管理について一般の人に専門的な知識は**ない**ため、賃貸住宅管理に関する専門的知識の重要性は**増加**している。

(2) 借主の保護の要請、消費者保護の観点

よく出る!

優良な借主との間で長期間、賃貸借契約が継続されれば、賃貸経営の安定につながります。そこで、**借主を保護**することによって賃貸借契約の長期継続を促進するという、**借主重視**の賃貸住宅管理が要請されています。

また、近年では、消費者の利益を擁護することが社会的に強く要請されており、不動産賃貸借においても、個人である借主を「消費者」と位置づけて、**消費者保護の観点**から不動産賃貸借を捉えるようになってきています。そのため、賃貸管理においては、消費者である**借主の保護**が要請されるようになっています。

(3) 多様な契約形態や不動産の証券化等の進展による新たな賃貸住宅管理の視点

近年の不動産の証券化の進展や不動産ファンド（投資家の出資により不動産を取得し、その不動産を用いて収益を上げて投資家に還元するもの）の登場・発展などにより、不動産投資に関する仕組みが発展しています。これにより、賃貸不動産の貸主が、賃貸不動産の所有者ではなく、投資家であるというケースが増加しています。

また、定期建物賃貸借制度や**定期借地**制度の創設などによって、様々な不動産賃貸借の形態が登場するようになりました。

> 用 語
>
> **定期借地（権）**
> 土地の賃貸借契約で定めた期間の満了によって契約が終了し、**契約の更新がされない**土地賃貸借のこと。定期建物賃貸借と同様に、原則として、契約期間中の解約はできない。

よく出る!

このような状況においては、**投資家の存在**を前提とした**収益確保**のための賃貸管理の視点や、**専門的な知見**に基づく賃貸借契約形態の**判断・選択**が求められるようになっています。

キーワードでCHECK! 借主の保護の要請 ⇒

(4) 社会全体との関係を意識した賃貸住宅管理

不動産賃貸は、限られた資源を有効に活用するものであることから、賃貸不動産の適切な利用を促進することは、その入居者・利用者の利益となるのみならず、景観・街並みなどの**周辺環境の形成**にも資するものであるといえます。このように、賃貸住宅管理は、社会全体との関係で捉えることが重要です。

(5) 貸主・借主との信頼関係の構築・確保、コンプライアンスの遵守

賃貸住宅管理に当たっては、**貸主及び借主**と**信頼関係**を構築し、**信頼**を維持するように努めることが重要です。賃貸住宅管理において信頼関係を構築するためには、契約書に記載された事項を遵守するのみならず、**法令**や**慣習**、**社会通念**、**契約の趣旨**などに従って行動するという、コンプライアンスの観点から適切な行動をする必要があります。

用 語

コンプライアンス
ビジネス上は法令遵守と訳されることが多いが、法律のみならず社会通念や良識、慣習などを守ることを意味する。

2 管理業者の社会的責務と役割

(1) 管理業者の社会的責務

ここまでの賃貸住宅管理の重要性を踏まえて、管理業者は、社会的責務として、次の役割を果たすことが求められています。

①資産運営のプロとしての役割

近年では、家族的な賃貸借関係の継続とそれに付随する家賃収納業務のみを念頭においた従来型の管理に代わり、収益的に安定した賃貸借関係の維持を目的とした管理が求められるようになっています。

また、管理業者は、賃貸人の資産の適切な運用という観点から、賃貸人が有する資産（金融資産や不動産等）を不動産資産へと移し、それを運用することで、いかに収益を

優良な借主との間で、長期間の賃貸借契約が継続されれば、**賃貸経営の安定**につながるため、借主を保護し、**借主重視**の賃貸住宅管理を行うことが要請されている。

上げるかという役割も求められます。つまり、賃貸人の賃貸住宅経営を**総合的に代行**する**専門家**としての役割が求められているのです。

②循環型社会への貢献

現在の日本では、人口が減少し、右肩上がりの経済成長が見込めないため、管理業者は単に住宅等の供給量を確保するということではなく、良質なものを皆で長く使うという循環型社会をめざすことが求められています。

そのためには、建物のある環境も重要な要素となり、管理業者には、**街並み景観**、**まちづくり**にも貢献すべき社会的責務を負っているといえます。

③専門知識の研鑽《けんさん》と人材育成

上記のような役割を管理業者が担うためには、様々な専門知識や能力が要求されます。管理業者には、常に賃貸住宅管理にかかる**専門知識の研鑽**に努め、専門知識と能力を身に付けた**人材の育成**が求められています。

(2) 管理業者に求められる役割

以上の社会的責務を踏まえて、管理業者には次の役割を果たすことも求められています。

①依頼者の収益確保の最大化、安全維持

よく出る!

管理業者には、貸主及び投資家が**最大限の収益**を確保できるようにすることも求められています。安定した収益を上げる賃貸借の仕組みを維持するための管理や、投資家を含めた貸主の賃貸経営のための管理、またその安全維持を行うことが、管理業者の役割です。

キーワードでCHECK! 借主の保持の方法 ⇒

②借主の保持

　近年の不動産市場における借り手市場のもと、入居率を維持して賃貸収入を確保するためには、**優良な借主**に**長期間**、賃貸借契約を継続してもらうことが重要です。

よく出る!

　そのため、管理業者には、賃貸物件・設備の**維持**・**保全**、快適な**環境整備**、**苦情**や**トラブル**への**適切な対応**などによって、**借主を保持**することが求められています。

③非常事態時を含めた入居者のサポート

　管理業者は、入居者のニーズを的確に把握し、**快適な生活空間**の作出に責任を持ちます。また、管理の継続が困難になる非常事態が発生したとき、入居者が安心して賃貸住宅での生活を継続できるように配慮することは、管理業者全般の社会的責務です。

④能動的かつ体系的な管理業務の遂行

　管理業者には、貸主の意向に従って一定の業務を代行することだけでなく、管理業者自身が**能動的**かつ**体系的**に管理の継続を行うという、**総合的**・**提携型**の管理業務の遂行が求められています。

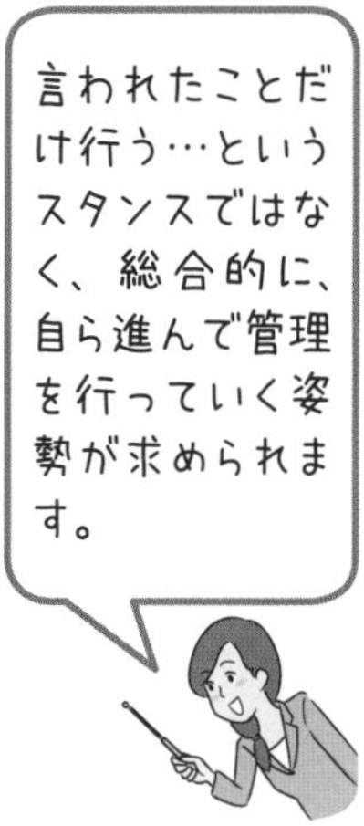

⑤新しい経営管理の方法の研究・導入

　近年の不動産投資に関する仕組みの発展に伴い、管理業者には、投資家の**利益の最大化**を実現すべく、新しい経営管理の方法を検討・導入するといった、高度な賃貸管理が求められるようになっています。

プラスα

　不動産の証券化などの不動産投資については、第９章で詳しく説明します。

⑥透明性の高い説明・報告

　信託方法を活用した不動産証券化においては、管理業者は、資産運用等についての責任を有している**アセットマ**

借主の保持の方法として、管理業者には、賃貸物件・設備の**維持**・**保全**、快適な**環境整備**、**苦情**や**トラブル**への**適切な対応**などが求められている。

ネージャーに対して、運用資産である不動産の**管理状況**や**収益状況**について、**説明及び報告**を行う役割を担っています。

アセットマネジメントとは、投資家からの委託を受けて、投資家から集めた資金を不動産投資によって運用する業務のことであり、これらの業務を取りまとめるのがアセットマネージャーです。

この管理業者からのアセットマネージャーへの**説明及び報告**をもとに、アセットマネージャーから投資家に対して説明や情報開示が行われます。

⑦社会的信用性の確立

管理業者は、社会的に有用かつ貴重な財産である賃貸不動産を管理するものであることから、**社会的信用性**を確立することが求められます。

また、**経営基盤**を強化して、**経済的な信用性**を確立することや、高度な専門的知識の習得・研鑽、コンプライアンスの遵守を含め、管理業務についての高い遂行能力を有することも要求されます。

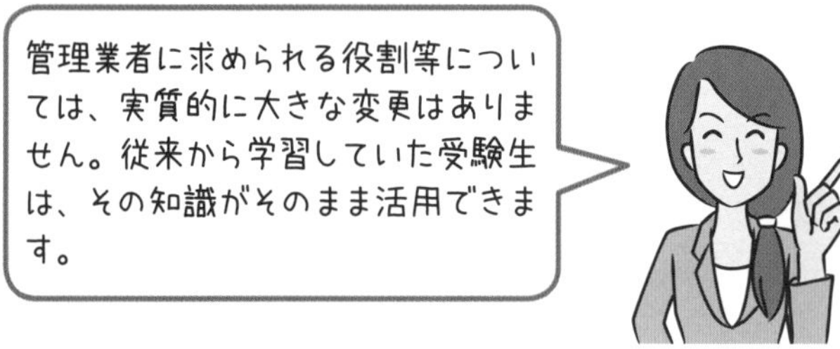

⑧善管注意義務の遂行、社会貢献

管理業者は、賃貸人から資産を預かり、その資産の管理を代行する立場にあります。この管理業者と賃貸人の関係

用　語

アセットマネージャー

投資家からの委託を受けて、投資家から集めた資金を不動産投資によって運用する業務がアセットマネジメントであり、この業務を取りまとめるのがアセットマネージャーである。

プラスα

アセットマネジメント等の詳しい説明は467ページ以降を参照してください。

○×チェック!!

賃貸不動産は、その周辺の環境や街並み形成等に資するものとして、広く公共の福祉にも貢献するものなので、地域社会との関係にも配慮した賃貸不動産管理を行うべきである。

答○　**地域社会の意向**を無視しない、地域社会との関係にも配慮した管理が求められる。

キーワードでCHECK!　管理業者と賃貸人の法的関係　⇒

を法律的に見ると、**委任**ないし**準委任**契約という関係にあります（民法643条）。

詳しくは、143ページから解説しますが、**委任**契約とは、賃貸借契約に基づく賃料の受領など、「法律的」な事務処理を他人に依頼すること、**準委任**契約とは、クレーム対応など、「事実的」な事務処理を他人に依頼することと考えていればよいでしょう。

賃貸住宅管理の依頼は、法律的な事務処理の側面と、事実的な事務処理の側面の両方があるので、依頼内容によって、**委任**ないし**準委任**契約という関係になるということです。

よく出る!

管理業者は、依頼者とこの**委任**ないし**準委任**契約という契約を結ぶ結果、賃貸人からの委任者として**善良**なる**管理者**としての**注意義務（善管注意義務）**が課せられ、依頼者に対して、適切な住宅管理業務の遂行が法律的にも求められることとなります。

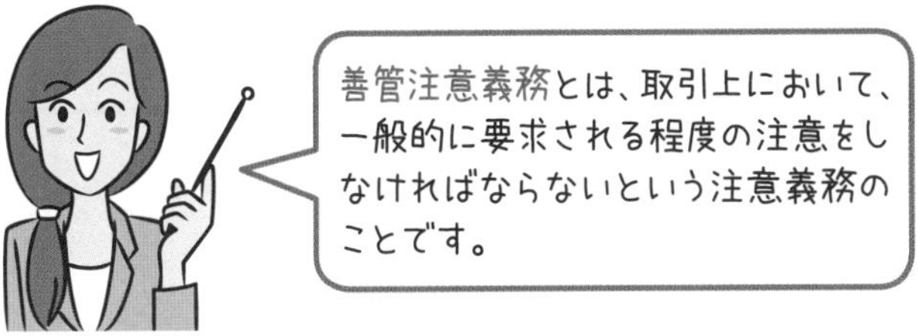

また、管理業者は、貸主の利益を確保するだけでなく、景観などの**周辺環境**との**調和**や、**地域社会の意向**への配慮など、社会全体との関係にも配慮した賃貸管理が求められています。さらに、不動産の適切な管理を通じて、その価値を保全し、良質な不動産ストック形成の役割を担います。

管理業者と賃貸人の法的な関係は、**委任**ないし**準委任**契約という関係にある（民法643条）。なお、両者で受託者に発生する民法上の義務に差はない。

一問一答で確認しよう！

□□□**問1**　賃貸住宅管理業務には、通常、借主の募集の準備や借主から収納した賃料の送金、契約終了時の明渡しに関する連絡調整が含まれるが、共用部分を維持・保全することは含まれない。

□□□**問2**　賃貸住宅管理業務は、通常、賃貸人からの委託により、契約前業務、契約期間中業務、契約終了時業務という流れのみによって行われる。

□□□**問3**　賃貸住宅管理に当たっては、賃貸住宅管理業者は、契約書に記載されている事項を遵守することのみにより、貸主及び借主との信頼関係を構築することが可能となる。

□□□**問4**　賃貸住宅管理業者が経営基盤を強化することは、社会的信用性を確立することにつながる。

正解と解説

1 ×　賃貸住宅管理業務には、**共用部分の維持・保全業務**が含まれ、共用部分に関する建物･設備の**点検**･**修理**などの**維持管理**、**清掃**、**防犯**･**巡回**などを行う。

2 ×　賃貸住宅管理業務には、通常、**契約更新**･**再契約**業務も含まれる。なお、「**契約更新**」は、普通建物賃貸借契約の場合に借主の意向を確認して行われるものであり、「**再契約業務**」は、契約の更新という概念がない定期建物賃貸借契約の場合に、貸主及び借主の意向を確認して行われるものである。

3 ×　管理業者は、契約書の記載事項のみならず、**契約の趣旨**や**法令**、**慣習**、**社会通念**などに従って行動しなければ、貸主及び借主との信頼関係を構築することが困難である。

4 ○　管理業者が社会的信用性を確立するためには、高度な専門的知識の習得・研鑽などによる管理業務についての高い遂行能力の保有の他に、**経営基盤**を強化して、**経済的な信用性**を確立することが必要である。

過去問を確認しよう！

□□□**問題**　賃貸住宅管理に関する次の記述のうち、最も適切なものはどれか。
（令和４年度第44問）

1　「賃貸住宅の計画的な維持管理及び性能向上の推進について～計画修繕を含む投資判断の重要性～」（国土交通省平成31年３月公表）では、高経年建物の大幅な増加や居住者側のニーズの多様化を背景に、空室率の上昇や家賃水準の引下げのおそれがあることから、賃貸住宅の貸主が中長期的な視点のもとで計画修繕するなどの投資判断を行うことの重要性が述べられている。

2　地価の二極化が進む中で不動産市場が活力を失い、借り手市場となって空室対策に苦しむエリアにおいて、入居率を維持し賃貸収入を確保するためには、借主の入替えに伴う新規入居者からの一時金収入と賃料引上げに期待する考え方を強化することが大切になっている。

3　既存の賃貸住宅経営の観点から優良な借主に長く契約を継続してもらうニーズが大きくなり、借主の立場を重視した管理のあり方が要請されているが、借主は借地借家法で保護されていることから、借主を消費者と位置付けて消費者保護の観点から賃貸借関係を捉える必要はない。

4　「不動産業ビジョン2030～令和時代の『不動産最適活用』に向けて～」（国土交通省平成31年４月24日公表）は、不動産流通業の役割として、資産価値の維持・向上を通じたストック型社会の実現、コミュニティ形成、高齢者見守りなど付加価値サービスの提供やエリアマネジメント推進を指摘した。

正解　1

1　○　**本問の記述のとおり**である。

2　×　本問のような場合に入居率を維持し、賃貸収入を確保するためには、借主の入替えに伴う新規入居者からの一時金収入と賃料引上げに期待する従前の考え方**ではなく**、できるだけ**優良な借主**に**長く**住んでもらうことが大切である。

3　×　既存の賃貸住宅経営の観点から優良な借主に長く契約を継続してもらうニーズが大きくなり、**借主**の立場を重視した管理のあり方が要請されている。また、個人である借主を**消費者**と位置づけて、**消費者保護**の観点から賃貸借関係を捉えようとする動きも活発化している。

4　×　いわゆる「不動産業ビジョン2030」（31～32ページ参照）では、**不動産管理業**の役割として、**資産価値の維持・向上**を通じたストック型社会の実現、コミュニティ形成、高齢者見守りなど**付加価値サービス**の提供や**エリアマネジメント推進**を指摘した。これらは「不動産流通業」の役割**ではない**。

予想問題にチャレンジ！

問題　賃貸住宅管理業者の役割に関する次の記述のうち、誤っているものはどれか。

1　借主に長期間賃貸不動産物件を借りてもらうようにすることは、貸主の役割であり、賃貸住宅管理業者の役割とはいえない。

2　信託方法を活用した不動産証券化においては、賃貸住宅管理業者は、運用資産である不動産の管理状況や収益状況についてアセットマネージャーに対して説明及び報告をするという役割を担っている。

3　賃貸住宅管理業者は、不動産賃貸において安定した収益を上げる賃貸借の仕組みを維持するための管理をすることが求められる。

4　賃貸住宅管理業者には、貸主の意向に従い一定の業務を代行することだけでなく、貸主の経営代行として能動的な管理を行うことが求められる。

解答	

正解	1

1 ×　近年の不動産市場における借り手市場のもとでは、優良な借主に長期間物件を借りてもらうことが重要であることから、**管理業者**の役割として、借主の保持が求められている。

2 ○　管理業者は、アセットマネージャーに対して**説明及び報告**をすることにより、**間接的**に投資家や依頼者（貸主）に対する**説明及び報告**を行うという役割を担っている。

3 ○　貸主による自主的な管理などでは安定した収益を上げることは難しいことから、管理業者には、最大限の**収益確保**を実現できるように、賃貸借の仕組みを維持することが求められている。

4 ○　管理業者には、貸主の意向に従って一定の業務を代行することだけでなく、**能動的**かつ**体系的**な管理の継続を行うという提携型の管理業務の遂行が求められている。

第2節 賃貸不動産に関する社会状況と政策

学習日 ／

頻出度 B

賃貸住宅管理の対象となる賃貸不動産に関する社会状況や空き家問題などの知識は、毎年出題される傾向にあります。数字を中心に、しっかり覚えておきましょう。

I 賃貸不動産に関する社会状況

重要度 ★★

POINT

いずれの知識も、赤字部分を中心に押さえましょう。特に「住宅・土地統計調査」に関する知識は頻出の重要事項です。

1　賃貸住宅に関する状況

「平成30年住宅・土地統計調査」による平成30年10月1日現在の賃貸住宅に関するデータは、以下のようになっています。

②は居住世帯のある住宅（空き家除く）

覚えよう！ 日本の住宅数(平成30年10月1日現在)

①総住宅数…**6,241万戸**（平成25年から**2.9%増加**）

②持ち家数…**3,280万戸**（持ち家率**61.2%**）

③借家数……**1,907万戸**（うち民営借家は**1,530万戸**）

2　人口の減少、少子高齢化社会

「令和2年国勢調査」によれば、令和2年10月1日現在の日本の総人口は**1億2,615万人**です。平成27年と比べて、0.7%、94万9,000人減少し、平成27年の調査時に**引き続いての減少**となっています。

国立社会保障・人口問題研究所の推計（出生中位推計）によれば、総人口は、2056年には1億人を割って9,965

用語

住宅・土地統計調査

総務省統計局が行う調査であって、日本における住宅と住宅に居住する世帯の居住状況、世帯の保有する土地等の実態を把握して、その現状と推移を明らかにするもの。5年ごとに行われており、令和5年度の調査は、令和5年10月に実施され、翌年以降に公表される予定である。

プラスα

平成30年10月1日現在の全国の所有関係別住宅数では、①**持ち家**（3,280万戸）、②**民営借家**（1,530万戸）、③**公営の借家**（192万戸）の順に多くなっています。

万人となり、**2070**年には**8,700万人**になるものと推計されています。

3　賃貸住宅に関する相談状況

令和４年度に全国の消費生活センター等が受け付けた賃貸住宅に関する相談件数は約３万7,000件であり、賃貸住宅に関するトラブルが多く発生している状況です。

相談内容は、**原状回復**に関する相談が最も多い傾向にあり、その他には、賃貸住宅の瑕疵《かし》・欠陥の問題や契約の解除に関する相談が多い状況です。

よく出る!

プラスα

原状回復については、358ページから詳しく説明します。

Ⅱ 国による様々な政策

重要度 ★★

POINT

令和４年度に出題された「不動産業ビジョン2030」は再び出題される可能性があります。本書で紹介している内容は押さえておきましょう。

1　空き家問題への対応

(1) 空き家をめぐる状況

近年、空き家の数が**増加**しており、社会問題となっています。平成30年住宅・土地統計調査によると、総住宅数（6,241万戸）に占める空き家の割合は**13.6%**（平成25年から29万戸増加）となっており、調査開始以来、**過去最高**の割合となっています。

よく出る!

覚えよう! 日本の空き家数など(平成30年10月1日現在)

①空き家数…**849万戸**（平成25年から**3.6%増加**）
②空き家率…**13.6%**（平成25年から29万戸増加）
③空き家の内訳…**賃貸用**の住戸が50.9%

キーワードでCHECK!　空き家の有効活用の状況　⇒

(2) 空き家問題への対応状況

空き家問題への対応策として、空き家の「撤去」と「有効活用」の2つの手段があります。

老朽化が激しい空き家については、防災・防犯等の観点から、撤去をしたうえで、その土地を再活用する必要があります。しかし、建物を撤去してしまうと住宅用宅地の固定資産税の軽減措置が受けられなくなること、また、相続等によって複雑化した権利関係から、空き家の処分の意思決定が困難である等の理由から、空き家の撤去は**進んでいない**状況です。

また、空き家をそのまま賃貸不動産として有効活用しようとしても、**修繕義務**の所在をどうするかという点や、現時点で賃貸**市場**に**出されていない**物件であること等の理由から、様々な困難があり、空き家の**有効活用**もうまく進んでいない状況です。

(3) 空き家の賃貸住宅化の重要性

空き家問題への対策として、空き家を賃貸物件として提供されるようにすることが1つの課題となっています。管理業者が空き家問題へ積極的に関与し、空き家が賃貸物件として提供されるようになれば、その分、管理業者は管理業務を引き受けることができるため、管理業者のビジネスチャンスにもなります。

このような流れの中で、管理業者が空き家オーナーに対して積極的な空き家活用策の助言をすることや、賃貸不動産経営管理士が空き家オーナーに対して最善のアドバイスを行うことが期待されます。

2 「不動産業ビジョン2030」

国土交通省から公表されている「**不動産業ビジョン**

空き家問題への対策の1つとして、空き家の有効活用があるが、修繕義務を誰が負うのかといった問題など様々な困難があり、**うまく進んでいない**状況である。

2030 ～令和時代の『不動産最適活用』に向けて～」によれば、人口減少、少子高齢化など社会経済情勢が急速に変化する状況下においては、①**時代の要請**や**地域のニーズ**を踏まえた不動産を形成し、②それら不動産の活用を通じて、個人・企業・社会にとっての**価値創造の最大化**（**不動産最適活用**）を図ることの２点が重要とされています。

また、このビジョンでは、不動産業がめざすべき将来像として、①**豊かな住生活**を支える産業、②我が国の**持続的成長**を支える産業、③人々の**交流の「場」**を支える産業、の３つを設定しています。この将来像を実現する上での「官民共通」の目標として、以下の目標が設定されています。

用語

不動産業ビジョン

不動産業は、豊かな国民生活、経済成長等を支える重要な基幹産業であり、社会経済情勢の急速な変化が見込まれる次の 10 年においても、引き続き、成長産業としての発展が期待される。そのために不動産業の発展を確保するための**官民共通**の指針として策定されたもの。

◆「不動産業ビジョン 2030」の官民共通の目標

①**ストック型社会**の実現
②**安全・安心**な不動産**取引**の実現
③**多様なライフスタイル・地方創生**の実現
④**エリア価値**の向上
⑤**新たな需要**の創造
⑥**すべての人が安心**して暮らせる住まいの確保
⑦不動産**教育・研究**の充実

プラスα

「民」の役割のうち不動産「管理」業については、**資産価値の維持・向上**を通じたストック型社会の実現、コミュニティ形成、高齢者見守りなど**付加価値サービスの提供、エリアマネジメント推進**が掲げられている。

3　住生活基本法の制定・住生活基本計画の策定

（1）住生活基本法

平成 18（2006）年に公布・施行された「住生活基本法」は、住生活の安定の確保及び向上の促進に関する施策を総合的かつ計画的に推進することで、国民生活の安定向上と社会福祉の増進を図るとともに、国民経済の健全な発展に寄与することを目的とする法律です。

この法律は、住生活の安定の確保及び向上の促進に関す

キーワードで CHECK!　「住生活基本計画」の３つの視点　⇒

る施策について、基本理念を定め、国や地方公共団体、住宅関連事業者の責務を明らかにするとともに、基本理念の実現を図るための基本的施策、住生活基本計画などの基本となる事項を定めています。

(2) 住生活基本計画

「住生活基本法」に基づき、令和３（2021）年３月に、新たな「住生活基本計画」が閣議決定されました。この計画は、令和３年度から12年度までを計画期間とし、３つの視点から８つの目標を定めています。

◆「住生活基本計画」の３つの視点と８つの目標

（1）「**社会環境の変化**」の視点
　目標① **新たな日常**、**DX**の推進等
　目標② **安全**な住宅・住宅地の形成等
（2）「**居住者・コミュニティ**」の視点
　目標③ **子どもを産み育てやすい**住まい
　目標④ **高齢者**等が安心して暮らせる**コミュニティ**等
　目標⑤ **セーフティネット**機能の整備
（3）「**住宅ストック・産業**」の視点
　目標⑥ **住宅循環システム**の構築等
　目標⑦ **空き家の管理・除却・利活用**
　目標⑧ **住生活産業**の発展

上記８つの目標達成のための基本的な施策として、例えば、目標①については、**子育て世帯**等が**安心**して居住できる賃貸住宅**市場の整備**を推進する、目標②については、**ハザードマップ**の整備・周知等による水災害リスク情報の空白地帯の解消、不動産取引時における**災害リスク情報の提供**といった施策が掲げられています。

用語

DX
DXは、デジタルトランスフォーメーションの略語であり、IT技術を浸透させることで、人々の生活をより良いものへと変革させるという概念のこと。

住宅ストック
すでに建築されている**既存**の住宅のこと。**中古住宅**ともいえる。民間主体が保有する賃貸住宅のストック数は、近年、**増加**傾向にある。

（1）**社会環境の変化**、（2）**居住者・コミュニティ**、（3）**住宅ストック・産業**、の３つの視点が挙げられ、これらに基づく８つの目標が掲げられている。

一問一答で確認しよう！

□□□**問 1**　「平成 30 年住宅・土地統計調査」によれば、総住宅数に占める持ち家数の割合は、61.2% となっている。

□□□**問 2**　全国の消費生活センターが受け付けた賃貸住宅に関する相談内容は、賃貸住宅の瑕疵・欠陥問題に関する相談が傾向的に最も多い相談である。

□□□**問 3**　「不動産業ビジョン 2030 ～令和時代の『不動産最適活用』に向けて～」（国土交通省平成 31 年 4 月 24 日公表）では、不動産業がめざすべき将来像として、①豊かな住生活を支える産業、②我が国の持続的成長を支える産業、③人々の交流の「場」を支える産業の 3 つを設定している。

□□□**問 4**　「平成 30 年住宅・土地統計調査」によれば、借家数は約 1,907 万戸となっている。また、借家の内訳を見ると、民営借家が 約 1,530 万戸と最も多く、次いで、公営の借家が 約 192 万戸となっている。

□□□**問 5**　令和 3 年に閣議決定された「住生活基本計画」は、住生活の安定の確保及び向上の促進に関する施策について、基本理念を定め、基本的施策、住生活基本計画などの基本となる事項を定めている。

正解と解説

1 ○　「平成 30 年住宅・土地統計調査」によると、総住宅数は **6,241 万戸**、持ち家数は **3,280 万戸**であり、総住宅数に占める持ち家数の割合（持ち家率）は **61.2%** である。

2 ×　全国の消費生活センターが受け付けた賃貸住宅に関する相談内容のうち、傾向的に最も多いものは**原状回復**に関する相談である。

3 ○　**本問の記述のとおり**である。同ビジョンでは、この将来像を実現するうえでの官民共通の目標として、ストック型社会の実現など 7 つの目標を設定している。

4 ○　「平成 30 年住宅・土地統計調査」によれば、借家数は約 **1,907 万戸**で、住宅総数に占める割合は **35.6%**となっている。借家の内訳を見ると、民営借家が 約 **1,530 万戸**と最も多く、次いで、公営の借家が 約 **192 万戸**となっている。

5 ×　住生活の安定確保・向上促進に関する施策の基本理念等を定めるのは、「**住生活基本法**」である。「住生活基本計画」は、同法に基づき、令和 3 年度から 10 年間を計画期間として、より具体的に **8 つの目標**を定めている。

予想問題にチャレンジ！

問題　住生活基本法に基づき 2021（令和 3）年3月 19 日に閣議決定された住生活基本計画の目標として掲げられている次の記述のうち、誤っているものはどれか。

1　「子どもを産み育てやすい住まい」の実現

2　「高齢者等が安心して暮らせるコミュニティ等」の形成

3　「新築住宅の建設促進」

4　「住宅循環システムの構築等」

解答	

正解	3

1 ○　住生活基本法に基づき、2021（令和 3）年3月 19 日に閣議決定された住生活基本計画では、住生活をめぐる現状と課題に対応するため、①「**社会環境の変化**」の視点、②「**居住者･コミュニティ**」の視点、③「**住宅ストック･産業**」の視点、という 3 つの視点から 8 つの目標が設定されている。「子どもを産み育てやすい住まい」の実現は、目標として**掲げられている**。

2 ○　「高齢者等が安心して暮らせるコミュニティ等」の形成は、目標として**掲げられている**。

3 ×　「新築住宅の建設促進」は、目標として**掲げられていない**。

4 ○　「住宅循環システムの構築等」は、目標として**掲げられている**。

予想問題にチャレンジ！

問題　わが国における空き家問題への対策に関する次の記述のうち、最も不適切なものはどれか。

1　空き家問題への対策を推進するための基本的な法律である「空家等対策の推進に関する特別措置法」が制定・施行されたことに加え、地方公共団体では、空き家に関する条例の制定や、空き家に関する相談体制を構築するなどの対応を推進している。

2　空き家問題への対策として、空き家の撤去と有効活用の２つの手段があるが、空き家を有効活用するためには様々な困難があることから、現状では主として空き家の撤去が進められている。

3　国は、空き家問題への取り組みとして、固定資産税の取扱いの検討や、空き家の活用に関する議論の開始など、個別政策レベルでの対応を進めている。

4　賃貸住宅管理業者が空き家問題へ積極的に関与することは、賃貸住宅管理業者のビジネスにもつながるものであるといえる。

解答	

正解	2

1 ○　全国レベルでは「**空家等対策の推進に関する特別措置法**」が制定され、2015年２月から施行されたことに加え、地方レベルでは、**空き家に関する条例**の制定や**相談体制**の構築などの対応が推進されている。

2 ×　空き家問題への対策として、現状では撤去と有効活用の双方とも、**うまく進んでいない**。

3 ○　国は、空き家に関する固定資産税の取扱いの検討や、空き家の活用に関する議論を開始するなど、**個別政策レベル**での対応を進めている。

4 ○　管理業者が空き家問題へ積極的に関与することによって、空き家が賃貸物件として提供されるようになれば、**物件管理**や**契約に関する管理業務**を引き受けることにつながるため、ビジネスチャンスとなる。

第２章

賃貸住宅管理業法

第2章の学習ポイントをマンガでチェック！

まずは重要な言葉の定義をしっかり覚えるの。
言葉の意味がわからないと、覚えられるものも覚えられないわ！
具体的には「賃貸住宅」とは何か、「特定賃貸借契約」とは何か、「勧誘者」とは何か…とね。
賃貸住宅
特定賃貸借契約
勧誘者
うんうん… メモメモ…
その上で法律で規定されている管理業者の義務を押さえるの。特に「重要事項説明」の説明内容は外せないわ！
● 各種の用語の意味（定義）
● 登録手続の内容（登録の拒否事由など）
● 管理業者の遵守事項
● 各種の重要事項説明の時期、方法、内容等
● 特定賃貸借標準契約書の規定内容
なるほど…
あと問題の確認では○×の理由まで押さえてね。
ヤマカンで正解しても意味ないですね…
ちゃんと理由までわからないと、問題が変わったら対応できないからね！では、第2章の学習に入りましょう！
ハイ！

第1節 賃貸住宅管理業法と登録制度

学習日 ／

頻出度 A

登録制度や登録の手続については、賃貸住宅管理業法により規律されています。登録は重要テーマですので、この分野は確実に理解しておく必要があります。

I 賃貸住宅管理業法の制定

重要度 ★

POINT

2021 年 6 月 15 日より施行されている「賃貸住宅管理業法」について、まずは、この法律の概観を確認しておきます。

1 賃貸住宅管理業法の目的

2020 年に成立し、2021 年 6 月 15 日から全面施行された「賃貸住宅管理業法」の 1 条には、この法律の目的規定が定められています。

そこには「この法律は、社会経済情勢の変化に伴い国民の生活の基盤としての賃貸住宅の役割の重要性が増大していることに鑑み、賃貸住宅の入居者の**居住の安定の確保**及び賃貸住宅の賃貸に係る事業の**公正**かつ**円滑な実施**を図るため、賃貸住宅管理業を営む者に係る登録制度を設け、その業務の**適正な運営**を確保するとともに、特定賃貸借契約の適正化のための措置等を講ずることにより、**良好な居住環境**を備えた賃貸住宅の**安定的な確保**を図り、もって国民生活の安定向上及び国民経済の発展に寄与することを目的とする。」と記されています。

簡単にいえば、**居住の安定確保**と賃貸住宅管理業の**適正な運営**の確保が目的といえます。

プラスα

左の賃貸住宅管理業法の目的規定に目を通しておきましょう。

なお、ここでは具体的な規定の内容に入る前に、賃貸住宅管理業法の概要を確認します。読んで理解できれば大丈夫です。

キーワードでCHECK! 2 つの管理事務の方式 ⇒

2　賃貸住宅管理業法の概要

賃貸住宅管理業法は、賃貸住宅管理業を営む者についての登録制度を設け、サブリース事業を規制する法律です。賃貸住宅管理については、2011 年より任意の登録制度が運用されてきましたが、同法で定められた登録制度の仕組みや規制内容は、登録が一定の管理業者に義務づけられるなど、従来のものとは異なっています。

主に同法は、①管理業者の登録制度（同法 3 条～ 27 条）、②サブリース事業の業務の適正化を図る制度（同法 28 条～ 36 条）の 2 つによって構成されています。

ここで「サブリース事業」という言葉が出てきましたが、管理事務は、大きく**管理受託方式**と**サブリース方式**の 2 つに分けることができます。

◆管理受託方式

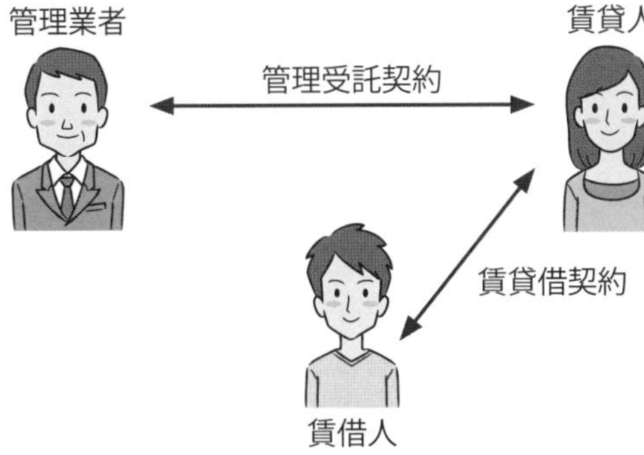

◆サブリース方式

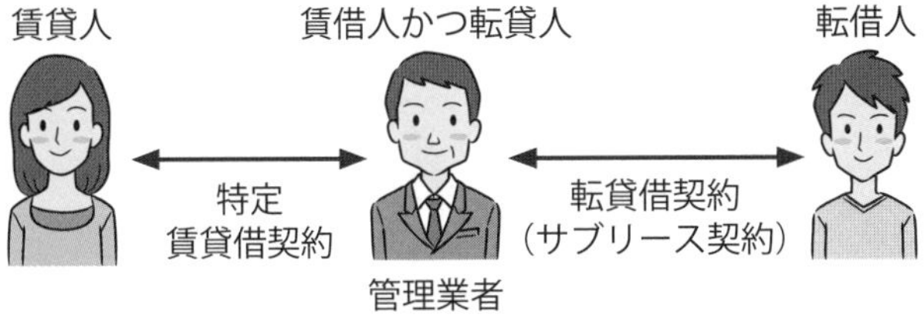

用語

管理受託方式とサブリース方式

「管理受託方式の管理事務」とは、賃貸住宅の**賃貸人**から**委託を受けて**行う当該賃貸住宅の管理事務を意味する。

これに対し、「サブリース方式の管理事務」とは、賃貸住宅を**転貸する者**が行う当該賃貸住宅の管理に関する事務（賃貸人として行う事務を含む）を意味する。

なお、転貸事業を目的に行う「原賃貸借契約」のことを**特定賃貸借**契約（マスターリース契約）といい、そこで賃貸したものを**転貸**する契約をサブリース契約という。

管理事務の方式は、大きく分けて「**管理受託**方式」と「**サブリース**方式」がある。
「**サブリース**方式」とは、管理業者が転貸借契約の転貸人となる方式である。

3　賃貸住宅管理業法が制定された背景

賃貸住宅は、賃貸住宅志向の高まりや単身世帯、外国人居住者の増加等を背景に、今後もわが国における生活基盤の重要性が増大するものと見込まれています。

賃貸住宅について、近年では、オーナーの高齢化や相続等に伴う兼業化の進展、管理内容の高度化等により、管理業者に管理を委託等するオーナーが**増加**し、さらに賃貸経営を管理業者にいわば一任できるサブリース方式も**増加**しています。

しかし、管理業者の介在が増加する中で、オーナーあるいは入居者とのトラブルが増加しており、特にサブリース方式では、家賃保証等の契約条件の誤認を原因とするトラブルが多発して、これが社会問題化していました。

そこで、これらのトラブルを未然に防止するため、賃貸住宅管理業法は、①すべてのサブリース業者の勧誘時や契約締結時に一定の規制を導入し、②サブリース業者と組んで**勧誘を行う者（勧誘者）**も、勧誘の適正化のため規制の対象とする、③違反者に対しては、**業務停止命令**や**罰金**等の措置により制度の実効性を担保する、④賃貸住宅における良好な居住環境の確保を図るとともに、業界の健全な発展・育成を図ることを目的に、管理業者の登録制度に関する規定を柱として制定されました。

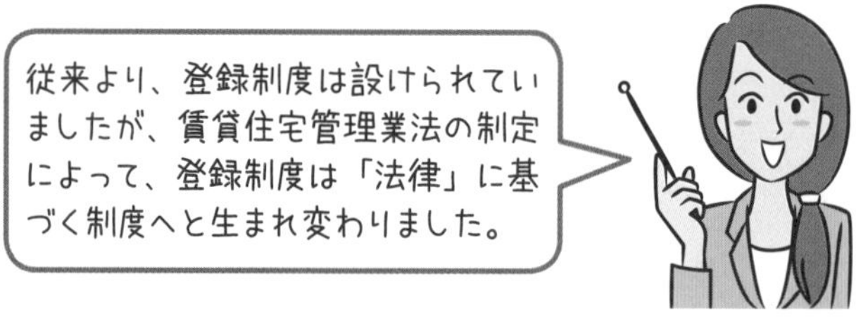

Ⅱ 登録制度の概要と用語

重要度 ★★★

POINT

登録制度に関する内容は、毎年出題されているので、この制度の理解は重要です。まずは新法により規定された用語の意味と制度の仕組みを覚えましょう。

1　登録制度とは

賃貸住宅管理業法は、賃貸住宅管理業について、管理業者の登録制度を取り入れ、一定の事業規模以上で**賃貸住宅管理業**を営むためには、国土交通大臣の登録を**受けなければならない**ものとしました。この登録の要件としては、一定の資格者を「業務管理者」として、営業所又は事務所ごとに**1人以上**を選任して配置することが必要となります（同法6条1項11号、12条1項）。

また、この法律では、登録を受けた管理業者（以下「登録業者」といいます）の業務に関する規律も定めています。登録業者には行政による**監督**がなされ、規律を守らない登録業者に対しては、業務改善や業務停止といった命令がなされます。さらに、**刑事罰**も定められています。

2　サブリース事業の適正化のための措置

賃貸住宅管理業法は、**サブリース事業**の**適正化**のための措置として、賃貸人とサブリース業者の間の契約（マスターリース契約）を**特定賃貸借**契約、サブリース業者を**特定転貸事業者**とそれぞれ定義したうえで、誇大広告の禁止や不当な勧誘等の禁止、重要事項説明や締結時書面交付の義務づけなど、特定賃貸借契約の勧誘と契約締結行為について規律を定めています。

また、サブリース事業の適正化を図るための規律の適用対象については、特定転貸事業者に限定されないものとし

プラスα

従来は任意の制度であった登録制度について、賃貸住宅管理業法により、一定の管理業者には登録が**義務づけられます**。一定の管理業者とは、**200**戸以上の**賃貸住宅**の管理を行う事業者です（同法施行規則3条）。あくまで**賃貸住宅**の管理が前提なので、オフィスの管理などはカウントされません。また、200戸以上の賃貸借契約を締結していても「管理業務」を行わなければ登録は**不要**です。

すべての管理業者に登録が求められるわけではなく、**200**戸以上の賃貸住宅の管理を行う管理業者に対して、登録制度への登録が義務づけられている。

ました。すなわち、特定転貸事業者に加え、特定賃貸借契約の**勧誘を行う者**を含めて、広く規律の遵守を義務づけており、誇大広告等の禁止と不当な勧誘等の禁止は、特定転貸事業者に加え、**勧誘者**に対しても遵守義務が課されます。

3　賃貸住宅管理業法における用語の意味

用語の意味を正確に覚えておくことで、各種規定が頭に入りやすくなります。まずは、ここで紹介する用語の意味内容をしっかりと押さえましょう。

(1) 賃貸住宅

「賃貸住宅」とは、**賃貸の用**に供する住宅のことをいいます（賃貸住宅管理業法２条１項)。ただし、以下の①～③は「賃貸住宅」から除かれます。

◆「賃貸住宅」から除かれる場合

①旅館業法３条１項の規定による許可に係る施設である住宅
②国家戦略特別区域法 13 条１項の規定による認定に係る施設である住宅のうち、認定事業の用に供されているもの
③住宅宿泊事業法３条１項の規定による届出に係る住宅のうち、住宅宿泊事業の用に供されているもの

「賃貸住宅」は、賃貸借契約を締結し**賃借**することを**目的**とした、人の**居住の用**に供する家屋又は家屋の部分をいいます。

また、「家屋又は家屋の部分」(以下「家屋等」といいます）とは、「家屋」については、アパート一棟や戸建てなど一棟をいい、「家屋の部分」については、マンションの一室といっ

プラスα

「人の居住の用に供する」ことを要件とすることから、事業の用に供されるオフィスや倉庫等は、「住宅」に該当**しません**。

キーワードでCHECK!　賃貸住宅管理業法の「賃貸住宅」の意味　⇒

た家屋の一部をいうものとされます。

その他、賃貸人と賃借人（入居者）との間で賃貸借契約が締結されておらず、賃借人（入居者）を募集中の家屋等や募集前の家屋等であっても、それが賃貸借契約の締結が予定され、賃借することを目的とされる場合は、賃貸住宅に該当します。

また、家屋等が建築中である場合も、竣工後に賃借人を募集する予定であり、居住の用に供することが明らかな場合は、賃貸住宅に該当します。

さらに、一棟の家屋について、一部が事務所として事業の用に供され、一部が住宅として居住の用に供されている等のように複数の用に供されている場合、当該家屋のうち、賃貸借契約が締結され居住の用に供されている住宅については、賃貸住宅に該当します。一方、マンションのように通常居住の用に供される一棟の家屋の一室について賃貸借契約を締結し、事務所としてのみ賃借されている場合、その一室は賃貸住宅に該当しません。

(2) 管理業務・賃貸住宅管理業

「管理業務」とは、賃貸住宅の賃貸人から委託を受けて行う業務であって、以下の①又は②に当たるものです。

①当該委託に係る賃貸住宅の**維持保全**（住宅の居室及びその他の部分について、**点検**、**清掃**その他の**維持**を行い、及び必要な**修繕**を行うことをいう）を行う業務（賃貸住宅の賃貸人のために当該維持保全に係る契約の締結の**媒介、取次《とりつ》ぎ**又は代理を行う業務を**含む**。賃貸住宅管理業法２条２項１号）。

②賃貸住宅に係る家賃、敷金、共益費その他の**金銭の管理**を行う業務（①に掲げる業務と**併せて行うもの**に限

用語

媒介と取次ぎ

「媒介」とは、他人の間に立って、他人を当事者とする法律行為の成立に尽力する事実行為のこと。「取次ぎ」とは、自己の名をもって他人の計算において、法律行為を行うことを引き受ける行為のこと。

賃貸住宅管理業法における「賃貸住宅」とは、原則として、**賃貸の用**に供する住宅のことを意味する（同法２条１項）。事務所のための賃貸等は該当**しない**。

る、同条項２号)。

また、「賃貸住宅管理業」とは、賃貸住宅の賃貸人から委託を受けて、前ページの「管理業務」を行う事業のことです（同法２条２項柱書）。

前ページの①について、「賃貸住宅の**維持保全**」とは、居室及び居室の使用と密接な関係にある住宅のその他の部分である、玄関・通路・階段等の**共用部分**、居室内外の電気設備・水道設備、エレベーター等の**設備**等について、点検・清掃等の維持を行い、これら点検等の結果を踏まえた必要な修繕を**一貫して**行うことをいいます。

プラスα

左にあるとおり、共有部分や設備等も対象に**含まれます**。つまり、管理業務の対象と**なります**。

例えば、定期清掃業者、警備業者、リフォーム工事業者等が、維持又は修繕の「いずれか一方のみ」を行う場合や、エレベーターの保守点検・修繕を行う事業者等が、賃貸住宅の「部分のみ」について維持から修繕までを一貫して行う場合や、入居者からの苦情対応のみを行い維持及び修繕（維持･修繕業者への発注等を含む）を行っていない場合は、賃貸住宅の維持保全には該当**しません**。

よく出る！

また、②について、金銭の管理を行う業務については、賃貸住宅の賃貸人から委託を受けて、当該委託に係る賃貸住宅の**維持保全**を行うことと**併せて行うもの**に限り、同法２条２項に規定する賃貸住宅管理業に該当することとなります。金銭の管理のみを行う業務については、賃貸住宅管理業には該当**しません**。

ここでいう「委託を受けて」とは、賃貸人から明示的に契約等の形式により委託を受けているか否かに**かかわらず**、本来賃貸人が行うべき賃貸住宅の維持保全を、賃貸人からの依頼により賃貸人に代わって行う実態があれば、該当することとなります。

キーワードでCHECK! 賃貸住宅の維持保全　⇒

(3) 賃貸住宅管理業者

「賃貸住宅管理業者」とは、登録を受けて、45ページ(2)の①又は②の管理業務を営む者のことです。

ここでいう「管理業務を営む」とは、営利の意思を持って、反復継続的に賃貸住宅管理業を行うことをいい、営利の意思の有無については、客観的に判断されます。

なお、特定転貸事業者(次ページ(5)参照)については、一般に、特定賃貸借契約又は当該契約に付随する契約により、本来賃貸人が行うべき賃貸住宅の維持保全を、賃貸人からの依頼により、賃貸人に代わって行っているため、当該特定転貸事業者の事業の規模が、賃貸住宅管理業法3条の「国土交通省令で定める規模」(**200**戸)未満である場合を除き、賃貸住宅管理業の登録を**受けなければなりません**。

また、いわゆるアセットマネジメント事業者について、相手方等から受託した資産運用業務の一環として、管理業者に管理業務を行わせている場合、当該アセットマネジメント事業者は、管理業務を行う事業を営んでいるとは**解されず**、賃貸住宅管理業の登録を受ける必要は**ありません**。

プラスα

アセットマネジメント事業者が、相手方等や信託の受益者から受託した資産運用業務を行う際に、賃貸住宅の維持保全に係る契約の締結について、相手方等や信託の受益者に代わって契約内容の可否を判断することや、相手方等や信託の受益者の代理人として契約を締結することは、「賃貸住宅の維持保全に係る契約の締結の媒介、取次ぎ又は代理を行う業務」とは**みなされません**。

(4) 特定賃貸借契約

「特定賃貸借契約」とは、賃貸住宅の賃貸借契約(賃借人が人的関係、資本関係その他の関係において賃貸人と密接な関係を有する者として国土交通省令で定める者であるものを除く)であって、賃借人が当該賃貸住宅を**第三者に転貸**する事業を営むことを目的として締結されるもの(原賃貸借契約)をいいます(賃貸住宅管理業法2条4項、41ページのサブリース方式の図参照)。

居室や居室の使用と密接な関係にある部分の点検・清掃等を行い、この結果を踏まえた修繕を**一貫して**行うこと。点検等と修繕の**いずれか一方だけでは該当しない**。

ここでの「事業を営む」とは、営利の意思を持って反復継続的に転貸することをいうものとされ、営利の意思の有無については、客観的に判断されることとなります。このため、個人が賃借した賃貸住宅について、事情により、一時的に第三者に転貸するような場合は、特定賃貸借契約に該当**しません**。

プラスα

また、原賃貸人が個人である場合において、賃借人（転貸人）が当該賃貸人の**親族**である場合など、一定の場合には、特定賃貸借契約に当たらないこともあります。

(5) 特定転貸事業者

「特定転貸事業者」とは、**特定賃貸借**契約に基づき賃借した賃貸住宅を第三者に**転貸する事業**を営む者をいいます(賃貸住宅管理業法２条５項)。

いわゆる借上社宅については、例えば、社宅代行業者（転貸人）が企業（転借人）との間で賃貸借契約を締結し、当該企業が、転貸人から賃借した賃貸住宅にその従業員等を入居させる場合、社内規定等に基づき従業員等に利用させることが一般的であり、この場合における当該企業は「転貸する事業を営む者」に該当せず、特定転貸事業者に該当**しません**。

また、当該企業と従業員等との間で賃貸借契約が締結されている場合であっても、相場よりも低廉な金額を利用料として徴収する場合には、従業員等への転貸により利益を上げることを目的とするものではないことから、この場合における当該企業も同様に「転貸する事業を営む者」には該当せず、特定転貸事業者には該当**しません**。

なお、この場合における社宅代行業者は、当該賃貸住宅の所有者（賃貸人）に支払う家賃と当該企業から支払われる家賃が同額であっても、当該企業から手数料等何らかの名目で収益を得ることが一般的であるため、営利の意思を持っているということができ、「転貸する事業を営む者」に該当することから、特定転貸事業者に該当**します**。

プラスα

ここでの「事業を営む」とは、営利の意思を持って反復継続的に転貸することをいうものとされ、営利の意思の有無については、客観的に判断されます。

キーワードでCHECK!　特定転貸事業者　⇒

(6) 勧誘者

「勧誘者」とは、**特定転貸事業者**が**特定賃貸借**契約の締結についての勧誘を行わせる者をいい、特定の**特定転貸事業者**と特定の関係性を有する者であって、当該**特定転貸事業者**の**特定賃貸借**契約の締結に向けた勧誘を行う者をいうものとされます。

特定の**特定転貸事業者**と特定の関係性を有する者とは、特定転貸事業者から委託を受けて勧誘を行う者が該当するほか、明示的に勧誘を委託されてはいないものの、**特定転貸事業者**から勧誘を行うよう依頼をされている者や、勧誘を任されている者も該当し、依頼の形式は問わず、資本関係も**問わない**ものとします。

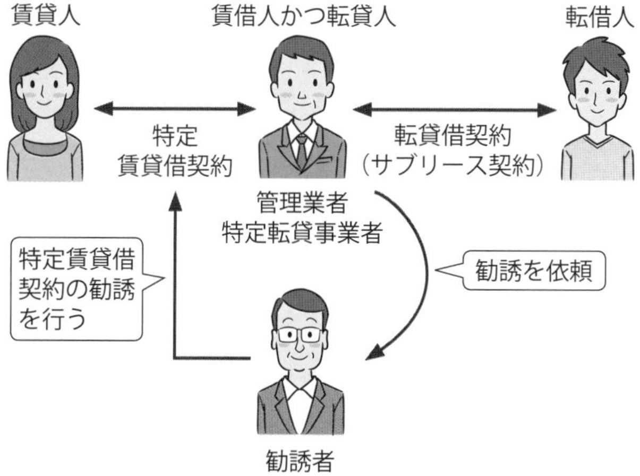

なお、ここでいう「勧誘」とは、特定賃貸借契約の相手方となろうとする者の特定賃貸借契約を締結する意思の形成に影響を与える程度の勧め方をいい、個別事案ごとに客観的に判断されます。

例えば、特定の特定転貸事業者との特定賃貸借契約を締結することを直接勧める場合のほか、特定の特定転貸事業者との特定賃貸借契約のメリットを強調して締結の意欲を

プラスα

従来の登録制度を学習していた人には、少しとっつきにくい話かもしれません。何度も読んで慣れておきましょう。

プラスα

この特定の関係性を有する者であるかどうかは、客観的に判断すべきものであり、たとえ勧誘者が、自分は自発的に勧誘を行っており、**特定転貸事業者**が勧誘を行わせている者でないと主張したとしても、勧誘者に係る規制の適用を免れるものでは**ありません**。

また、勧誘者が勧誘行為を第三者に再委託した場合は、当該第三者も勧誘者に該当**します**。

特定転貸事業者とは、**特定賃貸借**契約に基づき賃借した賃貸住宅を第三者に**転貸する事業**を営む者のこと(賃貸住宅管理業法2条5項)。

高めるなど、客観的に見て特定賃貸借契約の相手方となろうとする者の意思の形成に影響を与えていると考えられる場合は勧誘に**含まれます**が、契約の内容や条件等に触れずに単に事業者を紹介する行為は、これに**含まれません**。

Ⅲ 登録の手続、変更・廃業等の届出

重要度 ★★★

POINT

登録手続の申請や変更手続も出題可能性があります。難しい話ではありませんので、手続の流れと内容を理解しておきましょう。

1 登録の手続

(1) 登録制による規制

賃貸住宅管理業を営もうとする者は、原則として、国土交通大臣の登録を**受けなければなりません**（賃貸住宅管理業法３条１項本文）。

ただし、事業の規模が、賃貸住宅の戸数その他の事項を勘案して国土交通省令で定める規模未満であるときは、登録を受けなくても、賃貸住宅管理業を営むことができます（同項ただし書）。

この登録が義務づけられる事業の規模は、管理戸数が**200**戸以上の事業と定められており、管理戸数が一時的にでも**200**戸以上となった場合、その時点で登録を受けていなければ賃貸住宅管理業を営むことはできないことから、一時的にでも**200**戸以上となる見込みがあれば、登録を受けることが**適当**とされています。

戸数の数え方については、入居者との間で締結されることが想定される**賃貸借契約**の数をベースとして数えるものとされます。例えば、１棟の家屋のうち、台所・浴室・便所等を入居者が共同で利用する、いわゆる「シェアハウス」を１棟管理するケースにおいて、当該シェアハウスが10

プラスα

管理戸数が**200**戸未満である小規模な管理業者であっても、法に沿ったルールを遵守することが、管理業者とオーナーとの間のトラブルの未然防止につながるため、賃貸住宅管理業の登録を受けることが推奨されています。

小規模事業者でもこの登録を受けた場合、賃貸住宅管理業に関する規制に**服する**こととなり、違反した場合は罰則等の対象に**なります**が、登録を受けることにより、社会的信用の向上につながることが見込まれます。

キーワードでCHECK!　**不正の手段によって登録を受けた場合　⇒**

部屋から構成されており、そのうち４部屋を入居者が使用し、残りの６部屋が空室になっている場合でも、当該シェアハウスを管理する管理業者の管理戸数は、10戸と数えます。

そして、不正の手段によって登録を受けたときには、国土交通大臣は、登録を**取り消し**、又は１年以内の期間を定めてその業務の全部若しくは一部の**停止**を命ずることができます（同法23条１項２号）。さらに、１年以下の懲役若しくは100万円以下の罰金に処せられ、又はこれを併科される可能性もあります（同法41条２号）。

そして、登録を受けずに賃貸住宅管理業を営んだ者も、１年以下の懲役若しくは100万円以下の罰金に処せられ、又はこれを併科される可能性があります（同条１号）。

プラスα

登録を受けてから**１年以内**に業務を開始せず、又は、引き続き**１年以上**業務を行っていない場合も登録を取り消すことができます（同法23条２項）。

（2）登録の申請

登録（登録の更新を含む）を受けようとする者は、次の事項を記載した申請書を国土交通大臣に提出しなければなりません（賃貸住宅管理業法４条１項）。

◆登録申請書の記載事項

①**商号**、**名称**又は**氏名**及び**住所**
②法人である場合においては、その**役員**の**氏名**
③未成年者である場合においては、その法定代理人の氏名及び住所（法定代理人が法人である場合にあっては、その商号又は名称及び住所並びにその役員の氏名）
④**営業所**又は**事務所**の**名称**及び**所在地**

上記④の「営業所又は事務所」とは、管理受託契約の締結、維持保全の手配、又は家賃、敷金、共益費その他の金銭の管理の業務（同法２条２項２号に規定する業務を行う場

不正の手段によって登録を受けた者は、１年以下の**懲役**若しくは100万円以下の**罰金**に処せられ、又はこれを**併科**される可能性がある。

合に限る）が行われ、継続的に賃貸住宅管理業の営業の拠点となる施設として、実態を有するものが該当します。

電話の取次ぎのみを行う施設、維持保全業務に必要な物品等の置き場などの施設は、営業所又は事務所には該当しません。

また、事業者が個人の場合は、当該事業者の営業の本拠が該当します。

そして、申請書には、登録を受けようとする者が、次に述べる拒否事由のいずれにも該当しないことを誓約する書面その他の国土交通省令で定める書類を添付しなければなりません（同法４条２項）。

(3) 登録の拒否事由

登録の申請者が、以下の拒否事由のいずれかに該当する場合、登録を受けることはできません（賃貸住宅管理業法６条１項）。

◆登録の拒否事由

①**心身の故障**により賃貸住宅管理業を的確に遂行することができない者として国土交通省令で定めるもの
②**破産手続開始の決定**を受けて**復権を得ない**者
③登録を取り消され、その取消しの日から**５年**を経過しない者（当該登録を取り消された者が法人である場合にあっては、当該取消しの日前 30 日以内に当該法人の役員であった者で当該取消しの日から**５年**を経過しないものを含む）
④**禁錮以上の刑**に処せられ、又は**この法律**の規定により**罰金**の刑に処せられ、その執行を終わり、又は執行を受けることがなくなった日から起算して**５年**を経過し

プラスα

④について、従来の規定では「宅建業法」に違反して罰金の刑に処せられた場合も、登録を受けることができませんでした。新法では**賃貸住宅管理業法**の規定によるものと規定されています。

キーワードでCHECK! 登録拒否事由における年数 ⇒

ない者
⑤暴力団員又は同号に規定する暴力団員でなくなった日から**5年**を経過しない者
⑥賃貸住宅管理業に関し不正又は不誠実な行為をするおそれがあると認めるに足りる相当の理由がある者として国土交通省令で定めるもの
⑦営業に関し成年者と同一の行為能力を有しない未成年者でその法定代理人が①～⑥のいずれかに該当するもの
⑧法人であって、その役員のうちに①から⑥までのいずれかに該当する者があるもの
⑨暴力団員等がその事業活動を支配する者
⑩賃貸住宅管理業を遂行するために必要と認められる国土交通省令で定める基準に適合する**財産的基礎**を有しない者
⑪営業所又は事務所ごとに業務管理者を確実に選任すると認められない者

プラスα

⑩については、財産及び損益の状況が良好であること、具体的には、直近2年の各事業年度で負債の合計額が資産の合計額を超えておらず、支払不能に陥っていない状態をいいます。ただし、債務超過の状態でも直近2期に当期純利益が生じていれば、拒否事由に該当**しません**。

年数とともに登録拒否事由が問われた場合、「**5年**」という年数がキーワードとなる。「**5年**」という数字を基準として、各数字を覚えるとよい。

2　登録の実施

国土交通大臣は、登録の申請があったときは、**登録拒否事由**がある場合又は申請書若しくはその添付書類のうちに重要な事項について**虚偽の記載**があり、若しくは**重要な事実の記載が欠けている**ときを除き、一定事項を賃貸住宅管理業者登録簿に登録しなければなりません（賃貸住宅管理業法５条１項、６条１項）。

なお、登録の有効期間は**５年間**であり、国土交通大臣は、登録をしたときは、遅滞なく、その旨を申請者に**通知**しなければなりません（同法５条２項）。

プラスα

登録簿に登録される事項は、51ページの１（2）①～④に掲げる事項と、登録年月日及び登録番号です。ここまでは覚えていなくても大丈夫でしょう。

覚えよう!｜登録の実施の流れ

①登録の申請（申請書等の提出）をする。
②拒否事由に該当しないか等がチェックされる。
③登録の実施（登録簿への登録）。
　なお、登録の有効期間は**５年間**。

3　登録の更新

登録は、**５年**ごとに更新を受けなければ、その期間の経過によって、その効力を失います（賃貸住宅管理業法３条２項）。

また、更新の申請があった場合において、登録の有効期間の満了の日までにその申請に対する処分がされないときは、従前の登録は、登録の有効期間の満了後もその処分がされるまでの間は、なおその効力を**有します**（同条３項）。その場合において、登録の更新がされたときは、その登録の有効期間は、従前の登録の有効期間の満了の日の翌日から起算するものとします（同条４項）。

プラスα

登録の更新は、登録の有効期間の満了の日の**90日前**から**30日前**までの間に申請書を国土交通大臣に提出しなければなりません（同法施行規則４条）。

キーワードでCHECK!　登録簿の記載事項に変更があった場合　⇒

4　変更・廃業等の届出

(1) 変更の届出

管理業者は、登録簿の記載事項に変更があったときは、その日から**30日以内**に、変更があった旨を届け出なければなりません（賃貸住宅管理業法7条1項）。

この変更の届出を行わず、又は、虚偽の届出をしたときには、違反行為をした者は、30万円以下の罰金に処せられます（同法44条1号）。

(2) 廃業等の届出

個人である管理業者が死亡したり、法人である管理業者が合併によって消滅した場合等は、以下のとおり、一定の者が一定の日以内に、その旨を届け出なければなりません。なお、各届出事由があった場合は、届出がなくても登録の効力は**失われます**。（賃貸住宅管理業法9条1項、2項）。

◆廃業等の届出

<table>
<tr><th>届出事由</th><th>届出義務者</th><th>届出期間</th></tr>
<tr><td>（個人）死亡</td><td>相続人</td><td>死亡の事実を知った日から30日以内</td></tr>
<tr><td>（法人）合併による消滅</td><td>消滅法人の代表役員であった者</td><td rowspan="4">その日から30日以内</td></tr>
<tr><td>破産手続開始の決定</td><td>破産管財人</td></tr>
<tr><td>（法人）合併・破産以外の理由による解散</td><td>清算人</td></tr>
<tr><td>廃止</td><td>管理業者であった個人又は管理業者であった法人を代表する役員</td></tr>
</table>

プラスα

廃業等の届出については、令和3年度試験で出題されています。

プラスα

管理業者が登録の更新をしなかったとき、登録が効力を失ったり、取り消されたときは、当該管理業者等が締結した管理受託契約に基づく業務を結了する目的の範囲内では、なお管理業者と**みなされます**（同法27条）。

登録簿の記載事項に変更があった場合、**30日以内**にその旨を届け出なければならない。この変更の届出を行わなかった場合等は、30万円以下の**罰金**に処せられる。

一問一答で確認しよう！

□□□**問 1**　賃貸用住宅であっても、人の居住の用に供する家屋又は家屋の部分でないならば、「賃貸住宅」には該当しない。

□□□**問 2**　賃貸住宅に係る金銭の管理を行う業務は、それが単独の業務であったとしても管理業務となる。

□□□**問 3**　不正の手段によって登録を受けた者には、罰則が科される。

□□□**問 4**　登録の更新の申請があった場合において、登録の有効期間の満了の日までにその申請に対する処分がされないときは、従前の登録は、効力を失う。

□□□**問 5**　賃貸住宅管理業者である法人が合併により消滅したときは、存続法人を代表する役員が、合併した日から 30 日以内にその旨を国土交通大臣に届け出なければならない。

正解と解説

1 ○　「賃貸住宅」とは、賃貸用住宅であって、**人の居住の用に供する家屋**又は**家屋の部分**のことをいう。人の居住の用に供しない家屋又は家屋の部分は、「賃貸住宅」**ではない**。

2 ×　「管理業務」とは、①賃貸住宅の**維持保全**業務及び②賃貸住宅の**金銭管理**業務のことである。ただし、②は、単独では管理業務と**ならず**、①**と併せて行う**ものについてのみ、管理業務となる（賃貸住宅管理業法 2 条 2 項）。

3 ○　不正の手段によって登録を受けた者は、1 年以下の懲役若しくは 100 万円以下の罰金に**処せられ**、又はこれを**併科される**（賃貸住宅管理業法 41 条 2 号）。

4 ×　登録の更新の申請があった場合において、登録の有効期間の満了の日までにその申請に対する処分がされないときは、従前の登録は、登録の有効期間の満了後もその処分がされるまでの間は、**なおその効力を有する**（賃貸住宅管理業法 3 条 3 項）。

5 ×　届出義務を負うのは、**消滅**法人を代表する役員であった者である。

過去問を確認しよう！

□□□**問題**　管理業法の制定背景や概要に関する次の記述のうち、適切なものはどれか。　（令和４年度第 29 問）

1　民間主体が保有する賃貸住宅のストック数は近年、減少傾向にある。

2　近年では、建物所有者自ら賃貸住宅管理業務のすべてを実施する者が増加し、賃貸住宅管理業者に業務を委託する所有者が減少している。

3　管理業法は、賃貸住宅管理業を営む者についての登録制度を設け、また、サブリース事業を規制する法律であり、特定転貸事業者には賃貸住宅管理業の登録を受ける義務が課せられることはない。

4　管理業法において、サブリース事業に対しては、行政による指示、業務停止等の監督処分がされ、また、罰則が科されることによって、事業の適正化の実効性が確保されるものとされているが、サブリース事業の適正化を図るための規定の適用対象は特定転貸事業者に限定されない。

正解　4

1 ×　民間主体が保有する賃貸住宅のストック数は近年、**増加**傾向にあり、平成 30 年時点では住宅ストック総数（約 5,360 万戸）の４分の１強（約 1,530 万戸）を占める。

2 ×　賃貸住宅の管理業務は、専門性が高く、手間がかかる。そのため、近年では、建物所有者自ら賃貸住宅管理業務のすべてを実施する者が**減少**し、賃貸住宅管理業者に業務を委託する所有者が**増加**している。

3 ×　管理業法は、賃貸住宅管理業を営む者についての**登録制度**を設け、また、**サブリース事業を規制**する法律であり、一定の事業規模以上の特定転貸事業者には、賃貸住宅管理業の登録を受ける義務が**課せられることがある**。

4 ○　管理業法において、サブリース事業に対しては、行政による指示、業務停止等の監督処分がされ、また、罰則が科されることによって、事業の適正化の実効性が確保されるものとされているが、サブリース事業の適正化を図るための規定の適用対象は、特定転貸事業者に**限定されない**。例えば、誇大広告等の禁止や不当な勧誘等の禁止は、特定転貸事業者に加え、勧誘者に対しても、遵守義務が課されることとなる。

予想問題にチャレンジ！

問題　賃貸住宅の管理業務等の適正化に関する法律第６条第１項に規定されている登録拒否事由に関する次の記述のうち、誤っているものはどれか。

1　破産手続開始の決定を受けて復権を得てから５年を経過しない者は、賃貸住宅管理業者の登録を受けることができない。

2　禁錮以上の刑に処せられ、又はこの法律の規定により罰金の刑に処せられ、その執行を終わり、又は執行を受けることがなくなった日から起算して５年を経過しない者は、賃貸住宅管理業者の登録を受けることができない。

3　賃貸住宅管理業を遂行するために必要と認められる国土交通省令で定める基準に適合する財産的基礎を有しない者は、賃貸住宅管理業者の登録を受けることができない。

4　登録を取り消され、その取消しの日から５年を経過しない者は、賃貸住宅管理業者の登録を受けることができない。

解答	

正解	1

1 ×　破産手続開始の決定を受けて復権を得ない者は、賃貸住宅管理業者の登録を受けることが**できない**（賃貸住宅管理業法６条１項２号）。復権を得ていれば登録を受けられる（５年間待つ必要は**ない**）ので、**誤り**。
2 ○　賃貸住宅管理業法６条１項４号により**正しい**。
3 ○　賃貸住宅管理業法６条１項10号により**正しい**。
4 ○　賃貸住宅管理業法６条１項３号により**正しい**。

第2節 管理業者の遵守事項、監督等

学習日 ／

頻出度 A

賃貸住宅管理業法では、管理業者に様々な遵守事項を設けて、その業務遂行が適切なものとなるようにしています。この分野も、試験において毎年出題される重要事項です。

I 業務上の遵守事項

重要度 ★★★

POINT

管理業者が業務を行うに当たって遵守すべき事項を、具体的な業務の場面をイメージしながら理解していきましょう。

1 業務処理の原則

管理業者は、信義を旨とし、誠実にその業務を行わなければならないとされています（賃貸住宅管理業法10条）。登録制度では、管理業者が信義・誠実に業務を行うように、以下に説明する様々な遵守事項を設けています。

用語

遵守（じゅんしゅ）
遵守とは、定められた規則や法令等を守ることを意味する。

2 従業者証明書の携帯・提示

(1) 従業者証明書の携帯義務

管理業者は、使用人その他の従業者に、その従業者であることを証する証明書（**従業者証明書**）を**携帯**させなければ、その者をその業務に従事させることができません（賃貸住宅管理業法17条1項）。

(2) 従業者証明書の提示義務

よく出る!

管理業者の使用人その他の従業者は、その業務を行うに際し、委託者その他の関係者から**請求**があったときは、従業者証明書を**提示**しなければなりません（賃貸住宅管理業法 17 条 2 項）。

（3）義務違反における罰則

証明書を携帯させる義務、証明書を提示する義務に違反したときは、違反行為をした者は、30 万円以下の罰金に処せられます（賃貸住宅管理業法 44 条 5 号）。

3　標識の掲示

管理業者は、その**営業所**又は**事務所ごと**に、公衆の見やすい場所に、管理業者の名称や代表者の氏名、登録番号や登録の有効期間などが記載された、一定の**標識**を掲げなければなりません（賃貸住宅管理業法 19 条）。

また、この**標識の掲示**義務に違反したときは、30 万円以下の罰金に処せられます（同法 44 条 5 号）。

4　財産の分別管理

管理業者は、管理受託契約に基づく管理業務において受領する家賃、敷金、共益費その他の金銭については、整然と管理する方法により、**自己の固有財産**及び**他の管理受託契約**に基づく管理業務において受領する家賃、敷金、共益費その他の金銭と**分別**して、管理しなければなりません（賃貸住宅管理業法 16 条）。

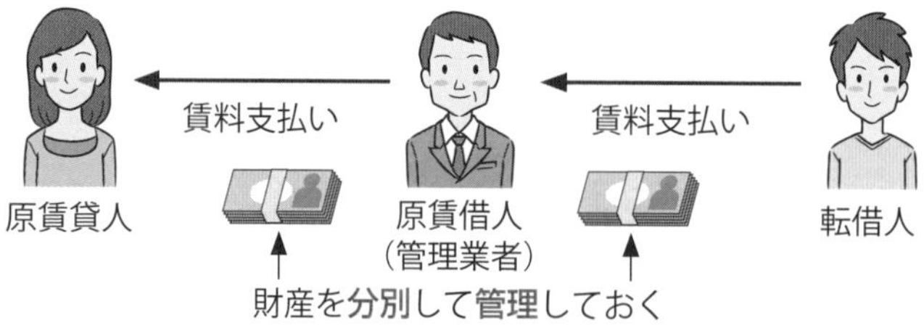

よく出る！

プラスα

左の掲示について、インターネットのホームページ上への掲示では、掲示義務を満たすことに**なりません**（同法施行規則 39 条）。

プラスα

分別管理の方法としては、家賃等を管理する口座と賃貸住宅管理業者の固有財産を管理する口座を別としたうえで、**管理受託契約ごと**に金銭の出入を区別した**帳簿**を作成するなどして、勘定上も分別管理する必要があります。なお、左記のように金銭管理の方法は**法定**されており、賃貸人の指揮命令に従うものではありません。

キーワードで CHECK!　帳簿の備付けの保存期間　⇒

5　委託者への定期報告

管理業者は、**定期的**に**委託者**に対して、当該管理業務の**実施状況**等について報告をしなければなりません（賃貸住宅管理業法 20 条）。

なお、管理受託契約を締結した日から **1 年**を超えない期間ごとに、及び管理受託契約の期間の**満了後遅滞なく**、報告を行う必要があり、報告事項によっては、それ以上の頻度で報告を行うことが望ましいとされています。

6　帳簿の備付け等

管理業者は、その**営業所**又は**事務所ごと**に、その業務に関する**帳簿**を備え付け、委託者ごとに管理受託契約について契約年月日、契約の対象となる賃貸住宅、報酬の額等を記載し、これを**保存**しなければなりません（賃貸住宅管理業法 18 条）。そして、この帳簿は閉鎖後、**5 年間保存**する必要があります。

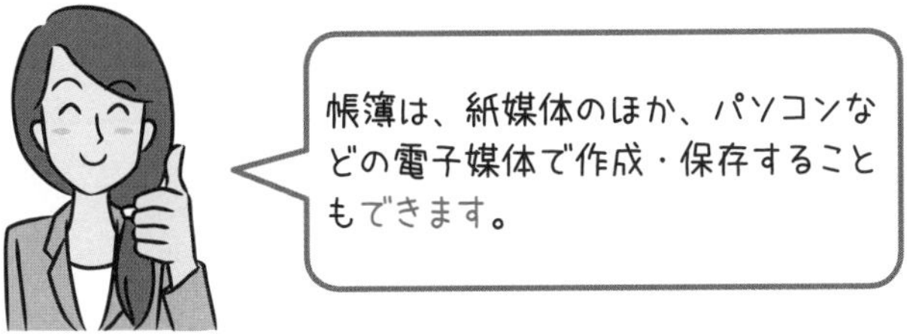

7　秘密の保持

管理業者は、**正当な理由**がある場合でなければ、その業務上取り扱ったことについて知り得た秘密を他に漏らしてはなりません（賃貸住宅管理業法 21 条 1 項）。

この義務は、管理業者の代理人、使用人その他の従業者も負っており、これらの者が賃貸住宅管理業を**営まなくなった後**においても、同様とされます（同条 2 項）。

○×チェック!!

管理業者は、委託者に対して、毎事業年度の終了後 3 か月以内に、当該管理事務の実施状況等に関する報告をすることが義務づけられている。

答× 報告の時期は、管理受託契約を締結した日から **1 年**を超えない期間ごとに、及び管理受託契約の期間の満了後**遅滞なく**、報告を行う必要があり、報告する事項によっては、それ以上の頻度で報告を行うことが望ましいとされている。

管理業者は、**営業所**又は**事務所**ごとに、業務に関する帳簿を備え付け、この帳簿は閉鎖後、**5 年間**保存しなければならない。

ちなみに、この秘密を守る義務に違反して、秘密を漏らしたときは、30万円以下の罰金に処せられます（同法44条7号）。

8　名義貸しの禁止

管理業者は、**自己の名義**をもって、他人に賃貸住宅管理業を営ませてはなりません（賃貸住宅管理業法11条）。

名義貸しの禁止に違反して、他人に賃貸住宅管理業を営ませたときには、1年以下の懲役若しくは100万円以下の罰金に処せられ、又はこれらが併科されます（同法41条3号）。

9　業務管理者の選任

管理業者は、その**営業所**又は**事務所ごと**に、**1人以上**の「業務管理者」を選任して、当該営業所又は事務所における業務に関し、管理受託**契約の内容の明確性**、管理業務として行う賃貸住宅の**維持保全**の**実施方法の妥当性**その他の賃貸住宅の入居者の居住の安定及び賃貸住宅の賃貸に係る事業の円滑な実施を確保するために必要な事項についての**管理及び監督**に関する事務を行わせなければなりません（賃貸住宅管理業法12条1項）。

また、管理業者は、その営業所若しくは事務所の業務管理者として選任した者の**すべて**が、52ページで述べた登録拒否事由の①～⑦までのいずれかに該当し、又は選任した者の**すべて**が欠けるに至ったときは、新たに業務管理者を選任するまでの間、その営業所又は事務所において管理受託契約を**締結してはいけません**（同条2項）。

ちなみに、業務管理者は、他の営業所又は事務所の業務管理者となることがで**きません**（同条3項）。そして、業務管理者は、登録拒否事由の①～⑦までのいずれにも該当

プラスα

A管理業者が、B管理業者に「A管理業者」という名義をもって管理業を営ませることが許されると、依頼者は「A管理業者」であるから依頼しており、「B管理業者」では依頼しなかった場合に、依頼者の信頼が害されることがあるためです。

キーワードでCHECK!　名義貸しの禁止　⇒

しない者で、管理業者の営業所又は事務所における業務に関し事務を行うのに必要な知識及び能力を有する者として賃貸住宅管理業に関する一定の実務の経験等の要件を備えるものでなければなりません（同条４項）。

なお、業務管理者を選任する義務に違反して、業務管理者を選任しなかったとき、又は、業務管理者を欠いた場合の契約締結の禁止に違反して営業所又は事務所において管理受託契約を締結したときには、違反行為をした者は、30万円以下の罰金に処せられます（同法44条２号、３号）。

10　管理業務の再委託の禁止

よく出る!

管理業者は、委託者から委託を受けた管理業務の**全部**を他の者に対し、**再委託してはなりません（一括再委託の禁止**、賃貸住宅管理業法15条）。これも名義貸しの禁止と同じく、その管理業者であるから委託した、という信頼を保護するための規定です。

覚えよう! | 管理業者の遵守事項

- **従業者証明書**の**携帯・提示**
- **標識**の掲示
- **財産**の**分別管理**
- **委託者**への**定期報告**
- **帳簿**の**備付け**等
- **秘密**の**保持**
- **名義貸し**の禁止
- **業務管理者**の選任
- 管理業務の**再委託**の禁止

管理業者は、**自己の名義**をもって、他人に賃貸住宅管理業を営ませることができない（賃貸住宅管理業法11条）。違反した場合は**懲役**や**罰金刑**（又は併科）がある。

Ⅱ 重要事項の説明と書面の交付

重要度 ★★★

POINT

管理業者は、重要事項の説明及び書面の交付を行う必要があります。ここは具体的な場面を想定しながら、理解していきましょう。

1 「管理受託方式」における重要事項説明等

(1) 管理受託契約の締結前の書面の交付

管理業者は、管理受託契約を締結しようとするとき、管理業務を委託しようとする賃貸住宅の賃貸人に対し、当該管理受託**契約を締結するまで**に、管理受託契約の内容及びその履行に関する事項であって国土交通省令で定めるものについて、**書面を交付**して**説明**しなければなりません（賃貸住宅管理業法13条1項）。これがいわゆる管理受託契約重要事項説明です。

管理業者は、賃貸人が管理受託契約重要事項説明の対象となる場合、その者が管理受託契約について一定の知識や経験があったとしても、**書面**にて十分な説明を**しなければなりません**が、同条のかっこ書では、国土交通省令で定める専門的知識及び経験を有する者等の一定の者について、重要事項説明の対象から除外しています。

また、契約期間中に説明事項に変更があった場合、管理受託契約重要事項説明と**同様の方法**で説明する必要があります。

なお、管理業者は、書面の交付に代えて、政令で定めるところにより、管理業務を委託しようとする賃貸住宅の賃貸人の**承諾**を得て、当該書面に記載すべき事項を**電磁的方法**により提供することができます。この場合、当該管理業者は、当該書面を交付したものとみなされます（同条2項）。

プラスα

18歳以上の成年であれば、単独で説明を受けることができます。

よく出る!

プラスα

管理受託契約重要事項説明は、業務管理者によって行う必要は**ありません**。

プラスα

左の重要事項説明の対象から除外される国土交通省令で定める者とは、**賃貸住宅管理業者、特定転貸事業者、宅建業者**などです（同法施行規則30条）。

プラスα

「電磁的方法」と言われると戸惑う人もいるかもしれませんが、要するに、「紙」ではなく、「データ」の送信等の方式でもよいということです。

キーワードでCHECK! 管理受託契約の締結前の書面の交付

◆管理受託契約の「締結前」の説明事項

①管理受託契約を締結する賃貸住宅管理業者の商号、名称又は氏名並びに登録年月日及び登録番号

②管理業務の対象となる賃貸**住宅**の**所在地**、物件の名称、構造、**面積**、住戸部分（部屋番号）その他の部分（廊下、階段、エントランス等）、建物**設備**（ガス、上水道、下水道、エレベーター等）、附属**設備**等（駐車場、自転車置き場等）

③管理**業務の内容**及び**実施方法**について、**回数**や**頻度**を明示して、可能な限り具体的に記載し、説明する。入居者からの**苦情**や**問い合わせ**への**対応**を行う場合は、その**内容**も可能な限り具体的に記載し、説明する。

④**報酬の額**並びにその**支払いの時期**及び**方法**

⑤**報酬に含まれない**管理業務に関する**費用**で、**管理業者**が**通常必要**とするもの（**水道光熱費**、**空室管理費**等）

⑥管理業務の一部の**再委託**に関する事項（**業務内容**、**再委託予定者**）

⑦**責任**及び**免責**に関する事項

賃貸人に賠償責任保険の加入を求める場合や保険で補償される損害を管理業者が責任を負わないとする場合などが該当する。

⑧管理の実施状況等、**委託者への報告**に関する**報告内容**やその**頻度**

⑨管理受託契約の**始期**、**終期**及び**契約期間**

⑩入居者に対する③**の周知方法**（対面での説明、書類の郵送、メール送付等）

⑪管理受託契約の**更新**及び**解除**に関する事項

契約当事者が本旨に従った履行をしない場合、相手方が相当の期間を定めて履行を催告《さいこく》し、その期間内に履行がないときは、解除することができる旨を説明する。

プラスα

管理受託契約の「締結前」の重要事項説明は「管理受託契約重要事項説明」とも呼ばれます。また、左の記載事項については、管理業法施行規則31条で規定され、より具体的な内容が「賃貸住宅の管理業務等の適正化に関する法律の解釈・運用の考え方」で規定されています。左の内容は、これらをまとめた内容となっています。

○×チェック!!

管理受託契約重要事項説明においては、「報酬の額並びにその支払の時期及び方法」を説明しなければならない。

答○　左の④参照。

○×チェック!!

管理受託契約重要事項説明においては、「管理受託契約の更新及び解除に関する事項」を説明しなければならない。

答○　左の⑪参照。

管理業者は、管理受託契約を締結しようとするとき、委託者に対して当該**契約を締結するまで**に、一定事項を記載した**書面を交付**して、**説明**をしなければならない。

(2) 管理受託契約の締結時の書面の交付

管理業者は、管理受託契約を**締結したとき**は、管理業務を委託する賃貸住宅の賃貸人（委託者）に対し、遅滞なく、次に掲げる事項を記載した書面を交付しなければなりません（賃貸住宅管理業法 14 条 1 項、同法施行規則 35 条）。

○×チェック!!

管理受託契約の締結時の書面の記載事項においては、報酬の額並びにその支払いの時期及び方法を記載しなければならない。

答○　左の④参照。

◆管理受託契約の「締結時」書面の主な記載内容

①管理業務の**対象**となる**賃貸住宅**
②管理業務の**内容**及び**実施方法**
③契約**期間**に関する事項
④**報酬**の**額**並びにその**支払時期**及び**方法**
⑤契約の**更新**又は**解除**に関する定めがあるときは、その**内容**
⑥管理業務の一部の**再委託**に関する定めがあれば、その内容
⑦**責任**及び**免責**に関する定めがあれば、その内容
⑧委託者への**報告**に関する事項
⑨**入居者**に対する**周知**に関する事項

「締結時」の書面についても、「締結前」の書面と同様、管理業者は、書面の交付に代えて、政令で定めるところにより、管理業務を委託しようとする賃貸住宅の賃貸人の**承諾**を得て、当該書面に記載すべき事項を**電磁的方法**により提供することができます。この場合において、当該管理業者は、当該書面を交付したものとみなされます（同法 14 条 2 項、13 条 2 項）。

なお、この「締結時」の書面を交付せず、若しくは同項に規定する事項を記載しない書面若しくは虚偽の記載のある書面を交付したとき（電磁的方法により提供する場合においても同じ）は、30 万円以下の罰金に処せられます（同法 44 条 4 号）。

キーワードで CHECK! 管理受託契約での交付書面の電磁的方法による提供　⇒

2 「サブリース方式」の契約「締結前」の重要事項説明

(1) 契約「締結前」の規定の概要

まず前提として再確認しておくと、原則的なサブリース方式とは、下の図のように、管理業者が特定賃貸借契約の賃借人、かつ、転貸人となり、第三者（転借人）に転貸する管理方式です。

◆サブリース方式

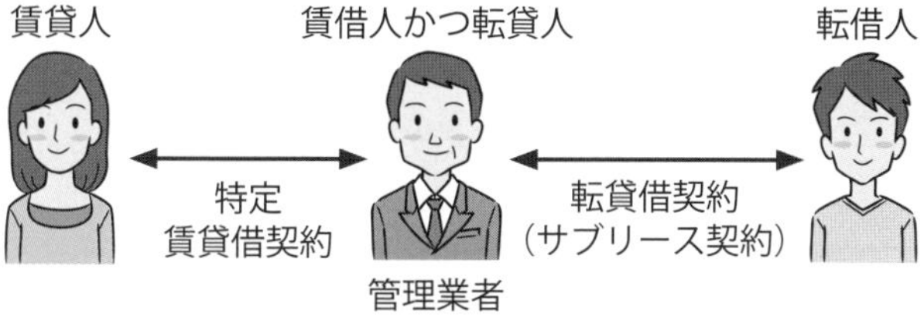

賃貸住宅管理業法においては、賃貸住宅の賃貸借契約であって、賃借人が当該賃貸住宅を第三者に転貸する事業を営むことを目的として締結されるものを「特定賃貸借契約」と定義しています（同法２条４項）。

試験対策上、サブリース方式の原則的な形態として行われる原賃貸借契約が「特定賃貸借契約」と定義されたと考えればよいでしょう。

また、同法では、この特定賃貸借契約に基づき賃借した賃貸住宅を第三者に転貸する事業を営む者を「特定転貸事業者」と定義しています（同条５項）。

以上を踏まえたうえで、話を進めていきます。

サブリース事業において、(原) 賃貸人となろうとする者は、賃貸住宅を賃貸する事業の経験・専門知識に乏しい者が多く、特定転貸事業者との間では、経験・専門知識等に大きな格差があります。特定転貸事業者の中には、このような格差を利用し、将来的な家賃の減額等が生じる可能性

プラスα

賃貸人と賃借人の間の賃貸借契約のことを「**原賃貸借**契約」、賃借人（転貸人）と転借人の間の転貸借契約のことを「サブリース契約」とも言います。「特定賃貸借契約」という言葉が出てきた場合、**サブリース**方式の「**原賃貸借**契約」部分のことであると考えましょう。

管理業者は、管理業務を委託しようとする賃貸住宅の賃貸人の**承諾**があれば、「締結前」及び「締結時」の交付する書面を電磁的方法により提供することができる。

があるにもかかわらず、特定賃貸借契約の締結に当たって、家賃改定条件、契約解除条件等について、(原)賃貸人となろうとする者に十分な説明を行わず、契約内容を誤認させたまま、契約を締結させる悪質業者が存在し、(原)賃貸人との間で大きなトラブルが多発しています。

このため、(原)賃貸人となろうとする者が契約内容を正しく理解したうえで、適切なリスク判断のもと、特定賃貸借契約を締結することができる環境を整えるため、賃貸住宅管理業法では、特定転貸事業者に対し**特定賃貸借**契約の契約**締結前**に、(原)賃貸人となろうとする者に**書面を交付**し、**説明**することを義務づけているのです(同法30条)。

(2) 説明義務者・実際に説明を行う者

重要事項説明は、**特定転貸事業者自ら**が行う必要があります。

ただし、特定転貸事業者が、実際にどのような者に説明をさせなければならないかについて、法律上定めは**ありません**。しかし、重要事項について、正確な情報を適切に説明することで、相手方等となろうとする者が十分に理解をしたうえで契約締結の意思決定ができるようにするという趣旨に鑑みると、賃貸不動産経営管理士など専門的な知識及び経験を有する者によって、説明が行われることが望ましいとされています。

(3) 説明の時期

①契約締結の前に行うこと

前述のように、特定転貸事業者は、**特定賃貸借**契約の**締結前**に重要事項説明を行う必要があります。重要事項説明については、**特定賃貸借**契約の相手方となろうとする者が契約内容とリスク事項を十分に理解したうえで契約を締結

キーワードで CHECK! 特定賃貸借契約を更新する場合の重要事項説明 ⇒

できるよう、説明から契約締結までに**1週間程度**の期間をおくことが望ましいとされています。

また、説明から契約締結までの期間を短くせざるを得ない場合には、事前に**特定賃貸借**契約重要事項説明書等を送付し、その送付から一定期間後に、説明を実施するなどして、**特定賃貸借**契約の相手方となろうとする者が契約締結の判断を行うまでに十分な時間をとることが望ましいとされています。

②更新等

特定転貸事業者が特定賃貸借契約を当初契約と異なる内容で更新する場合、**改めて重要事項説明**をするものとされています。ここでいう「当初契約と異なる内容」とは、契約内容のうち、少なくとも**重要事項説明の内容**が当初契約と異なる場合は、当初契約と異なる内容による契約であると考えられます。

なお、契約の同一性を保ったままで契約期間のみを延長することや、組織運営に変更のない商号又は名称等の変更等、形式的な変更と認められる場合は「当初契約と異なる内容」に**該当せず**、その場合、重要事項説明等は行わないこととして**差し支えない**とされています。

③賃貸人の地位の移転と重要事項説明

特定賃貸借契約が締結されている家屋等が、契約期間中に賃貸人から売却され、賃貸人たる地位が新たな賃貸人に移転し、従前と同一内容によって当該特定賃貸借契約が承継される場合、特定転貸事業者は、賃貸人たる地位が移転することを認識した後、遅滞なく、新たな賃貸人に**当該特定賃貸借契約の内容がわかる書類を交付**することが望ましいとされています。

プラスα

変更契約を締結しようとするときに重要事項説明を行う場合は、説明を受けようとする者が**承諾**した場合に限り、説明から契約締結まで**期間をおかない**ことができます。

プラスα

賃貸住宅管理業法の「施行前」に締結された特定賃貸借契約について、同法の「施行後」に更新する場合、契約の同一性が保たれていれば、重要事項説明等は**不要**です。しかし、それが当初契約と異なる内容による契約に該当する場合、重要事項説明等が**必要**となります。

特定転貸事業者は、**特定賃貸借**契約を異なる内容で更新する場合、**改めて重要事項説明**をするものとされている。

(4) 書面への記載事項及び説明内容

重要事項説明において、書面に記載して説明すべき事項は、以下のとおりです。

◆特定賃貸借契約の「締結前」の書面記載・説明事項

①特定賃貸借契約を締結する特定転貸事業者の商号、名称又は氏名及び住所

②管理業務の対象となる賃貸**住宅**の**所在地**、物件の名称、構造、**面積**、住戸部分(部屋番号、住戸内の設備等)、その他の部分(廊下、階段、エントランス等)、建物**設備**(ガス、上水道、下水道、エレベーター等)、附属**設備**等(駐車場、自転車置き場等)

③特定転貸事業者が賃貸人に支払う**家賃の額**、家賃の**設定根拠**(近傍同種《きんぼうどうしゅ》の家賃相場を示す)、支払**期限**、支払**方法**、家賃改定日等、また、**敷金**がある場合も同様。また、契約期間が長期の場合などでは、賃貸人が当初の家賃が契約期間中変更されることがないと誤認しないよう、**家賃改定のタイミング**について説明し、家賃が**減額**される場合があることも記載し、説明する。また、契約で家賃改定日が定められていても、その日以外に借地借家法に基づく**減額請求**が**可能**であることについて記載し、説明する。

④特定転貸事業者が行う賃貸住宅の**維持保全**の内容について、**回数**や**頻度**を明示して可能な限り具体的に記載し、説明する。入居者からの**苦情**や**問い合わせ**への対応を併せて行う場合は、その内容も可能な限り具体的に記載し、説明する。

⑤特定転貸事業者が行う維持保全の具体的な内容や設備ごとに、賃貸人と特定転貸事業者のどちらが、それぞれの維持や修繕に要する**費用**を**負担**するかについ

プラスα

左の書面記載・説明事項の内容は、令和3年度試験で出題されました。今後の出題可能性も高いので、赤字部分は覚えておきましょう。

○×チェック!!

特定賃貸借契約を締結しようとするときにおいては、特定賃貸借契約の相手方に支払う家賃の設定根拠を説明しなければならない。

答○　左の③参照。

○×チェック!!

特定賃貸借契約を締結しようとするときにおいては、特定賃貸借契約の相手方に支払う敷金がある場合は、その額を説明しなければならない。

答○　左の③参照。

キーワードでCHECK!　特定賃貸借契約の「締結前」の説明事項(建物設備) ⇒

て記載し、説明する。その際、賃貸人が負担する事項を誤認しないよう、設備ごとに費用負担者が変わる場合や、賃貸人負担となる経年劣化や通常損耗《そんもう》の修繕費用など、賃貸人負担となる費用を具体的に記載し、説明する。

⑥特定転貸事業者が行う維持保全の**実施状況**について、賃貸人へ**報告**する**内容**やその**頻度**

⑦**損害賠償額の予定**又は**違約金**を定める場合はその内容

⑧天災等による損害等、特定転貸事業者が**責任を負わない（免責）**こととする場合はその旨

⑨契約の**始期**、**終期**、**期間**及び契約の**類型**（普通借家契約、定期借家契約）。契約期間は、家賃が固定される期間ではないことを記載し、説明する。

⑩反社会的勢力への転貸の禁止や、学生限定等の転貸の条件を定める場合はその内容

⑪特定転貸事業者が行う④に記載する維持保全の内容について、**どのような方法**（対面での説明、書類の郵送、メール送付等）で**周知**するか

⑫賃貸人と特定転貸事業者間における契約の**更新の方法**（両者の協議のうえ、更新することができる等）、**契約の解除**の場合の定めを設ける場合はその内容及び⑦について

契約当事者が本旨に従った履行をしない場合、相手方が相当の期間を定めて履行を催告し、その期間内に履行がないときは、解除することができる旨

契約の更新拒絶等に関する借地借家法の規定の概要については、⑮の内容

⑬特定賃貸借契約が終了した場合、賃貸人が特定転貸事業者の**転貸人の地位**を**承継**することとする定めを設け、その旨を記載し、説明する。特に**転貸人の地**

管理業務の対象となる賃貸住宅については、所在地や面積等だけではなく、建物**設備**（ガス、上水道等）や附属**設備**（駐車場等）の説明も必要となる。

位を**承継**した場合に、正当な事由なく入居者の契約更新を**拒むことはできない**こと、特定転貸事業者の**敷金返還債務**を**承継**すること等について賃貸人が認識できるようにする。

⑭借賃増減請求権について、

> ・土地又は建物に対する租税その他の負担の増減により不相当となったとき
> ・土地又は建物の価格の上昇又は低下その他の経済事情の変動により不相当となったとき
> ・近傍同種の建物の借賃に比較して不相当となったとき

は、契約の条件にかかわらず、特定転貸事業者は家賃を相当な家賃に**減額**を**請求**することができること、また、空室の増加や特定転貸事業者の経営状況の悪化等が生じたとしても、**上記いずれかの要件**を充足しない限りは、同条に基づく減額請求はできないこと、さらに、特に契約で家賃改定日が定められている場合や、一定期間特定転貸事業者から家賃の減額はできないとする等の内容が契約に盛り込まれていた場合でも、特定転貸事業者からの家賃の減額請求は**できる**こと

⑮更新拒絶等の要件について、賃貸人から更新を拒絶する場合には、一定事項を考慮して、正当の事由がなければできない旨

特に契約において、賃貸人と特定転貸事業者の協議のうえ、更新することができる等の更新の方法について定められている場合、賃貸人が更新に同意しなければ、特定転貸事業者が更新の意思を示していても、契約を更新しないことができると誤認しないようにする。

キーワードでCHECK! **IT を活用した重要事項説明の要件 ⇒**

⑯借地借家法 38 条（定期建物賃貸借）について、定期借家契約として特定賃貸借契約を締結する場合、家賃は減額**できない**との特約を定めることにより、特定転貸事業者から家賃の減額請求は**できない**こと、契約期間の満了により、契約を終了することができること、賃貸人からの途中解約は、原則として**できない**こと

(5) 情報通信技術の利用（IT の活用）による説明

①電磁的方法による重要事項の提供

特定転貸事業者は、書面の交付に代えて、政令で定めるところにより、当該特定賃貸借契約の相手方となろうとする者の**承諾**を得て、当該書面に記載すべき事項を**電磁的方法**により提供することができます。この場合において、当該特定転貸事業者は、当該書面を交付したものとみなされます（賃貸住宅管理業法 30 条 2 項）。

よく出る!

②重要事項説明に IT を活用する場合の取扱い

重要事項の説明にテレビ会議等の IT を活用するに当たっては、次に掲げる**すべての**事項を満たしている場合に限り、対面による重要事項の説明と同様に取り扱われます。

・説明者及び重要事項の説明を受けようとする者が、図面等の書類及び説明の内容について十分に理解できる程度に**映像**が**視認**でき、かつ、双方が発する**音声**を十分に聞き取ることができるとともに、双方向でやりとりできる環境において実施していること。
・重要事項の説明を受けようとする者が**承諾**した場合を**除き**、重要事項説明書及び添付書類を**あらかじめ送**

プラスα

説明の相手方に事前に重要事項説明書等を読んでおくことを推奨するとともに、重要事項説明書等の送付から**一定期間後**に、IT 重要事項説明を実施することが望ましいとされています。

なお、左の要件は183 ページで解説する宅建業法上のものとほぼ同じです。

IT を活用して重要事項説明を行う場合の要件については、いくつか規定されているが、これらの要件の**すべて**を満たした場合のみ、対面のものと同様と扱う。

付していること。

・重要事項の説明を受けようとする者が、重要事項説明書及び添付書類を確認しながら説明を受けることができる状態にあること並びに映像及び音声の状況について、説明者が説明を開始する前に確認していること。

(6) 特定賃借契約の締結前の説明が不要となる場合

特定賃貸借契約の相手方となろうとする者が、以下の①～⑧に当たる場合は、重要事項説明義務が不要となります。

◆特定賃貸借契約の締結前の説明が不要となる相手方

①特定転貸事業者　②賃貸住宅管理業者
③宅地建物取引業者
④特定目的会社　⑤組合
⑥賃貸住宅に係る信託の受託者
⑦独立行政法人都市再生機構
⑧地方住宅供給公社

プラスα

締結前書面に関する国土交通大臣による監督処分と罰則については、85ページを参照してください。

3 「サブリース方式」の契約「締結時」の重要事項説明

(1) 契約「締結時」の規定の概要

特定賃貸借契約は、その契約の締結後に契約内容や条件を確認できるよう、特定転貸事業者に対し、遅滞なく、相手方に必要な事項を記載した書面を交付することを義務づけ、当事者間の認識の相違による紛争の発生防止を図ることとしています。

プラスα

「契約書」に所定の事項が記載されている場合、当該契約書をもって契約締結時書面とすることができます。

(2) 書面の記載事項

書面の記載事項は、次ページの①～⑬です。

◆特定賃貸借契約「締結時」の重要事項説明書の記載事項

①特定賃貸借契約を締結する特定転貸事業者の**商号**、**名称**又は**氏名**及び**住所**
②特定賃貸借契約の**対象**となる賃貸**住宅**
③**契約期間**に関する事項
④特定賃貸借契約の相手方に支払う**家賃**その他賃貸の条件に関する事項
⑤特定転貸事業者が行う賃貸住宅の**維持保全**の実施方法
⑥特定転貸事業者が行う賃貸住宅の**維持保全**に要する**費用**の分担に関する事項
⑦特定賃貸借契約の相手方に対する**維持保全の実施状況の報告**に関する事項
⑧**損害賠償額**の予定又は**違約金**に関する定めがあるときは、その内容
⑨**責任**及び**免責**に関する定めがあるときは、その内容
⑩転借人の資格その他の転貸の条件に関する事項
⑪転借人に対する特定転貸事業者が行う賃貸住宅の**維持保全の実施方法の周知**に関する事項
⑫契約の**更新**又は**解除**に関する定めがあるときは、その内容
⑬特定賃貸借契約が終了した場合における特定転貸事業者の権利義務の承継に関する事項

プラスα

特定転貸事業者は、書面の交付に代えて、政令で定めるところにより、当該特定賃貸借契約の相手方となろうとする者の**承諾**を得て、当該書面に記載すべき事項を**電磁的方法**により提供することができます。

(3) 更新の場合の締結時書面

特定転貸事業者が特定賃貸借契約を当初契約と異なる内容で更新する場合、**改めて締結時書面**の交付をするものとされています。

ここで、「当初契約と異なる内容」とは、契約内容のうち、少なくとも賃貸住宅管理業法 31 条 1 項及び同法施行規則

プラスα

締結時書面に関する国土交通大臣による監督処分と罰則については、85 ページを参照してください。

特定転貸事業者が、特定賃貸借契約を当初の契約と異なる内容で更新する場合は、**改めて特定賃貸借契約の締結時の書面を交付しなければならない。**

48条各号が規定する事項、つまり、前ページで述べた①～⑬の事項が当初契約と異なる場合は、当初契約と異なる内容による契約であると考えられます。例えば、家賃の減額は④に該当します。なお、契約の同一性を保ったままで契約期間のみを延長することや、組織運営に変更のない商号又は名称等の変更等、形式的な変更と認められる場合は、この書面の交付は行わないこととできます。

Ⅲ 特定賃貸借標準契約書

重要度 ★★★

POINT

国土交通省から公表されている特定賃貸借標準契約書は、令和３～５年度試験で連続して出題されました。令和６年度試験でも出題可能性が高いです。

1 「特定賃貸借標準契約書」とは

「特定賃貸借標準契約書」（国土交通省不動産・建設経済局令和３年４月23日更新）は、国土交通省が公表している特定賃貸借、つまり、サブリース事業における原賃貸借の契約書のひな型です。

この特定賃貸借標準契約書では、契約書のひな型だけではなく、全24条分の条文も掲載され、試験ではこの規定内容が出題されたので、主な規定を確認していきましょう。

(1) 物件の引渡し（第３条）

貸主は定められた引渡日までに、借主に対して物件を引き渡さねばなりません（同条１項）。この際、貸主は、借主が物件の適切な維持保全を行うために必要な**情報**を**提供**しなければなりません（同条２項）。

もし貸主が、引渡日に本物件を引き渡さず、又は、必要な**情報**を**提供**しないために借主に損害が生じた場合、その

キーワードでCHECK! 借主及び転借人が反社会的勢力に該当する場合　⇒

損害は、**貸主**が負担するものとされます（同条３項）。

(2) 家賃（第５条）

１か月に満たない期間の家賃は、１か月を**30日**として**日割**計算した額とされます（同条２項）。

また、貸主及び借主は、契約で定められた家賃改定日において、定められた家賃額決定の要素とした事情等を総合的に考慮したうえで、次のいずれかに該当する場合には、協議のうえ、家賃を改定することができます（同条３項）。

①土地又は建物に対する**租税**その他の**負担の増減**により家賃が不相当となった場合
②土地又は建物の**価格**の上昇又は低下その他の**経済事情の変動**により家賃が不相当となった場合
③**近傍同種**《きんぼうどうしゅ》の建物の家賃に比較して**家賃が不相当**となった場合

(3) 転貸の条件等（第９条）

借主及び転借人は、それぞれ相手方に対し、次の事項等を確約しなければなりません。そして、この事項に該当した場合、また、契約締結後に自ら又は役員が**反社会的勢力**に該当した場合、相手方は、何らの**催告も要せず**、転貸借契約を解除できるとしています（同条２項１号、４号）。

①自らが**反社会的勢力**でないこと。
②自らの**役員**が**反社会的勢力**ではないこと。
③**反社会的勢力**に自己の**名義を利用**させ、この契約を締結するものでないこと。
④自ら又は第三者を利用して、相手方に**脅迫的**な言動又は**暴力**を用いる行為、**偽計**又は**威力**を用いて相手方の**業務を妨害**し、又は**信用を毀**《き》**損**《そん》する行為をしないこと。

○×チェック!!

特定賃貸借標準契約書では、１か月に満たない期間の家賃について、日割計算を行わないでもよいことが規定されている。

答× １か月に満たない期間の家賃については、１か月を**30日**とした**日割計算**をした額とされる（５条２項）。

プラスα

借主は、貸主の承諾の有無にかかわらず、物件の全部又は一部につき、反社会的勢力に賃借権を譲渡してはならないという規定もあります（第８条２項）。

借主及び転借人が反社会的勢力に該当する場合、それぞれの相手方は何らの催告を**要せず**、転貸借契約を解除できる。つまり、**無催告解除**が認められている。

また、借主は、転借人が物件の全部又は一部につき、反社会的勢力に**転借権を譲渡**し、又は**再転貸**した場合、また、**活動の拠点に供する**等を行った場合は、何らの**催告も要せず**、転貸借契約を解除できます（同条２項）。

その他、借主は、転借人から交付された**敷金**について、整然と管理する方法により、**自己の固有財産**及び**他の賃貸人の財産**と分別して管理しなければならないとしています（同条３項）。

（4）借主が行う維持保全の実施方法（第10条）

借主が行う物件の維持保全については、その業務の「一部」を他の者に再委託**できます**（同条２項）。しかし、一括して他の者に委託することは**できません**（同条３項）。

なお、貸主は、借主が管理業務を行うために必要な**情報を提供**しなければならず（同条５項）、貸主がこの**必要な情報**を提供しなかったり、必要な措置をとらないことで生じた借主の損害は、**貸主**が負担するものとされます（同条６項）。

（5）維持保全に要する費用の分担（第11条）

貸主は、借主が物件を使用するために必要な修繕を**行わなければなりません**。ただし、**契約**で借主が実施するとされた修繕と、**借主の責め**に帰すべき事由（転借人の責めに帰すべき事由を**含む**）によって必要となった修繕は、借主が実施します（同条２項、３項）。

そして、貸主が修繕を行う場合、貸主は**あらかじめ**、**借主を通じて**、その旨を**転借人**に**通知**しなければなりません。この場合、貸主は転借人が拒否する**正当な理由**がある場合をのぞき、当該修繕を行うことができます（同条４項）。

他方、借主が修繕の必要な箇所を発見した場合、その旨

〇×チェック!!

特定賃貸借標準契約書では、転借人が賃貸借の目的物を反社会的勢力に供していた場合、借主は、催告なくして転貸借契約を解除できる。

答〇　本問の**記述のとおり**である（９条２項）。

キーワードで CHECK!　**転借人に対する維持保全の周知　⇒**

を**速やかに貸主に通知**し、修繕の必要性を協議するものとされます。その**通知**が遅れて貸主に損害が生じたとき、借主はこれを賠償します（同条５項）。

そして、この通知が行われた場合、貸主が修繕すべきにもかかわらず、**正当な理由**なく修繕を実施しないときは、借主は自ら修繕することが**できます**（同条６項）。

ただし、災害又は事故等の事由により、**緊急**に行う必要がある業務で、**貸主の承認**を受ける時間的な余裕がないものについては、**貸主の承認**を受けないで借主は修繕を実施できるとされています。この場合、借主は速やかに**書面**をもって、その業務**内容**と実施に要した**費用額**を貸主に**通知**しなければなりません（同条７項）。

(6) 転借人に対する維持保全の周知（第 12 条）

借主は、自らを転貸人とする転貸借契約を締結したときは、転借人に対し、遅滞なく、維持保全の**内容**及び借主の**連絡先**を記載した**書面**又は**電磁的方法**による通知をしなければなりません。

(7) 維持保全の実施状況の報告（第 13 条）

借主は、貸主と合意に基づき定めた期日に、貸主と合意した頻度に基づいて、**定期**に貸主に対し、維持保全の実施状況の報告をしなければなりません。いわゆる維持保全の実施状況の**定期**報告です。この報告対象としては、転貸の**条件の遵守**状況が含まれます（同条１項）。

また、この**定期**報告のほか、貸主は**必要がある**と認めるときは、借主に対して報告を求めることが**できます**（同条２項）。さらに、この報告に際して貸主は、借主に対して、維持保全の実施状況に係る**関係書類の提示**を求めることができます（同条３項）。

○×チェック!!

特定賃貸借標準契約書では、借主が行う賃貸住宅の維持保全の内容及び借主の連絡先について、転借人に対して、書面又は電磁的方法による通知をしなければならないとされている。

答○　本問の**記述のとおり**である（12条）。

借主は、自らを転貸人とする転貸借契約を締結したとき、転借人に対して、維持保全の**内容**と借主の**連絡先**を**書面**又は**電磁的方法**で通知しなければならない。

(8) 善管注意義務（第 14 条）

借主は、善良な管理者の注意をもって物件を使用し、維持保全しなければなりません（同条 1 項）。

そして、借主は、借主又はその従業員が、維持保全の実施に関し、貸主や第三者に損害を及ぼしたとき、その者に対して、自らに**責任のない**事由によって生じた損害でない限り、賠償の責任を**負います**（同条 2 項、3 項）。

(9) 禁止又は制限される行為（第 16 条）

借主は、事前の貸主の**書面**又は**電磁的方法**による**承諾**を得ることなく、物件の全部又は一部について賃借権を譲渡したり、物件の増築、改築、移転、改造、敷地内における工作物の設置をしてはなりません。

(10) 通知義務等（第 17 条）

貸主は、物件の**登記**内容の変更等、契約の履行に影響を及ぼす事由が生じた場合には、借主に対して、**遅滞なく通知**しなければなりません（同条 1 項）。

また、貸主は、物件の住宅総合保険等の**損害保険**の**加入状況**についても、借主に通知しなければならないと規定されています（同条 2 項）。

プラスα

その他、物件の**全部**が**滅失**したり、その他の事由で**使用できなくなった**場合、特定賃貸借契約は終了することが規定されています（第 19 条）。

(11) 物件の返還（第 20 条）

借主は、**契約終了日**までに（義務違反等で解除された場合は**直ちに**）、転貸借に関する通常の使用に伴い生じた損耗や経年変化を除き、借主及び転借人の責めに帰すべき事由で必要となった**修繕**を行い、返還日を**事前**に貸主に**通知**したうえで、貸主に物件を返還しなければならないと規定されています。

キーワードで CHECK! 物件の登記内容の変更等が生じた場合　⇒

Ⅳ 禁止事項

重要度 ★★

POINT

特定転貸事業者には、業務を行うに当たり禁止されている事項があります。ここは賃貸住宅管理業法で整えられた規定の話です。

1 賃貸住宅管理業法 29 条による禁止行為

賃貸住宅管理業法 29 条によれば、特定転貸事業者は、業務に関して、以下の行為をしてはならないとされています。

①特定賃貸借契約の締結の勧誘をするに際し、又はその解除を妨げるため、特定賃貸借契約の相手方又は相手方となろうとする者（以下「相手方等」といいます。）に対し、当該特定賃貸借契約に関する事項であって相手方等の判断に影響を及ぼすこととなる**重要**なものにつき、**故意**に**事実を告げず**、又は**不実**のことを**告げる**行為

②特定賃貸借契約を締結若しくは更新させ、又は特定賃貸借契約の申込みの撤回若しくは解除を妨げるため、相手方等を**威迫**する行為

③特定賃貸借契約の締結又は更新について相手方等に**迷惑**を覚えさせるような時間に**電話**又は**訪問**により勧誘する行為

④特定賃貸借契約の締結又は更新について深夜又は長時間の勧誘その他の私生活又は業務の**平穏を害する**ような方法により相手方等を困惑させる行為

⑤特定賃貸借契約の締結又は更新をしない旨の意思（当該契約の締結又は更新の勧誘を受けることを希望しない旨の意思を含む）を表示した相手方等に対して**執ように勧誘**する行為

プラスα

厳密には異なるケースもありますが、試験対策上は「特定賃貸借契約≒**サブリース**方式の**原賃貸借**契約」と考えておいてよいでしょう。

物件の登記内容の変更等、契約の履行に影響を及ぼす事由が生じた場合、貸主は、借主に対して、その内容を**遅滞なく通知**しなければならない。

2　誇大広告の禁止等

特定転貸事業者又は勧誘者は、特定賃貸借契約の条件について**広告**をするときは、特定賃貸借契約に基づき特定転貸事業者が支払うべき家賃、賃貸住宅の維持保全の実施方法、特定賃貸借契約の解除に関する事項その他の国土交通省令で定める事項について、**著しく事実に相違**する**表示**をし、又は実際のものよりも**著しく優良**であり、若しくは**有利**であると人を**誤認**させるような**表示**をしてはなりません（賃貸住宅管理業法28条）。

「**著しく事実に相違**する」とは、広告に記載されている内容が、実際の特定賃貸借契約の内容と異なることとなるものです。

そして、この場合の「**著しく**」とは、個々の広告の表示ごとに判断することになり、特定賃貸借契約の相手方となろうとする者が、広告に記載されていることと事実との相違を知っていれば通常、その特定賃貸借契約に誘引されないと判断される程度のことをいいます。

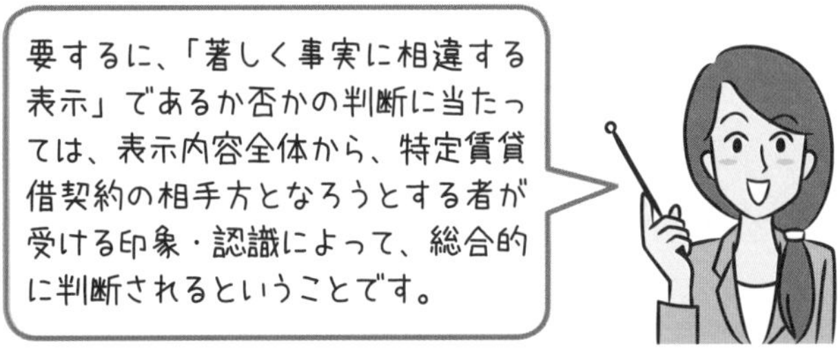

なお、サブリース事業に係る適正な業務のためのガイドラインでは、誇大広告に関する留意事項の一例として、広告で「家賃保証」「空室保証」といった表示を行う場合は、隣接する箇所に、**定期的な家賃の見直し**がある場合にはその旨及び借地借家法32条の規定により家賃が**減額されることがある**ことを表示することとしています。

プラスα

不当景品類及び不当表示防止法5条にも、同趣旨の内容が規定されています。

プラスα

誇大広告等の禁止規定が適用される広告の媒体は、新聞の折込チラシ、配布用のチラシ、新聞、雑誌、テレビ、ラジオ、インターネットのホームページ等、その種類は**限定されません**（サブリース事業に係る適正な業務のためのガイドライン4（2）後段）。

また、「誇大広告等」には、虚偽の表示により相手を欺くような「虚偽広告」も**含まれます**（同ガイドライン4（2）前段）。ただし、厳密には両者は**区別**されることは意識しておきましょう。

キーワードで CHECK!　誇大広告等の禁止規定が適用される媒体　⇒

V 監督・罰則等

重要度 ★★

POINT
賃貸住宅管理業法の成立前の登録制度では、罰則が定められていませんでした。同法の成立により制定された部分なので、今後は出題可能性があります。

1 監督

(1) 業務改善命令

国土交通大臣は、賃貸住宅管理業の適正な運営を確保する**必要がある**ときは、必要な限度において、管理業者に対して、業務の方法の変更等、**業務の運営の改善**に必要な措置をとるべきことを命ずることができます（賃貸住宅管理業法22条）。この業務改善命令は、処分をしようとする日から**過去5年間**以内の違反行為が対象です。

(2) 登録取消し、業務停止命令

国土交通大臣は、以下の①～③のいずれかに該当する場合、管理業者の**登録**を**取り消し**、又は**1年以内**の期間を定めて業務の**全部**・**一部**の**停止**を命ずることもできます（賃貸住宅管理業法23条1項）。

◆登録取消し、業務停止命令に該当する要件

①**登録拒否**事由のいずれかに該当する場合
②**不正の手段**で**登録**を受けた場合
③賃貸住宅管理業に関して、**法令**、**業務改善命令**、**業務停止命令**に違反した場合

(3) 報告の徴収、立入検査

国土交通大臣は、賃貸住宅管理業の適正な運営を確保する**必要がある**ときは、管理業者に対して、その業務に関して

プラスα

左は「管理業者」に対する内容ですが、「特定転貸事業者」又は「勧誘者」が、81～82ページで触れた不当な勧誘等の禁止等に違反した場合、国土交通大臣は、当該違反の是正のための措置その他の必要な措置をとるべきことを**指示**することができます（同法33条）。

さらに、この**指示**に従わない場合、業務の一部・全部の停止を命じることが**でき**、その際、国土交通大臣はその旨を**公表しなければなりません**（同法34条）。

誇大広告等の禁止規定が適用される媒体は、限定**されていない**。よって、その媒体が新聞であろうが、インターネットのホームページ等であっても対象と**なる**。

報告を求め、又はその職員に、営業所等の施設に立ち入り、業務の状況、設備、帳簿書類等を検査させ、関係者に質問させることができます（賃貸住宅管理業法 26 条 1 項）。

2　罰則（賃貸住宅管理業法 41 ～ 46 条）

賃貸住宅管理業法が成立する以前の登録制度には、罰則が定められていませんでした。しかし、同法では一定の行為に罰則が定められ、違反行為によっては、罰金刑のみならず懲役刑まであります。

また、法人の代表者又は法人若しくは人の代理人、使用人その他の従業者が、その法人又は人の業務に関し、違反行為をしたときは、行為者を罰するほか、その法人又は人に対しても罰金刑が科せられるという両罰規定も規定されています（同法 45 条）。

罰則規定を類型別にまとめると、次の（1）～（5）の内容となります。

（1）1 年以下の懲役若しくは 100 万円以下の罰金が処せられる違反行為

次の違反行為には、1 年以下の懲役若しくは 100 万円以下の罰金が処せられ、又はこれらが併科される可能性があります（賃貸住宅管理業法 41 条）。

①登録をせずに賃貸住宅管理業を営んだとき。 ②不正の手段により賃貸住宅管理業の登録を受けたとき。 ③管理業者が名義貸しの禁止に違反して、他人に賃貸住宅管理業を営ませたとき。

（2）6 か月以下の懲役若しくは 50 万円以下の罰金が処せられる違反行為

次の違反行為には、6か月以下の懲役若しくは50万円以下の罰金が処せられ、又はこれらが併科される可能性があります（賃貸住宅管理業法42条）。

①管理業者が業務停止命令に違反したとき。
②特定転貸事業者等が不当な勧誘等の禁止に違反して、故意に事実を告げず、又は不実のことを告げたとき。
③特定転貸事業者等が業務停止命令に違反したとき。

(3) 50万円以下の罰金が処せられる違反行為

次の違反行為には、50万円以下の罰金が処せられる可能性があります（賃貸住宅管理業法43条）。

①特定転貸事業者等が、特定賃貸借契約の**締結前**の書面の**交付義務**に違反したとき。
②特定転貸事業者等が、特定賃貸借契約の**締結時**の書面の**交付義務**に違反したとき。

(4) 30万円以下の罰金が処せられる違反行為

管理業者が、業務管理者を選任しなかったときや、業務管理者がいないのに管理受託契約を締結したとき、管理業者が秘密を漏らした場合、証明書の携帯義務違反、標識の提示義務違反、帳簿の備付け違反などの違反行為があった場合には、30万円以下の罰金が処せられる可能性があります（賃貸住宅管理業法44条）。

(5) 20万円以下の過料に処せられる違反行為

管理業者が廃業等について届出をせず、又は虚偽の届出をしたときは、20万円以下の過料に処せられる可能性があります（賃貸住宅管理業法9条1項、46条）。

賃貸住宅管理業法では、一定の行為に罰則が定められ、懲役刑まで定められている。さらに、違反行為者のみならず、その所属する法人等も罰する両罰規定がある。

一問一答で確認しよう！

□□□問１　賃貸住宅管理業者は、委託者から委託を受けた管理業務の全部を他の者に対し、再委託してはならない。

□□□問２　賃貸住宅管理業者の使用人その他の従業者は、その業務を行うに際し、委託者その他の関係者から請求がなくても、従業者証明書を提示しなければならない。

□□□問３　賃貸住宅管理業者は、正当な理由がある場合でなければ、その業務上取り扱ったことについて知り得た秘密を他に漏らしてはならない。また、賃貸住宅管理業者の代理人、使用人その他の従業者は、正当な理由がある場合でなければ、賃貸住宅管理業の業務を補助したことについて知り得た秘密を他に漏らしてはならない。

□□□問４　特定転貸事業者は、国土交通省令で定めるところにより、当該特定転貸事業者の業務及び財産の状況を記載した書類を、特定賃貸借契約に関する業務を行う営業所又は事務所に備え置き、特定賃貸借契約の相手方又は相手方となろうとする者の求めに応じ、閲覧させなければならない。

正解と解説

1 ○　賃貸住宅管理業法 15 条（管理業務の**再委託**の**禁止**）により**正しい**。

2 ×　賃貸住宅管理業者の使用人その他の従業者は、その業務を行うに際し、委託者その他の関係者から**請求があったときは**、従業者証明書を提示しなければならない（賃貸住宅管理業法 17 条 2 項）。

3 ○　賃貸住宅管理業者は、**正当な理由**がある場合でなければ、その業務上取り扱ったことについて知り得た秘密を他に**漏らしてはならない**（賃貸住宅管理業法 21 条 1 項）。また、賃貸住宅管理業者の代理人、使用人その他の従業者は、**正当な理由**がある場合でなければ、賃貸住宅管理業の業務を補助したことについて知り得た秘密を他に**漏らしてはならない**（同条 2 項）。

4 ○　賃貸住宅管理業法 32 条により**正しい**。

過去問を確認しよう！

□□□**問題** 管理受託契約重要事項説明に関する次の記述のうち、正しいものはどれか。
NEW! （令和５年度第２問）

1 管理業務の実施方法に関し、回数や頻度の説明は不要である。

2 入居者からの苦情や問い合わせへの対応を行う場合、その対応業務の内容についての説明は不要である。

3 管理業務を実施するのに必要な水道光熱費が報酬に含まれる場合、水道光熱費の説明は不要である。

4 賃貸人に賠償責任保険への加入を求める場合や、当該保険によって補償される損害について賃貸住宅管理業者が責任を負わないこととする場合、その旨の説明は不要である。

正解　３

1 ×　管理業務の実施方法に関し、回数や頻度の説明は**必要**である（管理業法13条１項、同法施行規則31条３号、解釈・運用の考え方13条関係２(3)）。

2 ×　入居者からの苦情や問い合わせへの対応を行う場合、その対応業務の内容についての説明は**必要**である（管理業法13条１項、同法施行規則31条３号、解釈・運用の考え方13条関係２（3））。

3 ○　管理業務を実施するのに必要な水道光熱費が**報酬に含まれない**場合、水道光熱費の説明が**必要**となる（管理業法13条１項、同法施行規則31条３号、解釈・運用の考え方13条関係２（5））。本肢は報酬に「含まれる」としているので、その説明は**不要**である。

4 ×　**責任**及び**免責**に関する事項は、その旨の説明が必要である。そして、賃貸人に賠償責任保険への加入を求める場合や、当該保険によって補償される損害について賃貸住宅管理業者が責任を負わないこととする場合は、**責任**及び**免責**に関する事項に該当**する**（管理業法13条１項、同法施行規則31条３号、解釈・運用の考え方13条関係２（7））。

予想問題にチャレンジ！

問題　賃貸住宅管理業者登録制度における賃貸住宅管理業者の業務に関する遵守事項に関する次の記述のうち、誤っているものはどれか。

1　誇大広告等の禁止規定が適用される広告の媒体は、新聞の折込チラシ、配布用のチラシ、新聞、雑誌、テレビ、ラジオに限られ、インターネットのホームページに対しては適用されない。

2　「誇大広告等」とは、実際より優良であると見せかけて相手を誤認させる「誇大広告」のほか、虚偽の表示により相手を欺くような「虚偽広告」をも含むものである。

3　賃貸住宅管理業者は、その営業所又は事務所ごとに、その業務に関する帳簿を備え付け、委託者ごとに管理受託契約について契約年月日その他の国土交通省令で定める事項を記載し、これを保存しなければならない。

4　賃貸住宅管理業者は、その営業所又は事務所ごとに、公衆の見やすい場所に、標識を掲げなければならない。

解答	

正解	1

1 ×　サブリース事業に係る適正な業務のためのガイドライン４（2）後段によれば、誇大広告等の禁止規定が適用される広告の媒体は、新聞の折込チラシ、配布用のチラシ、新聞、雑誌、テレビ、ラジオ、インターネットのホームページ等、その種類は限定されない。

2 ○　サブリース事業に係る適正な業務のためのガイドライン４（2）前段により正しい。

3 ○　賃貸住宅管理業法 18 条により正しい。

4 ○　賃貸住宅管理業法 19 条により正しい。

第３章

賃貸不動産経営管理士

第3章の学習ポイントをマンガでチェック！

なるほど…能力や知識を超える…
またまたポイント～!!
依頼されたら応えたい気持ちはわかるけれど…自分の実力を理解することもプロとして必要だわ…
賃貸不動産経営管理士
依頼者
その他、この第3章で押さえておきたい重要なテーマはこれ。
● 個人情報保護法
● 宅地建物取引業法
● 住宅宿泊事業法
できれば「家賃債務保証業者登録制度」も確認しておきたいわね。ただ、倫理憲章を除くと重要度は低いから、他の章の学習を優先させてもいいわ。
他の章を優先!?
合格することだけを考えるとね。倫理憲章は別よ。
限られた時間で効率的に勉強することも大切よ！では、勉強に入りましょう！
よ～し！頑張ります！

第1節 賃貸不動産経営管理士「倫理憲章」

学習日 ／

頻出度 A

賃貸不動産経営管理士の「倫理憲章」に関する出題は頻出です。賃貸不動産経営管理士をめざす以上は、「倫理憲章」の知識は常識として身に付けておく必要があります。

Ⅰ「倫理憲章」の意義

重要度 ★★★

POINT

賃貸不動産経営管理士試験では、「倫理憲章」の具体的な内容に関して出題されます。まずは「倫理憲章」の意義を理解しておきましょう。

1 「倫理憲章」とはなにか

賃貸不動産経営管理士は、一般社団法人賃貸不動産経営管理士協議会（以下「管理士協議会」といいます）によって創設された資格制度です。賃貸不動産経営管理士の「倫理憲章」は、賃貸不動産経営管理士の社会的地位の向上、社会的信用の確立と品位保持、資質の向上を図ることを目的として、管理士協議会によって定められたものです。

プラスα

一般社団法人 賃貸不動産経営管理士協議会は、賃貸不動産の管理に関する資格を業界の統一資格として位置づけるために、2007年に設立されました。

2 「倫理憲章」の内容

「倫理憲章」は、次のとおり、前文及び7つの条文から成り立っています。

「倫理憲章」の問題は、各項目のタイトルを覚えていれば正解できることが多いので、まずはタイトルを覚えましょう。

キーワードで CHECK! 「倫理憲章」の公共的使命の内容 ⇒

◆賃貸不動産経営管理士「倫理憲章」

（前文）

賃貸不動産経営管理士は賃貸不動産所有者、居住者、投資家等のステークホルダーおよび賃貸管理業界との間に確かな信頼関係を構築することにより、その社会的使命を全うする役割を担っている。

そのために、各々が高い自己規律に基づき、誠実公正な職務を遂行するとともに、依頼者の信頼に応えられる高度な業務倫理を確立しなければならない。

ここに、賃貸不動産経営管理士の社会的地位の向上、社会的信用の確立と品位保持、資質の向上を図るため、賃貸不動産経営管理士倫理憲章を制定する。

1. **公共的使命**

　賃貸不動産経営管理士のもつ、**公共的使命**を常に自覚し、**公正な業務**を通して、**公共の福祉**に貢献する。

2. **法令**の遵守と**信用保持**

　賃貸不動産経営管理士は関係する**法令**とルールを遵守し、賃貸不動産管理業に対する**社会的信用**を傷つけるような行為、および**社会通念**上好ましくないと思われる行為を厳に慎む。

3. **信義誠実**の義務

　賃貸不動産経営管理士は、**信義**に従い**誠実**に職務を執行することを旨とし、依頼者等に対し**重要な事項**について**故意に告げず**、又は**不実**のことを**告げる**行為を決して行わない。

4. **公正**と**中立性**の保持

　賃貸不動産経営管理士は常に**公正**で**中立**な立場で職務を行い、万一紛争等が生じた場合は誠意をもって、

用語

公共の福祉
　社会全体に共通する幸福や利益のことを意味する。

社会通念
　社会一般に通用している常識や見解のこと。

賃貸不動産経営管理士の公共的使命を自覚し、**公正な業務**を通して、**公共の福祉**に貢献する。特定の関係者**のみならず**、**社会全体**の利益を考えることが求められる。

その円満解決に努力する。

5. **専門的サービス**の提供および**自己研鑽**の努力

賃貸不動産経営管理士はあらゆる機会を活用し、賃貸不動産管理業務に関する広範で**高度な知識**の習得に努め、不断の**研鑽**により**常に能力**、**資質**の向上を図り、管理業務の専門家として高い専門性を発揮するよう努力する。

6. **能力を超える**業務の**引き受け禁止**

賃貸不動産経営管理士は、自らの**能力**や**知識を超える**業務の**引き受け**はこれを行わない。

7. **秘密**を守る義務

賃貸不動産経営管理士は、職務上知り得た秘密を正当な理由なく他に漏らしてはならない。その職務に携わらなくなった後も同様とする。

賃貸不動産経営管理士がこの「倫理憲章」に違反して、賃貸不動産経営管理士として相応しくない行為をした場合は、処分の対象と**なります**（賃貸不動産経営管理士懲罰規程２条）。

処分の内容は、①注意、②戒告、③１年以内の賃貸不動産経営管理士の資格停止、④賃貸不動産経営管理士の登録抹消の４種類です（同規程３条）。

「倫理憲章」に違反した場合にペナルティを科すことで、賃貸不動産経営管理士に「倫理憲章」をしっかりと守らせようとしています。

用語

研鑽（けんさん）
学問などを深くきわめること。

キーワードでCHECK! 「倫理憲章」の信義誠実の義務の内容　⇒

Ⅱ「倫理憲章」の解説

重要度 ★★★

POINT

「倫理憲章」の具体的な内容に関する問題は、ほぼ毎年出題されています。「倫理憲章」は難しい内容ではないため、確実に覚えておきましょう。

1　公共的使命

よく出る!

賃貸不動産経営管理士は、**公共的使命**を常に自覚し、公正な業務を通して、**公共の福祉**に貢献しなければなりません(「倫理憲章」1.)。したがって、賃貸不動産経営管理士は、賃貸不動産の特定の関係者の利益のみを考えて業務を行えばよいのではなく、より広く、社会全体の利益となるように行動することが求められます。

2　法令の遵守と信用保持

よく出る!

賃貸不動産経営管理士は、関係する法令の遵守のみならず、社会規範やルールを遵守することが求められます。また、関係法令等に違反していないとしても、賃貸不動産管理業に対する**社会的信用**を傷つけるような行為や、社会通念に照らして妥当ではないと考えられる行為を行うことが禁止されます（「倫理憲章」2.）。

3　信義誠実の義務

よく出る!

賃貸不動産経営管理士は、**信義誠実**に職務を執行することを義務づけられています。直接の依頼者に対してのみならず、**その他の関係者**に対しても、**信義**に従い**誠実**に対応する義務を負っています。

また、依頼者等に対して、契約関係等を継続するか否かの判断に重要な影響を及ぼす事項等について、情報提供義務や説明義務を負います。したがって、重要な事項につい

プラスα

民法1条2項には、権利の行使及び義務の履行は、**信義**に従い**誠実**に行わなければならない旨が規定されています。

賃貸不動産経営管理士は、直接の依頼者**のみならず**、**その他の**関係者に対しても、信義に従い、誠実に対応する義務を負っている。

ての情報を提供しないことや、不実のことを告げる行為をすることが禁止されています（「倫理憲章」3.）。

4　公正と中立性の保持

賃貸不動産経営管理士は、常に**公正**で**中立**な立場で職務を行い、紛争が生じた場合には、誠意をもって円満解決に努めなければなりません（「倫理憲章」4.）。

よく出る!

したがって、依頼者の立場のみに立って職務を行うのではなく、借主等の**他の関係者**の立場にも配慮した職務の執行が求められることとなります。

5　専門的サービスの提供および自己研鑽の努力

賃貸不動産経営管理士は、管理業務の高度な専門性を確保するために、賃貸不動産管理業務に関して広く**高度な知識**を習得するように努めるとともに、そのための不断の**研鑽**を行うことが求められています（「倫理憲章」5.）。

6　能力を超える業務の引き受け禁止

よく出る!

賃貸不動産経営管理士は、自らの**能力や知識を超える**業務を引き受けてはなりません（「倫理憲章」6.）。自らの能力や知識では対応・解決することができない場面であるにもかかわらず、業務を引き受けることによって、関係者に大きな被害を生じさせ、ひいては賃貸不動産管理業への信用を害することになりかねないからです。

7　秘密を守る義務

賃貸不動産経営管理士は、その**職務上知り得た秘密**については、**正当な理由**がない限り、他に漏らしてはなりません。所属管理業者からの退職などによって、当該賃貸不動産の管理に携わらなくなった後や、賃貸不動産経営管理士

よく出る!

キーワードでCHECK!　「倫理憲章」の秘密を守る義務の内容　⇒

ではなくなった後も、引き続き、この秘密を守る義務を負わなければなりません（「倫理憲章」7.）。

「倫理憲章」に関する注意点は、以下の内容です。ここはしっかりと意識しておきましょう！

「正当な理由」とは、法令上、当該秘密を提供しなければならないとされている場合や、本人の同意がある場合などが該当します。

覚えよう！｜「倫理憲章」の注意点

①公共的使命について

➡「特定の関係者のためのみ」**ではない。**

②法令の遵守と信用保持について

➡法令違反のみならず、**社会的信用**を傷つける行為も禁止される。

③信義誠実の義務について

➡依頼者のみならず、**他の関係者**に対しても信義誠実義務を負う。

④公正と中立性の保持について

➡依頼者のみならず、**他の関係者**の立場にも配慮しなければならない。つまり、問題文が「常に依頼者の立場に立って」といった内容である場合は**誤り**。

⑦秘密を守る義務について

➡賃貸不動産経営管理士の職務に携わらなくなった後も**負う**。

賃貸不動産経営管理士は、職務上知り得た秘密について、**正当な理由**がない限り、他に漏らしてはならない。これは当該業務に携わらなくなった後も**同様**である。

一問一答で確認しよう！

□□□**問 1**　「倫理憲章」は訓示的な規定にすぎず、賃貸不動産経営管理士が「倫理憲章」に違反したとしても、特に処分等はなされない。

□□□**問 2**　「倫理憲章」における法令の遵守と信用保持に関しては、賃貸不動産経営管理士が関係法令に違反していなければ足りる。

□□□**問 3**　「倫理憲章」における信義誠実の義務及び情報提供・説明義務に関しては、依頼者等に対する重要な事項について故意に告げないことが禁止されているが、契約関係等を継続するか否かの判断に重要な影響を及ぼす事項は、ここでいう重要な事項に該当する。

□□□**問 4**　「倫理憲章」における秘密を守る義務については、賃貸不動産経営管理士が職務上知り得た秘密については、いかなる場合であっても他に漏らしてはならないとするものである。

正解と解説

1 ×　賃貸不動産経営管理士が「倫理憲章」に違反して賃貸不動産経営管理士として相応しくない行為をした場合は、処分の対象と**なる**（賃貸不動産経営管理士懲罰規程 2 条）。

2 ×　関係法令の遵守のみでは足りず、賃貸不動産管理業に対する**社会的信用**を**傷つける行為**や、**社会通念上妥当ではない**行為も行ってはならない（「倫理憲章」2.）。

3 ○　「倫理憲章」3. における重要な事項とは、契約関係等を継続するか否かの判断に**重要な影響**を及ぼす事項が含まれる。

4 ×　秘密を守る義務は、本人の同意があるなどの**正当な理由**がある場合を除き、負うものである（「倫理憲章」7.）。「いかなる場合」であっても負うものでは**ない**。

過去問を確認しよう！

□□□**問題**　賃貸不動産経営管理士「倫理憲章」に関する次の記述のうち、正しいものの組合せはどれか。　（平成 30 年度第 38 問）

ア　秘密を守る義務とは、職務上知り得た秘密を正当な理由なく他に漏らしてはならないことであり、賃貸不動産経営管理士の職務に携わっている間、守らなければならない。

イ　賃貸不動産経営管理士は、自らの能力や知識を超える業務を引き受けてはならない。

ウ　賃貸不動産経営管理士は、常に依頼者の立場で職務を行い、万一紛争等が生じた場合には、誠意をもって、その円満解決に努力しなければならない。

エ　賃貸不動産経営管理士は、公共的使命を常に自覚し、公正な業務を通して、公共の福祉に貢献しなければならない。

1　ア、イ

2　ア、ウ

3　イ、エ

4　ウ、エ

正解　3

ア×　賃貸不動産経営管理士は、在職中・退職後に**かかわらず**、職務上知り得た秘密を正当な理由なく他に漏らしてはならない（「倫理憲章」7.）。

イ○　賃貸不動産経営管理士は、**自己の能力**や**知識**を**超える**業務の引き受けが禁止されている（「倫理憲章」6.）。

ウ×　賃貸不動産経営管理士は、常に**公正**で**中立**な立場で職務を行うことが求められる（「倫理憲章」4.）。よって、「常に依頼者の立場で職務を行い」とする部分が**誤っている**。

エ○　賃貸不動産経営管理士には、**公共的使命**を常に自覚し、公正な業務を通して、**公共の福祉**に貢献することが求められている（「倫理憲章」1.）。

過去問を確認しよう！

□□□**問題**　賃貸不動産経営管理士の行為に関する次の記述のうち、賃貸不動産経営管理士「倫理憲章」の趣旨に照らし、最も不適切なものはどれか。

（令和２年度第47問）

1　勤務していた管理業者を退職した後も、賃貸不動産経営管理士として職務上知った関係者の秘密を漏らさないようにしている。

2　賃貸物件の貸主と借主の間に紛争が生じるおそれがある場合には、もっぱら依頼者である貸主の立場に立って対応している。

3　賃貸不動産経営管理士の資格取得後も毎年、賃貸不動産経営管理士試験問題に目を通して勉強している。

4　賃貸物件が所在する地域の防犯・防災活動に協力するため、貸主に対し、積極的に企画提案している。

正解　2

1 ○　賃貸不動産経営管理士は、職務上知り得た秘密を正当な理由なく他に漏らしてはならない。また、この守秘義務は、その職務に**携わらなくなった後**も同様に課される（「倫理憲章」7.）。

2 ×　賃貸不動産経営管理士は**常に**公正で**中立**な立場で職務を行い、万一紛争等が生じた場合は誠意をもって、その円満解決に努力する必要がある（「倫理憲章」4.）。よって、「依頼者である貸主の立場に立って」という部分が**誤っている**。

3 ○　賃貸不動産経営管理士は**あらゆる機会**を活用し、賃貸不動産管理業務に関する広範で高度な**知識の習得**に努め、**不断の研鑽**により常に能力、資質の向上を図り、管理業務の専門家として**高い専門性を発揮**するよう努力する必要がある（「倫理憲章」5.）。資格取得後も、毎年、試験問題に目を通して勉強することは、本憲章に照らして**適切**な対応といえる。

4 ○　上記３の解説にも記したように、賃貸不動産経営管理士は、管理業務の専門家として**高い専門性を発揮**するよう努力する必要がある（「倫理憲章」5.）。地域の防犯・防災活動に協力するため、貸主に対し、積極的に企画提案することは、本憲章に照らして**適切**な対応といえる。

予想問題にチャレンジ！

問題　賃貸不動産経営管理士「倫理憲章」に関する次の記述のうち、最も不適切なものはどれか。

1　信義誠実の義務に関しては、借主を含めたそのほかの関係者に対して、信義に従い、誠実に対応することが必要である。

2　秘密を守る義務に関しては、賃貸不動産経営管理士が自己の所属する管理業者を退職して、当該賃貸不動産の管理に携わらなくなった後も、引き続き負うべきものである。

3　賃貸不動産経営管理士は公共的使命を常に自覚し、公正な業務を行うことが求められるが、公共の福祉に対する貢献までは求められていない。

4　賃貸不動産経営管理士は、管理業務の専門家として高い専門性を発揮することができるように、日頃から高度な知識の習得に努めることが必要である。

解答	

正解	3

1 ○　賃貸不動産経営管理士は、信義誠実に職務を執行することが義務づけられているが、直接の依頼者に対してのみならず、その他の関係者に対しても、信義に従い誠実に対応する義務を**負っている**（「倫理憲章」3.）。

2 ○　賃貸不動産経営管理士は、賃貸不動産の管理に携わらなくなった**後も**、職務上知り得た秘密を正当な理由なく他に漏らしてはならない（「倫理憲章」7.）。

3 ×　賃貸不動産経営管理士は、公共的使命を常に自覚し、公正な業務を通して、**公共の福祉**に貢献しなければならない（「倫理憲章」1.）。

4 ○　賃貸不動産経営管理士は**あらゆる機会**を活用し、賃貸不動産管理業務に関する広範で**高度な知識**の習得に努め、不断の**研鑽**により**常に能力**、**資質**の向上を図り、管理業務の専門家として高い専門性を発揮するよう努力することが求められている（「倫理憲章」5.）。

第2節 賃貸不動産経営管理士の業務

学習日 ／

頻出度 B

ここで解説する内容について、近年の出題は減少しています。おおよそのイメージがつく程度に確認しておけば、対応できるはずです。

Ⅰ 賃貸不動産経営管理士の業務

重要度 ★★

POINT

賃貸不動産経営管理士の業務について、以前はよく出題されていたので、ここで紹介する内容は確認しておきましょう。

1　賃貸不動産経営管理士が行う業務の類型

賃貸不動産経営管理士は、賃貸不動産の経営や管理について、適正な賃貸不動産の管理や賃借人の居住の安定の確保等を図るべき立場にあります。

賃貸住宅管理業法において、登録業者に置かれる賃貸不動産経営管理士は、同法の「業務管理者」となることで法律上の業務等も担うこととされています。その業務等は、同法に規定されたものだけではなく多岐にわたるので、以下のように分類して概観します。

◆賃貸不動産経営管理士の業務と求められる役割の分類

A. 賃貸住宅管理業法上の業務等（法定業務等）
B. 賃貸借関係一般に係る業務等（一般業務）
C. 新たな政策課題に対して積極的に取り組むべき業務等（発展業務）
D. 賃貸不動産経営の支援に係る業務（支援業務）

プラスα

賃貸不動産経営管理士の業務については、賃貸不動産経営管理士に「期待される」業務と「法令等で規定される業務」に差があるため、問題文が何を問うているのかの把握が難しい面があります。その点で、他の得点しやすいテーマの学習を優先してもよいでしょう。

キーワードでCHECK! 業務管理者の設置場所と人数（登録業者）⇒

2　賃貸住宅管理業法上の業務等（法定業務等）

賃貸住宅管理業法では、一定の賃貸住宅管理業者は、その営業所又は事務所ごとに、１人以上の「業務管理者」を選任して、当該営業所又は事務所における業務に関し、管理受託契約の内容の明確性、管理業務として行う賃貸住宅の維持保全の実施方法の妥当性その他の賃貸住宅の入居者の居住の安定及び賃貸住宅の賃貸に係る事業の円滑な実施を確保するため必要な国土交通省令で定める事項についての管理及び監督に関する事務を行わせなければならないと規定しています（同法 12 条 1 項）。

そして、賃貸不動産経営管理士は「業務管理者」となる資格を有することから、賃貸不動産経営管理士は、以下の事務を管理し、他の従業者を監督することになります。

◆「業務管理者」が管理・監督すべき業務

❶管理受託契約の締結前の書面の交付及び説明、締結時の書面の交付（同法 13 条、14 条）。
❷維持保全の実施に関する事項。
❸家賃、敷金、共益費等の金銭の管理に関する事項。
❹帳簿の備付け等に関する事項（同法 18 条）。
❺賃貸人に対する定期報告に関する事項（同法 20 条）。
❻秘密の保持に関する事項（同法 21 条）。
❼入居者からの苦情の処理に関する事項。

なお、賃貸不動産経営管理士はその専門性から、たとえ「業務管理者」に該当しない場合であっても、上記❸、❹、❻の業務について、その制度設計や従業者への研修等に際し、管理業者内での中心的な役割を果たすことが求められるといえます。

プラスα

賃貸住宅管理業法では、「一定の」賃貸住宅管理業者に「業務管理者」の設置を義務づけています。「一定の」とは、同法３条１項で規定される登録を受けた登録業者が前提となるためです。

この登録は、賃貸住宅管理業に係る賃貸住宅の個数が 200 戸未満の管理業者である場合、受ける必要はありません（同法施行規則３条）。なお、登録の有効期間は５年です（同法３条２項）。

プラスα

左の業務について、❶、❷、❺、❼は、業務管理者であるか否かを問わず、賃貸不動産経営管理士が自ら直接実施する担い手となることが求められています。

賃貸住宅管理業法に基づく登録を受けた管理業者では、営業所又は事務所ごとに、１人以上の業務管理者を選任しなければならない。

3　賃貸借関係一般に係る業務等（一般業務）

賃貸住宅管理業法では、「管理業務」を「当該委託に係る賃貸住宅の維持保全（住宅の居室等について、点検、清掃、維持、必要な修繕を行うこと）を行う業務」と、「当該賃貸住宅に係る家賃、敷金、共益費その他の金銭の管理を行う業務」に限定しています（同法２条２項１号、２号）。しかし実務上、管理業者に求められる業務はこれにとどまらず、多岐にわたる業務を行っています。

これら多岐にわたる業務の適正な実施に当たって、高度な専門性と経験等を有する賃貸不動産経営管理士には、これらの業務の管理・監督や、自らが実施する役割が求められています。主な業務には以下のものがあります。

◆賃貸不動産経営管理士に求められる主な業務

①家賃等の収納に係る業務
②家賃等の改定への対応業務
③家賃等が未収納の場合の対応業務
④賃貸借契約の更新に係る業務
⑤定期建物賃貸借契約の再契約業務
⑥契約終了時の債務額、敷金の精算等の業務
⑦原状回復の範囲の決定に係る業務
⑧明渡しの実現に係る業務
⑨転貸借契約締結前の重要事項説明等

プラスα

結局のところ、賃貸不動産経営管理士には、賃貸住宅管理業法で規定される業務だけではなく、管理業者が行う業務の実施が期待されるということです。

4　新たな政策課題に対して積極的に取り組むべき業務等（発展業務）

近年では、一人暮らしの高齢者の増加や、住宅困窮者に対する適切な民間賃貸住宅の供給等が重要な政策課題となっています。このような政策課題や新しい賃貸住宅の活用のあり方等について、賃貸不動産経営管理士には、所属

キーワードでCHECK!　賃貸不動産経営管理士に期待される４つの新たな役割　⇒

する管理業者に対して助言をしたり、実際の業務の管理や監督を行うなど、課題の解決に向けて**積極的**な**関与**が期待されています。その具体的な役割としては、以下のものが考えられています。

◆賃貸不動産経営管理士に期待される新たな役割

①**住宅セーフティネット**における役割
②**民泊（住宅宿泊事業）**における役割
③**空き家対策（空き家の賃貸住宅化）**における役割
④**残置物処理等**に係る業務

上記①は、増加する空き家等を活用して、低所得者や単身高齢者など、いわゆる住宅確保要配慮者を拒まない住宅の供給を促進して、**住宅セーフティネット**機能の強化に貢献する役割です。

上記②について、いわゆる民泊に対しては、2018 年に住宅宿泊事業法が施行されました。この住宅宿泊事業を適正に行うため、賃貸不動産経営管理士の役割が期待されているということです。

上記③の空き家問題については、社会的な大きな関心事項となっています。社会的に有用な資源でもある不動産の有効活用を図る観点から、空き家を賃貸に提供すべく、所有者への働きかけや維持保全など、賃貸不動産経営管理士の**積極的**な**関与**が期待されています。

5　賃貸不動産経営の支援に係る業務（支援業務）

賃貸不動産経営の支援業務には、①**予算管理**、②**物件状況報告書（改善提案書**を含む）の作成、③**長期修繕計画**の立案と実施などがあります（③は 400 ページ参照）。

①の**予算管理**は、賃貸住宅の経営者の財務的な目標値を

プラスα

賃貸不動産経営管理士には、所属する管理業者の指示があった場合に**限らず**、自ら**積極的**に課題の解決に取り組む姿勢が求められています。

プラスα

④の**残置物処理等**に係る役割は、賃借人が死亡した際などで生じる、物件内に残された物の処理の話です。国土交通省及び法務省は、令和３年６月にいわゆる「モデル契約条項」を公表しており、賃貸不動産経営管理士にはこのモデル契約条項に基づくことによる、残置物に対する適切な対応が期待されています。

①**住宅セーフティネット**における役割、②**民泊（住宅宿泊事業）**における役割、③**空き家対策（空き家の賃貸住宅化）**における役割、④**残置物処理等**に係る役割。

実績値と対比させて、課題や対応を検討します。賃貸不動産経営管理士は、この対応策について専門家として助言していく役割が期待されています。また、②の**物件状況報告書**とは、賃貸物件の情報や利益安定のための課題、具体的な対策等をまとめた書面です。

6　賃貸不動産経営管理士に求められるコンプライアンス

賃貸不動産経営管理士がその役割を適切に果たすためには、**コンプライアンス**と倫理が求められます。賃貸不動産経営管理士に求められるコンプライアンスの内容をまとめると、以下のようになります。

◆賃貸不動産経営管理士に求められるコンプライアンス

①**基本的人権**の**尊重**
②プロとして**独立**したポジションでのコンプライアンスと道徳・倫理の確立
③**説明責任**と**業務**の**透明性**の担い手
④**利益相反行為**の禁止
⑤賃貸住宅をめぐる**すべての関係者**との**信頼関係**の構築
⑥**管理業界**との**信頼関係**の構築 →賃貸住宅管理業の社会的信用を傷つける行為や、自らの能力を超える業務を引き受けては**ならない**。
⑦秘密を守る義務

上記④の**利益相反行為**とは、契約当事者の利害が衝突（利益相反）するような行為をすることです。一方当事者の利益のみを追求し、他方当事者の利益を害するような行為等が該当し、賃貸不動産経営管理士は、このような利益相反行為を**行ってはなりません**。

用語

コンプライアンス

コンプライアンスとは、直訳すれば「法令遵守」のこと。ただし、法令だけではなく、倫理や社会規範といったものも対象となることが多い。

プラスα

①の基本的人権の尊重に関して、日頃から人権問題に関心を持ち、自社の従業員を積極的に指導するなど、業界全体の社会的役割の実現と人権意識の向上に努めるべきとされています。

一問一答で確認しよう！

□□□**問 1**　賃貸住宅管理業法の登録を受けた管理業者は、本店において 1 名以上の業務管理者を設置すれば足り、営業所や事務所ごとに設置する必要まではない。

□□□**問 2**　賃貸住宅管理業を営もうとする者は、国土交通大臣の登録を受けなければならない。ただし、その事業の規模が、当該事業に係る賃貸住宅の戸数その他の事項を勘案して国土交通省令で定める規模未満であるときは、この限りでない。

□□□**問 3**　賃貸不動産経営管理士に求められるコンプライアンスの 1 つである関係者との信頼関係の構築は、賃貸住宅管理において利益を出すべき管理業者の性質上、利害関係人との信頼関係の構築を目的とすればよい。

□□□**問 4**　家賃、敷金等の受領に係る業務、賃貸借契約の更新に係る業務、賃貸借契約の終了に係る業務は、賃貸不動産経営管理士のみが行うべき業務である。

正解と解説

1 ×　登録業者は、**営業所**又は**事務所ごと**に、**1 名以上**の業務管理者を設置しなければならない。

2 ○　**本問の記述のとおり**である（賃貸住宅管理業法 3 条 1 項）。

3 ×　賃貸不動産経営管理士に求められるコンプライアンスの 1 つである賃貸住宅をめぐる関係者との信頼関係の構築は「**すべての**」関係者との信頼関係の構築が求められている。

4 ×　本問の業務は、賃貸不動産経営管理士以外の者も行うことが**できる**業務である。

過去問を確認しよう！

□□□**問題**　賃貸不動産経営管理士に求められるコンプライアンスに関する次の記述のうち、最も不適切なものはどれか。　（令和４年度第46問）

1　日頃から人権問題に関心を持ち、人権意識を醸成して自らの専門性を発揮するとともに、貸主に対しては差別が許されないことを十分に理解してもらい、自社の他の従業員に対して積極的に指導を行うなどして、賃貸住宅管理業界全体の社会的役割の実現と人権意識の向上に努めるべきである。

2　賃貸不動産経営管理士は、関係する法令やルールを遵守することはもとより、賃貸住宅管理業に対する社会的信用を傷つけるような行為や社会通念上好ましくない行為をしてはならないが、情報化社会の進展を背景として、自らの能力や知識を超える業務を引き受けることも認められる。

3　管理業者が、貸主からの委託を受けて行う管理業務は法律的には代理業務にあたることから、管理業者はもとより賃貸不動産経営管理士も当事者間で利益が相反するおそれに留意する必要がある。

4　所属する管理業者から、賃貸不動産経営管理士としてのコンプライアンスに基づけば選択するべきではない管理業務の手法を要請された場合、その非を正確な法令知識等に基づいて指摘するなど、高度の倫理観に基づき業務を行うべきである。

正解　2

1 ○　賃貸不動産経営管理士に求められるコンプライアンスの内容として、**基本的人権の尊重**が挙げられる。本問はその具体例であり、**記述のとおり**である。

2 ×　賃貸不動産経営管理士に求められるコンプライアンスの内容として、**管理業界との信頼関係の構築**が挙げられる。本問はその具体例がいくつか挙げられているものの、賃貸不動産経営管理士は、自らの能力や知識を超える業務を引き受けては**ならない**ことに留意しなければならない。

3 ○　賃貸不動産経営管理士に求められるコンプライアンスの内容として、**利益相反行為の禁止**が挙げられており、**本問の記述のとおり**である。

4 ○　賃貸不動産経営管理士に求められるコンプライアンスの内容として、**独立**したポジションでのコンプライアンスと道徳、倫理の確立が挙げられる。本問はその具体例であり、所属する管理業者から、賃貸不動産経営管理士としてのコンプライアンスに基づけば選択するべきではない管理業務の手法を要請されたとしても、管理業者から**独立**したポジションとして、**高度の倫理観**に基づいて業務を行うべきとされている。

予想問題にチャレンジ！

問題　賃貸不動産にまつわる「新たな政策課題への取組み」について、賃貸不動産経営・管理の専門家として賃貸不動産経営管理士の役割が期待されているものとしてあげられているものは、いくつあるか。

1　空き家が賃貸に提供されるため、空き家所有者への賃貸物件化の働きかけを行う等の役割

2　職務の遂行上、関係者の秘密に該当する情報を秘匿する役割

3　住宅セーフティネット機能の強化等に関する役割

4　住宅宿泊事業及び住宅宿泊管理を適法かつ適正に行うための役割

1　1つ　　2　2つ　　3　3つ　　4　4つ

解答	

正解	3

1 ○　近年では社会的な関心事項となっている空き家問題の解消については、新たな政策課題とされている。そして、空き家の賃貸物件化による活用について、賃貸不動産経営管理士の役割が期待されている。

2 ×　賃貸不動産経営管理士は、職務の遂行上、関係者の秘密に該当する情報に接することがある。当該秘密を漏らさないことは当然の義務として負うべきものだが「新たな政策課題への取組み」という視点から期待されている役割ではない。

3 ○　近年は一人暮らし高齢者の増加等に伴い、住宅セーフティネット機能の強化は新たな政策課題とされている。低所得者や単身高齢者など、いわゆる住宅確保要配慮者が安心して暮らすことができるよう、賃貸人の不安を払拭して適正に賃貸借がなされるようにするなど、賃貸不動産経営管理士の役割が期待されている。

4 ○　民泊と言われる住宅宿泊事業について、2018年に施行された住宅宿泊事業法に基づき、適法かつ適正に行うことは新たな政策課題とされている。そして、賃貸不動産経営の専門家である賃貸不動産経営管理士には、同事業を適法かつ適正に行うことについての役割が期待されている。

以上より、「新たな政策課題への取組み」について、賃貸不動産経営管理士の役割が期待されているものは3つであり、選択肢3が正解となる。

第3節 業務に関連する法令

学習日 ／

頻出度 B

管理業者は、賃貸住宅管理業法以外にも、業務を行うに当たって遵守しなければならない様々な法令があります。どのような法令によって、いかなる規制を受けるか、一通り確認しておく必要があります。

Ⅰ 個人情報保護法

重要度 ★★

POINT

個人情報保護法は、民間企業等を対象とする法律、行政機関等を対象とする法律など、いくつかの法律がありましたが、これらが一本化されました。基本事項を確認しておきましょう。

1 個人情報保護法の意義

個人情報保護法（正式名称は「個人情報の保護に関する法律」）は、個人情報の適正な取扱いに関し、基本理念及び政府による基本方針の作成その他の個人情報の保護に関する施策の基本となる事項を定め、国及び地方公共団体の責務等を明らかにし、個人情報を取り扱う事業者及び行政機関等について、これらの特性に応じて遵守すべき義務等を定めた法律です（同法１条）。

2022 年４月１日施行の改正法により、個人情報保護法の適用対象が「**個人情報取扱事業者**」のみならず、「**行政機関**」等にも拡張されました。

プラスα

行政機関の保有する個人情報の取扱いについては、いわゆる「行政機関個人情報保護法」が定められていましたが、2022 年４月１日にこの法律は廃止され、「個人情報保護法」に一元化されました。なお、従来より各個人情報保護法で規定されていた内容は、基本的に一元化された「個人情報保護法」へと引き継がれています。

2 用語の定義

（1）個人情報

よく出る！

個人情報保護法が適用される「個人情報」とは、生存する個人に関する情報であって、①当該情報に含まれる氏名、

キーワードでCHECK! 個人識別符号 ⇒

生年月日その他の記述等により**特定の個人**を**識別**することができるもの（**他の情報**と**容易に照合**することができ、それにより**特定の個人**を**識別**することができることとなるものを含む）、又は②**個人識別符号**が含まれるもののことをいいます（同法2条1項）。

覚えよう!｜「個人情報」とは

①**生存する個人**に関する情報

かつ

②**特定の個人**を**識別**できるもの

⇒**他の情報**と**容易に照合**することができ、それによって**特定の個人**を**識別**することができるものを含む。

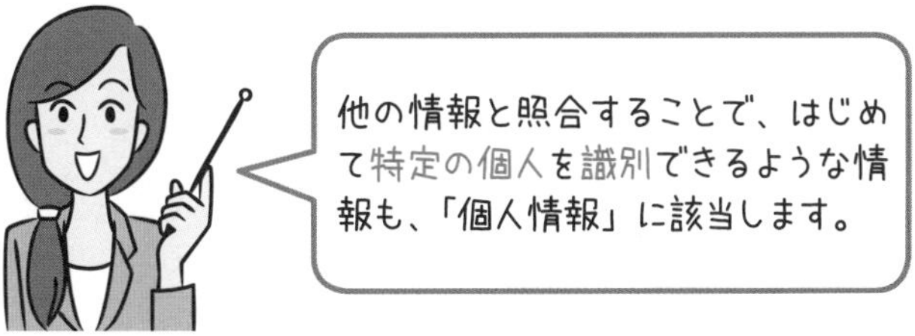

(2) 個人識別符号

「個人識別符号」とは、当該情報**単体**から**特定の個人**を**識別**できる、一定の文字・番号・記号その他の符号のことをいいます（個人情報保護法2条2項）。つまり、この個人識別符号に該当するものが含まれる情報は、「個人情報」**となります**（同条1項2号）。

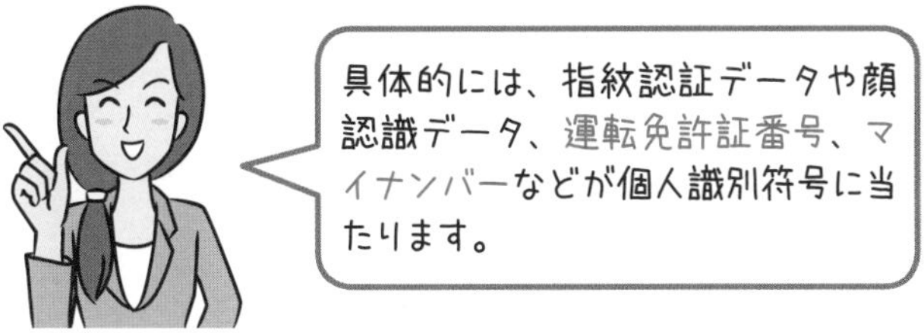

よく出る!

プラスα

死者に関する情報であっても、それが同時に、他の**生存する個人**に関する情報でもある場合は、「個人情報」に該当**します**。

プラスα

2022年4月1日施行の改正個人情報保護法では、行政機関等に対する義務等も規定されています。試験では民間業者（個人情報取扱事業者）に対する規定のみが出題されると予想されるので、本書では民間業者（個人情報取扱事業者）に対する規定についてのみ解説します。

指紋認証データなど、その情報**単体**から**特定の個人**を**識別**できる文字・番号・記号その他の符号のこと。個人識別符号が含まれる情報はそれだけで個人情報**となる**。

(3) 個人情報取扱事業者

個人情報保護法上の義務を負うこととなる「個人情報取扱事業者」とは、**個人情報データベース等**を事業の用に供している者をいいます。ただし、国の機関、地方公共団体、独立行政法人等、地方独立行政法人は**除かれます**(同法16条2項)。個人情報データベース等については、下の(4)で解説します。

また、自らが個人情報データベース等を作成・保有していなくても、他人が作成した個人情報データベース等を利用する場合も、「個人情報取扱事業者」に該当**します**。したがって、指定流通機構(**レインズ**)にアクセスして、個人情報データベース等を利用することができる者は、自ら個人情報データベースを作成・保有していなくても、「個人情報取扱事業者」に該当することと**なります**。

覚えよう! 「個人情報取扱事業者」とは

- **個人情報データベース等**を**事業**の用に供している者。ただし、国の機関、地方公共団体などは**除く**。

(4) 個人情報データベース等

「個人情報データベース等」とは、**個人情報**を含む情報の**集合物**であって、①特定の個人情報を**電子計算機(コンピュータ)**を用いて**検索**することができるように**体系的**に**構成**したもの、又は、②特定の個人情報を**容易に検索**することができるように**体系的**に**構成**したものとして政令で定めるもののことをいいます(個人情報保護法16条1項)。

上記①と②の違いがわかりにくいかもしれませんが、要するに、①は**パソコン**を使って、**検索**できるようになっているもの、②は**パソコン**は使っていないものの(特定の個人情報が印字された紙をファイルしてあるものなど)、探そ

よく出る!

用 語

レインズ(REINS)
レインズとは、国土交通大臣から指定を受けた不動産流通機構が運営するコンピュータネットワークシステムのこと。個人情報データベース等にアクセスできる。

○×チェック!!
個人情報を含む情報の集合物は、電子計算機を用いて検索することができるように体系的に構成されていなければ、個人情報データベース等に該当しない。

答× 特定の個人情報を**容易に検索**できるように**体系的に構成**されたものも、個人情報データベース等に該当する。

キーワードでCHECK! レインズへのアクセスと個人情報取扱事業者 ⇒

うと思えば、**容易**に**検索**できるようになっているものです。

3　個人情報取扱事業者の義務

(1) 利用目的の特定、利用目的による制限

①利用目的の特定

個人情報取扱事業者は、個人情報を取り扱うに当たっては、その**利用目的**をできる限り**特定**しなければなりません（個人情報保護法 17 条 1 項）。また、個人情報取扱事業者は、その**利用目的**を変更する場合、変更前の**利用目的**と**関連性**を有すると合理的に認められる**範囲**を超えて行ってはなりません（同条 2 項）。

よく出る!

したがって、例えば、管理業者が入居審査に当たって、借主となろうとする者から取得した個人情報については、その利用目的をできる限り**特定**する必要があります。

②利用目的による制限

個人情報取扱事業者は、法令や条例に基づく場合などの一定の例外を除いて、**あらかじめ本人の同意**を得ないで、特定された利用目的の達成に**必要な範囲**を超えて、個人情報を取り扱ってはなりません（個人情報保護法 18 条 1 項、3 項）。

(2) 個人情報の取得に際しての利用目的の通知等

個人情報取扱事業者は、個人情報を取得した場合、**あらかじめ**、その**利用目的**を**公表**している場合を**除き**、速やかに、その**利用目的**を、本人に**口頭又は書面**等で**通知**するか、又は、**公表**しなければなりません（個人情報保護法 21 条 1 項）。ここで必要なことは**通知**か**公表**であり、本人の同意では**ない**ことに注意です（118 ページの要配慮個人情報は除く）。

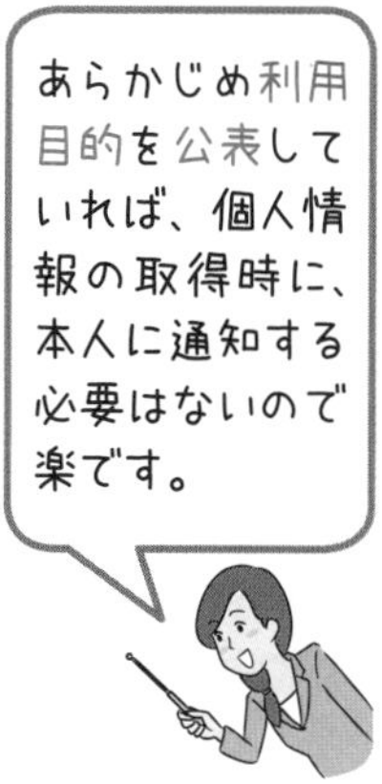

レインズにアクセスして個人情報データベース等を利用できる者は、自ら個人情報データベースを作成・保有していなくても、個人情報取扱事業者に**該当する**。

(3) 個人データの正確性の確保等

個人情報取扱事業者は、利用目的の達成に必要な範囲内で、**個人データ**を正確かつ最新の内容に保つとともに、利用する必要がなくなったときは、当該個人データを遅滞なく消去するよう努めなければなりません（個人情報保護法22条）。

(4) 安全管理措置

個人情報取扱事業者は、その取り扱う個人データの漏えい、滅失・毀損の防止その他の個人データの安全管理のために、必要かつ適切な措置を講じなければなりません（個人情報保護法23条）。

また、個人情報取扱事業者は、その従業者に個人データを取り扱わせるに当たっては、当該個人データの安全管理が図られるよう、当該従業者に対する必要かつ適切な監督を行わなければなりません（同法24条）。

さらに、個人データの取扱いの全部又は一部を委託する場合は、その取扱いを委託された個人データの安全管理が図られるよう、委託を受けた者に対する必要かつ適切な監督を行わなければなりません（同法25条）。

(5) 第三者提供の禁止、オプトアウト方式

①第三者提供の禁止

個人情報取扱事業者は、次ページで紹介する例外を除いて、**あらかじめ本人の同意**を得ないで、個人データを**第三者に提供**することが禁止されています（個人情報保護法27条1項）。なお、委託先への提供は、利用目的の達成に**必要な範囲内**ならば、第三者提供には**該当せず**、本人の同意は不要です。

用語

個人データ
個人データとは、**個人情報データベース等を構成**する個人情報のこと（同法16条3項）。

ここでのポイントは、あらかじめ本人の同意がない場合でも、第三者に提供できる例外があるということです。

キーワードでCHECK! 個人データの第三者への提供 ⇒

◆主な第三者提供の禁止の例外

①**法令**に基づく場合。
②**人の生命**、**身体**又は**財産の保護**のために必要がある場合であって、**本人の同意**を得ることが**困難**であるとき。
③**公衆衛生の向上**又は**児童**の健全な**育成**の推進のために、特に必要がある場合であって、**本人の同意**を得ることが**困難**であるとき。
④国の機関若しくは地方公共団体又はその委託を受けた者が法令の定める事務を遂行することに対して協力する必要がある場合であって、本人の同意を得ることにより当該事務の遂行に支障を及ぼすおそれがあるとき。

②オプトアウト方式による第三者提供

個人情報取扱事業者は、第三者に提供される個人データ（要配慮個人情報や不正の手段で取得した個人情報を除きます）について、**本人の求め**に応じて、当該本人が識別される個人データの第三者への提供を**停止**することとしている場合であって、次の事項について、**あらかじめ**、**本人に通知**し、又は**本人**が**容易に知り得る状態**に置くとともに、**個人情報保護委員会**に届け出たときは、当該個人データを第三者に提供することができます（個人情報保護法 27 条 2 項）。これをオプトアウト方式による第三者提供といいます。

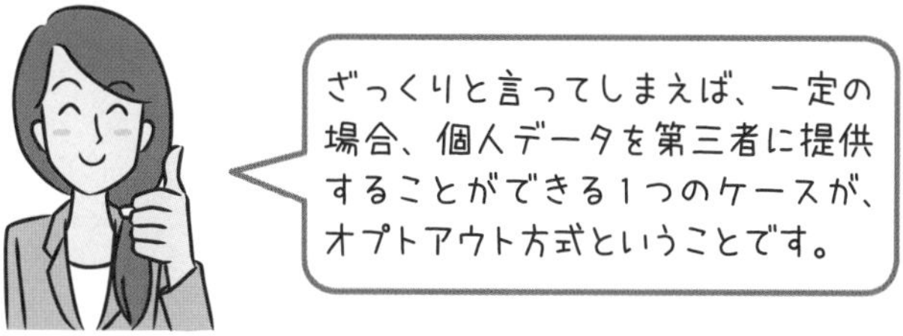

プラスα

要配慮個人情報については、118 ページで解説しています。

用 語

個人情報保護委員会

個人情報の適正な取扱いの確保を図ることを任務として設置された機関で、内閣総理大臣の所轄に属する。

個人情報取扱事業者は、**一定の例外**を除いて、**あらかじめ本人の同意**を得ることなく、個人データを第三者に提供することができない。

◆オプトアウト方式の場合の主な所定事項

オプトアウト方式による第三者提供を行う場合は、以下の事項について、**あらかじめ**、**本人に通知**し、又は**本人が容易に知り得る状態**に置くとともに、個人情報保護委員会に届け出る必要があります。

①第三者への提供を利用目的とすること
②第三者に提供される個人データの項目
③第三者に提供される個人データの取得方法
④第三者への提供の方法
⑤本人の求めに応じて当該本人が識別される個人データの第三者への提供を停止すること
⑥本人の求めを受け付ける方法

プラスα

原則自由にしておき、問題がある場合にだけ禁止・規制することがオプトアウトです。一方、原則として禁止・規制しておき、支障や問題がない場合にだけ例外的に認めることはオプトインと呼ばれます。

(6) 保有個人データの開示、訂正、利用停止等

①保有個人データに関する事項の公表等

個人情報取扱事業者は、保有個人データに関し、以下の事項について、**本人の知り得る状態**（本人の求めに応じて遅滞なく回答する場合を含む）に置かなければなりません（個人情報保護法 32 条 1 項）。

◆保有個人データに関する公表事項

①当該個人情報取扱事業者の氏名又は名称及び住所
②すべての保有個人データの利用目的（通知又は公表により、本人又は第三者の生命、身体、財産等を害するおそれがある場合など、一定の場合を除く）
③保有個人データの利用目的の通知を求める請求に応じる手続
④その他政令で定めるもの

プラスα

左の①について、法人については、その代表者の氏名も必要です。

また、個人情報取扱事業者は、本人から、当該本人が識別される保有個人データの利用目的の通知を求められたと

キーワードでCHECK!　オプトアウト方式による第三者提供　⇒

きは、一定の例外を除き、本人に対し、遅滞なく、これを通知しなければなりません（同条２項）。

そして、個人情報取扱事業者は、通知を求められた保有個人データの利用目的を通知しない旨の決定をしたときは、本人に対し、遅滞なく、その旨を通知しなければなりません（同条３項）。

②開示等

本人は、個人情報取扱事業者に対し、当該本人が識別される**保有個人データ**の**開示請求**ができます（個人情報保護法33条１項）。

この**開示請求**を受けた個人情報取扱事業者は、一定の例外を除いて、本人に対し、遅滞なく、当該**保有個人データ**を**開示**しなければなりません（同条２項）。

③訂正等

本人は、個人情報取扱事業者に対し、当該本人が識別される保有個人データの内容が**事実でない**ときは、当該保有個人データの内容の**訂正**、**追加**又は**削除**を請求することができます（個人情報保護法34条１項）。

この内容の**訂正**等の請求を受けた個人情報取扱事業者は、一定の場合を除いて、利用目的の達成に必要な範囲内において、遅滞なく必要な調査を行い、その結果に基づき、当該保有個人データの内容の**訂正**等を行わなければなりません（同条２項）。

④利用停止等

本人は、当該本人が識別される保有個人データが、特定された利用目的の達成に必要な範囲を超えて取り扱われているとき、又は偽りその他の不正の手段により取得された

用語

保有個人データ

保有個人データとは、個人情報取扱事業者が、開示、内容の訂正、追加又は削除、利用の停止、消去及び第三者への提供の停止を行うことのできる**権限**を有する**個人データ**であって、その存否が明らかになることにより公益その他の利益が害されるものとして政令で定めるもの以外のものをいう（同法16条４項）。

一定事項をあらかじめ**本人**に**通知**し、又は**本人**が**容易**に**知り得る状態**に置くとともに、個人情報保護委員会に**届け出る**ことで、個人データを第三者に提供すること。

ものであるとき等は、個人情報取扱事業者に対し、当該保有個人データの**利用の停止**又は**消去**を請求することができます（個人情報保護法 35 条 1 項）。

この請求を受けた個人情報取扱事業者は、その請求に理由があることが判明したときは、一定の場合を除き、違反を是正するために必要な限度で、遅滞なく、当該保有個人データの**利用停止**等を行わなければなりません（同条 2 項）。

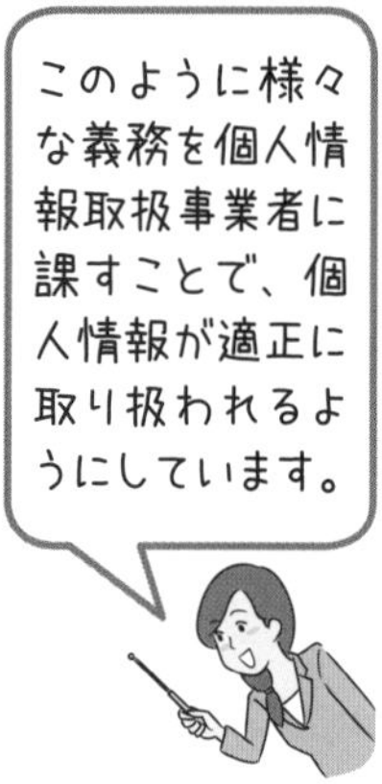

（7）苦情処理

個人情報取扱事業者は、個人情報の取扱いに関する苦情の適切かつ迅速な処理に努めなければならず、そのために必要な体制の整備に努めなければなりません（個人情報保護法 40 条）。

4　要配慮個人情報

「要配慮個人情報」とは、本人の人種、信条、社会的身分、病歴、犯罪の経歴、犯罪により害を被った事実その他本人に対する不当な差別、偏見その他の不利益が生じないようにその**取扱い**に**特に配慮**を要する一定の記述等が含まれる**個人情報**をいいます（個人情報保護法 2 条 3 項）。

プラスα

要配慮個人情報は、原則として、**本人の同意**を得て**取得**することとされており（同法 20 条 2 項）、オプトアウトによる第三者提供は**認められません**（同法 27 条 2 項）。

5　違反に対する措置

個人情報取扱事業者が、個人情報を適正に取り扱っていないとき、又は適正に取り扱っていないと疑われる場合などには、個人情報保護委員会は、報告の徴収や立入検査、指導・助言、是正措置の勧告・命令などを行うことができます（個人情報保護法 146 条～ 148 条）。

プラスα

左の命令に違反した場合、違反の内容により 1 年以下の懲役又は 100 万円若しくは 50 万円以下の罰金に処せられることが**あります**（同法 178 条、182 条）。

キーワードでCHECK!　「要配慮個人情報」とは　⇒

Ⅱ 宅地建物取引業法

重要度 ★★

POINT

管理業者は、賃貸住宅の賃貸を行うに当たり、宅建業法による規制を受けることがあります。ここで紹介する、主要な規制を押さえておきましょう。

1　宅地建物取引業法の意義

宅地建物取引業法（以下「宅建業法」といいます）は、宅地建物取引業（以下「宅建業」といいます）を営む者について、免許制度を実施し、その事業に対し必要な規制を行うことによって、その業務の適正な運営と宅地・建物の取引の公正とを確保するとともに、宅建業の健全な発達を促進し、それによって購入者等の利益の保護と宅地・建物の流通の円滑化とを図ることを目的とする法律です（宅建業法１条）。

宅建業法の適用対象である「宅建業」とは、①宅地・建物（建物の一部を含みます）の**売買**・**交換**、又は、②宅地・建物の売買・交換・**貸借**の**代理**・**媒介**をする行為であって、これらを業として行うものをいいます（同法２条２号）。そして、宅建業者とは、免許を受けて宅建業を営む者のことをいいます。

結果として、賃貸管理の場面における管理業者は、**貸借**の**代理**・**媒介**を業務として行う場合に、宅建業者に該当することとなり、宅建業法の適用を受けることとなります。

用語

代理と媒介

代理とは、依頼を受けた業者が依頼者の代理人として、**契約を締結**する権限を有し、**契約当事者**となって直接、賃貸借契約などの締結を行うものである。

これに対し、媒介とは、業者は**契約を締結**する権限を**持たず**、契約当事者とは**ならずに**、依頼者と相手方との間の契約を成立させるため、両者の仲立ちをするものである。

2　宅建業法の主な規制内容

(1) 広告に関する制限

宅建業者は、その業務に関して広告をするときは、当該広告に係る宅地・建物の所在、規模、形質、**現在**又は**将来**の**利用の制限**・**環境**・交通その他の**利便**、代金、借賃等の

本人の人種、信条、社会的身分、病歴、犯罪の経歴など、本人に対する不当な差別や偏見などが生じないよう、取扱いに**特に配慮**を要する記述等が含まれる**個人情報**。

対価の額又はその支払方法などについて、**著しく事実に相違**する表示をし、又は実際のものよりも**著しく優良**であり、若しくは**有利**であると人を**誤認**させるような表示をしてはなりません（**誇大広告等の禁止**、宅建業法 32 条）。

(2) 報酬に関する制限

宅建業者は、宅地・建物の貸借の代理・媒介に関して受けることのできる報酬の額は、国土交通大臣の定めるところによるものとされており、報酬には上限額が設けられています（宅建業法 46 条 1 項、2 項）。

(3) 賃貸借契約時における重要事項説明・書面の交付

宅建業者は、賃貸借契約の取引の相手方等に対して、その賃貸借契約が**成立**するまでの間に、**宅地建物取引士**をして、一定の事項を記載した**書面を交付**（**電磁的方法**による提供も可）して、**説明**をさせなければなりません（**重要事項説明**、宅建業法 35 条 1 項）。

なお、2017（平成 29）年 10 月 1 日より、賃貸借契約については一定の要件を満たした場合、IT を活用した重要事項説明ができるようになりました。

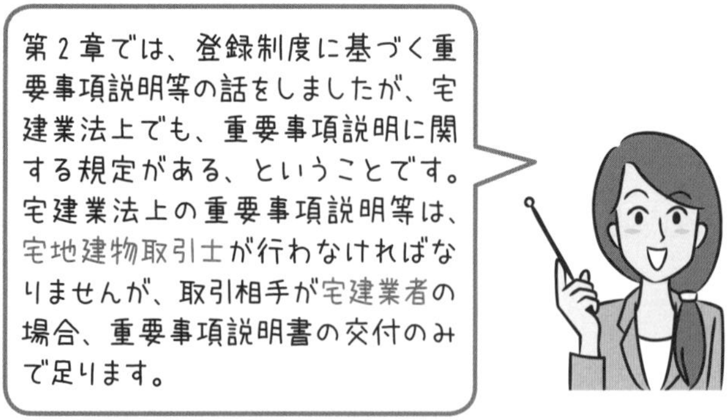

プラスα

宅建業法による重要な規律である、募集広告に関する制限、借受希望者への重要事項説明については、第 5 章「入居者（賃借人）の募集」において、詳しく説明します。

プラスα

IT を活用した重要事項説明を行う場合であっても、対面の場合と同様に、宅地建物取引士が借主に対し、重要事項説明書を**事前**に**交付**することが必要です（この場合も**電磁的方法**による提供は可能）。

なお、IT 重要事項説明の実施中に映像等に支障が生じた場合、説明を**中断**し、支障を取り除いてから説明を再開しなければなりません。

キーワードで CHECK! 宅建業法に基づく重要事項説明 ⇒

◆建物賃貸借における重要事項の記載・説明事項（対象の建物に直接関係する事項）

①登記記録に記録された事項
②法令上の制限
③飲用水・電気・ガスの供給施設及び排水施設の整備状況
④建物建築の工事完了時における形状、構造等（未完成物件のとき）
⑤台所、浴室、便所その他の当該建物の設備の整備の状況
⑥区分所有建物について、専有部分の用途その他の利用の制限に関する規約の定めがあるときは、その内容
⑦区分所有建物について、管理が委託されているときは、委託を受けている者の氏名（法人にあっては、その商号又は名称）及び住所（法人にあっては、その主たる事務所の所在地）
⑧建物が既存の建物であるとき
　ア　建物状況調査（インスペクション。実施後１年を経過していないもの）を実施しているかどうか、及びこれを実施している場合の結果の概要
　イ　設計図書、点検記録その他の建物の建築及び維持保全の状況に関する書類
⑨建物の所在地が造成宅地防災区域内か否か
⑩建物の所在地が土砂災害警戒区域内か否か
⑪建物の所在地が津波災害警戒区域内か否か
⑫建物の所在地が水防法施行規則により作成された水害ハザードマップに表示されているときは、図面における建物の所在地
⑬石綿使用調査結果の内容（建物についての石綿使用の調査記録の有無）
⑭耐震診断の内容（1981年6月1日以降に新築工事に着手したものを除く）

プラスα

この他、「取引条件に関する事項」として、①借賃以外に授受される金銭及びその目的、②契約の解除に関する事項、③損害賠償額の予定又は違約金に関する事項、④支払金又は預り金の保全措置の概要、⑤契約期間及び契約の更新に関する事項（定期建物賃貸借や終身建物賃貸借の場合、その旨の説明をする）、⑥用途その他の利用の制限に関する事項、⑦敷金等の精算に関する事項、⑧建物の管理が委託されているときは、管理会社に関する事項、また、「その他の重要な事項」として、借受けの意思の決定に係る事項があります。

宅建業法に基づき、宅建業者が取引の相手方に対し、**宅地建物取引士**をして、契約**成立**までに行わなければならない、一定の重要事項の**説明**と**書面等の交付**のこと。

Ⅲ 住宅宿泊事業法その他

重要度 ★★

POINT

住宅宿泊事業法については、令和２年度の試験より出題されはじめました。今後も出題可能性があるので確認しておきましょう。

1　住宅宿泊事業とは

住宅宿泊事業とは、住宅を活用し、住宅内で宿泊客に宿泊を提供する事業（いわゆる民泊）です。民泊は近年急速に拡大した事業であり、民泊事業の健全な発展などを目的にして、2017年に住宅宿泊事業法が制定され、同法は2018年６月15日から施行されています。

同法では、宿泊を提供する日数について、１年間で**180日**（泊）を上限としています（同法２条３項）。さらに、都道府県又は保健所設置市等は、生活環境の悪化を防止するために必要があるときは、**条例**によって、区域を定めて住宅宿泊事業を実施する期間を**制限**できます（同法18条）。

プラスα

住宅宿泊事業法では、「住宅宿泊事業」を、宿泊料を受けて、住宅に人を宿泊させる事業と定義し、「宿泊」を、寝具を使用して施設を利用することと定義しています。また、同事業は、**都道府県知事**への**届出**を行うことによって、行うことができます。

住宅宿泊事業は、住宅を対象とする事業なので、住宅ではない建物や施設では、事業を営むことができません。

2　住宅宿泊事業者の義務について

住宅宿泊事業者は、次の措置を講じなければなりません。

◆住宅宿泊事業者の義務

①宿泊者の衛生の確保
②宿泊者の安全の確保
③外国人観光旅客である宿泊者の快適性・利便性の確保

キーワードでCHECK!　**住宅宿泊管理業者に委託しなければならない住宅宿泊事業　⇒**

④宿泊者名簿の備付け等
⑤周辺地域の生活環境への悪影響の防止に関する必要事項の説明
⑥苦情等への対応

住宅宿泊事業者はこの６項目以外に、**届出住宅ごと**に、公衆の見やすい場所に、所定の様式の**標識**を掲示しなければならず、また、人を宿泊させた日数その他所定の事項について、定期的に、都道府県知事に**報告**をしなければなりません。そして、この２つの義務は、住宅宿泊管理業者に事業の委託をした場合でも、免れることは**できません**。

3　住宅宿泊管理業について

住宅宿泊事業を行うには法令の遵守が求められ、知識や経験のない人は容易に行うことができません。そこで、知識や経験のある者に業務が委託されることがあります。

住宅宿泊事業法においても、同事業が適切に実施されるように、居室数が**５を超える家主居住**型や、一定の**家主不在**型の住宅宿泊事業において、同業務を**委託**することが義務づけられています。この委託業務を行う者が、住宅宿泊事業法に基づいて**登録**のなされた住宅宿泊管理業者です。

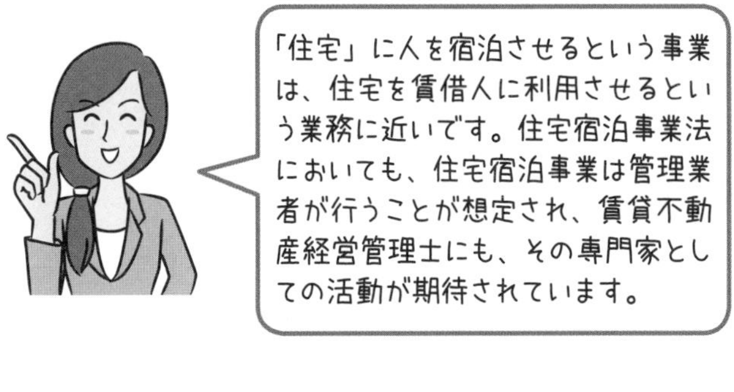

プラスα

左の６項目については、住宅宿泊事業を**住宅宿泊管理業者**に**委託**することで、住宅宿泊事業者は義務を免れることができます。

プラスα

住宅宿泊事業には、「家主**居住**型」と「家主**不在**型」の２つのタイプがあります。

「家主**居住**型」とはホームステイを行うタイプで、「家主**不在**型」は、人を宿泊させている間、家主が不在となるタイプです。この「家主**不在**型」の住宅宿泊事業については、原則として、住宅宿泊管理業務を住宅宿泊管理業者に**委託**しなければなりません。

住宅宿泊事業者は、居室数が**５を超える家主居住**型や、一定の**家主不在**型の住宅宿泊事業について、住宅宿泊管理業者に同業務を委託しなければならない。

住宅宿泊管理業を行うためには、国土交通大臣の**登録**を受けなければなりません。そして、国土交通大臣は、**登録**を受けようとする者が一定の欠格事由に該当する場合、**登録**を**拒否**しなければなりません。登録の有効期間は**5年**です。

なお、住宅宿泊管理業を的確に**遂行**するための**体制**が整備されていないことは、登録の欠格事由となります。

プラスα

登録の欠格事由には、登録を受けようとする者が心身の故障により住宅宿泊事業を的確に遂行できない者である場合や、暴力団員等である場合などがあります。

4　住宅宿泊管理業の管理受託契約の締結

住宅宿泊管理業者は、管理受託契約を締結しようとするとき、その契約を**締結**するまでに、管理受託契約の内容及び履行に関する事項について、**書面**を**交付**して、**説明**しなければなりません（住宅宿泊事業法 33 条 1 項）。

また、住宅宿泊管理業者は、管理受託契約を締結したときは、委託者に対して、遅滞なく、一定の事項を記載した**書面**を**交付**しなければなりません（同法 34 条 1 項）。

プラスα

左の契約を締結するまでに交付する書面には、住宅宿泊管理業務の内容・実施方法、報酬とその支払時期及び支払方法、契約期間に関する事項などを記載します。

プラスα

左の契約締結前及び締結時の書面は、**書面**の**交付**に代えて、**電磁的方法**による情報提供も認められています。

5　住宅宿泊管理業者の義務

住宅宿泊管理業者に対しては、次の義務が課されます。

◆住宅宿泊管理業者の義務

①**信義誠実**に業務を処理する原則
②**名義貸し**の禁止
③誇大広告等の禁止
④不当な勧誘等の禁止
⑤住宅宿泊管理業務の（**全部の**）**再委託**の禁止
⑥**証明書の携帯**、請求があったときの提示
⑦帳簿の備付け等
⑧**標識**の掲示
⑨住宅宿泊事業者への**定期報告**

キーワードでCHECK!　住宅宿泊管理業者の契約時書面と説明　⇒

6　住宅セーフティネット法

高齢者、低額所得者など、住宅の確保について特に配慮を要する者を住宅確保要配慮者といいます。この住宅確保要配慮者が安心して暮らせる住宅の確保のため、住宅セーフティネット機能の強化が政策課題となっています。

そして、これまで住宅セーフティネットを担ってきた公営住宅について、その大幅増が**見込めない**なか、増加する民間の**空き家**等を活用し、住宅セーフティネット機能を強化すべく、2017年４月に「住宅確保要配慮者に対する賃貸住宅の供給の促進に関する法律」（住宅セーフティネット法）の改正法が成立しました。賃貸不動産経営管理士は、同法の趣旨を理解し、賃貸人へ住宅確保要配慮者の受け入れを働きかけることが期待されています。

プラスα

この改正法の主な内容として、地方公共団体による供給促進計画の策定や、住宅確保要配慮者の入居を拒まない賃貸住宅の登録制度の創設などがあります。この登録を受けるためには、国土交通省令で定められる**登録基準に適合**していなければなりません。

プラスα

セーフティネット住宅の借主が**生活保護**受給者であって、家賃滞納のおそれがある場合、保護の実施機関が住宅扶助費を貸主に**代理納付**することができます。

7　家賃債務保証業者登録制度

住宅の賃貸借契約を結ぶ際の賃借人の債務保証は、親戚や知人という人的関係に基づくことが多くなっています。しかし、人的関係が希薄化している現代社会では、保証をしてもらう親戚等に心当たりがなく、結果、賃貸人が契約の締結をためらう事態が多くなっています。

そこで、保証料を得たうえで保証事業を行う者として、家賃債務保証業者が誕生し、家賃債務保証業者の保証を得ることで住宅の賃貸借がなされることが一般的になっています。

2017年10月に国土交通省は、上記6の住宅セーフティネット法の改正に伴い、家賃債務保証業者の登録規程を制定し、家賃債務保証業者の**登録制度**も創設しました。この登録制度に基づき、国土交通大臣は、家賃債務保証業者登録簿を**一般の閲覧**に供し、家賃債務保証業者に対して業務状況の**報告**や**資料**の**提出**を求めることができます。

プラスα

また、業務における遵守事項に違反した場合、国土交通大臣は当該業者に対して、指導、助言、勧告を行うこともでき、これらは**公表**されることもあります。

住宅宿泊管理業者は、委託者に対して、管理受託契約を**締結するまで**に、契約の内容及び履行に関する事項について、**書面**を**交付**して、**説明**しなければならない。

Ⅳ その他の法令

重要度 ★

POINT

賃貸住宅の管理業務では、他にも多くの法令が関連します。ここでは 2023 年 4 月 1 日施行の民法の改正点と出題されそうな法令のポイントを確認します。

1 改正民法・借地借家法

(1) 民法の改正について

民法については 2023 年 4 月 1 日より、所有者不明土地の利用・管理を行いやすくするため諸制度（共有制度・財産管理制度など）の見直しが行われ、所有者不明土地を利用しやすくするための改正法が施行されました。

「所有者不明土地」とは、①所有者（共有者を含む）を特定できない土地、及び②所有者が判明していても、その所在が不明である土地を意味します。以下、改正法のポイントを紹介します。

プラスα

2023 年の改正では、所有者不明土地問題の解決を目的としたもののみではなく、各種規定が改正されましたが、基本的には、所有者不明土地問題への対応が前提となっています。

①相隣関係の改正について

相隣関係とは、隣り合う不動産の所有者どうしの利用を調整し合う関係です。所有者不明土地を利用しようとする際の円滑化のため、改正がなされています。改正前の民法 209 条では、土地の所有者は、境界又はその付近において障壁又は建物を築造し又は修繕するため必要な範囲内で、隣地の使用を「請求できる」旨を規定していましたが、改正法では単なる請求権ではなく、①境界又はその付近における**障壁**、**建物**その他の**工作物**の築造、収去又は修繕、②**境界標**の調査又は**境界**に関する**測量**、③隣地から越境した竹木の**枝の切取り**、という目的のためであれば、必要な範囲内で、**隣地を使用**することができると規定されました（改正民法 209 条 1 項）。

プラスα

つまり、①～③の目的であれば、隣地所有者の**承諾がなく**ても、隣地を使用することができます。

また、2023 年の改正では、隣地から自らの所有地に竹木の枝が越境してきた場合、一定の要件で土地所有者が**自ら切除**できる規定も追加されています（改正民法 233 条 3 項）。

キーワードで CHECK!　共有物の軽微な変更行為の要件 ⇒

②ライフライン設備に関する権利の新設について

建物には、電気・ガス・上下水道といったライフラインが不可欠であり、その敷地となる土地には各種ライフライン設備を引き込む必要があります。

従来の民法では、現代的なライフラインに関する規定が設けられていなかったため、改正民法では、他の土地に囲まれて上下水道など日常生活に必要な継続的供給を受けることができない土地（導管袋地）所有者のための設備の設置権、既存の導管などへの接続権を認める制度が導入されました。具体的には、**他人の土地**への継続的給付設備の**設置権**と、**他人の継続的給付設備**への**接続権**が、必要な範囲内で認められます（改正民法 213 条の 2 第 1 項）。

プラスα

これら設置権・接続権を行使する者は、**あらかじめ**、その**目的**、**場所**及び**方法**を他の土地等の所有者及び他の土地を現に使用している者に**通知**しなければなりません（改正民法213条の2第3項）。

また、他の土地に継続的給付設備を設置する者は、その土地の**損害**に対して**償金**を支払わなければならないとされています（同条5項）。

③共有規定の改正について

特に重要な改正点は、共有物の変更行為について、「共有物の形状又は効用の著しい変更を伴わないもの」（軽微な変更行為）を含まないことを明確にしたことです。逆に言えば、共有者**全員の同意**が必要となる「変更」行為が、**著しい変更**を伴うものに限定されました。これによって、共有されている建物の外壁・屋上などの防水のための修繕工事をすること、3 年以内の（定期）建物賃貸借契約の締結など、共有物の形状又は効用の著しい変更とはいえない程度の変更は、「管理」行為として、共有者の**持分価格の過半数**によって決定できることが明らかにされました（改正民法 251 条 1 項、252 条 1 項）。

なお、その他、所有者が不明であったり、所有者が明らかであっても管理不全となっている土地建物について、利害関係人による請求に基づき、裁判所が管理人を選任できる制度も創設されています（改正民法 264 条の 2 など）。

プラスα

左の話は、共有物について、各共有者がどのような行為を行うことができるかという問題です。共有物の維持等に関する「保存」行為は、各共有者が**単独**で行うことができ、「管理」行為は、**持分価格の過半数**を有する共有者であれば行えます。そして、売却や契約の締結といった「変更」について、これまでは共有者全員の同意が必要でしたが、著しい変更を伴わないものであれば、**持分価格の過半数**で行うことができるようになりました。

共有物の変更行為のうち、共有物の著しい変更とはいえないものは「**管理**」行為として、共有者の**持分価格の過半数**で決定できる（改正民法 251 条 1 項等）。

(2) 借地借家法

借地借家法は、建物の所有を目的とする地上権及び土地の賃借権の存続期間や効力等、建物の賃貸借契約の更新や効力等に関して、特別の定めをしている法律です。

この法律は民法の**特別法**として、民法に優先して適用されます。したがって、建物の賃貸借契約に関しては、民法の規律を原則としつつ、借地借家法によって、民法の原則が修正されて適用される、ということになります。

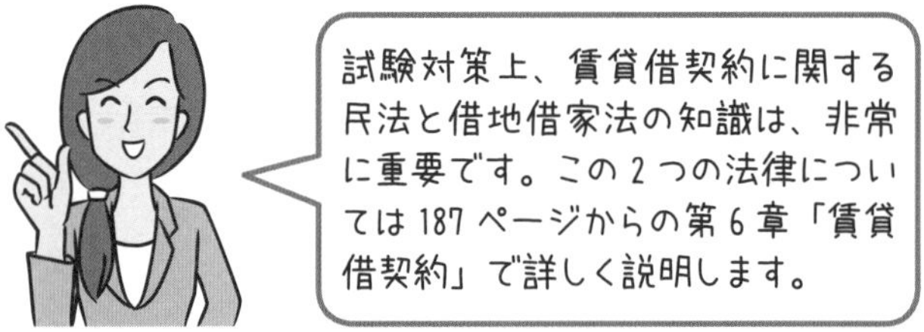

用 語

特別法

一般的に広く適用される効力を有する「一般法」に対して、適用の範囲が制限される法律のこと。民法は一般法であり、借地借家法は民法の特別法であることから、借地借家法に規定がある事項は、民法に優先して適用される。

2　消費者契約法

(1) 消費者契約法の意義

消費者契約法は、消費者と事業者との間の情報の質・量、交渉力に大きな格差があることから、事業者と消費者の間で締結される契約（「消費者契約」と呼ばれます）に関して、**消費者の利益**の擁護を図ることを目的とした法律です（同法1条）。

消費者契約における不当な条項を無効とすることや、消費者側の契約取消権などを定めています。

(2)「事業者」と「消費者」の意義

消費者契約法における「事業者」とは、**法人**その他の**団体**及び**事業**として又は**事業**のために契約の当事者となる場合における**個人**をいいます（同法2条2項）。

また、消費者契約法における「消費者」とは、**個人**（事

キーワードで CHECK!　消費者契約法における「消費者」 ⇒

業として又は事業のために契約の当事者となる場合におけるものを除く）をいいます（同条１項）。

したがって、不動産の賃貸借契約において、消費者契約法に該当する「消費者」とは、「**個人**が**事業目的**によらずに、**借主**となる場合」であり、この場合には、消費者契約法が適用されることとなります。

「個人が借主となる不動産賃貸借契約」のすべてに、消費者契約法が適用されるわけではありません。注意しましょう。

プラスα

個人の「貸主」であっても、反復継続して賃貸を行っている場合は、事業目的による行為とみなされ、「事業者」に**該当**し、「消費者」には**該当しない**こととなります。

（3）消費者契約法による規制

①消費者契約の取消権

消費者は、事業者が消費者契約の締結について**勧誘**をするに際し、当該消費者に対して一定の行為をしたことにより、当該消費者が**誤認**をし、それによって消費者契約の**申込み**又はその**承諾の意思表示**をしたときは、消費者契約を**取り消す**ことができます（消費者契約法４条）。具体的な場面は、以下のとおりです。

◆消費者が消費者契約を取り消すことができる場面

イ　**重要事項**について**事実と異なる**ことを告げられたことによって、当該告げられた内容が**事実**であると**誤認**した場合

【具体例】

事業者が、当該物件の付近に高層マンションが建設される予定であり、当該物件の日照が害されることを知りながら、「陽当たり良好」と伝えて、賃貸借契約を締結し

プラスα

事業者自身が消費者に対して、これらの行為を行った場合だけでなく、事業者から消費者契約の締結の媒介を委託された者や、事業者の代理人がこれらの行為を行った場合にも、消費者は消費者契約を取り消すことができます（消費者契約法５条）。

事業のために契約の当事者となる場合を**除く**、個人のこと。不動産賃貸借契約の場面で、これに該当するのは、個人が**事業目的**によらずに、**借主**となる場合のみ。

た場合。

ロ　消費者契約の目的となる物品や権利などに関し、将来における変動が不確実な事項について、断定的判断を提供されたことにより、当該提供された断定的判断の内容が確実であると誤認した場合

↓

【具体例】
事業者が、当該物件の付近に新駅が建設されることが確実ではないのにもかかわらず、「来年中にすぐ近くに新しい駅が設置され、交通の便が良くなります」と伝えて、賃貸借契約を締結した場合。

ハ　重要事項又は当該重要事項に関連する事項について、消費者の利益となる旨を告げ、かつ、当該重要事項について当該消費者の不利益となる事実を故意又は重大な過失によって告げなかったことにより、当該事実が存在しないと誤認した場合

↓

【具体例】
当該室内で前の借主が自殺をしたにもかかわらず、その事実を告げずに、賃貸借契約を締結した場合。

②不当な契約条項の無効

消費者契約において、消費者に不利益となる以下の契約条項は、無効となります（消費者契約法９条、10条）。

◆消費者契約法により無効となる契約条項

イ　消費者契約の解除に伴う損害賠償の額の予定又は違約金を定める条項であって、これらを合算した額が、当該消費者契約と同種の消費者契約の解除に伴い当該

用語

故意
故意とは、知っていて行うこと。“わざと”という意味で捉えていればよい。

プラスα

「無効」と「取消し」は異なります。はじめから効力が生じないのが「無効」で、「取消し」は、取り消すまでは有効であり、取り消すことで、はじめて効力が生じないこととなります。

キーワードでCHECK!　適格消費者団体　⇒

事業者に生ずべき**平均的な損害の額を超える**もの

⇒平均的な損害の額を**超える部分**が無効となる。

ロ　消費者が、消費者契約に基づき支払うべき金銭の全部又は一部を**支払期日**までに**支払わない**場合における**損害賠償の額の予定**又は**違約金**を定める条項であって、これらを合算した額が、支払期日の翌日からその支払をする日までの期間について、その日数に応じ、当該支払期日に支払うべき額から当該支払期日に支払うべき額のうち、すでに支払われた額を控除した額に年 14.6% の割合を乗じて計算した額を超えるもの

⇒年 14.6% を**超える部分**が無効となる。

ハ　消費者の権利を制限し又は消費者の義務を加重する消費者契約の条項であって、**信義則**（**民法 1 条 2 項**）に反して、消費者の利益を一方的に害するもの

⇒その**条項自体**が無効となる。

用 語

信義則

社会共同生活において、権利の行使や義務の履行は、互いに相手の信頼や期待を裏切らないように、誠実に行わなければならないとする法理のこと。民法 1 条 2 項に規定され、信義誠実の原則とも呼ばれる。

プラスα

裁判例や原状回復ガイドラインの内容に比べて、借主に不利な条項は、そのような条項を設ける正当な理由がない場合には、ハに該当し、無効となる可能性があります。

(4) 消費者の被害を救済するための制度

①消費者団体訴訟制度

不特定多数の消費者の利益のために、消費者契約法による差止請求権を行使するのに必要な適格性を有する法人である消費者団体として、内閣総理大臣の認定を受けた者を、適格消費者団体といいます（同法 2 条 4 項）。

この適格消費者団体は、事業者が**消費者契約法に違反**する行為を現に行っている、又は行われるおそれがある場合に、当該事業者に対し、その行為の**差止め**を**請求**することができます。この制度が、消費者団体訴訟制度です。

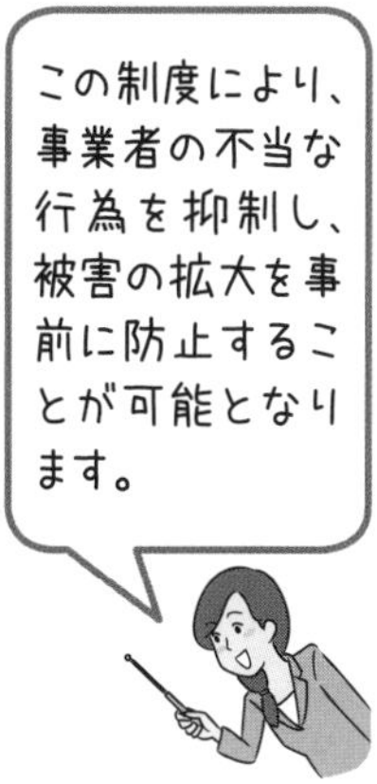

不特定多数の消費者の利益のために、消費者契約法による差止請求権を行使する適格性を有する法人として、**内閣総理大臣**の認定を受けた者のこと。

②消費者裁判手続特例法

消費者裁判手続特例法（正式名称は「消費者の財産的被害等の集団的な回復のための民事の裁判手続の特例に関する法律」）とは、多数の消費者に生じた財産的被害等を集団的に回復するための裁判手続に関する定めをした法律です。

この法律は、適格消費者団体の中から、被害回復裁判手続を追行するのに必要な適格性を有する法人であるとしてさらに内閣総理大臣の認定を受けた者（「特定適格消費者団体」といいます）が、事業者に対して、消費者契約に関して財産的被害等を被った相当多数の消費者に金銭を支払う義務を負うべきことの確認を求める訴え（共通義務確認の訴え）を提起することができるとしたうえで、その訴訟手続について特例等を定めています。

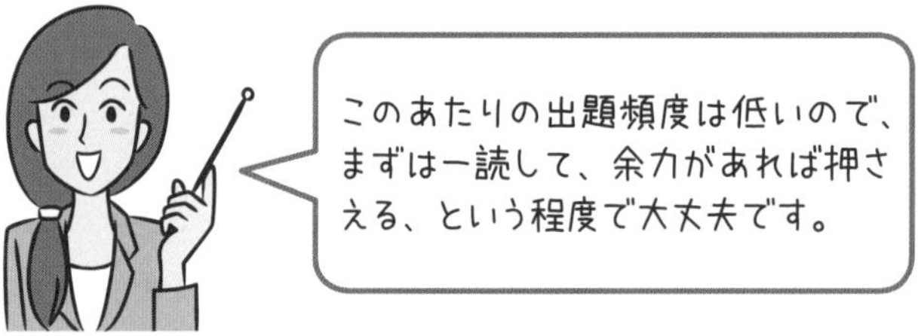

3　弁護士法

(1) 非弁行為の禁止（弁護士法 72 条）

弁護士法 72 条は、弁護士又は弁護士法人でない者が、**報酬を得る**目的で訴訟事件及び審査請求など、一般の法律事件に関して鑑定、代理、仲裁若しくは和解その他の**法律事務**を取り扱い、又はこれらの周旋《しゅうせん》をすることを**業とする**こと（非弁行為《ひべんこうい》）を禁止しています。

要するに、弁護士の資格を有しない者が、他人の法律事務を処理すると、当事者その他の関係者の利益を害して法秩序を乱すことになるため、他人の法律事務を取り扱うこ

プラスα

その他の賃貸受託管理に関連する法令としては、住宅の**性能**に関する**表示**基準及びこれに基づく評価の制度、**新築**住宅の請負契約又は売買契約における瑕疵担保責任（民法では「契約不適合責任」）について特別な取扱い等を定める「住宅の品質確保の促進等に関する法律」、また、事業者が事業を行うに当たり、障害を理由とした不当な**差別的取扱い**を禁止する等を規定した「障害者差別解消法」などがあります。

プラスα

「業とする」とは、反復継続して同一の業務を行うことを意味します。有償であるか無償であるかを問いません。

キーワードでCHECK!　非弁行為の禁止　⇒

と等を禁止しています。

(2) 管理業者の行為の非弁行為該当例

管理業者は、貸主に代わって家賃の督促《とくそく》を行う場合や、賃貸借契約の解除や賃貸物件の明渡しに係る事務を行う場合には、事案によっては、他人の「法律事務」を取り扱ったものとして、非弁行為に該当し、弁護士法 72 条に違反する可能性があります。

したがって、管理業者は、これらの事務や交渉を行おうとする場合には、貸主自身に行ってもらうことや、弁護士への依頼を行うこと等を基本として、弁護士法違反と判断されないように留意する必要があります。

プラスα

この他、他士業業務との関係については、税理士又は税理士法人でない者は、税理士業務を行ってはならないとする税理士法 52 条、司法書士会に入会している司法書士又は司法書士法人でない者は、業として、司法書士の業務を行ってはならないとする司法書士法 73 条 1 項、といった規定もあります。

4 住宅セーフティネット法

125 ページでも触れましたが、住宅セーフティネット法は、正式には「住宅確保要配慮者に対する賃貸住宅の供給の促進に関する法律」といい、住宅セーフティ機能の強化のため、空き家等を活用し、低所得者などの住宅確保要配慮者を拒まない賃貸住宅の登録制度などが規定されています。

この登録事業者は、登録住宅に入居を希望する住宅確保要配慮者に対し、**住宅確保要配慮者**であることを**理由**として入居を拒んではなりません（同法 17 条）。

プラスα

あくまでも**住宅確保要配慮者**であることを**理由**としてであり、他の理由から拒むことは**できます**。

また、同法では、セーフティネット住宅の貸主に対する**バリアフリー等の改修費**の国や地方公共団体等による**経済的支援**、入居する住宅確保要配慮者の**家賃**に対する国や地方公共団体等による**経済的支援**、借主が生活保護受給者で家賃滞納のおそれがある場合には、保護実施機関が貸主に対して住宅扶助費を**代理納付**することなどが規定されています。

弁護士又は弁護士法人ではない者が、**報酬を得る**目的で法律事務を取り扱い、これらの周旋をすることを**業とする**ことを非弁行為とし、弁護士法で**禁止**される。

一問一答で確認しよう！

□□□**問 1**　個人情報データベース等を事業の用に供している市町村は、個人情報保護法が適用される「個人情報取扱事業者」に該当する。

□□□**問 2**　個人情報取扱事業者は、いわゆるオプトアウト方式によって個人データを第三者に提供する場合、本人の求めがあれば、当該個人データの第三者への提供を停止しなければならない。

□□□**問 3**　賃貸住宅管理業者は、常に宅建業法による規制を受けることとなる。

□□□**問 4**　消費者契約法は、消費者が事業者から重要事項について事実と異なることを告げられたことにより、当該告げられた内容が事実であると誤認して消費者契約を締結した場合、当該消費者契約は無効であるとしている。

□□□**問 5**　賃貸住宅管理業者が貸主に代わって、借主との間で賃貸物件に関する賃貸借契約を合意解除し、賃貸物件の明渡しの実現を図るための交渉を行うことは、弁護士法 72 条が禁止する非弁行為に該当することはない。

正解と解説

1 ×　国の機関、地方公共団体などは、「個人情報取扱事業者」から**除外**される（個人情報保護法 16 条 2 項）。

2 ○　オプトアウト方式による第三者提供を行う場合は、**本人の求め**に応じて、当該本人が識別される個人データの第三者への提供を**停止**することとしなければならない（個人情報保護法 27 条 2 項）。

3 ×　管理業者が**貸借の代理・媒介**を業務として行う場合には、宅建業者に該当し、宅建業法による規制を受けることとなる。

4 ×　重要事項の不実告知による誤認の場合、当該消費者契約は無効となるのではなく、消費者が**取り消す**ことができる（消費者契約法 4 条）。

5 ×　管理業者が賃貸借契約の合意解除及び明渡交渉を行うことは、非弁行為に該当する可能性が**ある**。

過去問を確認しよう！

□□□**問題**　個人情報の保護に関する法律（以下、本問において「個人情報保護法」という。）に関する次の記述のうち、誤っているものの組合せはどれか。　（令和４年度第42問）

ア　個人情報取扱事業者が個人情報を取得する場合は、利用目的をできる限り特定して通知又は公表する必要があるが、要配慮個人情報でない限り、本人の同意を得る必要はない。

イ　個人情報取扱事業者が、個人データを漏えいした場合、不正アクセスによる場合であっても、本人の数が 1,000 人を超える漏えいでない限り、個人情報保護委員会に報告する義務はない。

ウ　個人情報取扱事業者が委託先に個人データを提供することは、それが利用目的の達成に必要な範囲内であっても、個人データの第三者提供に該当するため、本人の同意を得る必要がある。

エ　取り扱う個人情報の数が 5,000 人分以下である事業者であっても、個人情報データベース等を事業の用に供している者には、個人情報保護法による規制が適用される。

1　ア、ウ　　**2**　ア、エ　　**3**　イ、ウ　　**4**　イ、エ

正解　3

ア○　個人情報取扱事業者が個人情報を取得する場合は、利用目的をできる限り**特定**して**通知**又は**公表**する必要があるが（個人情報保護法 17 条、21 条）、要配慮個人情報でない限り、本人の同意を得る必要は**ない**（同法 20 条参照）。

イ×　個人情報取扱事業者は、①**要配慮個人情報**が含まれる個人データ、②**不正に利用**されることにより**財産的被害**が生じるおそれがある個人データ、③**不正の目的**をもって行われたおそれがある個人データの漏えい等、④個人データに係る本人の数が **1,000 人を超える**漏えい等が発生した場合には、その旨を個人情報保護委員会に報告しなければならない（個人情報保護法 26 条、同法施行規則 7 条）。本肢の場合、上記③に**該当する**ため、報告を**要する**。

ウ×　個人情報取扱事業者が委託先に個人データを提供する場合に、それが利用目的の達成に必要な範囲内であるときは、個人データの第三者提供には**該当しない**ため、本人の同意を得る必要は**ない**（個人情報保護法 27 条 5 項 1 号）。

エ○　「個人情報取扱事業者」とは、それが 1 件であっても**個人情報データベース等**を**事業の用**に供している者をいうため（個人情報保護法 16 条 2 項）、個人情報保護法による規制が**適用される**。

以上より、誤っているものの組合せは**イ**、**ウ**であり、選択肢**3**が正解となる。

過去問を確認しよう！

□□□**問1**　入居審査に当たり収集した個人情報は、個人情報の保護に関する法律上、利用目的を特定しなくても自由に活用できる。
（平成30年度第11問－選択肢2）

□□□**問2**　指定流通機構（レインズ）にアクセスできる管理業者は、自ら作成した個人情報を保有していなくても、個人情報保護法による個人情報取扱事業者である。（令和元年度第4問－選択肢4）

□□□**問3**　貸主が自ら行う場合には、借主が入居するまでの募集業務にも、借主入居後の業務にも宅地建物取引業法は適用されない。
（平成29年度第10問－ア）

□□□**問4**　賃貸住宅の敷地の南側に隣接する土地に高層建物が建設されることを知りながら、「陽当たり良好」と説明して賃貸借契約を成立させた場合、消費者契約法に基づき、当該賃貸借契約が取り消される場合がある。（令和3年度第47問－4）

正解　1×　2○　3○　4○

1　個人情報取扱事業者は、個人情報を取り扱うに当たっては、その**利用目的**を**できる限り特定**しなければならない(個人情報保護法17条1項)。したがって、利用目的を特定しなくても、自由に活用できるわけでは**ない**。なお、本問では、そもそも個人情報を活用しようとしている主体が、個人情報取扱事業者であるか否かが不明確だが、問題文より、利用目的の特定について問う意図であるものと考えてよいであろう。

2　他人が作成した個人情報データベース等を利用する場合も、「個人情報取扱事業者」に該当**する**。よって、レインズにアクセスして、個人情報データベース等を利用することができる者は、「個人情報取扱事業者」に該当**する**。

3　「**自ら貸主**」として借主の募集を行う場合は、宅建業に**含まれず**、宅建業法は適用**されない**。宅建業法が適用される「宅建業」とは、宅地･建物の**売買**･**交換**、又は、宅地・建物の**売買**・**交換**・**貸借の代理**・**媒介**を業として行うものをいう(宅建業法2条2号)。結果、賃貸管理の場面における管理業者は、**貸借の代理**･**媒介**を業務として行う場合のみ、宅建業者に該当することとなり、宅建業法の適用を受けることとなる。

4　事業者が重要事項について**事実と異なる**ことを告げたことで、消費者が誤認をし、消費者契約の申込み又は承諾の意思表示をしたとき、消費者契約を取り消すことが**できる**（消費者契約法4条）。

過去問を確認しよう！

□□□**問題**　住宅宿泊事業法による住宅宿泊管理業に関する次の記述のうち、適切なものの組合せはどれか。　（令和元年度第24問）

ア　住宅宿泊管理業者が管理受託契約の締結前に委託者に対して行う締結前書面の交付は、電磁的方法による情報提供を行った場合であっても、別途行わなければならない。

イ　住宅宿泊管理業者は、住宅宿泊事業者から委託された住宅宿泊管理業務の全部を他の者に対し、再委託することができる。

ウ　住宅宿泊管理業を行うためには、国土交通大臣の登録を受けなければならない。

エ　住宅宿泊事業者は、狭義の家主不在型の住宅宿泊事業については、住宅宿泊管理業務を住宅宿泊管理業者に委託しなければならない。

1　ア、イ

2　ア、ウ

3　イ、エ

4　ウ、エ

正解　4

ア×　住宅宿泊管理業者は、管理受託契約を締結しようとするときは、委託者に対し、管理受託契約を**締結するまで**に、管理受託契約の内容及びその履行に関する事項について、**書面を交付**して**説明**しなければならない（住宅宿泊事業法33条1項）。また、書面の交付に代えて、**電磁的方法**による情報提供も認められ（同条2項）、**電磁的方法**による情報提供を行った場合、書面の交付を別途行う必要は**ない**。

イ×　住宅宿泊管理業者は、住宅宿泊事業者から委託された住宅宿泊管理業務の**全部**を他の者に対し、**再委託**してはならない（住宅宿泊事業法35条）。

ウ○　住宅宿泊管理業を営もうとする者は、**国土交通大臣**の登録を受けなければならない（住宅宿泊事業法22条1項）。

エ○　住宅宿泊事業のうち、狭義の家主不在型では、住宅宿泊事業者は、住宅宿泊管理業務を1つの住宅宿泊管理業者に**委託しなければならない**（住宅宿泊事業法11条1項）。

予想問題にチャレンジ！

問題　賃貸住宅管理に関連する法令に関する次の記述のうち、正しいものはどれか。

1　個人が借主となる不動産賃貸借契約については、常に消費者契約法が適用される。

2　滞納賃料に係る遅延損害金の約定利率が年 14.6% を超える場合、消費者契約法により、当該遅延損害金に関する定めの全部が無効となる。

3　個人情報取扱事業者は、変更前の利用目的と関連性を有すると合理的に認められる範囲内であれば、利用目的を変更することができ、本人への通知や公表は不要である。

4　本人に対する不当な差別、偏見その他の不利益が生じないようにその取扱いに特に配慮を要する記述等が含まれる個人情報を、要配慮個人情報という。

解答

- - -

正解　4

1 ×　不動産賃貸借契約では、「**個人**が**事業目的**によらずに**借主**となる場合」に限り、消費者契約法が適用される（消費者契約法 2 条 1 項）。

2 ×　消費者契約に基づく損害賠償の額の予定又は違約金を定める条項については、年 14.6% を**超える部分**が無効となる（消費者契約法 9 条 1 項 2 号）。

3 ×　変更前の利用目的と関連性を有すると合理的に認められる範囲内であれば、利用目的を変更できるが（個人情報保護法 17 条 2 項）、変更された利用目的は、**本人に通知**し、又は**公表**しなければならない（個人情報保護法 21 条 3 項）。

4 ○　要配慮個人情報とは、個人情報のうち、本人の人種、信条、社会的身分、病歴、犯罪の経歴、犯罪により害を被った事実その他本人に対する**不当な差別**、**偏見**その他の**不利益**が生じないように、その**取扱い**に**特に配慮**を要する記述等が含まれる個人情報をいう（個人情報保護法 2 条 3 項）。

第４章
賃貸住宅経営の方式

第4章の学習ポイントをマンガでチェック!

でも委任契約と請負契約の違いは、しっかり理解しておきましょう！
まぁ、管理受託契約は両方の性質を併有するんだけどね。
委任契約
請負契約
確かに…違いがわかりにくいです…
そうね〜例えば…
請負契約は依頼内容の「完成」が条件なの。建築を請け負ったら「完成建物」を引き渡さないといけないの。
でも委任契約は「完成」が条件となっていないわ。やるべきことを行っていれば、契約違反にはならないイメージね。
ナルホド…
ともかくこの章では、管理受託方式とサブリース方式の賃貸管理がどういうものか、また、それぞれの民法上の規定を押さえてくださいね！
では始めましょう！

第1節 管理受託方式による賃貸管理

学習日 ／

頻出度 A

管理受託方式による賃貸管理業務については、その法的性質を中心に出題されます。民法上の委任（準委任）契約に関する知識の確認を中心に、管理受託方式の内容を理解する必要があります。

I 管理受託契約による賃貸管理

重要度 ★★★

POINT

管理受託方式による賃貸管理業務の意義について、サブリース方式による賃貸管理業務との違いを意識しながら理解・記憶しましょう。

1 管理業務の2つの方式

ここまでも述べてきたとおり、賃貸住宅の管理業務は、管理受託方式による管理とサブリース方式による管理の2つの方式があります。

おさらいすると、管理受託方式の管理業務は、賃貸住宅の**貸主**から**委託**を受けて行う、賃貸住宅の管理のことです（次ページの図参照）。これに対し、サブリース方式の管理業務は、賃貸住宅を**転貸**する者が行う、当該賃貸住宅の管理のことです。

登録制度は、この2つの方式による管理業務を対象としています。

2 管理受託契約

(1) 管理受託契約の締結

管理受託方式による管理は、管理業者が、**貸主**との間で**管理受託契約**を締結し、この契約に基づき、家賃、敷金等の受領に係る事務や、賃貸借契約の更新・終了に係る事務、

キーワードでCHECK! 管理受託契約の法的性質 ⇒

建物や設備の維持管理、貸主からの問合せ等への対応などを行う方式です。

管理受託契約においては、管理業者は、賃貸借契約の当事者には**ならない**点で、サブリース方式による管理とは異なります。

◆管理受託方式による管理

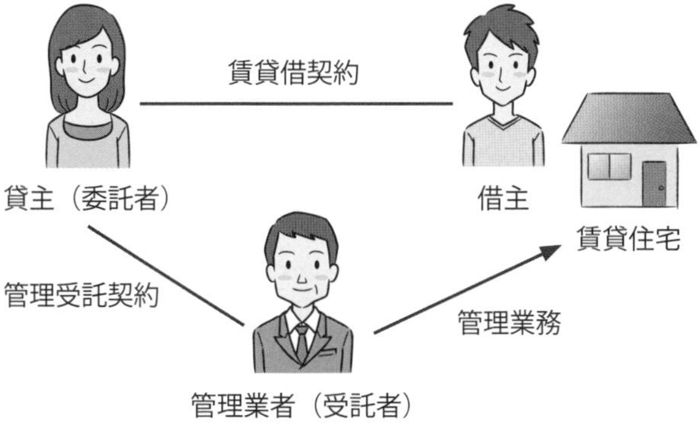

(2) 管理受託契約の法的性質

管理受託契約は、貸主が管理業者に対して、賃貸住宅の管理業務を**委託**することを内容とするものです。主な内容としては、**建物**・**設備**などの**維持管理**や**清掃**業務などの事実行為の委託が中心となります。

民法においては、当事者の一方が**法律行為**をすることを相手方に**委託**して、相手方がこれを**承諾**することによって効力を生ずる契約を、**委任契約**といいます（民法643条）。そして、法律行為ではない事務、つまり事実行為を委託する契約を**準委任契約**といい、委任契約に関する民法の規定が準用されます（同法656条）。

よって、事実行為の委託を中心とする管理受託契約は、基本的に民法の**準委任契約**に該当し、民法の**委任契約**に関する規定に従うことになります。

用語

法律行為
意思表示を要素とする法律要件のことで、人が法律効果を発生させようとして行う行為のことをいう。典型例としては、**契約**が挙げられる。

よく出る！

管理受託契約は、主に建物・設備などの維持管理や清掃業務などの事実行為の委託が中心となる以上、その法的性質は基本的に**準委任**契約である。

委任契約も準委任契約も、結局は同じ委任契約に関する規定が適用されます。なお、委任契約は当事者の合意のみで成立する諾成契約《だくせいけいやく》です。

なお、民法にはこの委任契約と類似した契約類型として、請負契約があります。委任契約も請負契約も、他人に一定の仕事を依頼するという点で共通します。この点で、管理受託契約は、委任契約と請負契約の性質を**併有**することが想定され、特に管理受託契約に建物の修繕工事を行うといった請負の要因を含む場合は、両者の混合契約と解されます。

しかし、請負契約では、当事者の一方が一定の「仕事を**完成**」することが目的となるのに対し、一般的な委任契約では、仕事の**完成**は目的となって**おらず**、一定の事務を行うことを内容とするものという点で、両者は異なります。

したがって、一般的な管理受託契約は、「一定の仕事を完成すること」を目的とするもの**ではなく**、「一定の管理事務を行うこと」を内容とする契約である、ということになります。

覚えよう! | **管理受託契約の性質**

◆法的性質　➡（準）**委任**契約

　➡ただし、請負契約の性質も**併有**。

◆請負契約との違い

　➡一定の事務を行うことを内容とする。

　➡仕事の目的物の完成は、**不要**。

プラスα

管理受託契約は、その依頼内容によって、性質が「委任」契約となるか、「準委任」契約となるか異なります。よって、本書では「(準) 委任」とかっこ書きを用いて表記している場所があります。とはいえ、結局は同じ委任の規定が適用されるということです。

よく出る!

プラスα

請負契約における「仕事の完成」の典型例として、建築会社が建物を建築することが挙げられます。建物が建築されるまでは「仕事の完成」がされていません。これに対し、「清掃をする」といった「一定の事務」を行うことを内容とする（準）委任契約では、「清掃」を行えばよく、一定の「仕事の完成」は必要ではありません。

キーワードでCHECK!　管理業者の注意義務の程度　⇒

Ⅱ 管理受託契約における管理業者の義務

重要度 ★★★

POINT

民法の委任契約の規定によって、受託者の立場に立つ管理業者には、どのような義務が課せられているかについて確認しましょう。

1 善管注意義務

管理受託契約において、受託者（委託を受ける者）の地位にある管理業者は、委託の本旨に従って、**善良な管理者**の注意をもって、委託事務を処理する義務を負っています（民法644条）。この「**善良な管理者**の注意」とは、受託者の職業や社会的・経済的地位などに応じて、一般的に要求される注意のことをいい、この注意義務のことを略して、一般に「**善管注意義務**」ともいいます。

受託者である管理業者は、管理受託契約が有償であるか**無償**であるかを**問わず**、委託者である貸主に対して善管注意義務を負います。したがって、仮に、管理受託契約が無償であったとしても、管理業者はこの善管注意義務を免れることには**なりません**。

なお、管理受託契約において、管理業者が負う善管注意義務を加重する旨の特約を結ぶことも**できます**。

用語

無償（むしょう）
大ざっぱなイメージとしては、無料であることと考えてもよいが、正確には、対価関係にないこと、つまり、互いに均衡した経済的負担を負っていないことを意味する。他方、互いに対価関係に立つことを有償という。

よく出る!

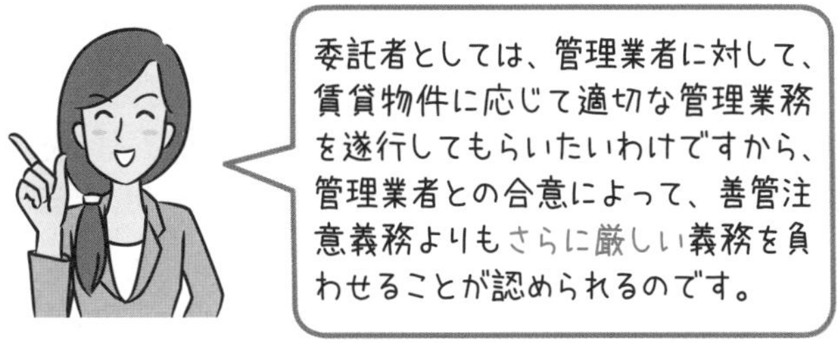

管理受託契約において、管理業務の委託を受ける管理業者は、委託の本旨に従って、**善良な管理者**の注意をもって、委託事務を処理する義務を負う（民法644条）。

2　委託者への報告義務

受託者である管理業者は、委託者である貸主からの**請求**があるときは、いつでも、委託事務の**処理の状況**を報告しなければならず、また、委託契約が**終了**した後は、遅滞なく、その**経過**及び**結果**を報告しなければなりません（民法645条）。

3　受領物の引渡義務

受託者である管理業者は、委託事務を処理するに当たって**受け取った金銭・その他の物**がある場合には、委託者である貸主に**引き渡さなければ**ならず、また、**果実**を収取した場合も同様に、貸主に**引き渡さなければ**なりません（民法646条1項）。

この規定により、管理業者は、借主から集金した**賃料**を貸主に**引き渡す**義務を負います。さらに、集金した**賃料**から**利息**が発生した場合には、この**利息**は「果実」に当たるため、**利息**も貸主に**引き渡す**必要があります。

なお、管理業者が、貸主に引き渡すべき金銭等を自己のために消費してしまったときは、管理業者は貸主に対し、その消費した日以後の利息も支払わなければなりません。さらに貸主に損害があれば、その損害を賠償する責任を負います（同法647条）。

4　自己執行義務

委任契約は、委任者（委託者）と受任者（受託者）との間の対人的な信頼関係を基礎として、委任事務の処理を委託するものですので、原則として、委託者が選んだ**受託者自身**が、委任事務を処理する必要があります。委託者の指揮命令に従う必要は**ありません**。

ただし、賃貸管理業務のような多岐にわたる業務を、特定

プラスα

左は「民法」の委任契約上で規定される義務の話です。登録制度上においても、登録業者は、定期的に、管理受託契約又は賃貸借契約を締結した貸主に対し、管理事務に関する報告をしなければならないとされています（賃貸住宅管理業法20条、p.61参照）。

よく出る！

用語

果実

物から発生する経済的な収益のこと。果実には、物から産出される天然果実（牛乳・鉱物など）と、物の使用の対価として受け取る法定果実（利息など）がある。

プラスα

“この人”にだから、管理をお願いした…という信頼関係が根本的にあるということです。

キーワードでCHECK!　管理業者の報酬請求権　⇒

の受託者が自らすべて行うことは困難ですし、現実的ではありません。そこで、委託者の承諾又はやむを得ない事由があれば、受託者たる管理業者は、管理業務を他の者に再委託することが認められます（民法 644 条の 2 第 1 項）。

委託業務が、委託者の知らない間に、勝手に第三者に再委託されると、委託者と受託者の間の信頼関係が損なわれます。これを防ぐために、再委託をするには、誰に再委託をするのか等について、委託者の承諾が必要となるのです。

よく出る！ プラスα

また、第三者に事務処理を任せなければ事務処理が停滞し、かえって委託者に不利益が生じる場合などにまで、受託者が第三者に事務処理を委ねることができないとするのは不都合です。そのため、**やむを得ない事由**があるときにも再委託が認められています。

Ⅲ 管理受託契約における管理業者の権利　重要度★★★

POINT

試験における頻出事項である、管理受託契約に基づく報酬の請求の可否や、報酬の支払時期はいつなのか等について、よく理解しておきましょう。

1　報酬請求権

委任契約は、民法上、**無償**であるのが原則です。そのため、民法の原則によれば、管理受託契約において報酬を支払う旨の**特約**がなければ、報酬請求権は当然には発生**しません**（民法 648 条 1 項）。

しかし、管理業者は商人であることから（商法 4 条 1 項）、その営業の範囲内において他人のために行為をしたときは、管理受託契約に報酬を支払う旨の特約がなくても、商法の規定により、委託者である貸主に対して、相当な報酬を請求することが**できます**（同法 512 条）。

プラスα

現代においては、委任契約のほとんどは有償契約であることからして、報酬を支払う旨の特約がなくても、その委任契約の性質から、当然に報酬請求権が認められるケースも多くなっています。

委任契約では、特約がなければ、報酬請求権は当然には発生**しない**が、管理業者は商人である以上、特約がなくても、相当な報酬を請求**できる**（商法 512 条）。

2　報酬の支払時期

委任契約においては、報酬は**後払い**が原則となります（民法648条2項）。つまり、管理業者は、支払時期についての特約がない場合には、委託業務を履行した**後**でなければ、報酬を請求することができないのが原則です。委託業務の履行と報酬の支払いとが**同時履行の関係**に立つわけではありません。

なお、①委託者である貸主の責めに帰することができない事由によって委託業務の履行をすることができなくなったとき、又は②委任が履行の中途で終了したときは、管理業者は、すでにした履行の**割合**に応じて、報酬を請求することができます（同条3項）。

よく出る!

用語

同時履行の関係
相手の履行があるまで、こちらも履行しないと主張することができる関係のこと。売買契約の買主を例にすれば、売主が売買の目的物を引き渡さない限り、代金を支払わないと主張することができる。

3　費用の前払請求権・償還請求権

委託業務を処理するに当たって費用を要するときは、受託者である管理業者は、委託者である貸主に対して、その費用の**前払い**を**請求**することができます（民法649条）。

また、受託者である管理業者が、委託業務の処理に必要な費用を支出したときは、委託者である貸主に対し、その**費用**及び支出の日以後の**利息**の**償還**を請求することができます（同法650条1項）。

用語

償還
返還義務を負っているものを返還すること。

覚えよう!｜管理受託契約における報酬

◆管理業者は、特約がなくとも報酬を請求**できる**。
◆報酬の支払時期は、特約がない限り、**後払い**となる。
　➡管理業者は、委託事務の履行と報酬支払との同時履行を主張することは**できない**。

キーワードでCHECK!　民法653条による管理受託契約の終了事由　⇒

Ⅳ 管理受託契約の終了

重要度 ★★★

POINT

管理受託契約の終了事由についても、試験での頻出事項です。どのような場合に契約が終了するのかを整理して覚えましょう。

1 管理受託契約の解除による終了

委任契約は、当事者間の対人的な信頼関係を基礎とする契約であるため、この信頼関係が失われた場合は、もはや委任契約を継続する必要性も失われます。

そこで、民法は、委任契約について、**各当事者**が、何らの特別の理由がなくても、**いつでも解除**することができるとしています（民法 651 条 1 項）。

ただし、①相手方に不利な時期に委任を解除したとき、又は②委託者が受託者の利益（専ら報酬を得ることによるものを除く）をも目的とする委任を解除したときは、**やむを得ない事由**によって解除した場合を**除き**、相手方に対して**損害の賠償**をしなければなりません（同条 2 項）。

なお、委任契約の解除については、特約によって、解除権を制限することが**認められます**。

プラスα

例えば、債務不履行などの一定の事由が発生した場合に限り、解除をすることができる旨の定めや、解除をする場合には、3 か月前までに相手方に事前に予告をしなければならない旨の定めを設けることが**できます**。

2 管理受託契約のその他の終了事由

管理受託契約は、上記の契約の解除の他に、以下の事由によっても終了します（民法 653 条）。

◆管理受託契約の終了事由

①委託者又は受託者が**死亡**したとき
②委託者又は受託者が**破産手続開始**の**決定**を受けたとき
③**受託者**が**後見開始**の**審判**を受けたとき

①委託者又は受託者が**死亡**、②委託者又は受託者が**破産手続開始**の**決定**を受けたとき、③**受託者**が後見開始の審判を受けたとき、のいずれかの場合に終了する。

前ページの①の**死亡**による終了は、委託者又は受託者が**個人**（**自然人**）である場合の終了事由です。当然のことですが、委託者又は受託者が**法人**である場合は、「死亡」という概念がありません。

よく出る!

例えば、管理業者の代表取締役が死亡したとしても、法人である管理業者自体は存続していることから、契約は**存続**します。

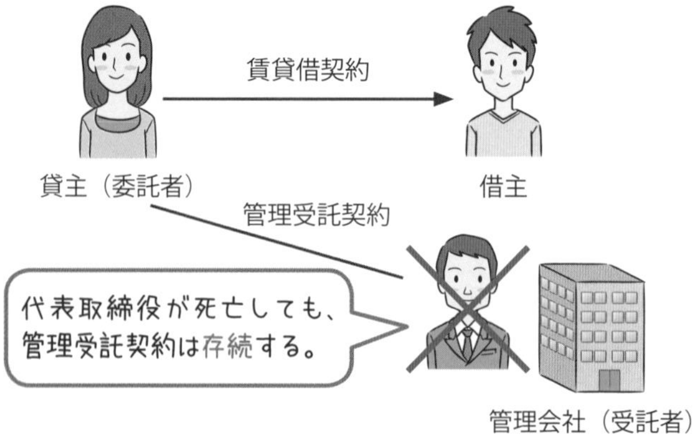

また、③の**後見開始の審判**についても、同様に、受託者が**個人**の場合のみの終了事由となります。法人である会社が、**後見開始の審判**を受けることはないからです。

プラスα

後見開始の審判とは、精神上の障害（認知症など）によって判断能力が欠けている者（本人）を保護するための手続です。家庭裁判所は、本人のために成年後見人を選任し、成年後見人は、本人の財産に関する法律行為を本人に代わって行うことができます。

よく出る!

これらの終了事由の発生により、管理受託契約は**当然に終了**します。したがって、委託者が死亡した場合には、特約がない限り、委託者の相続人が管理受託契約の委託者の地位を承継することなく、管理受託契約は**当然に終了**することになります。

なお、この終了事由の発生については、相手方に通知するか、又は相手方がこれを知っていたときでなければ、管理受託契約の終了を相手方に対抗することができません（同法 655 条）。

キーワードでCHECK! **管理受託契約の受託者に対する後見開始の審判　⇒**

覚えよう！ 管理受託契約の終了事由

①契約の**解除**

②当事者の**死亡**

➡当事者が**個人（自然人）**の場合のみ！

③当事者の**破産手続開始の決定**

④**受託者**に対する**後見開始の審判**

➡委託者が後見開始の審判を受けた場合、管理受託契約は終了**しない**！

3　管理受託契約の終了後の対応

委託契約が終了した場合において、急迫の事情があるときは、受託者又はその相続人・法定代理人は、委託者又はその相続人・法定代理人が委託事務を処理することができるに至るまで、必要な処分をしなければなりません（民法654条）。

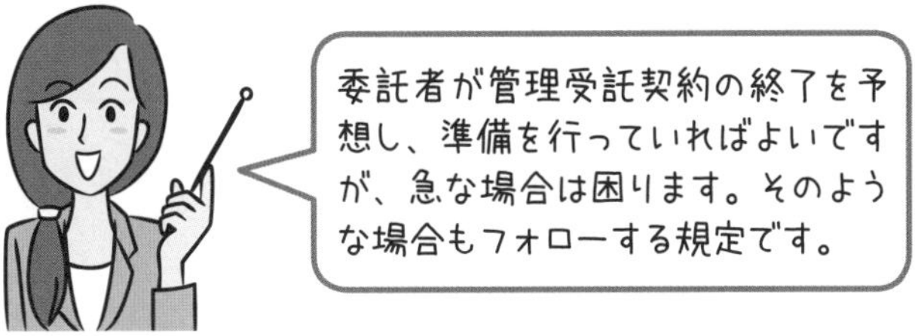

当該受託者が**自然人**であれば、管理受託契約は**当然**に**終了**する。後見開始の審判がなされた者に、管理業務を任せるのは当事者双方にとってよくないからである。

一問一答で確認しよう！

□□□**問 1**　管理受託契約の法的性質は、民法上の請負契約である。

□□□**問 2**　管理受託契約の受託者である管理業者は、委託契約が終了した後は、遅滞なく、その経過及び結果を報告しなければならない。

□□□**問 3**　管理受託契約の受託者である管理業者が、貸主に引き渡すべき金銭等を自己のために消費したときは、貸主に対して、その消費した日以後の利息も支払わなければならない。

□□□**問 4**　管理受託契約の当事者は、やむをえない事由がない限り、当該管理受託契約を解除することができない。

□□□**問 5**　管理受託契約の委託者又は受託者が後見開始の審判を受けた場合、当該管理受託契約は終了する。

正解と解説

1 ×　管理受託契約は、民法上の（**準**）**委任**契約の性質を有する。

2 ○　管理受託契約の受託者には、委託契約の終了後の**経過**及び**結果**の報告義務がある（民法 645 条）。

3 ○　管理業者が、貸主に引き渡すべき金銭等を自己のために消費してしまったときは、貸主に対し、その**消費した日以後**の利息の支払義務を**負う**（民法 647 条）。

4 ×　管理受託契約は、**各当事者**が、何らの特別の理由がなくても、**いつでも**解除することができる（民法 651 条 1 項）。

5 ×　**委託者**が後見開始の審判を受けた場合には、管理受託契約は終了しない（民法 653 条 3 号参照）。

過去問を確認しよう！

□□□**問題**　管理受託契約の性質に関する次の記述のうち、適切なものはどれか。
（令和３年度第４問）

1　管理受託契約は、民法上の委任と雇用の性質を併有することが想定されている。

2　民法上の請負は、法律行為又は事実行為をすることを目的とする。

3　建物設備の維持保全業務は、民法上の準委任に当たる。

4　民法上の委任契約は、書面で契約を締結することが義務付けられている。

正解　3

1 ×　管理受託契約は、**委任**の性質と**請負**の性質を併有することが想定されている。

2 ×　民法上の請負は**仕事の完成**を目的としている（民法632条）。法律行為又は事実行為をすることを委託するのは「**委任**」である。

3 ○　賃貸住宅管理業法では、賃貸住宅の維持保全業務が管理業務とされている。そして、管理業務を賃貸人が管理業者に委託することは、民法上の「委任」又は「準委任」に当たり、管理業務のうちの維持保全業務は**事実行為**である（法律行為**ではない**）ため、民法上の「**準委任**」に当たる。

4 ×　委任契約は、賃貸人と管理業者の**合意のみ**で成立する**諾成契約**であり、民法上、書面での締結が義務づけられている**わけではない**。

過去問を確認しよう！

□□□問題 **NEW!** 賃貸住宅管理業者であるAと賃貸人Bとの間の管理受託契約における、家賃等の金銭管理を行う業務についての次の記述のうち、最も適切なものはどれか。 （令和５年度第５問）

1 AはBの指揮命令に従い金銭管理を行う必要がある。

2 Aは金銭管理を行う際、自らの財産を管理するのと同程度の注意をもって行う必要がある。

3 Aが自己の財産と区別して管理しているBの金銭に利息が生じた際、この利息を除いた額をBに引き渡すことができる。

4 Aは、Bの承諾があれば、金銭管理を行う業務を第三者に再委託することができる。

正解　4

1 ×　管理受託契約は、民法上の（準）委任契約に当たる（民法643条、656条）。（準）委任契約において、受任者は、原則として、**自ら**委任事務の処理を行わなければならない（**自己執行**義務）。よって、委任者の指揮命令に従う必要は**ない**。

2 ×　（準）委任契約における受任者は、委任の本旨に従い、**善良な管理者**の注意をもって、委任事務を処理する義務を負う（**善管注意義務**、民法644条）。自らの財産を管理するのと同程度の注意**ではない**。

3 ×　（準）委任契約における受任者は、委任事務を処理するに当たって**受け取った金銭**・その他の物を委任者に**引き渡さなければ**ならない。また、その収取した**果実**についても、委任者へ**引き渡さなければ**ならない（民法646条1項）。よって、利息もBへ引き渡す必要が**ある**。

4 ○　（準）委任契約における受任者は、委任者の**承諾**を得たとき、又は**やむを得ない事由**があるときでなければ、管理業務を他の者に再委託することができない（民法644条の2第1項）。よって、委任者の承諾を得ている本肢の場合は、再委託することが**できる**。

予想問題にチャレンジ！

問題 建設省・国交省標準契約書による管理受託契約に関する次の記述のうち、正しいものはどれか。

1 管理受託契約において、報酬に関する定めはあるものの、報酬の支払時期に関する定めがない場合には、報酬は後払いとなる。

2 管理受託契約が、履行の途中で終了した場合、管理業者は、委託者に対し、管理受託契約に基づく報酬の全額を請求することができる。

3 管理受託契約における管理業者は、賃貸借契約の当事者となる点において、サブリース契約と類似する。

4 管理受託契約において、報酬に関する定めがない場合には、管理業者は報酬を請求することができない。

解答	

正解	1

1 ○ 管理受託契約における報酬の支払時期に関する定めがない場合、民法の委任（準委任）契約における原則に従い、報酬は**後払い**となる（民法648条2項）。

2 × 履行途中で管理受託契約が終了した場合、管理業者は、すでにした履行の**割合**に応じて報酬を請求することができる（民法648条3項）。

3 × 管理受託契約における管理業者は、賃貸借契約の**当事者とはならない**点で、サブリース契約とは**異なる**。

4 × （準）委任契約は、民法上は**無償**が原則であるが（民法648条1項）、管理業者は商人であるため（商法4条1項）、その営業の範囲内において他人のために行為をなしたときは、**相当な報酬**を請求することができる（同法512条）。

第2節 サブリース方式による賃貸管理

学習日 ／

頻出度 A

サブリース方式による賃貸管理業務については、所有者・転貸人・転借人の三者間の法律関係を問う問題がよく出題されます。民法上の賃貸借契約の知識が前提となりますので、深く学習しておきましょう。

I サブリース契約による賃貸管理の特徴 重要度 ★★

POINT

サブリース方式による賃貸管理は、いわゆる転貸借契約によって行われますので、関係図をしっかり頭に入れながら学習しましょう。

1 サブリース方式による賃貸管理とは

サブリース方式の管理業務は、賃貸住宅を**転貸する者**（**転貸人**）が行う、当該賃貸住宅の管理のことです。

具体的には、管理業者が、**貸主（所有者）**から賃貸不動産を借り受けて、貸主（所有者）の**承諾**を得て、管理業者が当該賃貸不動産を**転借人（入居者）**に**転貸**することを内容とします。管理業者は、貸主（所有者）との関係では借主の立場に立つと同時に、転借人（入居者）との関係では貸主（転貸人）の立場に立つこととなります（単純転貸型、次ページの図参照）。

サブリース方式により賃貸管理を採用するメリットとして、まず、貸主（所有者）としては、入居者の募集や建物の管理という賃貸経営を行う手間を省きつつ、空室や賃料の下落というリスクを、サブリース業者である管理業者の賃料保証などによって軽減することができます。また、管理業者としても、自ら土地の購入や建物の建築費などのコストを投入することなく、賃貸事業を行うことができると

プラスα

本書で出てくるサブリース方式は、管理業者が借主兼転貸人となる原則的な形態を前提としています。借主兼転貸人（サブリース業者）が自ら管理業務を行わず、管理業務は管理会社に委託する形態などもありますが、試験対策上は、原則的な形態を理解していれば対応できます。

キーワードでCHECK! サブリース方式の賃貸管理業務の特徴 ⇒

いうメリットがあります。

2　サブリース契約

(1) サブリース契約の締結

原則的なサブリース方式による管理は、まず、管理業者が、貸主（原賃貸人・所有者）との間で原賃貸借契約（特定賃貸借契約）を締結し、さらに、この原賃貸借契約を基礎として、管理業者が転借人（入居者）との間で賃貸借契約（転貸借契約）を締結することになります。

管理受託方式と異なり、サブリース方式では、管理業者は、貸主（所有者）・転借人（入居者）それぞれとの間で賃貸借契約を結び、**契約の当事者**となる点に特徴があります。

◆サブリース方式による管理（原則的な形態）

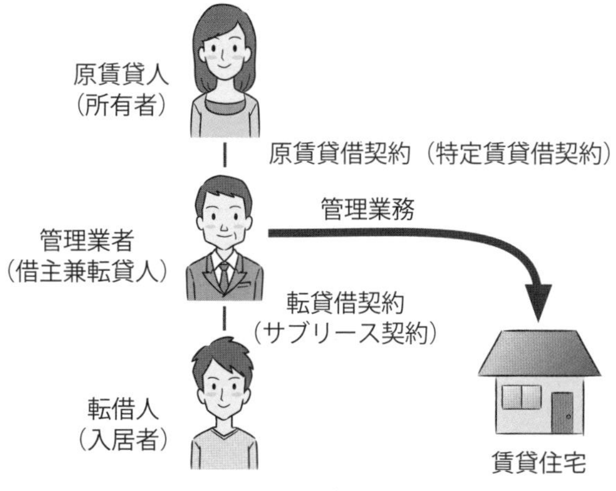

(2) サブリース方式による賃貸管理の性質

サブリース方式による賃貸管理は、民法上の賃貸借契約（民法 601 条）を締結することによって行われるものであり、賃貸不動産の引渡しを要せずに成立する、**諾成契約**《だくせいけいやく》です。

サブリース方式の賃貸管理では、管理業者が、貸主（所有者）及び転借人（入居者）それぞれとの間で**賃貸借契約**を結び、**契約の当事者**となる点に特徴がある。

プラスα

賃貸住宅の転貸事業を目的として行われる原賃貸借契約を「特定賃貸借契約」といいます。この特定賃貸借契約で賃借した賃貸住宅の転貸を事業として営む者がサブリース業者です。試験対策上、「特定賃貸借契約」は、**転貸**するための**原賃貸借**契約と考えておきましょう。

よく出る!

用　語

諾成契約・要物契約

諾成契約とは、当事者間の**意思表示の合致のみ**によって成立する契約であり、書面や目的物の引渡しは成立要件とは**ならない**。

これに対し、要物契約とは、意思表示の合致に加えて、**目的物の引渡し**があってはじめて成立する契約である。

よく出る!

Ⅱ サブリース契約における当事者の関係 重要度★★★

POINT

サブリース契約においては、契約当事者が三者登場するため複雑ですが、三者間の法律関係については頻出の重要事項ですので、しっかりと学習しましょう。

1　原賃貸人と借主兼転貸人（管理業者）との関係

原賃貸人（所有者）と借主兼転貸人となる管理業者との間では原賃貸借契約が締結されますが、両者の法律関係は、通常の賃貸借契約における貸主・借主の関係に立ちます。

管理業者は、原賃貸人との関係では借主の立場に立つため、転借人（入居者）は、原賃貸人との関係では借主である管理業者の**履行補助者**に該当すると考えられています。そのため、転借人（入居者）が故意又は過失によって賃貸不動産を毀損した場合は、**借主である管理業者**が、原賃貸人に対して損害賠償責任を負うこととなります（民法415条）。

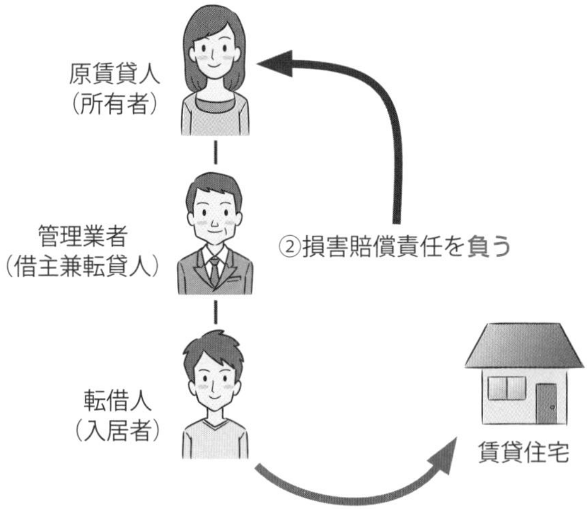

よく出る!

用語

履行補助者

債務者が、債務の履行のために使用する者のこと。この履行補助者の故意・過失によって債務不履行が生じた場合については、債務者の故意・過失と**同視**して、その履行補助者を使用する**債務者**が損害賠償責任を負うと考えられている（大判昭4.3.30）。

キーワードでCHECK!　サブリース方式での転借人（入居者）の故意・過失　⇒

2　管理業者（借主兼転貸人）と転借人との関係

サブリース方式による管理は、原賃貸借契約を基礎として、管理業者が転借人（入居者）との間で転貸借契約を締結することになります。管理業者は、この転貸借契約に基づき、転借人に対して、貸主の立場で、直接の権利と義務を有することとなります。

よく出る!

したがって、転借人が転貸借契約の終了によって、賃貸物件を転貸人である管理業者に明け渡した場合、原賃貸人ではなく、**転貸人である管理業者**が、転借人に対して、敷金返還債務を負うこととなります。

そして、転貸借契約の特徴として、転借人は、原賃貸人に対して**直接義務**を負うこととなるため（民法613条1項）、転借人は、原賃貸人に対して賃料支払義務や損害賠償義務などを履行した場合には、その限度で、転貸人である管理業者に対する義務を**免れる**こととなります。

よく出る!

また、原賃貸借契約が管理業者の債務不履行によって解除され終了した場合には、**原賃貸人**が転借人に対して賃貸物件の**明渡しを請求**した時に、転貸人である管理業者の転借人に対する使用収益させる義務が**履行不能**となり、転貸借契約も終了することとなります（最判平9.2.25）。

よく出る!

なお、原賃貸借契約を債務不履行によって解除するに当たって、原賃貸人から転借人に対する催告は**不要**です。

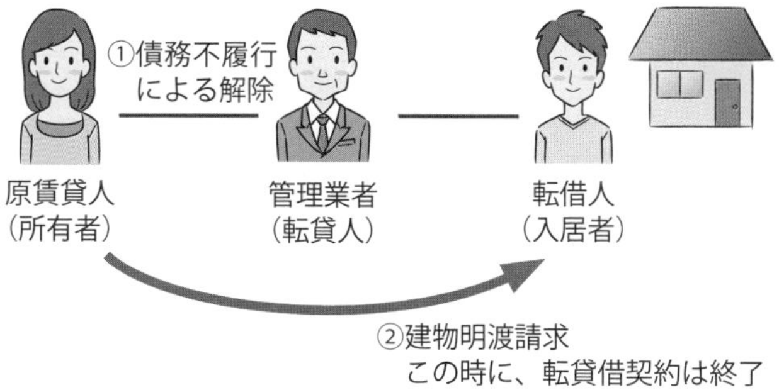

転借人（入居者）は、転貸人（管理業者）の**履行補助者**とされ、転借人（入居者）の故意・過失は、転貸人（管理業者）の故意・過失と**同視**される。

3　原賃貸人と転借人との関係

(1) 転借人が原賃貸人に対して負う義務

原賃貸人と転借人との間には、本来、直接の契約関係はありませんが、転貸借契約が行われた場合には、賃貸物件を現実に使用するのは転借人であることから、転借人は、原賃貸人に対して**直接義務**を負うこととされています（民法613条1項）。

そして、この転借人が原賃貸人に対して直接負う義務には、賃料支払義務のほか、賃貸物件の保管義務や、保管義務違反によって賃貸物件を**毀損**した場合などにおける損害賠償義務、賃貸物件の返還義務などが含まれます。

用 語

毀損（きそん）
物などを壊すこと。

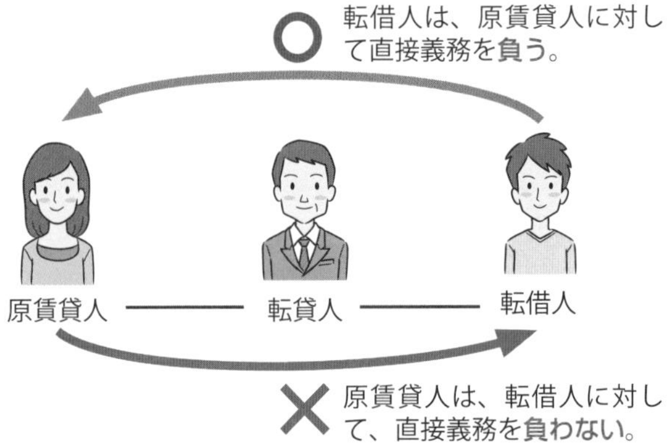

よく出る!

なお、「原賃貸借契約が終了した場合には、原賃貸人が転貸借契約を承継する」という特約を結ぶことは**できます**。この特約が結ばれた場合には、原賃貸借契約の終了によって、原賃貸人は**転貸人の地位**を承継することとなり、原賃貸人と転借人との間に直接の契約関係が生じます。その結果、原賃貸人は、転借人が転貸人に対して差し入れた敷金の返還義務を負うこととなります。

キーワードでCHECK!　転貸借契約における原賃貸人と転借人の関係　⇒

(2) 賃料支払義務

先ほど述べたように、転借人は、原賃貸人に対して**直接義務**を負います。そして、転借人が原賃貸人に対して支払うべき賃料額については、原賃貸借契約で定めた賃料の額と、転貸借契約で定めた賃料の額のうち、**いずれか低い額を上限**とする賃料の支払義務を負います（民法 613 条 1 項）。

よく出る!

例えば、原賃貸借契約で定めた賃料が月額 30 万円、転貸借契約で定めた賃料が月額 50 万円である場合、転借人は、原賃貸人に対し、月額 **30 万円**を上限とする賃料の支払義務を負うこととなります。転借人が転貸人に対して負う月額 50 万円の賃料を、原賃貸人に対しても支払わなければならないものでは**ない**ことに注意しましょう。

プラスα

左の例において、転借人は原賃貸人に対し、**30 万円**の賃料の支払義務を負います。

(3) 原賃貸借契約が終了する場合の転借人の保護の必要性

前述のとおり、原賃貸借契約が管理業者の債務不履行を理由として解除され終了した場合には、原賃貸人が転借人に対して、賃貸物件の**明渡しを請求**した時に、転貸人である管理業者の転借人に対する使用収益させる義務が履行不能となり、転貸借契約も終了します（最判平 9.2.25）。

しかし、原賃貸借契約が終了すれば常に転貸借契約も終了するという結論は、転借人は自分自身には何ら帰責事由がないにもかかわらず、賃貸物件から退去して明け渡さなければならないことになり、転借人の地位があまりにも不安定となってしまいます。

用語

明渡し
建物内に家具や生活用品等の借家人の所有物がある場合に、それらを撤去して引き渡すこと。

転貸借契約における転借人は、原賃貸人に対して直接義務を**負う**が、原賃貸人は、転借人に対して、直接義務を負うことは**ない**。

そこで、以下の場合には、原賃貸借契約が終了しても、転貸借契約は終了しないものとされています。

◆原賃貸借契約が終了しても、転貸借契約が終了しないケース

①原賃貸借契約が、**契約期間の満了**又は**解約申入れ**によって終了した場合
➡**原賃貸人**は、原賃貸借契約の終了を転借人に**通知**しない限り、原賃貸借の終了を転借人に対抗することができない（＝転貸借契約は終了しない、借地借家法34条1項）。

②原賃貸借契約が、原賃貸人と転貸人との間の**合意解除**により終了した場合
➡解除の当時、賃貸人が賃借人の債務不履行による解除権を有していたときを除き、原賃貸人は、原賃貸借契約の終了を転借人に対抗することが**できない**（＝転貸借契約は終了**しない**、民法613条3項）。

覚えよう! | **原賃貸借契約の終了と転貸借契約**

①原賃貸借契約が**債務不履行**によって解除された場合、**原賃貸人**が転借人に対し、賃貸物件の**明渡し**を**請求**した時に、転貸人の義務は**履行不能**となり、転貸借契約は終了する。

②原賃貸借契約が**契約期間満了**・**解約申入れ**により終了した場合、原賃貸人は、それを転借人に**通知**しない限り、転貸借契約は終了**しない**。通知した場合は、通知後**6か月**で転貸借契約は終了する。

③原賃貸借契約が**合意解除**された場合、解除の当時、賃貸人が賃借人の債務不履行による解除権を有していたときを除き、原賃貸人は、その合意解約を転借人に対抗**できない**（＝転貸借契約は終了**しない**）。

プラスα

左の①について原賃貸借契約の終了の通知があった場合、通知日から**6か月後**に、転貸借契約は終了します（借地借家法34条2項）。

一問一答で確認しよう！

□□□**問 1**　転借人は、原賃貸人に対して、直接賃料を支払う義務を負うことはない。

□□□**問 2**　サブリース方式では、管理業者は、原賃貸人の代理人として、転借人との間で転貸借契約を結ぶこととなる。

□□□**問 3**　転借人に対する敷金返還義務を負うのは、原則として、原賃貸人ではなく、転貸人である管理業者である。

□□□**問 4**　転借人は、原賃貸人に対する損害賠償義務を履行した場合には、その限度で、転貸人である管理業者に対する義務を免れる。

正解と解説

1 ×　転借人は、原賃貸人に対して直接義務を**負う**ため（民法 613 条 1 項）、転借人が原賃貸人に対して直接賃料を支払う義務を**負う**。

2 ×　サブリース方式における管理業者は、原賃貸人及び転借人のそれぞれとの間で賃貸借契約を結び、**契約の当事者**となる。管理業者は、原賃貸人の代理人となる**わけではない**。

3 ○　転借人と直接の契約関係に立つのは**転貸人**であるから、**転貸人**である**管理業者**が、転借人に対して敷金返還義務を負う。

4 ○　転借人が、原賃貸人に対して義務を履行した限度で、転貸人である管理業者に対する義務を**免れる**。

過去問を確認しよう！

□□□**問題**　サブリース方式による賃貸管理に関する次の記述のうち、適切なものはいくつあるか。（平成 29 年度第 8 問）

ア　サブリース方式による賃貸管理は、転借人（入居者）に賃貸不動産を引き渡すことが契約成立の要件である。

イ　転借人（入居者）は、所有者（原賃貸人）との関係で転貸人（管理業者）の履行補助者には該当しないため、転借人（入居者）が過失に基づき賃貸不動産を毀損しても、転貸人（管理業者）は所有者（原賃貸人）に対して責任を負わない。

ウ　転借人（入居者）は、所有者（原賃貸人）に対して原賃貸借契約で定めた賃料の額までの範囲内で賃料支払義務を負う。

エ　原賃貸借契約が終了した場合に、所有者（原賃貸人）が転貸借契約を承継する旨の特約は有効である。

1　1つ

2　2つ

3　3つ

4　4つ

正解　1

ア×　サブリース契約は**諾成契約**であり、**合意のみ**で契約が成立する。

イ×　転借人（入居者）は、転貸人（管理業者）の**履行補助者**の立場に立つため、転借人（入居者）の過失による賃貸不動産の毀損については、**転貸人（管理業者）**が所有者（原賃貸人）に対して責任を負う。

ウ×　転借人（入居者）は、原賃貸借契約と転貸借契約のそれぞれで定められた賃料の額の**いずれか低い額**を**上限**として、賃料支払義務を負う（民法 613 条 1 項）。

エ○　原賃貸借契約が終了した場合、原賃貸人が転貸借契約を承継する旨の特約を結ぶことは**有効**である。

過去問を確認しよう！

□□□**問題**　サブリース方式による賃貸管理業務に関する次の記述のうち、正しいものはどれか。（令和元年度第 20 問）

1　所有者が転貸借を承諾している場合、所有者と転借人（入居者）の間に契約関係が生じる。

2　所有者が転貸借を承諾しており、賃貸借契約の月額賃料が 10 万円、転貸借契約における月額賃料が 12 万円の場合、所有者が転借人（入居者）に対して 12 万円の支払を請求したときは、転借人（入居者）は 12 万円の支払義務を負う。

3　所有者が転貸借を承諾していない場合、転貸借契約は無効である。

4　所有者が転貸借を承諾しており、その転貸借契約が終了した場合、所有者は転借人（入居者）に対して敷金返還義務を負わない。

正解　4

1 ×　サブリース方式による賃貸管理においては、原賃貸人と転借人との間には、直接の契約関係は**生じない**。

2 ×　転借人（入居者）は、原賃貸借契約と転貸借契約のそれぞれで定められた賃料の額の**いずれか低い額**を**上限**として、賃料支払義務を負う（民法 613 条 1 項）。本問の場合、転借人は **10 万円**の支払義務を負う。

3 ×　転貸借契約における契約当事者は、**転貸人**と**転借人**である。よって、転貸借契約を締結する際、必ずしも所有者の承諾を得る必要は**なく**、所有者に無断で行われた転貸借契約も**有効**である。なお、民法 612 条 1 項は、賃借人は、賃貸人の承諾を得なければ、賃借物を転貸することができないと規定しているが、賃貸人の承諾がなくとも契約自体は**有効**であり、その後、**解除**しうるという関係になる。

4 ○　転貸借契約においては、原賃貸人と転借人との間には何らの契約関係は**生じない**から、原賃貸人が転借人に対して敷金返還債務を負うことは**ない**。転借人が転貸借契約の終了により賃貸物件を明け渡した場合、**転貸人**である**管理業者**のみが、転借人に対して、敷金返還債務を負う。

予想問題にチャレンジ！

問題　サブリース方式による賃貸管理に関する次の記述のうち、正しいものはどれか。

1　サブリース方式による賃貸管理においては、原賃貸人と転借人との間に契約関係が生じる。

2　原賃貸借契約が借主である管理業者の債務不履行によって解除され終了した場合、転貸借契約も直ちに終了する。

3　原賃貸借契約が原賃貸人と借主である管理業者との間の合意解除によって終了した場合、原賃貸人が転借人に対し、当該原賃貸借契約の終了を通知すれば、通知をした日から６か月後に、転貸借契約も終了する。

4　借主である管理業者の債務不履行を理由に原賃貸借契約を解除するに当たっては、原賃貸人は転借人に催告をする必要はない。

解答	

正解	4

1 ×　サブリース方式による賃貸管理においては、原賃貸人と転借人との間には、直接の契約関係は**生じない**。

2 ×　原賃貸借契約が債務不履行に基づく解除をされた場合、原賃貸人が転借人に対して賃貸物件の**明渡しを請求**した時に、転貸借契約も終了する。

3 ×　原賃貸借契約の合意解除の場合、解除の当時、賃貸人が賃借人の債務不履行による解除権を有していたときを除き、この原賃貸借契約の終了を転借人に対抗することはできず、転貸借契約は終了**しない**。本肢は、原賃貸借契約の**契約期間が満了**したか、**解約申入れ**により終了した場合の話である。

4 ○　原賃貸人が債務不履行を理由とする原賃貸借契約の解除を行うに当たっては、転借人への催告は**不要**である。

第５章
入居者（賃借人）の募集

第5章の学習ポイントをマンガでチェック！

また、IT機器を利用した重要事項説明ができるようになっているの。
ただ、これには4つの約束事があるわ。
ここも出るわよ！
宅建士と説明を受ける人が内容を理解できる程度に、映像を見れる、音声が聞き取れる、双方向のやり取りができること。
要件をみたした重要事項説明書と添付書類があらかじめ送付されていること。
大丈夫ですか？
OKです！
説明を受ける人が各書類を確認できる状態で、宅建士が事前に、映像等の状況を確認していること。
宅建士証
宅建士証が提示され、説明を受ける者がそれを画面上で確認したこと。
IT時代ならではの出題内容ね！技術は進歩しているから、勉強内容も進歩させましょうね！
はーい！

第1節 入居者募集の事前準備及び入居審査

学習日 ／

頻出度 A

入居者の募集及び入居審査に関する知識は、毎年出題されています。この分野では、宅建業法による規制や、実務上の取扱いに関する全般的な知識を学習しましょう。

I 入居者募集（借主の募集）の事前準備

重要度 ★★★

POINT

入居者の募集業務は、主として宅建業法による規制を受けることになります。どのような規制を受けるのかを具体的に確認していきましょう。

1　募集業務と宅建業の免許

入居者（借主）の募集業務は、賃貸借契約を成立させて賃貸管理を行うためのスタートであり、賃貸管理業務の一部であるといえます。

また、管理業者が、入居者の募集業務を行うためには、宅建業の免許が必要となる場面があります。そもそも、宅建業法が適用される「宅建業」とは、自ら行う宅地・建物の売買・交換、又は、宅地・建物の売買・交換・**貸借の代理**・**媒介**を業として行うものをいいます（宅建業法２条２号）。

よく出る!

よって、管理業者が、**貸主**から**委託**を受けて入居者の募集業務を行う場合には、**賃貸借の媒介**業務に該当するため、宅建業法の規制対象となり、この場合には、管理業者は**宅建業の免許**を取得していなければ、募集業務を行うことはできません。

よく出る!

これに対して、貸主自身が借主の募集、つまり、賃貸借契約の募集を「自ら行う」場合は、宅建業には該当せず、宅建業法は適用されないため、宅建業の免許は不要です。

キーワードで CHECK!　借主の募集業務に宅建業の免許が必要な場合　⇒

覚えよう！ 募集業務と宅建業の免許の要否

①貸主の委託により、管理業者が募集業務を行う場合　②貸主自らが、募集業務を行う場合

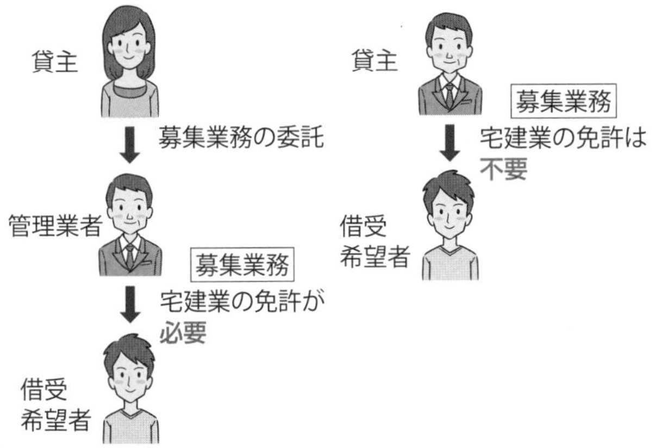

なお、宅建業法は賃貸借契約を代理・媒介する場合に適用されるものですので、入居者が賃貸借契約を締結して、賃貸物件への居住を開始した後の管理業務（建物の維持管理、賃料の集金など）には、宅建業法は適用**されません**。したがって、入居後の管理業務は、宅建業の免許がなくても行うことが**できます**。

よく出る！

また、賃貸借契約の更新事務にも、宅建業法は適用**されません**。ただし、定期建物賃貸借契約の場合は、契約期間の満了によって賃貸借契約が終了し、契約の更新がない賃貸借契約であることから、借主が定期建物賃貸借契約の期間満了後に引き続き居住を希望する場合には、「契約の更新」ではなく「**再契約**」の手続が必要となります。この再契約を行う手続は、新たな賃貸借契約を結ぶものですから、賃貸借の代理・媒介に該当**する**ため、宅建業法が適用**され**、宅建業の免許が**必要**となります。

よく出る！

プラスα

定期建物賃貸借契約の特徴については、291 ページからの第6章第9節で詳しく説明します。

管理業者が、**貸主の委託**によって募集業務を行う場合は、宅建業法の適用があるため、宅建業の免許が必要となる。貸主が自ら募集業務を行う場合は**不要**である。

2　入居者募集の方法

入居者募集の方法には、管理業者が自ら行う方法と、外部の宅建業者に依頼する方法とがあります。具体的な状況に応じて、どちらの方法によるほうが効率的に入居者を確保することができるかを判断することとなります。

よく出る!

主な募集媒体としては、新聞やチラシ広告、店頭広告、現地看板などがあります。現在では多くの借受希望者が、不動産業者経由か、又はインターネット経由で物件情報の収集を行っていることから、募集媒体として**インターネット**が重要視されています。

3　入居者募集の事前準備の重要性

募集業務に当たっては、紹介物件が**現実**的にも**法律**的にも、安心して居住できるものであることが明らかとなっている必要があります。例えば、賃貸物件が建築基準法などの法令に適合しており安全なものであるかどうかや、入居直後に賃貸物件の競売が行われて立退きを余儀なくされるような事態は起こらないかどうか等については、入居者募集を行う前に調査しておかなければなりません。

そこで、宅建業法は、宅建業者に対して、**重要事項**に関する**調査義務**を課し（宅建業法 35 条 1 項参照）、入居者募集を行うに当たって、権利関係や設備等、物件の状況等に関して事前に**調査**することを義務づけています。

4　事前調査の対象

(1) 権利関係の調査

賃貸物件の構造や建築年月日、**貸主**と**所有者**（登記上の名義人）が**一致**しているか、抵当権や差押え等の登記の有無等、賃貸物件の**権利関係**について、入居者募集を行う前に確認しておくことが重要です。

キーワードでCHECK!　入居者募集の方法　⇒

権利関係の調査方法としては、対象物件の所在地を管轄する法務局又はインターネット経由で、**登記事項証明書**を取得することによって確認することができます。

(2) 貸主・近隣に対するヒアリング、現地調査

登記事項証明書からは確認することができない事項については、関係者に対するヒアリングを行ったり、現地まで赴いて調査・確認をする必要があります。

貸主に対するヒアリングとしては、例えば、貸主と登記上の所有者とが異なっている場合は、その理由及び貸主が当該物件を賃貸する権限を有しているかを確認します。また、対象物件について、過去に火災などの災害や自殺などが発生していないかといった**心理的瑕疵（心理的欠陥）**の有無を確認することも重要です。

近隣に対するヒアリングとしては、賃貸物件の付近における**計画道路**や**区画整理**等の計画の有無及びその詳細について、自治体などに問い合わせることが重要です。

現地調査としては、賃貸物件の間取りや設備、安全性、老朽の度合い等を確認するほか、付近に建築計画の表示や道路の拡張工事の予定等がないかどうかを確認する必要があります。

(3) 分譲マンション賃貸における調査

分譲マンションの賃貸においては、管理組合が定める**管理規約**の有無を確認し、**管理規約**が定められている場合には、その内容の効力が借主にも及ぶため、借主にその内容を確認させることが必要です。

その他にも、マンションの駐車場利用に関するルール等も事前に調べて、借主に説明しておくことも重要です。

プラスα

登記事項証明書を見るとわかりますが、登記記録は、1筆（1区画）の土地又は1個の建物ごとに表題部と権利部に区分して作成されています。さらに、権利部は甲区と乙区に区分され、甲区には、**所有権**に関する登記の登記事項（所有者が誰であるかなど）が、乙区には、**所有権以外**の権利に関する登記の登記事項がそれぞれ記録されています。

なお、複数の筆（区画）の土地上に1個の建物が存することも**あります**。

入居者募集の媒体としては、チラシ広告や店頭広告といった方法があるが、現在では**インターネット**を利用することが重要視されている。

(4) 附《ふ》帯《たい》設備の調査

照明や空調など、賃貸物件の**附帯設備**については、故障や不具合の有無が、退去時においてトラブルとなるケースが多いため、入居者募集の事前準備として、附帯設備の**故障**や**不具合**がないかどうかを確認しておくことが重要となります。

5 募集広告に関する制限

入居者募集においては、賃貸物件の募集広告活動が必須となりますが、管理業者が宅建業者の場合は、以下の募集広告に関する宅建業法上の制限に違反しないように留意しなければなりません。

◆宅建業者に対する募集広告に関する制限

①**誇大広告**等の禁止（宅建業法 32 条）
建物の所在、規模や、**現在**又は**将来の利用の制限**、**環境**・交通その他の**利便**又は賃料等の対価の額・その支払方法等について、**著しく事実**に**相違**する表示をし、又は実際のものよりも**著しく優良**であり、若しくは**有利**であると人を**誤認**させるような表示をしてはならない。

②**重要事項の不告知・不実告知**の禁止（宅建業法 47 条）
重要な事項について、**故意**に事実を**告げず**、又は**不実**のことを告げる行為をしてはならない。

③**威迫**行為の禁止（宅建業法 47 条の 2 第 2 項）
契約の**締結**、又は契約の申込みの**撤回**・**解除**を**妨げる**ため、宅建業者の相手方等を**威迫**してはならない。

④**断定的判断の提供**の禁止（宅建業法 47 条の 2 第 3 項、同法施行規則 16 条の 11 第 1 号イ）
将来の環境又は交通その他の利便について、借受希望者が誤解するような**断定的判断**を**提供**してはならない。

よく出る!

用語

附帯設備
建築物本体に付属する給排水・換気・冷暖房・電気配線などの建築設備のこと。

よく出る!

プラスα

存在するものの取引ができない物件について広告することを「おとり広告」といいます。物件がすでに契約済みで取引できないにもかかわらず、そのままインターネットに広告表示を続けることも**該当**します。「おとり広告」は左の誇大広告に**該当**し、宅建業法に**違反**する行為です。公正競争規約 21 条においても禁止されています。

また、対象物件の賃料や価格、面積や間取りを改ざんするなど、実際には存在しない物件を広告することは「**虚偽**広告」に該当します。

キーワードで CHECK!　**断定的判断の提供の禁止** ⇒

これらの宅建業法の規定に違反する場合、宅建業法上の指示処分や業務停止処分のほか、宅建業の免許の取消処分や、懲役・罰金等の罰則の対象となることがあります。

よく出る!

また、管理業者が宅建業者であって、不当景品類及び不当表示防止法（景品表示法）に基づく公正取引協議会の構成団体に所属する場合には、景品表示法に基づく「不動産の表示に関する**公正競争規約**」に従って、募集広告を作成しなければなりません。

覚えよう! 募集広告に関する制限

管理業者が宅建業者の場合、以下の制限に服する。

①**誇大広告**等の禁止
②**重要事項の不告知・不実告知**の禁止（**故意**の場合のみ）
③**威迫**行為の禁止
④**断定的判断**の**提供**の禁止
⑤景品表示法に基づく公正取引協議会の構成団体に所属する場合には、「不動産の表示に関する**公正競争規約**」の遵守

なお、公正競争規約での主な広告表示の規律としては、各種施設までの距離又は所要時間について、道路距離又は所要時間を表示するときは、**起点**（アパートやマンションでは**建物**の出入口）及び**着点**（施設の出入口）を明示して表示することや、自転車による所要時間は、**道路距離**を明示して、走行に**通常要する時間**を表示することなどがあります（同規約施行規則９条（7）、（11））。

プラスα

公正競争規約では「新築」とは建築**工事完了後１年未満**で、居住の用に供されたことがないもの、「中古賃貸マンション」は建築後**１年以上**が経過し、又は**居住の用**に供されたことがあるマンションで、**住戸ごと**に賃貸するもの、「貸家」とは、一戸建て住宅で賃貸するものと定義されています（同規約施行規則３条（13）、（14））。

管理業者が「宅建業者」でもある場合、入居者募集において、**将来の環境**又は**交通その他の利便**について、借受希望者が誤解する断定的判断を提供してはならない。

Ⅱ 入居審査

重要度 ★★★

POINT

入居審査については、実務上の取扱いに関する知識が出題されます。いずれも常識的な内容で難しいものでもないので、確実に理解しておきましょう。

1　書類審査と本人確認

入居審査は、借受希望者から提出を受けた書類を審査して、申込物件と借受希望者の職業や年収、家族構成等とがあっているか等の確認を行います。主な審査事項は以下のとおりです。

(1) 本人確認

まず、実際に申込みを行っている人物が、入居申込書等の**書類上**の申込者と**同一**であるかどうかの確認を行うこと（**本人確認**）が重要です。

よく出る!

具体的には、氏名や住所のほか、電話番号や自宅及び勤務先の確認等を行います。外国人の場合は、**住民票**によって本人確認を行うことが可能であり、その他の本人確認書類としては、パスポートや勤務・在学証明書、就労資格証明書等があります。

よく出る!

プラスα

2012年に外国人登録制度が廃止され、住民基本台帳法の改正により、外国人住民にも住民票が作成されることとなりました。

また、借受希望者が法人の場合は、会社の登記事項証明書や会社案内等を確認します。

(2) 職業、年収、家族構成等の確認

借受希望者に賃料を支払い続けるだけの十分な収入があるかどうかをチェックするため、**勤務証明書**や**収入証明書**により、賃料と年収が釣り合っているかを確認するようにします。

もし賃料と年収が釣り合っていない場合、**同居人**がいれ

キーワードでCHECK!　本人確認の重要性　⇒

ばその年収の申告を求めるべきです。

(3) 反社会的勢力でないかどうかの確認

借受希望者が**反社会的勢力**でないことの確認を行います。法人の場合は、当該法人に加え、その代表者・役員等の関係者についても、反社会的勢力でないことを確認する必要があります。

用語

反社会的勢力
暴力や威力、詐欺的手法を駆使して経済的利益を追求する集団又は個人のこと。

(4) その他

申込者が高齢である場合は、「高齢者の居住の安定確保に関する法律」の精神に鑑みて、**理由なく**申込みを拒んでは**ならず**、高齢者の入居の促進に努めることが求められます。

よく出る!

プラスα

「高齢者の居住の安定確保に関する法律」は、高齢者の居住の安定の確保を図ることを目的として、2001 年に制定された法律です。

2 入居者の決定までの手続

ここまで述べたように、借受希望者から入居申込みがあった場合には、入居審査を行い、入居の可否を判断することとなります。

入居審査の結果、入居が決定して賃貸借契約を締結した場合は、賃貸借契約を簡単に解除・終了させることはできないことから、慎重に審査を行わなければなりません。その一方で、入居審査に時間をかけすぎると、入居審査の間に、借受希望者が他の賃貸物件への入居を決定してしまうこともあり得ることから、入居審査には**迅速性**も求められます。

よく出る!

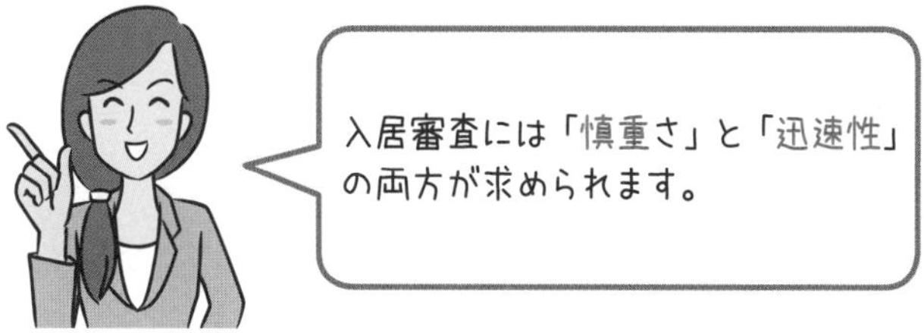

実際に申込みを行っている人物が、入居申込書等の**書類上の申込者**と**同一**であるかどうかを確認することが重要である。

3　入居者の最終決定

よく出る!

入居者の決定を最終的に判断するのは、管理受託方式では通常、管理業者ではなく、**貸主**です。

管理受託方式における管理業者の役割は、借受希望者の調査を行ったうえで、借受希望者と賃料や入居時期などの交渉を行うことであり、**貸主**が、当該賃貸物件に入居するのにふさわしいかどうかを最終的に判断することとなります。

よく出る!

これに対し、サブリース方式における管理業者は、自らが**貸主**（**転貸人**）となって入居者との間で賃貸借契約を締結することから、**管理業者**が入居者の最終決定権者となります。

プラスα

要するに、賃貸借**契約**の**当事者**であるか、という点が、入居者の決定権者のポイントです。

覚えよう!｜入居者の最終決定権者

◆管理受託方式　➡**貸主**が入居者の最終決定を行う。

◆サブリース方式　➡**転貸人**である**管理業者**が入居者の最終決定を行う。

よく出る!

なお、入居可否の決定がされた場合は、速やかに、借受希望者に対して**通知**を行う必要があります。入居可否の通知の方法は、その内容を客観的に明確にするため、最終的には**書面**で行うのが望ましいとされています。

よく出る!

また、入居を断る場合には、個人情報の保護の観点から、借受希望者から提出を受けた入居申込書等の審査書類を**返却**する必要があります。

一問一答で確認しよう！

□□□**問 1**　貸主からの委託を受けて入居者の募集業務を行う管理業者は、貸主の承諾があれば、宅地建物取引業の免許がなくても、当該募集業務を行うことができる。

□□□**問 2**　管理業者が宅地建物取引業者である場合、入居者募集においては、重要な事項について、故意又は過失によって不実のことを告げる行為をしてはならない。

□□□**問 3**　分譲マンションにおける管理規約は、借主には効力は及ばないから、入居者募集の事前調査として、当該分譲マンションの管理組合が定める管理規約の有無や内容を確認する必要はない。

□□□**問 4**　借受希望者が法人の場合、当該法人に加え、その代表者・役員等の関係者も反社会的勢力でないことを確認する必要がある。

正解と解説

1 ×　貸主からの委託を受けて募集業務を行う場合は、宅建業法が適用され、宅建業の免許が**必要**となる。貸主の承諾があっても、宅建業法の適用を排除することは**できない**。

2 ×　重要事項の不告知・不実告知については、**故意**による場合のみが禁止され、過失による場合は制限の**対象外**である。

3 ×　分譲マンションの管理組合が定めた管理規約は、借主にもその効力が**及ぶ**ため、分譲マンションの賃貸においては、入居者募集の事前調査として、管理規約の有無及びその内容を確認する**必要がある**。

4 ○　法人の場合は、当該法人に加え、その代表者・役員等の関係者も反社会的勢力でないことを**確認すべき**である。

過去問を確認しよう！

□□□**問題**　賃貸住宅の入居者の募集に関する次の記述のうち、最も適切なものはどれか。　（令和４年度第 47 問）

1　入居希望者が独身の後期高齢者である場合、健康状態の確認のため、病歴を申告する書類の提出を求める必要がある。

2　入居希望者の年収と募集賃料とのバランスがとれていないと判断される場合であっても、契約者ではない同居人の年収の申告を求めるべきではない。

3　サブリース方式では、特定転貸事業者は借受希望者との交渉を任されている立場に過ぎず、最終的に入居者を決定する立場にはない。

4　入居審査のため借受希望者から提出された身元確認書類は、入居を断る場合には、本人に返却する。

正解　4

1 ×　入居希望者が独身の後期高齢者である場合、高齢者居住安定確保法の精神に鑑み、理由なく入居を**拒んではならない**。よって、健康状態の確認のためという理由で、病歴を申告する書類の提出を求めることは、**望ましいとはいえない**。

2 ×　入居希望者の年収と募集賃料とのバランスがとれていないと判断される場合、契約者ではない**同居人**の**仕事継続**の予定や**年収**の申告を求めるべきである。

3 ×　サブリース方式では、**特定転貸事業者**が、最終的に入居者を決定する立場にある。

4 ○　入居審査のため借受希望者から提出された身元確認書類は、入居を断る場合には、個人情報保護法の観点から、本人に返却する必要が**ある**。

予想問題にチャレンジ！

問題　借主の募集に関する次の記述のうち、正しいものの組合せはどれか。

ア　管理業者の役割として、今日では需要者のニーズを把握したうえで、魅力ある物件へのリノベーションを提案することも求められるようになってきている。

イ　申込者が外国人の場合、住民票は発行されないことから、本人確認はパスポート等によることとなる。

ウ　宅地建物取引業法は、借主に物件を紹介する宅地建物取引業者に対して、重要事項の調査義務を課している。

1　ア、イ

2　ア、ウ

3　イ、ウ

4　ア、イ、ウ

解答	

正解	2

ア○　管理業者には、魅力ある物件へのリノベーションを提案することも**求められている**。

イ×　外国人登録制度が廃止され、住民基本台帳法が改正されたことに伴い、現在では外国人に対しても住民票が**発行される**。したがって、本人確認のために住民票の提示を求めることができる。

ウ○　借主に物件を紹介する宅建業者には、**重要事項の調査義務**が課されている（宅建業法 35 条 1 項参照）。

以上より、正しいものは**ア**と**ウ**であり、選択肢 2 が正解となる。

第2節 借受希望者への説明

学習日 ／

頻出度 C

この分野の出題可能性は高くありません。ただし、宅建業法に基づく説明事項は「実務上」とても重要です。ここに記載されている事項をざっと確認しておきましょう。

I 宅建業法に基づく重要事項説明

重要度 ★

POINT

宅建業法に基づく重要事項の説明義務の内容については、ここで説明する基本的事項を押さえておけば十分でしょう。

1　宅建業法に基づく重要事項説明の意義

賃貸借契約の代理又は媒介を行う宅建業者は、賃貸借契約における**借主**になろうとしている者に対して、**宅地建物取引士**（以下「**宅建士**」といいます）をして、取引の条件に関する一定の重要事項を記載した**書面を交付**（**電磁的方法**による提供も可）して**説明**させなければなりません（**重要事項説明**。宅建業法 35 条 1 項）。

なお、**貸主**に対しては、重要事項を説明する必要はありません。また、宅建業者が自ら貸主となる場合は、宅建業には**該当しない**ため、宅建業法の適用は**なく**、重要事項を説明する必要は**ありません**。

2　重要事項説明の時期及び方法

重要事項説明は、**賃貸借契約の締結時**までに行う必要があります。借主になろうとしている者が、契約内容を十分に理解し、契約を締結するか否かを慎重に判断できるようにするためです。

プラスα

取引の相手方が宅建業者である場合には、**重要事項説明書**を**交付**（**電磁的方法**による提供も可）すれば足り、**宅建士**による重要事項の説明は**不要**となります（宅建業法 35 条 6 項）。

なお、2018 年 4 月 1 日より、宅建業者が売買又は賃貸の代理・仲介を行う場合、重要事項説明の説明事項として、**建物状況調査**（インスペクション）に関する事項が追加されました。既存住宅の状況（劣化の有無等）を調査・把握することで、取引後のトラブルを防止する目的です。

キーワードで CHECK!　宅建業法に基づく重要事項説明の時期　⇒

重要事項説明の説明方法としては、**宅建士**が、重要事項説明における説明事項を記載した**書面を交付**（**電磁的方法**による提供も可）して、**説明**する必要があります（宅建業法 35 条 1 項）。

プラスα

また、この書面には、**宅建士**が**記名**をし、説明の際には、**宅建士証**を提示しなければなりません（同条 4 項、5 項）。

3　IT を活用する重要事項説明について

賃貸借契約については、以下の 4 つの要件を**すべて満たす**場合に限り、IT を活用した重要事項説明が認められています（宅地建物取引業法の解釈・運用の考え方）。

①宅建士及び重要事項説明を受ける者が、図面等の書類及び説明内容について十分理解できる程度に**映像を視認**でき、かつ、双方が発する**音声**を十分に聞き取ることができるとともに、双方向でやりとりできる環境において実施していること。
②宅建士により記名された重要事項説明書及び添付書類が**あらかじめ送付**されていること。
③説明を受ける者が、重要事項説明書及び添付書類を確認しながら説明を受ける状態にあり、並びに**映像・音声**の状況について、宅建士が**説明前に確認**していること。
④宅建士が**宅建士証**を提示し、説明を受ける者が**宅建士証**を画面上で視認できたことを確認していること。

プラスα

左の②③の各書類は、**電磁的方法**による提供も可能です。

Ⅱ その他の説明事項

重要度 ★

POINT

宅建業者には、宅建業法に基づく重要事項説明以外にも、様々な場面で説明義務が課されていることを押さえておきましょう。

宅建業法に基づく重要事項説明は、**賃貸借契約の締結時**までに行う。これは借主が契約内容を理解したうえで、契約を行うかを判断できるようにするためである。

1　宅建業法に基づく重要事項説明以外の説明義務

宅建業者は、宅建業法 35 条に掲げられた事項以外にも、借受希望者に対して、賃貸借契約の内容を正しく理解してもらうために、賃料の支払期日や、解約予告・契約解除、更新に関する規定などの契約条件について、契約書の内容をあらためて説明する必要があります。

実際に宅建業法 35 条に列挙されていない事項について、説明義務違反が問われた事案としては、賃貸人になろうとする者が**本人と同一**かという点（最判昭 36.5.26)、賃貸物件の所有名義人と賃貸人が異なる場合、賃貸人の**賃貸権限の有無**（東京地判昭 59.2.24）などがあります。

逆に、賃貸物件における 1 年 6 か月前の飛び降り自殺について、貸主の説明義務を**否定**した事案があります（東京地判平 18.4.7)。

2　契約内容の説明

契約内容の説明は、借受希望者にわかりやすく、事例を挙げながら説明するなど、正確で簡潔に行うべきです。また、紛争防止の観点から、賃貸住宅の利用に関する基本的な事項についても認識してもらうことも必要です。

◆主な契約内容の説明事項

①賃料の支払期日及び支払先
②解約予告の通知義務
③義務違反に伴う契約解除
④更新に関する事項（更新方法や費用等）
⑤入居後の管理の受付先（クレーム窓口など）
⑥駐輪場、駐車場の位置
⑦退去に伴う原状回復の負担と範囲など

プラスα

また、借受希望者には、賃貸物件の居住者の共同ルールや生活マナーなどの留意事項を理解してもらうために、「入居のしおり」を作成して配布することも重要です。

プラスα

2021年10月、国土交通省は、入居者が死亡した「事故物件」について、不動産業者が売買、賃貸の契約者に告知すべき対象をまとめた指針を公表しました。病気や老衰、転倒事故による死亡は告知の対象**外**、殺人や自殺、火災による死亡は対象と**なる**ものの、賃貸は発生から**3年**経過すれば不要とされています。

プラスα

地方公共団体によっては、条例によって、一定事項について宅建業者の説明を義務づけていることもあります。このような条例が適用される物件かも事前に確認することが必要です。

一問一答で確認しよう！

□□□**問 1**　宅建業者は、貸主及び借主になろうとする者に対して、宅建士をして、重要事項を記載した書面を交付するか、電磁的方法により提供して、説明させる義務を負う。

□□□**問 2**　宅建業者が自ら貸主となる場合は、借主になろうとする者に対して、重要事項を説明する必要はない。

□□□**問 3**　宅建業法等の法律で規定されるもの以外にも、地方公共団体によっては、条例によって宅建業者に一定事項の説明を行うことが義務づけられていることがある。

□□□**問 4**　宅建業者が借受希望者に対して、賃貸人になろうとしている者が本人であるかどうかという賃貸人の同一性について説明しなかった場合、宅建業者の説明義務違反が認められることがある。

正解と解説

1 ×　宅建業者は、**貸主**に対しては、重要事項を説明する必要はない。

2 ○　宅建業者が**自ら貸主**となる場合は、宅建業には該当せず、宅建業法の適用はないから、重要事項の説明義務を**負わない**。

3 ○　**本問の記述のとおり**である。宅建業者はこの点についても事前によく確認しておくことが求められる。

4 ○　最判昭 36.5.26 は、本肢と同様の事案において、宅建業者の説明義務違反を**肯定**した。

予想問題にチャレンジ！

問題　借受希望者への説明に関する次の記述のうち、最も不適切なものはどれか。

1　賃貸物件における１年６か月前の飛び降り自殺について、貸主の説明義務の有無等が問題となった事案において、裁判所は、賃貸目的物に関する重要な事項とはいえないとして、貸主の説明義務を否定した。

2　賃貸物件の所有者を調査した結果、所有名義人と賃貸人が異なった場合に、賃貸人の賃貸権限の有無について借受希望者に説明しなかった事案において、裁判所は、宅建業者の説明義務違反を否定した。

3　宅地建物取引士は、重要事項説明における説明事項を記載した書面を、宅地建物取引業者ではない相手方に交付するか、電磁的方法により提供して説明する必要があり、当該重要事項説明書には、宅地建物取引士が記名する。

4　宅地建物取引業法に基づく重要事項説明は、契約締結時までに行わなければならない。

解答

正解　2

1 ○　東京地判平 18.4.7 は、本肢と同様の事案において、貸主の説明義務を**否定**した。

2 ×　東京地判昭 59.2.24 は、本肢と同様の事案において、宅建業者の貸主に対する説明義務違反を**肯定**した。

3 ○　宅建士は、宅建業者ではない相手方に対して、重要事項説明における説明事項を記載した**書面を交付**するか、電磁的方法により提供して**説明**する義務、及び当該重要事項説明書に**記名**する義務を負う（宅建業法 35 条 1 項、5 項）。

4 ○　宅建業法に基づく重要事項説明は、**契約締結時**までに行う必要がある（宅建業法 35 条 1 項）。

第6章

賃貸借契約

第6章の学習ポイントをマンガでチェック！

民法
民法は2020年に大きな改正があり、その後も改正があるけれど、本書はしっかりフォローしているわ。
あと勉強の際は、具体的な場面を想像すること！
具体的な場面？
例えば「貸主は目的物の修繕義務を負う」という規定ならば、雨漏りが発生したら貸主が修繕する…とか想像するの。
うわ！
ヤダ！
「こんな話だな…」と具体例を想像しながら学習すると、記憶が定着しやすいからね。
また登場人物が多いので、簡単な図を書きながら勉強してね。
賃貸借契約は「R・K」、保証は「H」など記号を決めると書くのが早いわ。
R・K
A
B
H
C
簡略図！
Rはレンタルの略ね！
第6章からの出題数は多いから、気合を入れて、学習していきましょう！
はーい！

第1節 賃貸借契約の基本知識

学習日 ／

頻出度 A

賃貸借契約に関する知識は、本試験において最もウエイトが大きい最重要事項です。本章の内容をきちんと理解すれば、合格は大きく近づきます。まずは賃貸借契約に関する基本事項を学びましょう。

I 賃貸借契約の成立

重要度 ★★★

POINT

賃貸借契約は、民法の知識をストレートに問う問題が多く出題されます。まずは、民法における賃貸借契約の成立に関する知識を確認しましょう。

1 賃貸借契約の性質

賃貸借契約は、当事者の一方（貸主）が、ある物の**使用及び収益**を相手方（借主）にさせることを約束し、相手方（借主）がこれに対して**賃料を支払う**こと及び引渡しを受けた物を契約終了時に**返還**することを約束することによって、効力を生じる契約です（民法601条）。賃貸不動産経営の場面では、賃貸物件である建物が賃貸借の目的物となります。賃貸借契約は、貸主の「**使用**・**収益**させる義務」と、借主の「**賃料支払義務**」と「**目的物返還義務**」が互いに**対価関係**に立つ、**双務**・有償契約です。

賃貸借契約は、当事者の**意思の合致**のみで成立する**諾成**契約であり、目的物の引渡しがなくとも、成立**します**。

また、賃貸借契約は**不要式**の契約でもあり、契約書などの書面の作成がなくとも有効に成立**します**。ただし、実務上は、賃貸人及び賃借人の権利・義務などの契約内容を明確にしてトラブルを未然に回避する必要性から、賃貸借契約の締結に際しては契約書が作成されるのが一般的です。

用語

双務契約
契約の当事者が、互いに**対価関係**に立つ債務を負担する契約をいう。これに対し、贈与契約のように、当事者の一方のみが経済的負担を負う契約は片務契約という。

よく出る！

よく出る！

キーワードでCHECK! 賃貸借契約とは ⇒

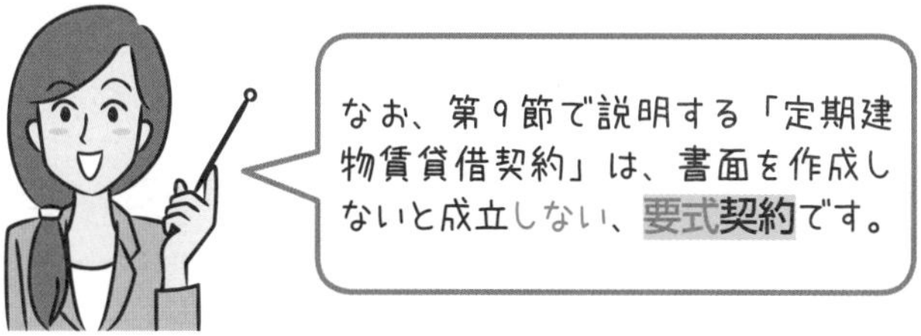

◆**賃貸借契約の当事者は、互いに債務を負う**

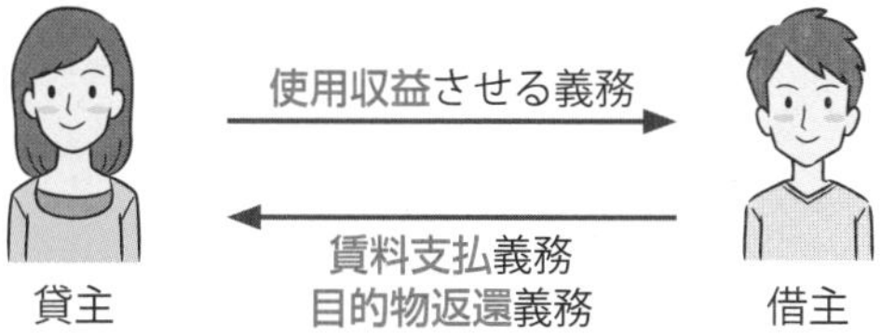

覚えよう! | **賃貸借契約の性質**

◆諾成・不要式の契約
　➡目的物の引渡しや契約書は**不要**。
◆貸主は、賃貸目的物を**使用収益**させる義務を負う。
　借主は、**賃料支払**義務、**目的物返還**義務を負う。

2　賃貸借契約の成立と宅建業法

よく出る!

宅建業者の**媒介**によって、賃貸物件の賃貸借契約が成立したとき、宅建業者は、契約当事者である**貸主及び借主**に対し、**契約内容**を記載した**書面**を**交付**（**電磁的方法**による提供も可）しなければなりません（宅建業法 37 条 2 項）。

3　民法・借地借家法の適用

建物の賃貸借契約に関しては、**一般法**として民法がその権利・義務関係などを規律していますが、民法の**特別法**である借地借家法も適用されることとなります。

借地借家法は、**建物**の賃貸借契約の更新、効力等に関して、民法とは異なる特別の定めをしている法律であり、民

用語

要式契約・不要式契約

要式契約とは、法が要求する**一定の要式**を備えないと契約が**不成立**となる契約をいう。

他方、不要式契約とは、特定の要式を備えなくても契約が成立する契約である。

用語

一般法と特別法

一般法とは、適用対象がより広い法のことをいい、特別法とは、適用対象がより特定されている法のこと。一般法と特別法がある場合、特別法が一般法に優先する。

当事者の一方が物の**使用及び収益**を相手方にさせることを約束し、相手方が**賃料**を支払うこと及び引渡しを受けた物を契約終了時に**返還**することを約束する契約。

法に優先して適用されることとなります。

したがって、建物賃貸借を行うに際しては、民法の知識に加えて、借地借家法の知識も必須となります。

借地借家法が適用される場面は様々ですので、随時、借地借家法の規定について説明していきます。

プラスα

民法が定める賃貸借契約に関する規定は、建物や土地のような**不動産**のみを対象とするものではなく、絵画・骨董品や自動車などの**動産**を目的物とする場合も想定しています。これに対し、借地借家法は、不動産賃貸借に特化した規律を定め、民法の規定を補充・修正する法律です。

4　賃貸借契約の種類

(1) 定期建物賃貸借契約

通常の建物賃貸借契約は、契約期間が満了する際に、契約を更新することにより、同一内容の契約を存続させることができます。

よく出る!

これに対し、借地借家法が定める「定期建物賃貸借契約」は、契約を**更新**することが**できない**建物賃貸借契約です（借地借家法 38 条）。そして、定期建物賃貸借契約は、公正証書等の**書面**（**電磁的方法**も可）によって契約をしなければならない、**要式**契約に該当します。定期建物賃貸借契約の詳しい内容は、291 ページからの第 9 節で学習します。

プラスα

定期建物賃貸借契約と区別するため、通常の建物賃貸借契約のことを「普通賃貸借契約」と表現することがあります。

(2) 一時使用目的の建物賃貸借契約

よく出る!

例えば、自宅を改築する際の仮住まいとして、短期間の建物賃貸借契約を締結する場合のような、一時使用目的の建物賃貸借契約については、借地借家法の規定は適用**されません**（借地借家法 40 条）。

(3) 取壊し予定の建物の賃貸借契約

よく出る!

法令又は契約によって一定の期間を経過した後に建物を取り壊すべきことが**明らか**な場合に、建物の賃貸借契約を

キーワードで CHECK!　取壊し予定の建物の賃貸借契約における終了時期の特約　⇒

するときは、建物を取り壊すこととなる時に賃貸借契約が終了する旨を定めることができます（借地借家法 39 条 1 項）。この特約は、建物を取り壊すべき事由を記載した書面（電磁的方法も可）によってしなければならないとされており（同条 2 項、3 項）、要式契約に該当します。

(4) 終身建物賃貸借契約

「高齢者の居住の安定確保に関する法律」（高齢者居住法）は、高齢者に適した良好な居住環境を確保するために、「終身建物賃貸借契約」の制度を創設しました（同法 52 条）。これは、一定の高齢者又は当該高齢者と同居する配偶者が借主となる場合において、借主が死亡するまで賃貸借契約期間が存続し、借主の死亡により終了する旨を定めた賃貸借契約です。

よく出る!

この終身建物賃貸借契約も、公正証書等の書面（電磁的方法も可）で行わなければならず、要式契約に該当します。

よく出る!

覚えよう! ｜ 建物賃貸借契約の種類

①普通賃貸借契約

➡諾成・不要式の契約。

②定期建物賃貸借契約

➡契約の更新ができない。

➡書面によってしなければならない（要式契約）。

③一時使用目的の建物賃貸借契約

➡借地借家法の適用が排除される。

④取壊し予定の建物賃貸借契約

➡書面によって行う（要式契約）。

⑤終身建物賃貸借契約

➡書面によって行う（要式契約）。

プラスα

使用貸借契約も借主の死亡により終了します（民法 597 条 3 項）。

プラスα

左の②④⑤の書面は、電磁的方法を用いることも可能です。

建物を取り壊すことが明らかな場合における賃貸借契約では、取壊し時に賃貸借契約が終了する旨の定めを書面（電磁的方法も可）ですることができる。

Ⅱ 契約締結上の過失

重要度 ★★

POINT
賃貸借契約が成立する前の交渉段階においても、当事者は一定の義務・責任を負います。基本的な考え方を押さえておきましょう。

1　契約締結上の過失とは

賃貸借契約の締結に向けて、当事者間で交渉が行われたものの、結局、賃貸借契約が締結されなかったという場合には、まだ契約が成立していない以上、当事者は契約上の責任を**負わない**こととなります。

そのため、一方当事者が契約締結を期待して様々な費用を支出していたとしても、相手方に対し、この費用の賠償を請求することが**できない**のが、一般的な原則です。

しかし、契約の締結に向けた交渉を行う段階に入った当事者間は、何らの特別な関係のない者の間の関係よりも緊密な関係となっています。そのような関係にある当事者は、相手方に損害を**被らせない**ようにするという**信義則**（民法1条2項）上の義務を負うものと考えられています。

そこで、当事者の一方が、**自らの責め**に帰すべき事由によって、この信義則上の義務に違反して相手方に損害を生じさせた場合は、その損害を賠償する責任を**負う**べきである、という考え方を「契約締結上の過失」といいます。

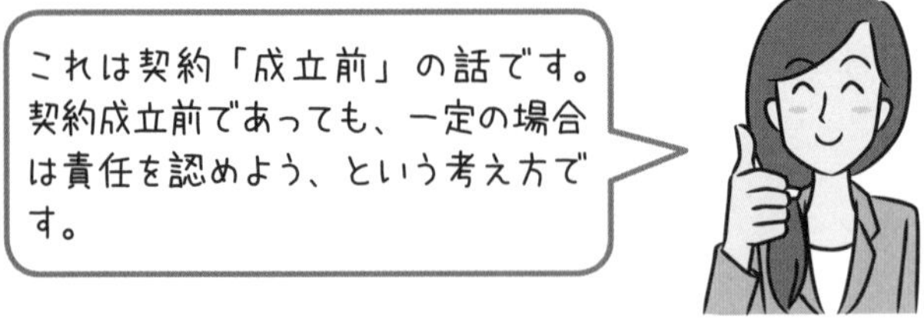

用 語

信義則
民法が定める「信義誠実の原則」の略語であり、取引関係に入った者は、互いに相手方の**信頼**を裏切らないように**誠実に行動**すべきことが要請されるという原則のこと（民法1条2項）。

よく出る!

プラスα
この契約締結上の過失については、民法には明文の規定はなく、判例によって認められている考え方です。

キーワードでCHECK!　「契約締結上の過失」の理論　⇒

2　契約締結上の過失に関する裁判例

契約締結上の過失に関する裁判例としては、賃貸借契約の締結に向けた交渉が進んでいる段階で、貸主が一方的に契約の締結を拒否したため、借主がすでに支出していた什器備品の購入や改装等の準備等の費用相当額の損害が発生したという事案において、貸主は、借主に不測の損害を被らせてはならない注意義務を怠ったとして、**不法行為**を理由に、貸主の損害賠償責任を**肯定**したものがあります（神戸地裁尼崎支部判平 10.6.22）。

また、賃貸借契約の事案ではなく、後に契約が締結されている事案ではありますが、判例は、契約の一方当事者が、契約締結に先立って、**信義則上**の**説明義務**に違反して、契約を締結するか否かの判断に影響を及ぼすべき情報を相手方に提供しなかった場合には、一方当事者は**不法行為**による損害賠償責任を負うとしています（最判平 23.4.22）。

用語

不法行為
故意・過失によって、他人の権利・利益を違法に侵害して損害を加える行為のこと。不法行為が行われた場合、民法 709 条によって、その損害を賠償する責任を負う。

Ⅲ 建物を利用するための使用貸借契約

重要度 ★★

POINT
使用貸借契約は、借主に目的物を利用させる契約である点で賃貸借契約と類似するため、両者の比較が出題されます。両者の違いを理解しましょう。

1　使用貸借契約の意義

建物を利用するための契約には、賃貸借契約以外にも、使用貸借契約が存在します。

使用貸借契約とは、当事者の一方（貸主）が目的物を引き渡すことを約束し、相手方（借主）がその目的物について**無償**で**使用**及び**収益**をして契約が終了した時に**返還**をすることを約束することによって効力を生ずる契約です（民法 593 条）。使用貸借契約も、賃貸借契約と同様、**諾成**契約に分類されます。

契約成立**前**であっても、契約交渉段階に入った当事者は、互いに相手方に損害を被らせないという**信義則上**の義務を負わせる考え方のこと。

また、借主が賃料を支払う有償契約である賃貸借契約と異なり、使用貸借は目的物の使用収益の対価が発生しないため、**片務・無償**契約です。

使用貸借契約は**無償**契約であることから、賃貸不動産経営のようなビジネスの場面では、通常は利用されません。使用貸借契約は、例えば、親族の間で不動産を**無償**で貸す場合や、しばらく不在にするため留守宅の居住を無報酬で依頼する場合などに用いられます。

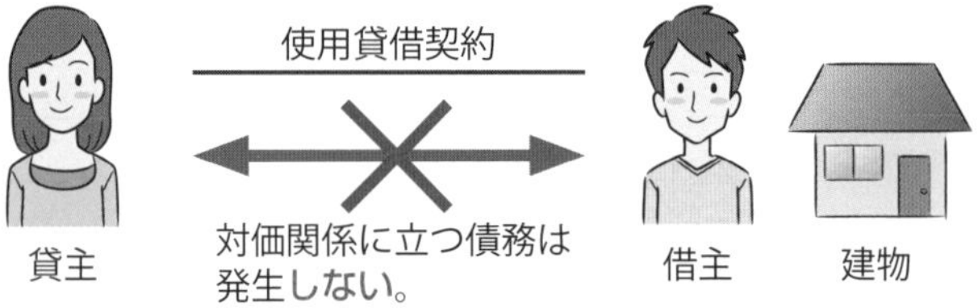

プラスα

使用貸借が「**無償**」契約であるといっても、必ずしも無料という意味ではなく、賃貸借契約における賃料支払義務のような、使用収益と**対価関係**に立つ債務が**存在しない**という意味です。したがって、建物を貸すが、固定資産税は借主が支払う、というように、対価関係に立たない何らかの債務を借主に負担させても、「無償」契約であるといえ、使用貸借契約が成立します。

2　賃貸借契約と使用貸借契約の異同

賃貸借契約と使用貸借契約の異同について、まず、賃貸借契約も使用貸借契約も、借主が目的物を使用収益することができるという点、及び、契約終了後に目的物の返還義務を負うという点で、共通します。

しかし、使用貸借契約は**無償**契約であり、いわば貸主が好意で借主に目的物を使用収益させる契約ですから、賃貸借契約とは異なり、使用貸借契約の貸主は、借主が使用収益できるようにする積極的な義務は**負いません**。

そのため、賃貸借契約における貸主が賃貸物件の修繕義務を**負う**のに対して（民法 606 条 1 項）、使用貸借契約における貸主は、賃貸物件の修繕義務を負うことは**ありません**。

また、賃貸借契約では、借主が必要費（例：雨漏りの修理代）を支出した場合には、**直ちに**貸主にその支出額の償

プラスα

使用貸借契約の期間は当事者が定めることができ、上限や下限は**ありません**。

よく出る！

キーワードで CHECK!　**賃貸借契約と使用貸借契約の必要費の負担　⇒**

還請求をすることができますが（同法 608 条 1 項）、使用貸借契約では、**通常の必要費**は**借主**の負担とされており（同法 595 条 1 項）、貸主に請求することはできません。

他に、建物の賃貸借契約では、賃借権を第三者に対抗するためには、賃借権の登記をする方法（同法 605 条）や、建物の引渡しを受ける方法（借地借家法 31 条）がありますが、使用貸借契約には、第三者対抗要件は**存在しません**。さらに、使用貸借契約には、借地借家法の適用が**ありません**。

よく出る!

よく出る!

契約の終了場面においても、使用貸借契約の終了に当たっては、賃貸借契約の終了時に必要とされることがある「正当事由」の存在は**不要**となります。

なお、**借主**が**死亡**した場合、賃貸借契約では、借主の相続人がその地位を承継することになりますが、使用貸借契約では、特約がない限り、相続人は借主の地位を承継することはなく、**借主**の**死亡**によって使用貸借契約は終了します（民法 597 条 3 項）。

よく出る!

なお、**貸主**が死亡した場合は、賃貸借・使用貸借のいずれの契約も終了**しません**。

使用貸借契約と賃貸借契約の主な異同をまとめると、次ページの表のようになります。

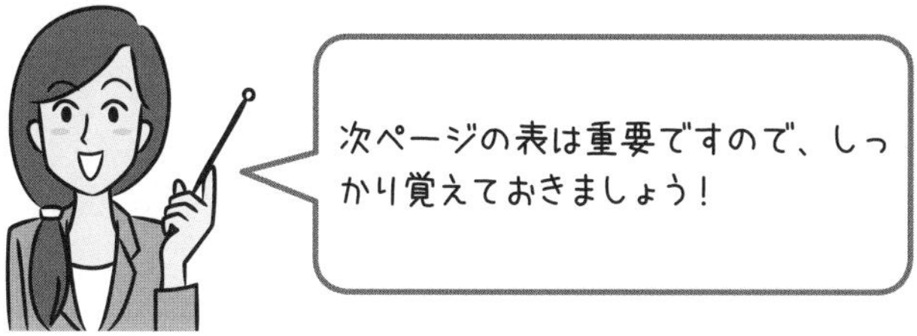

借主が必要費を支出した場合、賃貸借契約では、**直ちに**貸主に償還請求**できる**が、使用貸借契約では、**通常の必要費**は借主の負担となり、貸主に償還請求**できない**。

◆使用貸借契約と賃貸借契約の主な異同

項　目	使用貸借契約	賃貸借契約
契約の性質	諾成契約 片務・無償契約	諾成契約 双務・有償契約
借主の権利	目的物の使用・収益	目的物の使用・収益
借主の義務	目的物の返還義務	目的物の返還義務 賃料の支払義務
貸主の義務	修繕義務なし	修繕義務あり
必要費の負担	通常の必要費は、借主が負担	借主が必要費を支出した場合、貸主に直ちに償還請求できる（貸主が負担）
第三者対抗要件	なし	あり
借地借家法の適用	なし その結果、法定更新（241 ページ参照）の適用はない	あり
借主が死亡した場合	特約がない限り、相続人は借主の地位を承継せず、契約が終了する	相続人が借主の地位を承継する

上の表の赤字部分はすべて覚えておきましょう。使用貸借契約について特に注意すべき事項は、諾成契約である点、通常の必要費は借主が負担する点、そして、借主の死亡で契約が終了する点です。

プラスα

従来、使用貸借契約は要物契約とされていましたが、2020 年 4 月 1 日施行の改正民法により、**諾成**契約となりました。よって、使用貸借契約と賃貸借契約は、ともに**合意のみ**で契約が成立します。

一問一答で確認しよう！

□□□**問 1**　一時使用目的の建物賃貸借契約は、書面によってしなければその効力を生じない。

□□□**問 2**　法令又は契約によって一定の期間を経過した後に建物を取り壊すべきことが明らかな場合、建物を取り壊すべき事由を記載した書面または電磁的方法を用いたものによって、建物を取り壊すこととなる時に賃貸借契約が終了する旨の建物賃貸借契約を締結することができる。

□□□**問 3**　判例によれば、契約の一方当事者が、契約締結に先立って、信義則上の説明義務に違反し、契約を締結するか否かの判断に影響を及ぼすべき情報を相手方に提供しなかった場合、当該一方当事者は、債務不履行に基づく損害賠償責任を負う。

□□□**問 4**　使用貸借契約は、当事者の合意によって成立する。

□□□**問 5**　使用貸借契約の借主が死亡した場合、使用貸借契約は終了する。

正解と解説

1 ×　一時使用目的の建物賃貸借契約は、普通建物賃貸借契約と同じく、**不要式**の契約であり、書面によってしなくても効力を**生ずる**。

2 ○　建物を取り壊すべき事由を記載した**書面**又は**電磁的方法**を用いたものにより、建物を**取り壊す**こととなる時に賃貸借契約が**終了**する旨の特約付きの建物賃貸借契約を結ぶことが**できる**（借地借家法 39 条）。

3 ×　判例は、信義則上の説明義務に違反して、契約を締結するか否かの判断に影響を及ぼすべき情報を相手方に提供しなかった場合には、**不法行為**に基づく**損害賠償**責任を負うとしている（最判平 23.4.22）。

4 ○　使用貸借契約は、**当事者の合意**によって成立する**諾成**契約である（民法 593 条）。

5 ○　使用貸借契約は、**借主の死亡**により終了する（民法 597 条 3 項）。

過去問を確認しよう！

□□□**問題**　令和４年５月１日に締結された建物賃貸借契約と建物使用貸借契約に関する次の記述のうち、正しいものはいくつあるか。

（令和４年度第 28 問）

ア　建物賃貸借契約の期間が満了した場合、同契約が法定更新されることはあるが、建物使用貸借契約の期間が満了しても、同契約が法定更新されることはない。

イ　建物賃貸借では建物の引渡しが契約の成立要件となるが、建物使用貸借は合意のみで契約が成立する。

ウ　期間 10 年の建物賃貸借契約は有効だが、期間 10 年の建物使用貸借契約は無効である。

エ　契約に特段の定めがない場合、建物賃貸借契約における必要費は貸主が負担し、建物使用貸借契約における必要費は借主が負担する。

1　1つ　**2**　2つ　**3**　3つ　**4**　4つ

正解　2

1 ○　法定更新は、一定の事由をもって当然に更新がされたものとみなす**借地借家法**上の制度である（同法 26 条 1 項、2 項、241 ページ参照）。よって、建物賃貸借契約が法定更新されることはあるが、**借地借家法**の適用がない建物使用貸借契約が法定更新されることは**ない**。

2 ×　建物賃貸借においても、建物使用貸借においても、**合意のみ**で契約が成立する（民法 601 条、593 条）。

3 ×　建物賃貸借契約の契約期間に上限は**ない**ため（借地借家法 29 条 2 項、民法 604 条、238 ページ参照）、期間 10 年の建物賃貸借契約は**有効**である。また、建物使用貸借契約の契約期間の上限も**ない**ので、期間 10 年の建物使用貸借契約は**有効**である。

4 ○　契約に特段の定めがない限り、建物賃貸借契約における必要費は**貸主**が負担し（民法 608 条 1 項）、建物使用貸借契約における必要費は**借主**が負担する（民法 595 条 1 項）。

以上より、正しいものは**2つ**であり、選択肢**2**が正解となる。

過去問を確認しよう！

□□□**問題**　賃貸借契約と使用貸借契約との異同に関する次の記述のうち、最も不適切なものはどれか。　（平成 28 年度第 17 問）

1　貸主が死亡した場合、使用貸借契約は終了するが、賃貸借契約は終了しない。

2　使用貸借契約の終了に当たっては、賃貸借契約の終了時に必要とされることがある正当事由は必要とされない。

3　使用貸借契約の対象建物が売却された場合、賃貸借契約と異なり、借主は当該建物の買主に対して使用貸借契約を対抗することができない。

4　使用貸借契約の借主は、賃貸借契約の借主と異なり、対象建物の通常の必要費を負担する。

正解　1

1 ×　貸主の死亡は、使用貸借契約の終了原因では**ない**。なお、賃貸借契約においても**同じ**である。使用貸借契約の終了原因となるのは**借主**の死亡である。

2 ○　使用貸借契約の終了には、正当事由は**不要**である。

3 ○　使用貸借契約には対抗力は**ない**から、対象建物の買主に対しては、借主は使用貸借契約を対抗することは**できない**。

4 ○　使用貸借契約の借主は、借用物の**通常の必要費**を負担する（民法 595 条 1 項）。

予想問題にチャレンジ！

問題　賃貸借契約に関する次の記述のうち、誤っているものはどれか。

1　終身建物賃貸借契約は、借主が死亡したときに終了する。

2　自宅を改築する際の仮住まいを目的とするといった、一時使用のために建物の賃貸借をしたことが明らかな場合には、借地借家法の適用はない。

3　建物の使用貸借契約における貸主は、賃貸物件の修繕義務を負うことはないが、建物の賃貸借契約の貸主は、賃貸物件の修繕義務を負う。

4　終身建物賃貸借契約を成立させるためには、必ず公正証書で行うことが必要である。

解答	

正解	4

1 ○　終身建物賃貸借契約は「高齢者の居住の安定確保に関する法律」に基づいて成立した制度であり、高齢者が終身にわたり賃貸住宅に居住できる契約である。この契約は**借主が死亡**した場合に契約が終了するので、賃貸借契約の相続手続が**不要**である。また、長期にわたって住むことが想定されるので、安定した家賃収入が得られる。

2 ○　一時使用目的で建物賃貸借をしたことが明らかな場合には、借地借家法の適用が**ない**（同法 40 条）。

3 ○　使用貸借契約は**無償**契約であり、使用貸借契約の貸主は賃貸物件の修繕義務を負うことは**ない**。一方、賃貸借契約の貸主は、賃貸物件の修繕義務を**負う**（民法 606 条 1 項）。

4 ×　終身建物賃貸借契約の締結は、**公正証書等の書面**（**電磁的方法**を用いたものも可）によることが求められる。**公正証書「等」**によることが求められており、必ずしも公正証書でなければならない**わけではない**。

第2節 貸主の義務及び借主の権利

学習日 ／

頻出度 A

ここでは、貸主の義務と借主の権利について学びます。貸主の義務では、賃貸物件の修繕義務についての出題が頻出ですので、どのような場合に修繕義務を負うのかについて正確に理解しましょう。

I 使用収益させる義務

重要度 ★★★

POINT

賃貸目的物を使用収益させる義務は、賃貸借契約の本質的事項ですので、賃貸借契約における貸主の地位の理解につながります。

1 使用収益させる義務の内容

賃貸借契約における貸主は、借主に対し、賃貸目的物を**使用収益させる**義務を負います（民法601条）。この義務は、借主が賃貸目的物を契約目的に従って使用収益するのに適した状態に置く、ということを意味します。したがって、この使用収益させる義務の内容としては、目的物を**使用に適する**状態で借主に**引き渡す**義務のみならず、**引き渡した**後に、借主の使用に**支障**が**生じない**状態を積極的に**維持**する義務も含まれます。

また、貸主は、賃貸物件を使用させるに当たって、密接な関係にある、エレベーターや廊下などの共用部分についても、適切に管理して、借主に使用させる義務を負います。

賃貸借契約は、借主に一定期間、目的物を使用・収益させることを内容とする以上、貸主は契約期間中、借主が目的物を支障なく使用できるようにしなければなりません。

プラスα

貸主の使用収益させる義務は、借主が望む使用目的をすべて可能にするという義務**ではなく**、賃貸目的物が現在有している性状に基づいて、その機能・性能を最大限発揮できる状態に置くという義務です。

用語

共用部分

区分所有法上、区分所有権の目的となる建物の部分（例えば301号室）を専有部分といい、①専有部分以外の建物の部分、②専有部分に属しない建物の附属物及び③区分所有法4条2項の規定により共用部分とされた附属の建物を共用部分という。

覚えよう！｜貸主の使用収益させる義務のポイント

- 目的物の**引渡し後**も、借主の使用に支障が生じない状態を積極的に**維持**する義務を負う。
- 賃貸物件の使用に必要な**共用部分**についても、適切に管理して使用させる義務を負う。

2　居住目的を妨げる障害の除去

使用収益させる義務の一態様として、貸主は、借主の居住目的を妨げるような**障害を除去**する義務を負います。

ただし、貸主は常にこのような義務を負う**わけではなく**、具体的な事情の下で、貸主が**障害を除去**する義務を負うか否かが判断されます。

Ⅱ 修繕義務

重要度 ★★★

POINT

貸主が、いかなる場合に賃貸目的物の修繕義務を負うかは、試験対策上、非常に重要な事項です。正確に理解しておく必要があります。

1　修繕義務が発生する場面

賃貸借契約における貸主は、使用収益させる義務の当然の帰結として、賃貸目的物の使用収益に必要な**修繕義務**を負います（民法 606 条 1 項）。

貸主は、賃貸借契約を締結した後に損傷等が生じた場合のみならず、賃貸借契約の締結**前**から存在していた損傷等についても、修繕義務を**負います**。

よく出る！

したがって、例えば、借主が賃貸物件に入居する**前**から、賃貸物件に雨漏りが発生している場合には、貸主はこの雨漏りの修繕義務を**負う**こととなります。

なお、この貸主による修繕は、貸主の義務であるのと同

キーワードでCHECK!　賃貸物件の修繕が不可能な場合の修繕義務　⇒

時に、賃貸目的物の保存行為を行う貸主の権利でもあります。よって、貸主が賃貸目的物の**保存**に**必要**な行為（例えば、賃貸建物の修繕に伴う保守点検のための立入り）をしようとするときは、借主はこれを拒むことが**できません**（同法606条2項）。

そして、借主が**正当な理由**なく、貸主による保存に必要な行為に**応じない**場合には、貸主は、賃貸借契約を**解除**することができます（同条項参照）。

（1）不可抗力による損傷

賃貸目的物の損傷が、自らに責任のない地震等の**不可抗力**によって生じた場合でも、貸主は修繕義務を**負います**。

（2）共有部分

貸主は、賃貸物件のみならず、賃貸物件の使用に必要な**共有部分**についても修繕義務を負います。

（3）修繕が不可能である場合

貸主の修繕義務は、修繕が可能であることを前提とするので、賃貸目的物の**修繕**が**不可能**である場合には、貸主の修繕義務は**発生しません**。

例えば、不可抗力により発生した火災によって、賃貸建物が**全部滅失**した場合には、賃貸借契約は**終了**するため、貸主は修繕義務を負うことは**ありません**（民法616条の2）。

また、修繕が不可能である場合とは、**物理的**に不可能である場合のみならず、**経済的**に不可能である場合も含みます。したがって、物理的には修繕できる場合でも、その修繕費用が、建物を新築するのと同じくらいの莫大な費用となるような場合には、貸主の修繕義務は発生**しません**。

プラスα

「貸主の権利」でもあるという部分がわかりにくいかもしれませんが、皆さんが貸主である場合、次の人に貸す場合も考え、目的物を良い状態に保っておきたいと思うはずです。

よく出る！

よく出る！

よく出る！

よく出る！

用語

滅失（めっしつ）

なくなること。火災などで燃えてなくなるとイメージしやすい。

火災により建物が滅失したような場合は、そもそも修繕が不可能である以上、貸主は目的物の修繕義務を**負わず**、賃貸借契約は**終了**する（民法616条の2）。

(4) 借主の使用収益を妨げるものでない場合

賃貸目的物の損傷等が、借主の使用収益を妨げるものではない場合には、貸主の修繕義務は発生**しません**。

(5) 借主の責めに帰すべき事由がある場合

借主の責めに帰すべき事由によって賃貸目的物の修繕が必要となった場合には、貸主の修繕義務は発生**しません**（民法 606 条 1 項ただし書）。

2　修繕費用の負担

修繕費用は原則として、**貸主**が負担します。修繕費用は、通常、使用収益の対価である賃料に**含まれている**と考えられるためです。ただし、「借主が修繕義務を負担する」旨の特約は**有効**です。

3　貸主による修繕義務違反の効果

貸主が修繕義務を負うにもかかわらず、必要な修繕を行わない場合、借主は以下の対応をとることができます。

(1) 債務不履行に基づく損害賠償請求

貸主が修繕義務を履行しないことによって、借主が契約目的に従った賃貸目的物の使用収益をすることができないときは、借主は貸主に対し、**債務不履行**を理由とする**損害賠償請求**をすることができます（民法 415 条）。

(2) 裁判所に対する強制履行の請求

借主は、裁判所に対して、修理業者等の第三者に修繕を行わせることを請求することができます（民法 414 条 1 項）。

プラスα

借主が契約に従って、ちゃんと目的物を使用収益できるか、というのが貸主の修繕義務が発生するか否かの基準になります。

プラスα

もし借主が、貸主の行うべき修繕を行って修繕費用を支出した場合は、貸主に対して、**必要費**として、修繕費用の償還を請求することが**できます**（民法 608 条 1 項）。

用 語

債務不履行
正当な事由がないのに、債務者が債務の本旨に従った給付を行わないこと。

キーワードで CHECK!　貸主が修繕義務を履行しない場合　⇒

(3) 借主による修繕の実施

①借主が貸主に修繕が必要である旨を**通知**し、又は貸主がその旨を**知った**にもかかわらず、相当期間内に修繕をしないとき、また、②**急迫の事情**があるとき、借主は、貸主が行うべき修繕を自ら実施して（民法 607 条の 2)、貸主に対して、**必要費**として、修繕費用の**償還**を請求することができます（同法 608 条 1 項)。

(4) 賃料支払義務の免除

賃料は、賃貸目的物を使用収益することの対価として支払うものであることから、貸主が修繕義務を履行しないことによって、借主が賃貸目的物を**全く使用**することができなかった場合には、借主は**その期間**の賃料の支払義務を免れることとなります。

よく出る!

覚えよう! | 貸主の修繕義務のポイント

①以下の場合にも、貸主は修繕義務を負う。
- 賃貸借契約**締結前**から存在する損傷等について
- 貸主の**不可抗力**による損傷等について
- 賃貸目的物の使用に必要な**共用部分**について

②目的物が**全部滅失**した場合や、**使用収益を妨げるものでない**場合は、貸主は修繕義務を負わない。

③貸主が修繕義務を履行しない場合
- 貸主は、**債務不履行責任**を負う。
- 借主が目的物を**全く使用できなかった**ときは、借主はその期間の**賃料の支払義務**を負わない。

プラスα

目的物が全部滅失した場合、貸主が修繕義務を**負わない**ことが腑に落ちない人もいるかもしれませんが、目的物がなくなった以上、「修繕」をするということは、もはや不可能なのです。もちろんこの場合、その滅失の原因が貸主にあれば、貸主は損害賠償責任を負います。

この場合、借主は、①**債務不履行**に基づく**損害賠償**請求、②**裁判所**に対する**強制履行**の請求、③自ら修繕を行い、修繕費用の償還請求ができる。

Ⅲ 必要費・有益費の償還、造作の買取り

重要度 ★★★

POINT

必要費の償還に関する知識は、試験で頻出事項です。どのようなものが必要費・有益費に当たるのかも含めて、正確に理解しましょう。

1　必要費償還請求権

必要費とは、賃貸目的物を**使用収益**に適した状態にするために支出した費用のことです。例えば、賃貸物件の**雨漏り**の修繕費用や、破損した**窓ガラス**の交換費用などが必要費に該当します。

貸主が行うべき修繕を借主が行い、その修繕に関する費用を借主が支出した場合には、借主は、貸主に対し、この修繕費用を必要費として、**直ちに**、その**全額**を償還するように**請求**することができます（**必要費償還請求**権、民法608条1項）。

借主が必要費の償還を請求したにもかかわらず、貸主がこれを支払わない場合、借主は、この必要費償還請求権を被担保債権として、**留置権**（同法295条1項）を行使することができます。なお、**留置権**とは、他人の物を持っている人（占有者）が、その物について生じた債権がある場合、その債権全部の弁済を受けるまで、その物を手元に留めて（保有して）おける権利です。

すなわち、借主から、修繕費用などの必要費の償還請求があったにもかかわらず、貸主がこれを支払わない場合、借主は賃貸借契約が**終了**した後も、貸主が必要費を**支払う**まで、賃貸物件の明渡しを**拒絶**することができます（右ページ図参照）。

なお、民法の必要費償還請求権の規定は**任意**規定であり、貸主と借主の合意によって、「修繕費用は借主の負担とす

プラスα

必要費は「**直ちに**」償還を請求することができることから、借主は、修繕費を支出した**直後**に、貸主に対して償還の請求が可能となります。賃貸借契約が終了してから償還請求が可能となるのでは**ありません**。

よく出る!

キーワードでCHECK!　有益費償還請求権の内容　⇒

る」旨の特約を定めることもできます。

◆必要費に基づく留置権の行使

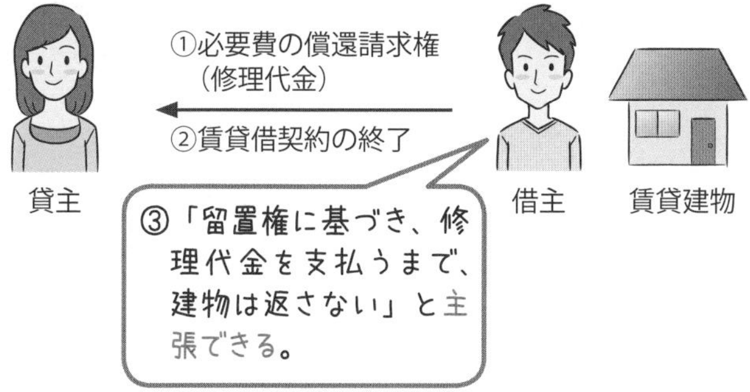

2　有益費償還請求権

有益費とは、賃貸目的物の改良のために支出した費用のことです。

借主が有益費を支出した場合、借主は、貸主に対し、賃貸借契約が終了した時に、賃貸目的物の価格の増加が現存する場合に限って、支出した額又は増加した額のいずれかについて、その償還請求をすることができます（有益費償還請求権、民法608条2項、196条2項本文）。

支出した額又は増加した額のどちらを貸主が償還すべきかについては、償還義務を負う貸主自身が選択することになります。

有益費についても、必要費の場合と同様に、借主による有益費の償還請求があったにもかかわらず、貸主がこれを支払わない場合、借主は、貸主が有益費を支払うまで、賃貸物件の明渡しを拒絶することができます。

また、必要費償還請求権と同じく、民法の有益費償還請求権の規定は任意規定であり、貸主と借主の合意によって、「改良費用などの有益費は借主の負担とする」旨の特約を定めることもできます。

プラスα

ただし、借主の必要費に基づく留置権行使の結果、借主の得た賃料相当額の利益（賃料相当損害金）については、貸主が借主に対して請求することができるため、借主は賃料相当損害金を負担する必要があります。

プラスα

有益費の償還請求を受けた貸主は、償還の期限について、裁判所に対して、相当の期限を許与するように請求することができます（民法608条2項ただし書）。借主が目的物の改良に当てた額又はその増価額について、すぐに償還することができるとは限らないからです。

借主は、賃貸借契約の終了時に、その時点で賃貸目的物の価格の増加が現存している場合に限って、支出額又は増価額のいずれかの償還を請求できる。

覚えよう！ | 必要費と有益費の償還請求権

①必要費償還請求権

賃貸目的物を**使用収益**に適した状態にするための費用（雨漏りの修繕費用など）

➡支出後、**直ちに**償還請求できる。

➡必要費として支出した額の**全額**を償還請求できる。

②有益費償還請求権

賃貸目的物の**改良**に関する費用

➡賃貸借契約の**終了後**に償還請求できる。

➡賃貸目的物の価格の増加が**現存**していることを要する。

➡**貸主**の選択により、**支出額**又は**増価額**のいずれかが償還される。

3　造作買取請求権

造作とは、賃貸不動産に**付加**された**借主の所有物**であって、その賃貸不動産の使用に客観的便宜を与える物のことです。例えば、畳やエアコンなどが造作に該当します。借りている部屋に、借主が自らエアコンを購入して付けた場合、そのエアコンは借主の所有物のため、「造作」に当たります。

建物賃貸借契約が期間満了又は解約申入れによって終了する場合において、借主は、**貸主の同意**を得て、賃貸不動産に付加した造作があるときには、貸主に対し、その造作を**時価で買い取ること**を請求することができます（**造作買取請求**権、借地借家法33条）。

この造作買取請求権は**形成権**であり、造作買取請求権が行使され、借主の買取請求の意思表示が貸主のもとに**到達**すると、それだけで貸主と借主との間に、**売買契約が成立**

プラスα

なお、①②どちらの請求権も目的物を**返還**してから**1年以内**に請求しなければ消滅してしまいます（民法622条、600条）。

用　語

形成権

相手方の意思に関係なく、一方的意思表示によって、法律関係の変動を発生させることができる権利のこと。契約の解除権や、意思表示の取消権が、形成権に該当する。

キーワードでCHECK!　造作買取請求権に基づく留置権の行使　⇒

します。つまり、別途、造作買取り関する契約を結ぶ必要はありません。

なお、必要費・有益費償還請求権とは異なり、造作買取請求権は建物から生じたものではなく、造作から生じたものであることから、造作買取請求権を被担保債権として、留置権を行使することはできません（最判昭 29.1.14）。

よく出る！

また、この造作買取請求権と、賃貸建物の明渡請求との同時履行の抗弁権（民法 533 条）の主張もできません。

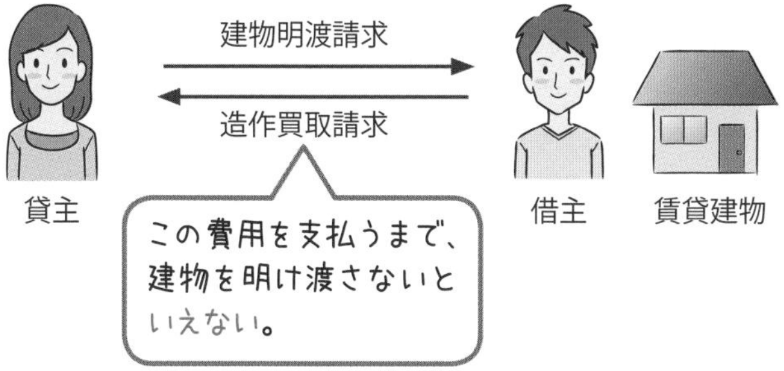

なお、借地借家法の造作買取請求権の規定は**任意規定**であり、造作買取請求権を排除する旨の特約は**有効**です。したがって、例えば、「借主が取り付けたエアコンについては、貸主は買い取らないものとする。」という特約を定めることができます。

プラスα

借地借家法には、強行規定である旨を定めた条文がいくつかあります（同法 9 条、30 条、37 条など）。余裕がある人は、これらの条文に目を通しておきましょう。

覚えよう！｜造作買取請求権のポイント

①**貸主の同意**を得て付加した、**借主の所有物**であることが必要。

②留置権や同時履行の抗弁権を主張することはできない。

③特約で買取請求権を排除することが**可能**（**任意**規定）。

借主は、造作買取請求権を被担保債権として、貸主が造作の買取費用を支払うまで、建物を留置する（明け渡さない）との主張は**認められない**。

一問一答で確認しよう！

□□□**問 1**　賃貸借契約の貸主は、借主に賃貸物件を使用収益させる義務を負うが、借主の居住目的を妨げるような障害を除去する義務は負わない。

□□□**問 2**　賃貸借契約の目的物である賃貸物件の修繕費用が、建物を新築するのと同程度の多額の費用となる場合には、貸主は修繕義務を負わない。

□□□**問 3**　賃貸借契約の貸主が賃貸物件の修繕義務を履行しない場合、それによって借主が契約目的に従った賃貸物件の使用収益をすることができないときは、借主は貸主に対し、債務不履行を理由とする損害賠償を請求することができる。

□□□**問 4**　賃貸借契約の借主が、賃貸物件の雨漏りの修繕費用を支出した場合には、賃貸借契約が終了するまでは、貸主に対してこの修繕費用の償還を請求することができない。

□□□**問 5**　賃貸借契約の借主が、賃貸物件の改良のための費用を支出した場合において、賃貸借契約終了時に当該賃貸物件の価格が増加していないときは、借主は、貸主に対してこの改良費用の償還を請求することができない。

正解と解説

1 ×　使用収益させる義務の一態様として、貸主は、借主の居住目的を妨げるような**障害を除去**する義務を負う。

2 ○　賃貸物件の修繕費用が、建物を新築するのと同じくらい多額となる場合には、経済的に修繕が**不可能**であるといえ、貸主は修繕義務を**負わない**。

3 ○　貸主の修繕義務違反は、**債務不履行**となり、**損害賠償責任**が発生する（民法 415 条）。

4 ×　必要費は、**支出後直ちに**、貸主に対して償還を請求することができる（民法 608 条 1 項）。

5 ○　有益費は、賃貸借契約の終了時に、賃貸目的物の**価格の増加**が**現存**している場合に限り、貸主に対して償還を請求することが**できる**（民法 608 条 2 項、196 条 2 項）。

過去問を確認しよう！

□□□**問題** NEW!　建物賃貸借契約における修繕及び費用償還請求権に関する次の記述のうち、適切なものはどれか。　（令和5年度第23問）

1　建物共用部内の下水管が破損し賃貸住宅の寝室に漏水が発生したときに、賃貸人が長期海外旅行中で連絡が取れない場合、賃借人は賃貸人の帰国を待たなければ、賃貸住宅の修繕を行うことができない。

2　経年劣化により故障したトイレの修繕のための費用（必要費）を賃借人が支出しているにもかかわらず、賃貸人がその支払を拒む場合、賃借人は、賃貸借契約が終了しても、賃貸住宅全体の明渡しを拒むことができる。

3　賃貸借契約が終了し、賃貸住宅を明け渡してから1年半が経過した時点で、賃借人が必要費を支出していたことを思い出し、賃貸人に対して必要費償還請求権を行使した場合、賃貸人は支払を拒むことができない。

4　造作買取請求権排除の特約が付されていない建物賃貸借契約において、賃借人が賃貸人の承諾を得て付加した造作に関し、賃借人が賃貸借契約終了時に造作買取請求権を行使した場合、賃貸人は賃借人と造作にかかる売買契約を締結しなければならない。

正解　2

1 ×　①賃借人が賃貸人に修繕が必要である旨を**通知**し、又は賃貸人がその旨を知ったにもかかわらず、賃貸人が相当の期間内に必要な修繕を**しない**とき、また、②**急迫の事情**があるときは、例外的に**賃借人**が自ら修繕できる（民法607条の2）。本肢は②**に該当**するため、賃貸人の帰国を待たずして修繕が**できる**。

2 ○　賃借人は、必要費償還請求権を行使したにもかかわらず、賃貸人が支払わない場合、必要費償還請求権を被担保債権として留置権（民法295条1項）を行使することが**でき**、目的物の明渡しを拒むことが**できる**。

3 ×　必要費の償還は、賃貸人が**返還を受けた**時から**1年**以内に請求しなければならない。よって、賃貸住宅を明け渡してから1年半が経過している本肢では、賃貸人は支払いを拒むことが**できる**（民法622条、600条）。

4 ×　賃借人が造作買取請求権を行使すると、新たに売買契約を締結することなく、当然に賃借人を売主、賃貸人を買主とする売買契約が成立**する**。よって、賃貸人は賃借人と造作にかかる売買契約を締結する必要は**ない**。

予想問題にチャレンジ！

問題　賃貸借契約における貸主の義務及び借主の権利に関する次の記述のうち、最も不適切なものはどれか。

1　貸主は、借主に対し、賃貸目的物を使用収益させる義務を負い、この義務には、賃貸目的物の引渡し後に借主の使用に支障が生じない状態を積極的に維持することも含まれる。

2　借主は、賃貸目的物について、必要費償還請求権及び有益費償還請求権を被担保債権として、留置権を行使することができ、必要費及び有益費の償還を受けるまで、賃貸目的物の明渡しを拒むことができる。

3　借主が造作買取請求権を行使する場合、賃借している賃貸目的物の明渡義務と造作買取義務との同時履行の抗弁権を主張することができる。

4　貸主は、賃貸目的物の使用収益に必要な修繕義務を負うが、賃貸目的物に破損等が生じても、それが借主による使用収益を妨げるものではない場合は、貸主に修繕義務は生じない。

解答	

正解	3

1 ○　貸主は、賃貸目的物を使用収益させる義務（民法 601 条）として、引渡し後に借主の**使用**に**支障**が生じない状態を**積極的に維持**する義務を負う。

2 ○　借主は、必要費・有益費償還請求権を被担保債権とする**留置権**（民法 295 条 1 項）を行使して、これらの償還を受けるまで、賃貸目的物を留置して明渡しを拒むことが**できる**。

3 ×　賃貸目的物の明渡義務と造作買取義務は、同時履行の関係には**立たない**。結果として、借主は造作買取請求権を有していたとしても、貸主が賃貸借契約の目的建物の明渡請求をした場合は、これに**応じなければならない**。

4 ○　貸主は使用収益に必要な修繕義務を負っているが（民法 606 条 1 項）、借主の**使用収益を妨げるものではない**程度の破損等については、修繕義務は**生じない**と考えられている（東京地判平 23.7.25）。

第3節 借主の義務

学習日 ／

頻出度 A

賃貸借契約の借主は様々な義務を負うため、借主の義務に関しては全般的な知識が出題される傾向にあります。いずれも重要な義務ですので、各義務の内容をよく確認しましょう。

Ⅰ 賃貸借契約における借主が負う義務

重要度 ★★★

POINT

賃貸借契約の借主は多くの義務を負います。まずは借主が、どのような義務を負うのかについて見ていきましょう。

賃貸借契約における借主が負う義務として、まず借主は、貸主に対し、**賃料を支払う**義務を負います（**賃料支払**義務）。また、賃貸目的物を、**善良な管理者の注意**をもって**保存**する義務（目的物の**保存**義務）や、契約目的に従った使用収益をする義務（**用法遵守**《じゅんしゅ》義務）を負います。

その他にも、賃貸目的物が修繕を要する場合には、貸主に**通知**する義務を負い（**通知**義務）、貸主が賃貸目的物を修繕しようとするときは、これを**受け入れなければ**ならない義務（**修繕受忍**義務）を負います。

プラスα

極端な例ですが、例えば、借りた部屋の一室でたき火をする行為は、とても契約目的に従った使用収益とはいえず、**用法遵守**義務違反となるでしょう。

賃貸借契約は、他人の物を一定期間使用収益することを内容とするものです。したがって、借主は目的物の使用や管理を適切に行うように、様々な義務を負っているのです。

Ⅱ 各義務の詳しい内容

重要度 ★★★

POINT

借主の義務の具体的な内容を理解したうえで、各義務を負う場面・負わない場面について、正確に把握するようにしましょう。

1 賃料支払義務

賃貸借契約における借主は、賃貸目的物を使用収益することの反対給付として、貸主に対し、**賃料を支払う**義務及び引渡しを受けた賃貸目的物を契約終了時に返還する義務を負います（民法601条）。

借主は、貸主との間で賃貸借契約を締結して、この契約に基づいて賃貸目的物の**引渡し**を受けた**後**は、この時点で使用収益することが可能となることから、その後借主自らが賃貸目的物を**直接**に**使用**し、**占有**していない場合であっても、賃料支払義務を**負います**。

ただし、賃借目的物の一部が滅失その他の事由によって使用収益をすることができなくなった場合において、それが**借主の責めに帰することができない**事由によるものであるときは、賃料は、その**使用収益をすることができなくなった**部分の**割合**に応じて、**減額**されます（同法611条1項）。

これに対して、借主の責めに帰すべき事由によって、賃借目的物の一部が滅失その他の事由によって使用収益をすることができなくなった場合には、賃料は減額**されません**。

用語

占有
不動産や動産を、自分のためにする意思で、事実上支配すること。

プラスα

賃貸目的物の**一部**が**滅失**その他の事由により使用収益をすることができなくなった場合において、残存する部分のみでは、借主が賃貸借契約の**目的を達成**することができないときは、借主は、賃貸借契約を**解除**することができます（民法611条2項）。

2 目的物の保存義務

借主は、**善良な管理者**の注意をもって、賃貸目的物を**保存**する義務を負います（民法400条）。したがって、借主が**故意**又は**過失**によって賃貸目的物を損傷・滅失させた場合は、この保存義務に違反することとなります。

キーワードでCHECK! 転借人の故意・過失は、賃借人の故意・過失と同視されるか　⇒

例えば、借主が、過失による失火により賃貸不動産を損傷・滅失した場合は、この保存義務の**違反**となり、貸主に対して**債務不履行**に基づく損害賠償責任を負います。

よく出る!

なお、転貸借契約が行われた場合、転借人は、借主（転貸人）の**履行補助者**とされ、転借人の過失により賃貸目的物が損傷した場合、この転借人の過失は借主による過失と**同視**され、借主は、貸主に対して債務不履行に基づく損害賠償責任を**負う**こととなります。

よく出る!

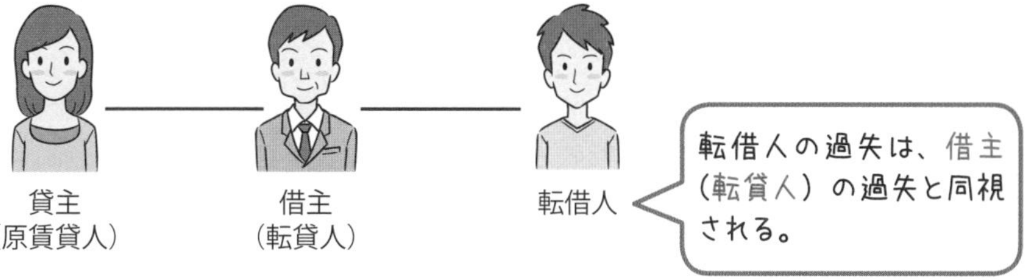

3　用法遵守義務

借主は、賃貸目的物を、賃貸借契約又は賃貸目的物の性質によって定まった用法に従って、使用収益をしなければなりません（民法 616 条、594 条 1 項）。

賃貸物件では、建物の増改築や営利行為、ペット飼育などが禁止されることが多く、禁止事項に違反した場合、用法遵守義務違反として、債務不履行に基づく**損害賠償責任**が発生したり、賃貸借契約が**解除**される事態となります。

4　通知義務

貸主は、賃貸目的物の使用収益に必要な修繕義務を負っています（民法 606 条 1 項）。そのため、貸主は、賃貸目的物の修繕が必要であることを発見したときは、自らすすんで修繕を行う義務があります。

しかし、貸主が賃貸目的物について修繕が必要かどうか

プラスα

借主の責任で修繕が必要となる場合は、修繕義務を**負いません**。

よく出る!

転貸借契約が行われた際の「転借人」は、「賃借人」の**履行補助者**に該当するため、「転借人」の故意・過失は、「賃借人」の故意・過失と**同視される**。

を常に把握しているわけではありません。そこで、修繕が必要であることを**貸主が知らない**ときは、借主は、遅滞なく、修繕が必要である旨を貸主に**通知**しなければなりません（同法615条）。

プラスα

この通知を行ったのに貸主が相当期間内に修繕をしない場合、借主は自ら修繕**できます**（民法607条の2）。

5　修繕受忍義務

貸主による修繕は、貸主の義務であるのと同時に、賃貸目的物の保存行為を行う貸主の権利でもあります。このことから、貸主が賃貸目的物の**保存**に必要な行為（例えば、賃貸建物の修繕に伴う保守点検のための立入りや、修繕のために賃貸物件の一時的な明渡しを請求すること）をしようとするときは、借主はこれを拒むことが**できません**（民法606条2項）。

よく出る!

また、借主が正当な理由なく、貸主による保存に必要な行為に**応じない**場合には、貸主は、賃貸借契約を**解除**することができます（同項参照）。

よく出る!

覚えよう!｜賃貸借契約の借主の義務のポイント

①賃料支払義務について

➡賃貸借契約に基づく賃貸物件の**引渡し後**は、借主自身が直接使用・占有していなくとも賃料支払義務を**負う**。

②目的物の保存義務について

➡**故意又は過失**により賃貸物件を滅失・損傷した場合、借主は**債務不履行責任**に基づく**損害賠償責任**を負う。

③通知義務について

➡賃貸物件につき修繕が必要な場合で、貸主がそれを**知らなければ**、貸主に**通知**しなければならない。

④修繕受忍義務について

➡貸主が賃貸物件を修繕しようとする場合、借主はこれを拒むことが**できない**。

一問一答で確認しよう！

□□□**問 1**　借主は、自己の財産におけるのと同一の注意をもって、賃貸物件を保存する義務を負う。

□□□**問 2**　借主は、賃貸物件を、賃貸借契約によって定まった用法に従って使用収益しなければならないが、賃貸物件の性質によって定まる用法に従って使用収益をする必要はない。

□□□**問 3**　借主は、賃貸物件について修繕が必要となった場合には、修繕が必要であることを貸主が知っていたとしても、あらためて、修繕が必要である旨を貸主に通知しなければならない。

□□□**問 4**　貸主が、賃貸物件の修繕のため、借主に対して、賃貸物件の中へ立ち入ることを求めた場合、借主はこれを拒むことができる。

正解と解説

1 ×　借主は、**善良な管理者の注意**をもって、賃貸目的物を保存する義務を負う（民法 400 条）。なお、「自己の財産におけるのと同一の注意」とは、自分の持ち物の扱いと同じ程度（善管注意義務よりも軽減された程度）の注意でもよいという意味である。

2 ×　借主は、賃貸借契約のみならず、賃貸目的物の**性質**によって定まった**用法**に従って、使用収益をしなければならない（民法 616 条、594 条 1 項）。

3 ×　**修繕**が必要であることを貸主が知っていれば、借主は通知義務を**負わない**（民法 615 条）。

4 ×　貸主が賃貸目的物の**保存**に**必要**な行為をしようとするときは、借主はこれを拒むことが**できない**（民法 606 条 2 項）。

過去問を確認しよう！

□□□**問題**　借主の義務と責任に関する次の記述のうち、最も不適切なものはどれか。（平成 28 年度第 19 問）

1　賃貸不動産につき修繕を要するときは、借主は、遅滞なくその旨を貸主に通知しなければならない。

2　賃貸不動産が転借人の過失により損傷した場合、借主は、転貸について貸主の承諾を得ていたとしても、貸主に対し、債務不履行に基づく損害賠償責任を負う。

3　借主は、失火により賃貸不動産を損傷したとしても、失火につき重過失がない限り、貸主に対し、債務不履行に基づく損害賠償責任を負わない。

4　ペット飼育の禁止が賃貸借契約で定められていない場合でも、通常許容される範囲を超えたペットの飼育があった場合には、賃貸借契約の解除が認められる。

正解　3

1 ○　賃貸目的物が修繕を要する場合であって、貸主がこれを**知らない**ときは、借主は、貸主にその旨を**通知**する義務を負う（民法 615 条）。なお、本問では貸主が修繕を要するかについて、知っているか否かが不明であるが、貸主が知っている旨が問題文に特に明示されていない以上、貸主は知らないものとして、**通知**する必要があると考えるのが自然であろう。

2 ○　転借人は、借主（転貸人）の**履行補助者**とされ、転借人の過失により賃貸目的物が損傷した場合、借主（転貸人）は、債務不履行に基づく損害賠償責任を**負う**。

3 ×　借主が過失による失火により賃貸不動産を損傷した場合は、失火につき**重過失**がなくても、債務不履行に基づく損害賠償責任を**負う**。

4 ○　借主によるペットの飼育が、通常許容される範囲を超えた場合、用法義務違反に**当たり、信頼関係が破壊**されるに至った場合には、貸主は賃貸借契約を解除することが**できる**。

過去問を確認しよう！

□□□**問題**　賃貸物件の修繕に関する次の記述のうち、誤っているものはどれか。
（令和 2 年度第 23 問）

1　賃貸物件が借主の責めにより修繕を要することになった場合、貸主は修繕義務を免れる。

2　賃貸物件につき雨漏りが生じ、貸主が修繕する場合、借主はこれを拒めない。

3　借主が修繕の必要性を貸主に通知し、貸主がその旨を知ったにもかかわらず相当期間内に修繕をしない場合、借主は賃貸物件の使用収益ができない範囲で賃料の支払を拒絶することはできるが、自ら修繕することはできない。

4　貸主は、大地震により賃貸物件の一部が破損した場合でも、当該部分の修繕義務を負う。

正解　3

1 ○　貸主は、賃貸物の使用及び収益に必要な修繕をする義務を負う（民法 606 条 1 項）。ただし、借主の責めに帰すべき事由でその修繕が必要となったときは、貸主は修繕義務を**負わない**（同項但書）。

2 ○　貸主が賃貸目的物の保存に必要な行為（修繕など）をしようとするときは、借主はこれを拒むことが**できない**（民法 606 条 2 項）。

3 ×　借主が貸主に修繕が必要である旨を**通知**し、又は貸主がその旨を**知った**にもかかわらず、貸主が相当の期間内に必要な修繕をしないとき、また、**急迫の事情**があるとき、借主は自らその修繕を行うことが**できる**（民法 607 条の 2）。

4 ○　貸主は、目的物を借主に賃借する義務があるため、大地震といった不可抗力により賃貸物件の一部が破損した場合でも、当該部分の修繕義務を**負う**（205 ページ参照）。なお、選択肢 1 の解説で述べたように、借主の責めに帰すべき事由でその修繕が必要となったときと区別しておくこと。

予想問題にチャレンジ！

問題 賃貸借契約における借主の義務に関する次の記述のうち、最も不適切なものはどれか。

1 借主の責めに帰すべき事由によって賃貸物件の一部が滅失した場合、それによって借主が賃貸物件の使用収益をすることができない状態となったとしても、賃料は減額されない。

2 借主は、賃貸物件の用法に従って使用収益する義務を負い、この義務に違反した場合は、債務不履行責任を負う。

3 借主は、賃貸借契約に基づいて賃貸物件の引渡しを受けたときは、自ら当該賃貸物件を直接に使用し占有していなくとも、貸主に対して賃料支払義務を負う。

4 貸主が借主の意思に反して賃貸物件の保存行為をしようとする場合において、そのために借主が賃貸借契約の目的を達成することができないときは、借主は、かかる保存行為を拒むことができる。

解答	

正解	4

1 ○ **借主の帰責事由**によって賃貸目的物が一部滅失した場合には、賃料は減額されない（民法611条1項）。

2 ○ 借主は、**用法遵守**義務を負い（民法616条、594条1項）、この義務に違反した場合は**債務不履行責任**を負う。

3 ○ 借主は、賃貸借契約に基づき賃貸物件の**引渡し**を受けた以上、自ら当該賃貸物件を直接に使用し占有しているか否かに**かかわらず**、賃料支払義務を**負う**。

4 × 貸主が借主の意思に反して保存行為をしようとする場合において、そのために借主が契約目的を達成することができないときは、借主は賃貸借契約を**解除**することができる（民法607条）。保存行為を拒むことができる**わけではない**。

第4節 賃料・敷金等

学習日 ／

頻出度 A

賃料及び敷金に関する出題は、試験における頻出事項です。実務上も賃料や敷金をめぐるトラブルが多く発生していますので、この分野は、やや細かい知識も含めて正確に理解しておきましょう。

I 賃料

重要度 ★★★

POINT

賃料は、その支払時期や供託、貸主又は借主が複数存在する場合の賃料の取扱いについての問題が頻出ですので、確実に正解できるよう万全にしましょう。

1 賃料の支払時期・支払場所

賃貸借契約における借主は、貸主に対して、契約によって定められた賃料を支払わなければなりません（民法601条）。賃料の支払時期は、特約又は慣習がない限り、**毎月末**に支払うこととされており、**後払い**が原則となります（同法614条本文）。

よく出る!

例えば、賃貸借契約書に賃料の支払日の記載がない場合は、2024年10月分の賃料の支払日は、**10月31日**となります。このように、民法の原則では、借主が賃貸目的物を一定期間使用した**後**に、賃料を支払うこととされていることに注意しましょう。

○×チェック!!

賃貸借契約書に賃料の支払日について記載がない場合、2024年11月分の賃料の支払日は2024年10月31日である。

答× 「11月分」の賃料の支払日は2024年**11**月**30**日である。

次に、賃料の支払場所について、民法の原則では、債権者である貸主の**現在の住所**に持参して、支払うこととされています（**持参債務**の原則、同法484条1項）。

この原則についても、貸主と借主の間の特約で異なる定めをすることができます。建物賃貸借契約書では、銀行口座に振り込む方法によって賃料を支払うこととされているのが一般的です。

よく出る!

そして、借主が賃料を支払期日に支払うことができなかった場合は、賃料の支払いを遅延したこととなり、貸主は、**債務不履行（履行遅滞）**に基づく損害賠償請求として、借主に対して**年3%の遅延損害金（遅延利息）**を請求することができます（同法404条1項、2項）。

プラスα

遅延損害金の請求は、民法に定められた一般原則です。賃貸借契約書に遅延損害金に関する規定がなかったとしても、貸主は、借主に対して**年3%**の遅延損害金を請求することが**できます**。

2　賃料の供託《きょうたく》

（1）賃料の供託の意義

借主が貸主に対して賃料を支払い、貸主が賃料を受領したときは、借主の賃料支払義務が消滅します。しかし、借主が賃料を支払ったとしても、貸主が賃料を受け取ることを拒否している場合は、借主の賃料支払義務は消滅しないこととなります。

ただし、借主は、貸主に対して賃料の支払いを**提供**すれば、債務不履行責任を**免れる**ことができます（**弁済の提供**、民法492条）。つまり、借主が賃料を貸主に対して**提供**すれば、貸主がその受領を拒んでも、借主は以後、遅延損害金の支払義務を**負いません**。

プラスα

なお、賃料債権は権利を行使できることを**知った**時から**5年間**、又は、権利を行使できる時から**10年間**行使しないと時効で消滅します。ただし、時効期間の経過で当然に消滅するわけではなく、消滅時効の**援用**（利用する）という意思表示が必要です（民法145条）。

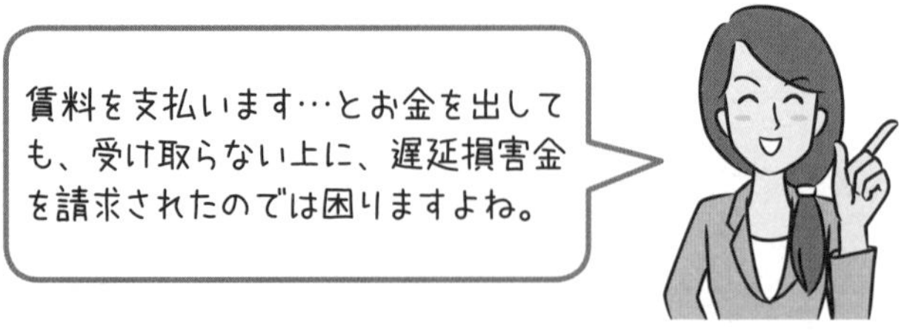

キーワードでCHECK!　**貸主が賃料の受領を拒否した場合の借主の賃料支払義務　⇒**

よく出る!

しかし、借主が賃料を提供して貸主が受領を拒んだ場合、借主は、賃料の提供以降の「債務不履行責任を負わない」だけであって、賃料支払義務自体は消滅**しません**。依然として借主は、賃料支払義務を**負う**こととなります。貸主が受領しない以上は、賃料支払義務は消滅**しない**のです。

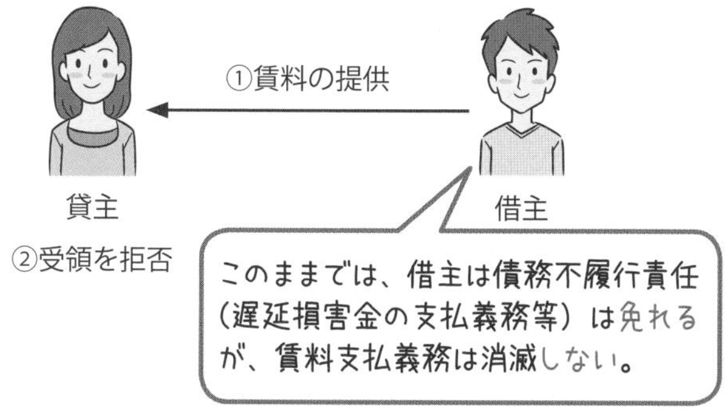

このように、借主としては賃料を支払う意思があるにもかかわらず、貸主が受領をするまで、いつまでも賃料支払義務を負い続けるというのでは、借主の地位が不安定になります。

そこで、借主の賃料支払義務を**消滅**させるための制度として、**供託**という制度が存在します（同法 494 条）。

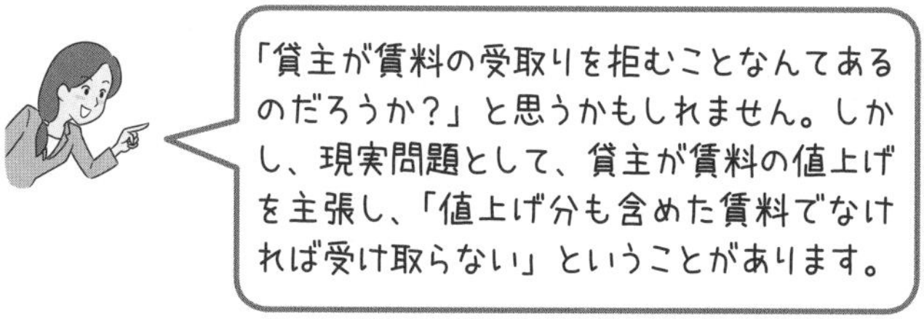

供託とは、債務者（借主）が債権者（貸主）に対して弁済すべき金銭その他の物を、供託所（法務局）に預けることをいいます。

プラスα

また、借主が先月分の賃料を滞納しているにもかかわらず、1 か月分の賃料しか提供しない場合、貸主は「2 か月分の賃料でなければ受け取らない」と主張して、1 か月分のみの賃料の受領を拒むこともあります。

貸主が賃料の受領を拒否した場合でも、借主が賃料支払いの提供をすれば、借主は債務不履行責任を**免れる**。供託をしない限り、借主の賃料支払義務は消滅**しない**。

よく出る!

そして、借主が賃料を供託すれば、賃料支払義務は消滅することになります。

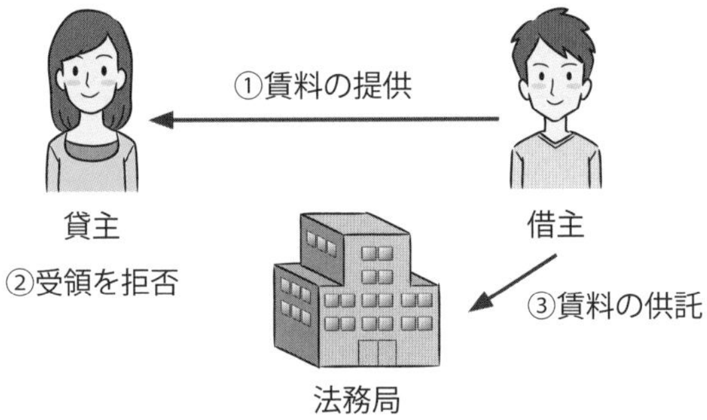

この場合、借主の賃料支払義務は消滅する。

(2) 供託の要件

よく出る!

借主は、①貸主が賃料の受領を拒むとき（受領拒絶）、②貸主が賃料を受領することができないとき（受領不能）、③借主が過失なく、貸主が誰であるかを**確知**することができないとき（債権者不確知）、のいずれかに該当する場合には、賃料を供託することができます。

用語

確知（かくち）
はっきりと知ること、を意味する。

よく出る!

なお、供託された賃料相当額を貸主が供託所から受け取るに当たっては、借主の承諾は不要です。

覚えよう!｜供託の要件

①貸主の受領拒絶（貸主が賃料の受領を拒むとき）
②貸主の受領不能（貸主が賃料を受領することができないとき）
③債権者不確知（借主が過失なく、貸主が誰であるかを確知することができないとき）

プラスα

賃料は口座振込とする約定がある場合に、借主が直接持参した賃料の受領を貸主が拒んだ場合、借主は供託できないとした判例があります（東京高判平23.8.24）。

キーワードでCHECK! 借主が直ちに賃料を供託できる場合 ⇒

①受領拒絶について

受領拒絶に該当するためには、借主が貸主に対して、**適法に賃料を提供**していることが必要となります（民法 493 条本文）。

貸主が、**あらかじめ**賃料の受領を**拒んでいる**場合には、借主は、一度、賃料の**口頭の提供**をした後でなければ、供託をすることができません（同条ただし書）。

口頭の提供とは、**弁済**（賃料支払）の**準備**をしたことを債権者（貸主）に**通知**して、その**受領を催告**することをいいます。

このように、借主は、貸主があらかじめ賃料の受領を拒んでいるからといって、いきなり賃料を供託することは**許されない**のが原則です。

ただし、借主が口頭の提供をしたとしても、貸主が賃料を**受領しない**ことが**明確**である場合には、口頭の提供をすることなく、**直ちに**賃料を供託することが**できます**（大判明 45.7.3）。

プラスα

つまり、①貸主があらかじめ賃料の受領を拒んでいる場合、借主は、**口頭の提供**（**弁済の準備**を貸主に**通知**＋**受領の催告**）を行った後に供託できる、②貸主が賃料を**受領しない**ことが**明確**であれば、**直ちに**供託できる、ということになります。

②受領不能について

受領不能とは、債権者（貸主）の所在が明らかではない場合や、不在の場合などによって、債権者（貸主）が弁済（賃料）を受領することができない状態であることをいいます。

③債権者不確知について

債権者不確知とは、①債権（賃料債権）が譲渡されたが、その債権譲渡の効力について争いが生じ、真の債権者（貸主）が誰であるかを確知できない場合や、②債権者（貸主）が死亡して、**相続人**が誰であるかを**確知できない**場合などをいいます。

よく出る!

借主が賃料について口頭の提供をしたとしても、貸主がそれを**受領しない**ことが**明確**である場合、直ちに賃料を供託できる。口頭の提供の意味がないからである。

3　貸主・借主が複数いる場合の賃料

（1）貸主が複数いる場合

「貸主」が死亡し、相続人が複数いる場合においては、各共同相続人間の**遺産分割**によって、貸主の地位を各共同相続人のうち誰が相続するかを決定することになります（複数の相続人が、貸主となる場合もあります）。

借主は、貸主の相続人間で遺産分割が成立するまでの間であっても、賃料の支払義務を**負います**。

そして、判例は、遺産分割が成立するまでの間の賃料債権については、**各共同相続人**がその**相続分**に応じて取得するとしています（最判平 17.9.8）。

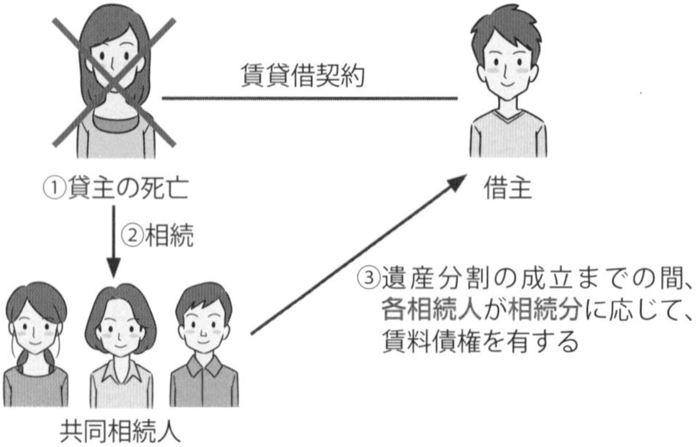

（2）借主が複数いる場合

賃貸物件の借主が複数いる場合、借主の賃料支払債務は**不可分**の債務であるため（大判大 11.11.24）、借主は、**各自賃料全額**の支払義務を負います。例えば、賃料月額 20 万円のマンションの一室について 2 人の借主が存在する場合は、各借主は 10 万円ずつの賃料支払義務を負うのではなく、**それぞれ 20 万円全額**の賃料支払義務を負うことになります。

そのため貸主は、どちらの借主に対しても、20 万円全

用 語

遺産分割
複数の相続人の間で遺産を分配すること。

よく出る!

プラスα

最判平 17.9.8 は、被相続人の遺産は、相続開始から遺産分割までの間、共同相続人の共有に属するものであるから、この間に遺産である賃貸不動産を使用管理した結果生ずる金銭債権たる賃料債権は、遺産とは**別個の財産**というべきであり、各共同相続人がその相続分に応じて**分割単独債権**として確定的に取得する、と判示しました。

キーワードで CHECK!　**借主が死亡し、相続人が複数いる場合の賃料支払義務　⇒**

額の賃料を支払うよう請求することができ、どちらかの借主が 20 万円分の賃料を支払えば、賃料債務は消滅することになります。

最近はシェアハウスなども一般的に行われていますが、実際のところ、借主が多数の場合、貸主が個別に賃料請求しなければならないとすると、手続が煩雑となり、貸すのが嫌になりますよね。

よく出る!

また、借主が死亡し、相続人が複数いる場合には、遺産分割が成立するまでの間、貸主は**各共同相続人**に対して、賃料**全額**の支払請求をすることができます。

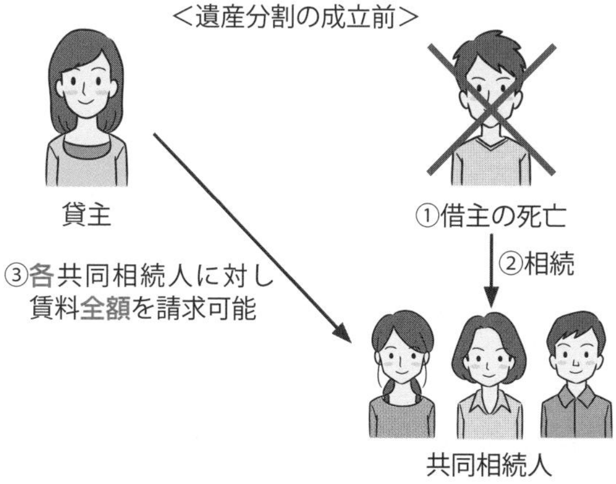

遺産分割が成立する前の賃料の扱いについて、「貸主」と「借主」が死亡した場合それぞれを、整理して覚えておきましょう。

借主の相続人の間で遺産分割が成立するまでの間、貸主は**各共同相続人**に対して、**全額**の賃料の支払請求ができる。賃料を分割して請求するのではない。

Ⅱ 敷金

重要度 ★★★

POINT

敷金に関する知識は、ほぼ毎年出題される重要事項です。やや複雑な知識も必要とされるため、正確に理解しておく必要があります。

1　敷金とは

建物の賃貸借契約では、契約締結に当たって、敷金の授受が行われることが多く見られます。敷金とは、いかなる名目によるかを問わず、賃料債務その他の賃貸借に基づいて生ずる借主の貸主に対する金銭の給付を目的とする債務を担保する目的で、借主が貸主に交付する金銭のことをいいます（民法 622 条の 2 第 1 項かっこ書）。

具体的には、賃貸借が終了した後、**家屋明渡**義務の**履行まで**に生ずる賃料相当額の損害金債権、その他賃貸借契約によって貸主が借主に対して取得する**一切の債権**を担保するものが、敷金です（最判昭 48.2.2）。

よく出る！

そして、敷金は、賃貸借契約とは**別個の契約**である敷金契約によって交付されます。したがって、賃貸借契約を解除することなく、敷金契約のみを貸主と借主の合意によって解除することができます。

よく出る！

また、敷金は、賃貸借契約の締結時に預け入れるのが一般的ですが、賃貸借契約を締結した後に敷金を預け入れることもできます。

プラスα

改正前の民法では、敷金について明示的に定めた条文はありませんでした。しかし、2020 年 4 月 1 日施行の改正民法では、622 条の 2 において敷金に関する規定を定めています。

2　敷金によって担保される債務

前述のとおり、敷金は、賃貸借が終了した後、**家屋明渡**義務の**履行まで**に生ずる賃料相当額の損害金債権・その他賃貸借契約によって貸主が借主に対して取得する**一切の債権**を担保するものです。

キーワードで CHECK!　**賃貸借契約を維持したままの敷金契約の解除　⇒**

よく出る!

したがって、敷金によって担保される債務には、借主の賃料支払債務のみならず、借主が負担すべき賃貸物件の**原状回復費用**や、賃貸借契約終了後明渡しまでの賃料相当額の損害賠償債務なども含まれ、貸主は、原状回復費用や損害賠償額に敷金を充当することが**できます**（民法 622 条の 2 第 2 項）。

3　敷金の返還と充当

（1）敷金返還請求権と賃貸物件の明渡しの関係

借主は、貸主に預け入れた敷金の返還を請求することができますが、敷金返還請求権は、賃貸借終了後、家屋明渡完了の時において、それまでに生じた被担保債権を**控除**し、なお**残額**がある場合に、その残額につき具体的に発生するものです（民法 622 条の 2）。

よく出る!

つまり、借主は、賃貸借契約が終了し、賃貸建物を貸主に**明け渡した**時に、敷金の返還を請求することができることとなり、その際に、借主が貸主に対して敷金によって担保される債務を負担していれば、敷金はこの債務に**当然に充当**され、充当された**残額**についてのみ、敷金の返還を請求することができます（同条 1 項）。

よく出る!

そして、敷金の返還と借主の賃貸建物の明渡しは、同時履行の関係には**立たず**、賃貸建物の**明渡し**が先履行の関係にあります（最判昭 49.9.2）。したがって、借主は、敷金の返還を受けるまでの間、建物の明渡しを拒むということは**できません**。

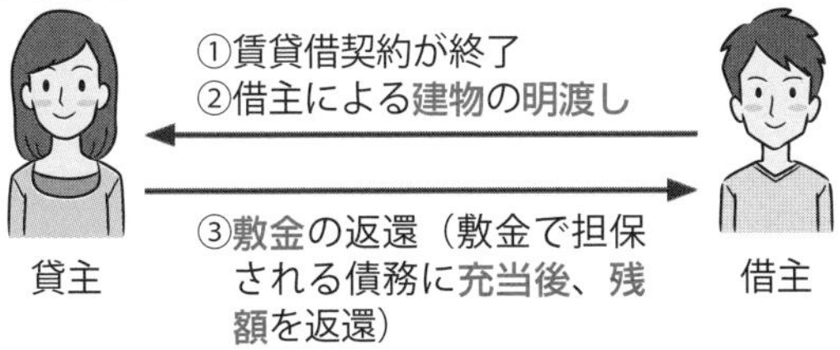

敷金契約は、賃貸借契約とは**別個の契約**である以上、賃貸借契約をそのまま維持した状態で、敷金契約のみを解除することが**できる**。

(2) 契約期間中の敷金返還債務と賃料債務の相殺の禁止

敷金返還請求権は、前述のように、賃貸借**契約の終了後**、賃貸建物の**明渡し**の時に発生するものです。よって、賃貸借契約の契約期間中は、敷金返還債務は発生**していない**ため、借主は、賃貸借契約期間中に、賃料債務と敷金返還請求権との相殺をすることは**できません**。

よく出る!

プラスα

相殺は、双方の債務が**弁済期**にあるときにすることができます（民法505条1項本文)。敷金返還請求権は、賃貸借契約が終了し、借主が家屋等の**明渡し**時に発生するものですから、この**明渡し**時に、弁済期が到来することになり、相殺が可能となります。

(3) 敷金の充当

前述のとおり、賃貸借契約が終了し、借主が賃貸建物を貸主に明け渡す際に、借主が貸主に対して敷金によって担保される債務を負担していれば、敷金はこの債務に**当然**に**充当**されることとなります。「**当然に充当**」される以上、貸主が借主に対して、敷金を充当する旨の意思表示をする必要は**ありません**。

また、貸主は、敷金の交付を受けた後、賃貸建物の明渡しまでの間に生じた未払賃料については、**いつでも**敷金を**充当**することができます。これに対し、借主の側からは、未払賃料を敷金をもって充当するように主張することは**できません**（民法622条の2第2項)。

よく出る!

プラスα

賃料が敷金で充当されると、賃料は弁済されたことになるので、借主はその分の賃料債務を**免れ**ます。

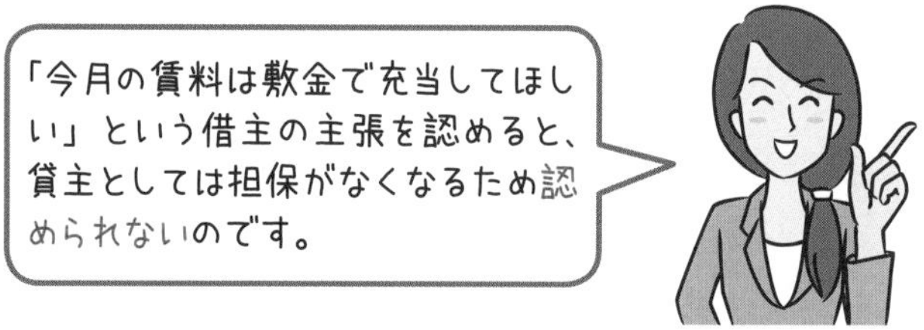

4 敷金返還請求権の譲渡・質入れ・差押え

敷金返還請求権は、債権として、第三者に譲渡することが**できます**（民法466条)。また、敷金返還請求権には、質権を設定することも**できます**（同法362条1項)。

さらに、借主の債権者は、債権回収のため、賃貸借契約期

キーワードでCHECK! 未払賃料に対する敷金による充当 ⇒

間中に借主の敷金返還請求権を差し押さえることができます。

敷金返還請求権を差し押さえた債権者は、貸主に対して差押命令が送達された日から1週間を経過した時に、自ら債権の取立てを行うことができます（民事執行法155条1項本文）。ただし、貸主は、敷金返還請求権が**発生するまで**（つまり、賃貸借契約終了後、賃貸建物の明渡しがある時まで）の間は、差押債権者に対する敷金の支払義務はありません。また、貸主は、借主が賃貸建物を明け渡した時に未払賃料がある場合には、敷金から未払賃料額を**控除**した後の**残額**を差押債権者に支払えばよいこととなります。

5　敷金の承継

賃貸借契約の継続中に、賃貸建物が第三者に譲渡され、所有権の移転に伴って、貸主の地位が移転することがあります。また、借主が賃借権を譲渡して、借主の地位が移転することもあります。このような場合に、敷金に関する権利義務は、新たな貸主又は新たな借主に承継されるのかどうかが問題となります。

プラスα

敷金の承継については、本章第7節「貸主・借主の変更」の中で詳しく説明します。

6　敷引特約

敷引特約とは、交付された敷金について、賃貸借契約の終了後、賃貸建物の明渡し時において、借主が負っている債務の内容にかかわらず、**一定額を控除**する**合意**のことをいいます。敷引特約は、原則として有効ですが、具体的な事情を総合的に考慮して、敷引金の額が高額に過ぎると評価すべきものである場合には、当該賃料が近傍同種の建物の賃料相場に比して、大幅に低額であるなどの特段の事情のない限り、敷引特約は消費者契約法10条により**無効**となることがあります（最判平23.3.24）。

未払賃料に対して、借主から敷金をもって充当する旨の主張は**認められない**。逆に貸主からは、未払賃料について、**いつでも**敷金から充当することができる。

一問一答で確認しよう！

□□□**問 1**　賃料の支払時期について、賃貸借契約書に記載がない場合、借主は、翌月分の賃料を前月に支払う必要がある。

□□□**問 2**　借主は、貸主に対して賃料の支払いを提供すれば、貸主がこの賃料を受け取ることを拒んだとしても、賃料支払義務を免れることができる。

□□□**問 3**　貸主が誰であるかを確知することができないことについて、借主に過失がある場合は、賃料を供託することができない。

□□□**問 4**　賃貸建物の借主が複数いる場合、各借主はそれぞれ、賃料全額の支払義務を負う。

□□□**問 5**　敷金返還請求権は、第三者に譲渡することができない。

正解と解説

1 ×　賃料の支払時期は、特約又は慣習がない限り、**毎月末**に支払う必要がある（民法 614 条本文）。

2 ×　借主は、貸主に対して賃料の支払いを提供すれば、貸主がこの賃料を受け取ることを拒んだとしても、**債務不履行責任**を免れることができるが（民法 492 条）、依然として、賃料支払義務は**負う**。

3 ○　供託の要件である債権者不確知については、借主が**過失なく**、貸主が誰であるかを**確知**することが**できない**ことが必要である（民法 494 条 2 項）。

4 ○　賃貸物件の借主が複数いる場合、借主の賃料支払債務は**不可分**債務であるため（大判大 11.11.24）、借主は各自、賃料**全額**の支払義務を負う。

5 ×　敷金返還請求権は、第三者に譲渡することが**できる**（民法 466 条）。

過去問を確認しよう！

□□□**問題** NEW!　賃借人が賃料債務を免れる場合に関する次の記述のうち、正しいものはどれか。（令和５年度第19問）

1　賃貸借契約で定められた賃料の支払時期から10年が経過すれば、特段の手続きを要することなく、賃借人は賃料債務を免れる。

2　賃貸借契約で賃料の支払方法が持参払いと定められている場合で、賃貸人が賃料の増額を主張して賃料の受領を拒否しているときは、賃借人が従前の賃料額を賃貸人宅に持参し、賃貸人が受け取れる状況にすれば、賃貸人に受領を拒否された場合でも、賃借人は賃料債務を免れる。

3　賃貸借契約で賃料の支払方法が口座振込と定められている場合で、賃借人が賃貸人宅に賃料を持参したにもかかわらず、賃貸人が受領を拒否したときは、賃料を供託することが可能であり、供託により、賃借人は賃料債務を免れる。

4　賃貸借契約期間中であっても、賃貸人が、敷金の一部を賃借人の賃料債務に充当したときは、賃借人の承諾の有無にかかわらず、賃借人は、その分の賃料債務を免れる。

正解　4

1 ×　債権者が権利を**行使できる**時から**10年間**行使しないとき、債権は時効により消滅する（民法166条1項2号）。しかし、時効は、当事者が**援用**しなければ、裁判所がこれによって裁判をすることができない（同法145条）。よって、賃借人が賃料債務を免れるには時効の**援用**が必要である。なお、「賃料債務」とは、賃料債権を賃借人側から見たものである。賃料というものを基準に考えた場合、請求できる債権者は賃貸人であり、その債務者は賃借人となる。

2 ×　賃借人が賃料の支払いを**提供**していれば、賃貸人が賃料の受領を拒んでも債務不履行責任を**免れる**（民法492条）。しかし、このような場合でも、賃料の支払義務まで免れる**わけではない**。

3 ×　口座振込の約定がある賃貸借において、賃貸人が持参による直接の賃料の受領を拒んだ場合、賃借人は供託**できない**とした判例がある（東京高判平23.8.24）。

4 ○　賃貸人は、敷金を賃料債務に充当することが**できる**（民法622条の2第2項）。この場合、充当された賃料債務は**弁済された**ことになるため、賃借人はその分の賃料債務を**免れる**。

過去問を確認しよう！

□□□**問題**　敷金に関する次の記述のうち、最も適切なものはどれか。

（令和 3 年度第 20 問）

1　貸主は、建物明渡し後でなければ、敷金を未払賃料に充当することができない。

2　敷金は、賃貸借契約上の債務を担保するための金銭であるから、貸主との合意があっても賃貸借契約の締結後に預け入れることができない。

3　貸主が建物を借主に引き渡した後、第三者に当該建物を売却し、所有権移転登記を完了した場合、特段の事情がない限り、敷金に関する権利義務は当然に当該第三者に承継される。

4　賃貸借契約が終了し、建物が明け渡された後、借主が行方不明となったことにより、借主に対し敷金の充当の通知ができない場合、貸主は敷金を未払賃料や原状回復費用に充当することができない。

正解　3

1 ×　貸主は、敷金の預託を受けた後、明渡しを受けるまでの間、賃料不払い等の事由が発生すれば、**いつでも**任意に敷金をこれに充当することができる。

2 ×　敷金は、賃貸借契約締結と同時又は締結前に交付されることが一般的であるが、賃貸借契約締結後に支払う旨の合意も**有効**である。

3 ○　貸主が賃貸建物を第三者に売却するなどして、貸主の地位が当該建物の譲受人又はその承継人に移転したときは、敷金の返還に係る債務は、当該建物の譲受人又はその承継人が**承継する**（民法 605 条の 2 第 4 項）。また、貸主の地位の移転は、賃貸物である不動産について所有権の移転の**登記**をしなければ、借主に対抗することができない（同条 3 項）。よって、貸主が建物を第三者に売却したことで貸主の地位が移転し、その移転登記もなされた本肢の場合、特段の事情がない限り、敷金に関する権利義務は当然に買主（第三者）に**承継される**。

4 ×　建物賃貸借契約が終了し、借主が明渡しを完了したとき、借主は貸主に対して敷金の返還を請求することができる。その際、借主が貸主に対して敷金により担保される債務を負担している場合、敷金はこの債務に**当然**に**充てられ**、敷金の返還請求権は**残額**についてのみ発生する。よって、本肢の貸主は、行方不明となった借主に対する充当の通知等をすることなく、敷金を未払賃料や原状回復費用に充当することが**できる**。

予想問題にチャレンジ！

問題　敷金に関する次の記述のうち、正しいものはどれか。

1　借主の債権者が、借主の敷金返還請求権を差し押さえた場合、貸主に対して差押命令が送達されたときには、借主の債権者は直ちに自ら債権の取立てを行うことができる。

2　賃貸借契約の終了後、賃貸建物の明渡し時において、借主が負っている債務の内容にかかわらず、一定の額を控除する旨の敷引特約は、無効である。

3　建物賃貸借契約の終了に伴う借主の賃貸建物明渡債務と貸主の敷金返還債務とは、同時履行の関係に立たず、貸主は、借主から建物明渡しを受けた後に敷金を返還すれば足りる。

4　賃料を滞納している借主は、貸主に対し、敷金を未払賃料に充当するように主張することができる。

解答	

正解	3

1 ×　敷金返還請求権が差し押さえられた場合、貸主に対して差押命令が**送達された日から1週間**を経過した時に、借主の債権者は、直ちに自ら債権の取立てを行うことができる（民事執行法155条1項本文）。

2 ×　敷引特約は、原則として、**有効**である。ただし、敷引金の額が高額に過ぎると評価すべきものである場合には、当該賃料が近傍同種の建物の賃料相場に比して大幅に低額であるなどの特段の事情のない限り、消費者契約法10条により**無効**となる（最判平23.3.24）。

3 ○　敷金返還債務と建物明渡債務は、借主の**建物明渡債務**が先履行の関係にあるから、借主の賃貸建物明渡債務と貸主の敷金返還債務とは、同時履行の関係に**立たない**。よって貸主は、**建物明渡し**を受けた後に敷金を返還すればよい。

4 ×　借主の側から、貸主に対して、敷金を未払賃料に充当する旨を主張することは**できない**（民法622条の2第2項）。

第5節 賃貸借契約の期間・更新

学習日 ／

頻出度 A

契約期間・更新も、毎年のように出題される重要事項です。「期間の定めのある契約」と「期間の定めのない契約」とで、更新の有無や契約が終了する場合が異なるので、両者を比較しながら学習しましょう。

Ⅰ 賃貸借契約の契約期間

重要度 ★★

POINT

賃貸借契約の契約期間の定めに関しては、後に説明する「賃貸借契約の更新」について理解するための前提となります。正しく理解しておきましょう。

1 建物賃貸借契約の契約期間の定め

建物の賃貸借契約においては、貸主と借主の合意によって、その契約期間を定めるかどうか、また契約期間を定める場合は、どの程度の期間にするかを決定します。したがって、建物の賃貸借契約には「期間の定めのある」場合と、「期間の定めがない」場合との2種類が存在することとなります。

両者の大きな違いは、「期間の定めのある」契約については、契約期間の満了に当たって、契約の**更新**をするかどうかが問題となることです。これに対し、「期間の定めのない」契約には、契約の更新という概念が**なく**、契約当事者による**解約申入れ**によって契約が終了します。

プラスα

賃貸借契約の契約期間は、民法の原則では、50年が上限となります（民法604条1項）。ただし、**建物**の賃貸借契約には、借地借家法が民法に優先して適用されるため、民法604条は適用されません（借地借家法29条2項）。

2 期間の定めのある契約

借地借家法は、建物の賃貸借契約について、民法の原則を修正し、契約期間の**上限**規定を設けていません。つまり、建物の賃貸借契約については、契約期間の**上限**に**制限がな**

よく出る！

キーワードでCHECK! 期間の定めのある賃貸借契約の契約期間 ⇒

いこととなります。

契約期間の下限については、期間を１年未満とする普通建物の賃貸借契約は、期間の定めのない建物賃貸借契約とみなされるため（借地借家法 29 条 1 項）、１年以上の期間を定めて設定することとなります。

以上より、契約期間を１年以上とする普通建物賃貸借契約が、「期間の定めのある契約」です。

プラスα

第９節で説明する定期建物賃貸借契約では、契約期間の上限及び下限は**定められていません**（借地借家法 29 条 2 項）。

3　期間の定めのない契約

「期間の定めのない」賃貸借契約となるケースは２種類あります。期間の定めのある賃貸借契約を締結し、この契約が法定更新された場合（借地借家法 26 条 1 項）、又は普通建物賃貸借契約で１年未満の期間とする契約を結んだ場合（同法 29 条 1 項）が、「期間の定めのない契約」となります。

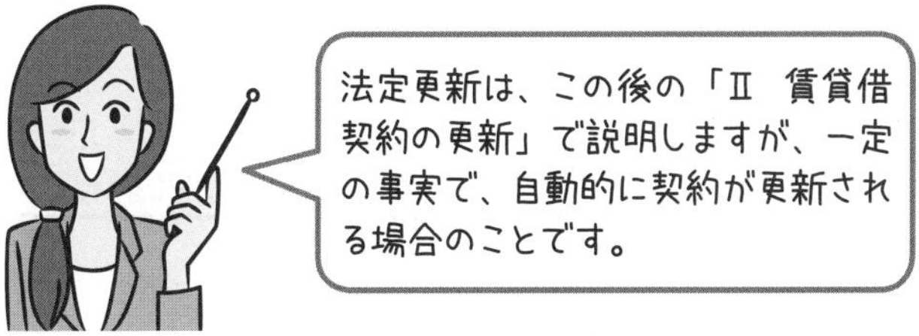

覚えよう!　「期間の定めのある」契約と「期間の定めのない」契約

期間の定めのある契約	期間の定めのない契約
１年以上の期間の普通建物賃貸借契約を締結した場合	①期間の定めのある賃貸借契約が法定更新された場合 ②１年未満の期間の普通建物賃貸借契約を締結した場合

期間の定めのある賃貸借契約の契約期間について、上限はない。また、下限について、１年未満の契約期間とする場合は、期間の定めのない賃貸借契約となる。

Ⅱ 賃貸借契約の更新

重要度 ★★★

POINT

賃貸借契約の更新に関する知識は、毎年出題されています。どのような場合に更新がされるのかという点を中心に、正確に覚えましょう。

1 更新の意義

期間の定めのある建物賃貸借契約では、契約期間が満了した場合でも、契約を**更新**することにより、同一の契約を継続することができます。

建物賃貸借の場合、借主は賃貸建物を居住用、店舗・事務所などの営業用として使用することが多く、賃貸借契約が期間満了により終了してしまうと、借主は生活の本拠や営業拠点を失うことになり、大きな不利益を被ることがあります。そこで、借地借家法は、貸主が建物賃貸借契約の更新を拒絶することができる場面を限定しており、原則として、賃貸借契約は更新されるものと扱って、借主の保護を図っています。

したがって、契約期間の満了時に賃貸借契約が当然に終了する旨の特約や、更新について合意が成立しない場合には、賃貸借契約が期間満了と同時に当然終了する旨の特約は、建物の**借主**に**不利**な内容であり、**無効**となります（同法30条）。

契約の更新は、貸主と借主の間の**合意**によって行われる場合のほか、借地借家法上、当然に更新がなされる場合（**法定更新**）があります。

なお、契約の更新は、期間の定めのある建物賃貸借契約について行われるものであり、期間の定めのない賃貸借契約や定期建物賃貸借契約では、契約の更新という概念はありません。

プラスα

一時使用目的の建物賃貸借契約（借地借家法40条）であっても、契約の更新をすることができます。

よく出る!

キーワードでCHECK! **更新の合意が成立しない場合に賃貸借契約が「終了」する旨の特約　⇒**

定期建物賃貸借契約では、契約期間後に契約を継続したい場合、賃貸人との「再契約」が必要となります。

2　法定更新

借地借家法上、一定の事由をもって、当然に更新がされたものとみなす制度を**法定更新**といいます。同法では、借主を保護するために、以下の２つのいずれかに該当する場合に、法定更新が認められるとしています（同法26条１項、２項）。

よく出る!

覚えよう！｜法定更新がされる場合

①貸主が、契約期間の満了の**１年前から６か月前**までの間に、借主に対して**更新をしない旨の通知**（**更新拒絶の通知**）又は条件を変更しなければ更新をしない旨の通知を**しなかった**とき。

➡契約期間満了までに、更新に関する合意が**成立しない**場合も含む。

②貸主が更新拒絶の通知をしたが、契約期間の**満了後**、借主が賃貸建物の**使用**を**継続**する場合において、貸主が遅滞なく、**異議を述べなかった**とき。

なお、貸主が借主に対して、更新拒絶の通知をするためには、更新を拒絶するのが**正当**と認められるだけの**理由**（**正当事由**）が必要となります（同法28条）。

○×チェック!!

貸主による更新拒絶の通知に正当事由が認められる場合には、普通建物賃貸借契約の期間満了後に借主が建物を継続して使用し、貸主が遅滞なく異議を述べなかったとしても、契約は更新されない。

答× 貸主が、正当事由のある更新拒絶通知をしても、借主の**使用継続**に**異議を述べなかった**以上、賃貸借契約は法定更新**される**（借地借家法26条２項）。

更新について合意が成立しない場合には、賃貸借契約が期間満了と同時に終了する旨の特約は、**無効**となる。**借主**に**不利**な内容であるためである。

更新拒絶の正当事由については、次節の第6節で詳しく学習します。

法定更新が行われる場合、貸主と借主との間に特約のない限り、従前と同一条件で賃貸借契約が当然に更新されたものとみなされます。

ただし、その契約期間については、従前と同一となるのではなく、「期間の定めがない契約」とされます（借地借家法26条1項ただし書）。

もちろん、貸主と借主との間で特約をすれば、法定更新がされた場合でも、契約期間を定めることができます。

法定更新によって「期間の定めがない契約」になるということは、「契約の更新」という概念がなくなる、ということです。

◆法定更新の整理

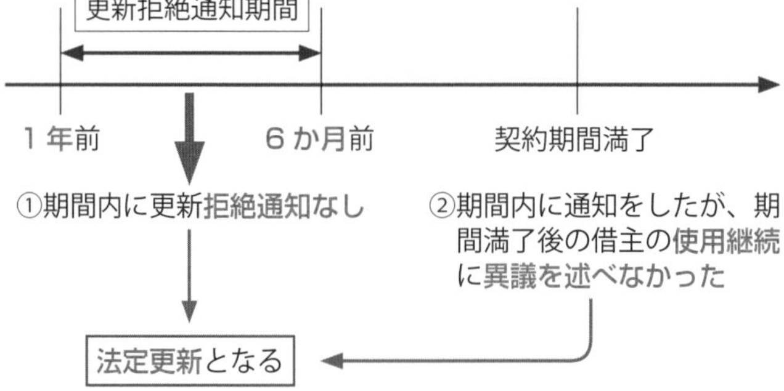

よく出る!

よく出る!

プラスα

条文で「みなす」と規定されている場合、みなされた事がらについて反対事実を証明して覆すことはできません。一方、「推定する」と規定されている場合は、推定された事がらについて、反対事実を証明して覆すことができます。

3　合意による更新

賃貸借契約を貸主と借主との**合意**によって更新する場合は、法定更新において必要とされる更新拒絶の通知などの特別の手続は**不要**です。

つまり、賃貸借契約の期間満了までに、貸主と借主で協議し、更新後の契約条件を定めて合意をすれば足ります。

よく出る！

プラスα

この更新料条項は、信義則（民法 1 条 2 項）に反して、**消費者の利益**を**一方的に害する**場合には、消費者契約法 10 条後段によって無効とされます。

4　更新料

更新料とは、建物賃貸借契約の更新時に、借主が貸主に対して支払う一時金のことです。法律上、借主には更新料の支払義務はなく、更新料は、貸主と借主との間の合意によって賃貸借契約に更新料条項（更新料特約）を定めることで発生するものです。

よく出る！

この更新料条項について、判例（最判平 23.7.15）は、「賃貸借契約書に一義的かつ具体的に記載された更新料条項は、更新料の額が賃料の額、賃貸借契約が更新される期間等に照らし**高額に過ぎる**などの特段の事情がない限り」、消費者契約法 10 条後段には該当せず、**有効**であるとしています。

よく出る！

なお、貸主と借主との間の合意によって、更新料以外に、**更新事務手数料**特約を定めることもあります。

この更新事務手数料とは、管理業者が契約の更新手続を行う場合の事務代行手数料のことで、その額が社会通念上相当であるならば、更新事務手数料特約は**有効**です。

5　駐車場の賃貸契約の場合

建物の所有を目的としない土地の賃貸借契約には、借地借家法は適用**されません**（借地借家法 1 条参照）。

よく出る！

したがって、建物が存在しない駐車場、つまり**平面**駐車場や、**建物に該当しない立体**駐車場の賃貸借契約は、建物

貸主と借主の合意により、賃貸借契約を「更新」する場合、貸主と借主の間で**合意をするだけ**で足り、更新拒絶の通知等の手続は**不要**である。

の所有を目的としない土地賃貸借契約に**該当**し、借地借家法の適用がなく、貸主が契約の更新を拒絶するに際しては、正当事由は**不要**となります。

プラスα

一般法と特別法の関係については、191 ページを参照。

このように、借地借家法が適用されない駐車場の賃貸借契約には、一般法である**民法**が適用されます。

そして、民法は、期間の定めのない土地の賃貸借契約について、貸主又は借主は、**いつでも解約の申入れ**をすることができ、**解約申入れ**の日から**1年**の経過によって、契約は終了するとしています(民法617条1項1号)。したがって、駐車場の賃貸借契約が期間の定めのない契約の場合は、**解約の申入れ**をしてから**1年**後に終了します。

よく出る!

これに対し、期間の定めのある土地の賃貸借契約については、契約期間の満了によって終了します。ただし、期間満了後も借主が土地の**使用収益**を**継続**する場合において、貸主がこれを知りながら**異議を述べない**ときは、従前の賃貸借契約と**同一の条件**によって、さらに賃貸借契約をしたものと推定されます(同法619条1項)。

覚えよう! | **駐車場の賃貸借契約の契約終了**

①期間の定めのない契約の場合

貸主又は借主による**解約申入れ**の日から**1年**の経過により、賃貸借契約は終了する。

②期間の定めのある契約の場合

原則、**期間の満了**により、賃貸借契約は終了する。

ただし、期間満了後も借主が土地の**使用収益**を**継続**する場合において、貸主がこれを知りながら**異議を述べない**ときは、従前の賃貸借契約と**同一の条件**によって、さらに賃貸借契約をしたものと推定される。

一問一答で確認しよう！

□□□**問 1**　契約期間を 100 年とする建物の賃貸借契約は、有効である。

□□□**問 2**　契約期間を 6 か月以上とする普通建物賃貸借契約は、期間の定めのある契約となる。

□□□**問 3**　建物の賃貸借契約に契約期間の定めがない場合、期間の満了時に契約を更新することはできない。

□□□**問 4**　建物の賃貸借契約の存続中に、貸主が借主に対して更新拒絶の通知をした場合において、契約期間の満了後に、借主が賃貸建物の使用を継続しているときは、貸主が遅滞なく異議を述べなければ、契約は更新される。

□□□**問 5**　建物が存しない駐車場として使用する目的の土地の賃貸借契約において、期間の定めがない場合には、貸主又は借主の解約申入れにより、直ちに契約が終了する。

正解と解説

1 ○　建物の賃貸借契約は、契約期間の上限に**制限がない**。

2 ×　契約期間を **1 年以上**とする普通建物賃貸借契約が、期間の定めのある契約である（借地借家法 29 条 1 項参照）。契約期間を 6 か月以上とする普通建物賃貸借契約は、契約期間が **1 年未満**であれば、期間の定めの**ない**契約となるため、必ずしも期間の定めのある契約とは**ならない**。

3 ○　期間の定めがない契約では、契約を更新することは**できない**。

4 ○　貸主が更新拒絶の通知をしたにもかかわらず、契約期間満了後、借主が賃貸建物の**使用**を**継続**している場合、貸主が遅滞なく**異議を述べなかった**ときは、契約は更新**される**（法定更新、借地借家法 26 条 2 項）。

5 ×　貸主又は借主の**解約申入れ**の日から **1 年の経過**によって、契約が終了する（民法 617 条 1 項 1 号）。

過去問を確認しよう！

□□□**問題**　賃貸借契約の更新に関する次の記述のうち、最も不適切なものはどれか。（平成 29 年度第 20 問）

1　賃貸借契約書に一義的かつ具体的に記載された更新料条項は、更新料の額が賃料の額、賃貸借契約が更新される期間等に照らし高額に過ぎるなどの特段の事情がない限り、有効である。

2　賃貸借契約の借主が、期間満了後に建物の使用を継続する場合において、貸主が遅滞なく異議を述べなかったとしても、貸主が期間満了の 1 年前から 6 ヵ月前までの間に借主に対して更新をしない旨の通知をしていた場合には、更新拒絶に正当事由が認められる限り、賃貸借契約は期間満了により終了する。

3　賃貸借契約が法定更新された場合、当事者間で別途、契約期間の定めをしない限り、期間の定めのない賃貸借になる。

4　建物が存しない駐車場として使用する目的の土地の賃貸借契約において貸主が更新を拒絶するためには、正当事由は不要である。

正解　2

1 ○　更新料条項は、更新料の額が**高額に過ぎる**などの特段の事情がない限り、**有効**である（最判平 23.7.15）。逆に言えば、更新料の額が**高額に過ぎる**などの特段の事情があれば、**無効**となる可能性が高い。

2 ×　貸主が更新をしない旨の通知をしていた場合でも、期間満了後に借主が引き続き建物の**使用**を**継続**し、貸主が遅滞なく**異議を述べなかった**ときは、契約は更新されたものとみなされる（借地借家法 26 条 2 項）。

3 ○　賃貸借契約の法定更新がされた場合、当事者間で別途、契約期間の定めをしない限り、**期間の定めのない**賃貸借契約となる（借地借家法 26 条 1 項ただし書）。

4 ○　建物の所有を目的としない土地の賃貸借契約には、借地借家法の適用は**な**く（借地借家法 1 条参照）、更新拒絶に際して正当事由は**不要**となる。

過去問を確認しよう！

□□□**問題**　普通建物賃貸借契約（定期建物賃貸借契約でない建物賃貸借契約をいう。以下、各問において同じ。）の解約及び更新拒絶に関する次の記述のうち、正しいものはどれか。　（平成 30 年度第 19 問）

1　貸主からの期間内解約条項がある場合には、貸主からの解約申入れに正当事由は不要である。

2　賃貸建物の老朽化が著しいことを理由として更新を拒絶する場合、貸主は立退料を支払うことなく、当然に正当事由が認められる。

3　貸主による更新拒絶通知に正当事由がある場合であっても、期間満了後に借主が建物を継続して使用し、貸主がそれに対して遅滞なく異議を述べなかった場合には、契約は更新されたものとみなされる。

4　契約期間満了までに、更新について合意が成立しない場合、特約のない限り、従前と同一条件かつ同一期間で賃貸借契約が当然に更新されたものとみなされる。

正解　3

1 ×　普通建物賃貸借契約において、貸主からの期間内解約条項がある場合であっても、貸主からの解約申入れには、正当事由が**必要**である。

2 ×　更新拒絶における正当事由の有無は、当事者双方の利害関係その他諸般の事情を**総合的**に**考慮**して判断される（最判昭 46.6.17）。賃貸建物の老朽化が著しいことは、正当事由の一要素となりうるが、それのみで当然に正当事由が認められる**わけではない**（正当事由の判断基準については、251 ページ参照）。

3 ○　貸主による更新拒絶通知に正当事由がある場合であっても、普通建物賃貸借の期間満了後に借主が建物を**継続**して**使用**し、貸主がそれに対して遅滞なく**異議を述べなかった**ときには、契約は更新されたものとみなされる（借地借家法 26 条 2 項）。

4 ×　契約期間満了までに、更新について合意が成立しない場合も法定更新と**なる**が、その契約期間については、**定めがない**ものとされる（借地借家法 26 条 1 項）。よって、「同一期間」で賃貸借契約が当然に更新されたものとみなされる**わけではない**。

予想問題にチャレンジ！

問題　賃貸借の契約期間及び更新に関する次の記述のうち、最も不適切なものはどれか。

1　建物の賃貸借契約では、契約期間は 50 年を超えることができず、契約でこれより長い期間を定めても、その期間は 50 年となる。

2　定期建物賃貸借契約では、1 年未満の契約期間を定めることができる。

3　契約期間を 6 か月とする普通建物の賃貸借契約は、期間の定めがない建物の賃貸借契約とみなされる。

4　契約の更新は、契約期間が 1 年以上の期間の定めのある建物賃貸借契約について行うことができる。

解答	

正解	1

1 ×　建物の賃貸借契約については、借地借家法上、契約期間の上限規定は**存在しない**。よって、50 年を超える契約期間を定めることは**できる**。
2 ○　定期建物賃貸借契約については、借地借家法上、契約期間の下限は**定められていない**ため、1 年未満の契約期間を定めることが**できる**。
3 ○　**1 年未満**の期間の普通建物の賃貸借契約は、期間の定めがない建物の賃貸借契約とみなされる（借地借家法 29 条 1 項）。
4 ○　契約の更新は、**期間の定めのある**建物賃貸借契約でなされるものである。契約期間が 1 年未満の場合は、期間の定めの**ない**賃貸借契約とみなされるため（借地借家法 29 条 1 項）、契約の更新は、契約期間が **1 年以上**の期間の定めがある建物賃貸借について行うことができる。

第6節 賃貸借契約の終了

学習日 ／

頻出度 A

この分野も、毎年出題される重要分野です。賃貸借契約は、契約の更新拒絶や解約申入れ、債務不履行による解除など、様々な終了原因が存在するため、混乱しないよう、焦らずに時間をかけて理解しましょう。

I 期間満了

重要度 ★★★

POINT

貸主の側から、期間満了を理由として賃貸借契約を終了させるために必要となる「正当事由」の有無は、どのように判断されるのかを押さえましょう。

1 期間満了による賃貸借契約の終了

期間の定めのある建物賃貸借契約は、契約期間が満了することによって終了します。

ただし、期間の定めのある建物賃貸借契約は、原則として更新されるため、貸主が期間満了を理由として賃貸借契約を終了させるためには、借主に対して、期間満了の**1年前から6か月前まで**の間に、**更新をしない旨の通知**（**更新拒絶の通知**）をする必要があります（借地借家法26条1項）。

よく出る!

まずは、前節までで確認した事項の“おさらい”です。色々な話があるので、焦らずに確認していってください。

プラスα

これに対して、期間の定めのない建物賃貸借契約では、そもそも期間がない以上、「期間満了」という概念が**存在しません**。期間の定めのない建物賃貸借契約を終了させるためには、255ページで解説するように、**解約申入れ**を行います。

そして、更新拒絶の通知には、更新を拒絶することを正当化する事情（**正当事由**）が必要となります（借地借家法28条)。

また、借主の側からも、期間満了を理由として賃貸借契約を終了させるためには、貸主に対して更新拒絶の通知をする必要があります。ただし、借主の側から更新拒絶の通知をする場合は、正当事由は**不要**です。

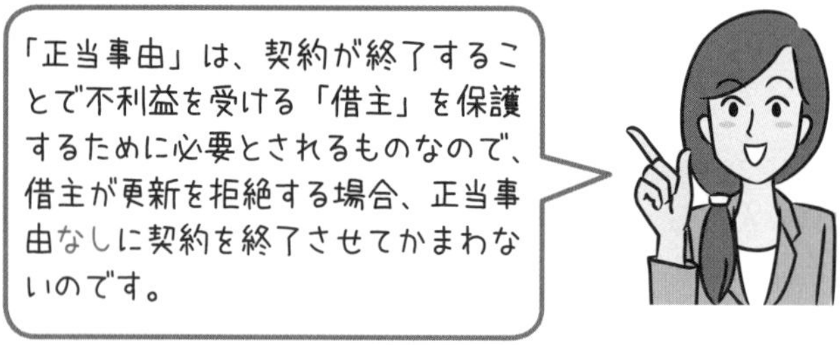

2　正当事由

前述のとおり、期間の定めのある建物賃貸借契約において、貸主が期間満了を理由として賃貸借契約を終了させるための**更新拒絶の通知**には、正当事由が必要となります。

また、後ほど述べる期間の定めがある建物賃貸借契約における期間内解約条項に基づく解約申入れや、期間の定めのない建物賃貸借契約における解約申入れに際しても、正当事由が**必要**となります。

なお、更新拒絶の通知等をしても、この正当事由が認められない場合には、契約は**更新される**こととなります。

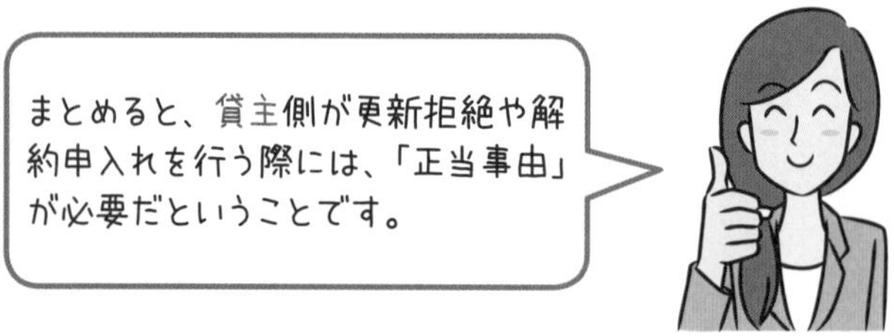

プラスα

「更新拒絶の通知」と、その中で必要とされる「正当事由」の話を区別して考えましょう。借主の側から行う場合、「更新拒絶の通知」は**必要**ですが、その中で必要とされる「正当事由」は**不要**という話です。

よく出る！

キーワードでCHECK!　「正当事由」の判断基準　⇒

覚えよう！｜正当事由が必要となるケース

①期間の定めのある契約の貸主が、期間満了を理由として契約を終了させるために**更新拒絶の通知**をする場合
②期間の定めのある契約の貸主が、**期間内解約条項**に基づき**解約申入れ**をする場合
③期間の定めのない契約の貸主が、**解約申入れ**をする場合

よく出る！

この正当事由の有無は、具体的状況における様々な要素を**総合的**に**考慮**して判断します。

具体的に考慮する要素としては、①建物の貸主及び借主（**転借人**を含む）が建物の使用を必要とする事情のほか、②建物賃貸借に関する従前の経過、③建物の利用状況及び建物の現況、④財産上の給付（立退料の支払い）の申出等を考慮して、正当事由があると認められるかどうかが判断されることとなります（借地借家法 28 条）。

◆正当事由の有無について、考慮する要素（参考）

①貸主及び借主・転借人が建物の使用を必要とする事情
貸主が更新拒絶をしてその建物を使用する必要性の程度や、借主が他に使用可能な建物が存在するのか等。
②建物賃貸借に関する従前の経過
賃貸借契約を締結した経緯、契約期間の長さ、敷金や更新料の支払いの有無・金額等。
③建物の利用状況、建物の現況
借主の用法違反の有無、建物の老朽化の程度等。
④立退料の支払いの申出
立退料の支払いの申出の有無・金額等。
これらの要素を**総合的**に**考慮**して、最終的に正当事由があるのかが決定される。

プラスα

立退料は、立退きによって借主に生じる経済的な損失の代償として、貸主が借主に対して支払う、一種の明渡補償金という意味あいがあります。

正当事由の有無については、具体的な状況における様々な要素を**総合的**に**考慮**して判断する。１つのみの事情で正当事由の有無を判断するのでは**ない**。

この考慮要素のうち、④の立退料の支払いの申出が実務上重要です。貸主は、他の事情だけでは更新拒絶を正当化するには足りない場合でも、借主に対して立退料を提供することによって、正当事由を**補完**することができます。

ただし、立退料の提供は、あくまでも正当事由を補完するにすぎないものであって、立退料の提供のみをもって、正当事由が認められることになるわけでは**ありません**。したがって、貸主は、どれだけ多額の立退料の提供を申し出たとしても、他に正当事由の存在を構成する事情が存在しなければ、正当事由は**認められません**。

よく出る!

よく出る!

用語

補完
欠けているところや不十分なところを補って、完全なものにすること。

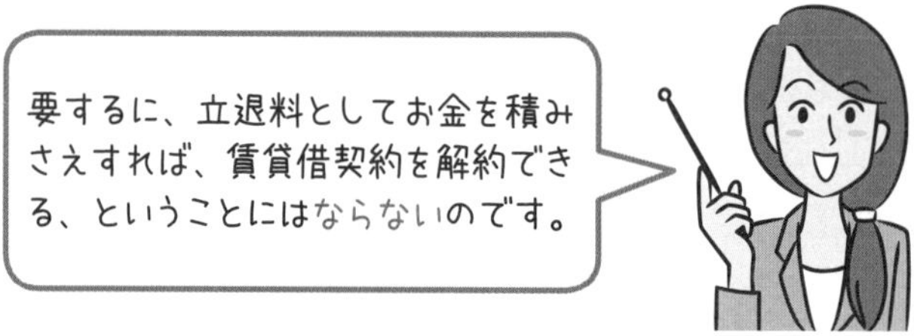

◆正当事由の考慮のイメージ

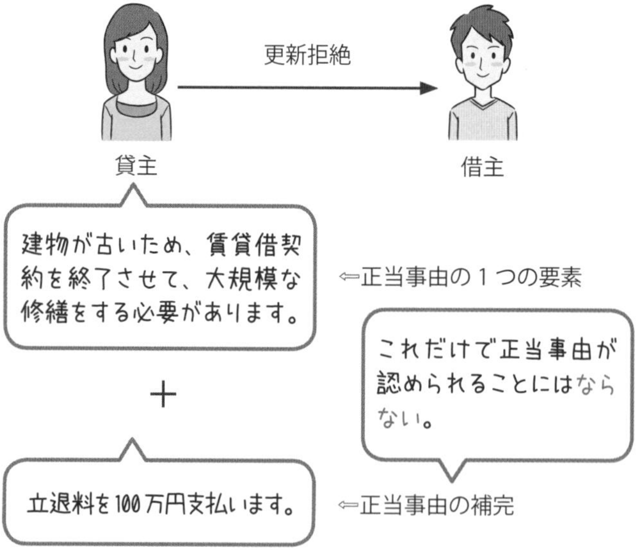

キーワードで CHECK! 立退料の支払のみで「正当事由」が認められるか ⇒

次に、具体的に“いつ”賃貸借契約が終了するのかの話をしましょう。貸主による更新拒絶の通知は、期間満了の**1年前から6か月前**までの間にしなければなりません（借地借家法26条1項）。そして、貸主がこの期間内に更新拒絶の通知を行い、かつ、正当事由が認められる場合には、**期間満了**と同時に賃貸借契約は終了します。

これに対して、「期間の定めがない」契約において、貸主が「解約の申入れ」をした場合、正当事由が認められるならば、解約申入れの日から**6か月を経過**することによって、賃貸借契約は終了します（同法27条1項）。

なお、正当事由は、更新拒絶の通知・解約の申入れをした時に存在することが必要です。ただし、更新拒絶の通知の時点では正当事由が存在しない場合でも、通知後に事情が変わって正当事由が具備されたときは、その正当事由の具備が**6か月継続**して存在するならば、**6か月継続**した時点で、契約の終了の効果が生じることとなります（最判昭41.11.10）。

よく出る!

Ⅱ 解約申入れ

重要度 ★★★

POINT

解約の申入れは、期間の定めのある契約と定めのない契約との場合の違い、貸主からの申入れと借主からの申入れとの場合の違いを押さえましょう。

1 「期間の定めのある」賃貸借契約の場合

期間の定めのある建物賃貸借契約においては、契約期間中に、貸主又は借主が、賃貸借契約を**一方的**に解約すること（中途解約）は、原則として、**認められません**。

よく出る!

ただし、契約期間中に、貸主又は借主があらかじめ相手方に対して、自己の希望する期日に賃貸借契約を終了させることを申し入れることにより、当該期日に賃貸借契約を

立退料の支払いは、正当事由の有無を判断する際の**補完**要素であり、立退料を支払ったからといって、直ちに正当事由が認められる**わけではない**。

終了させる旨の**特約**（**期間内解約条項**）を設けた場合は、契約期間中であっても、賃貸借契約を終了させることができます。

また、この**期間内解約条項**において、「貸主又は借主は、相手方に対し、『○か月以上の予告期間をもって』、建物賃貸借契約の解約を申し入れることができる」などといった、解約の予告期間が定められている場合があります。

このような予告期間の特約がない場合は、借主による期間内解約の申入れでは、申入れから**3か月**を経過することにより、建物賃貸借契約は終了します（民法618条、617条1項2号）。これに対して、貸主による解約申入れでは、申入れから**6か月**の経過により、建物賃貸借契約は終了します（借地借家法27条1項）。

プラスα

期間の定めがある場合における、貸主による「更新拒絶の通知」は、期間満了の**1年前から6か月前**までの間に行い、**正当事由**が認められれば、**期間満了**と同時に賃貸借契約は終了します。

覚えよう！　「期間の定めのある」賃貸借契約における「解約申入れ」

- **期間内解約条項がない場合**
  契約期間内に、一方的に契約を解約**できない**。
- **期間内解約条項がある場合**
  契約期間内に、契約を解約**できる**。

⬇

①予告期間の特約あり
解約申入れをし、その予告期間の経過によって、契約が終了する。

②予告期間の特約なし
借主による解約の申入れ⇒解約申入れから**3か月**後、
貸主による解約の申入れ⇒解約申入れから**6か月**後、
に契約が終了する。

プラスα

期間内解約条項がない場合について、あくまでも「一方的」な解約が**できない**だけであり、双方の**合意**に基づく解除は**可能**です（p.263参照）。

プラスα

なお、期間満了後に借主が目的物を明け渡さない場合、貸主は賃料相当の損害金を請求**できます**。これは一般に賃料の2倍までは不当とは解されません。

キーワードでCHECK!　期間の定めのない賃貸借契約の終了時期　⇒

2 「期間の定めのない」賃貸借契約の場合

期間の定めのない建物賃貸借契約では、貸主又は借主から解約申入れがなされれば、それぞれ一定期間経過後に契約が終了します。

よく出る!

まず、借主による解約申入れの場合は、特約がない限り、解約申入れの日から **3 か月**を経過することによって契約は終了します（民法 617 条 1 項 2 号）。

これに対し、貸主による解約申入れの場合は、**正当事由**が必要であり（借地借家法 28 条）、**正当事由**が認められれば、解約申入れの日から **6 か月**を経過することによって契約は終了します（同法 27 条 1 項）。

覚えよう! 「期間の定めのない」賃貸借契約における解約申入れ

①借主による解約申入れ
解約申入れから **3 か月**の経過で契約が終了する。

②貸主による解約申入れ
正当事由を具備していれば、解約申入れから **6 か月**の経過で契約が終了する。

上記の契約が終了するタイミングについては、「期間の定めがある」場合の、「予告期間の特約がない」場合と同じです。

借主による解約申入れでは、解約申入日から **3 か月**の経過で、貸主による解約申入れでは、**正当事由**が認められれば、解約申入日から **6 か月**の経過で終了する。

Ⅲ 債務不履行による賃貸借契約の解除

重要度 ★★★

POINT
この項目は、債務不履行を理由とする解除の要件や解除の方法、解除の効果など、非常に重要な事項ばかりです。理解するまで何度も繰り返しましょう。

1　債務不履行を理由とする解除権の発生

賃貸借契約の貸主又は借主が、その責めに帰すべき事由によって義務を履行しない場合には、他方当事者は、**債務不履行**を理由に賃貸借契約を解除することができます。

債務不履行を理由に契約を解除することができる場面は、借主が賃料を一定期間支払わない場合や、用法遵守義務に違反する場合のほか、建物の賃借権を貸主に無断で第三者に譲渡したり、無断で転貸したりした場合です。

用語

債務不履行
債務者が、**債務の本旨**に従った債務の履行をしないこと。債務不履行の態様として、履行遅滞、履行不能、不完全履行の３つがある。

2　賃料不払いを理由とする契約の解除

借主は、貸主に対する賃料支払義務を負うため（民法601条）、借主が賃料を支払わない場合、貸主は、債務不履行のうち、履行遅滞に基づく解除をすることができるかが問題となります。履行遅滞に基づく解除をするための一般的な要件は、以下のとおりです（同法541条）。

プラスα

借主が賃料を滞納したため、家賃保証会社が、貸主に対して借主の未払賃料を全額支払ったとしても、借主自身による賃料の支払いではないため、貸主は、借主の履行遅滞を理由として、契約の解除ができる場合があります。

◆履行遅滞に基づく解除のための一般的要件

①債務者が、履行期に債務の履行が可能であるにもかかわらず、履行期を経過しても履行しないこと
②履行しないことにつき、債務者の**責め**に帰すべき事由があること（債務者の**故意**・**過失**）
③債権者が、**相当の期間**を定めて履行を**催告**すること
④ ③の**相当期間**内に履行がないこと

キーワードでCHECK! 信頼関係破壊の法理 ⇒

③の相当の期間を定めた履行の催告とは、借主に対して、「○日までに未払賃料を支払って下さい」と伝えることです。「相当の期間」は、一般的には5日～14日程度の期間を設定することが多いです。

プラスα

催告には、借主に対して、賃料を支払って契約の解除を免れさせる「最後の機会」を与えるという意味あいがあります。

つまり、借主が賃料の支払期日に、故意又は過失によって賃料を支払わない場合に、借主の賃料不払いを理由に賃貸借契約を解除するためには、原則として、貸主が**一定の期間**を定めて賃料の支払いを**催告**し、その期間内に借主が賃料を支払わなかったことが必要となります。

よく出る!

プラスα

債務者が履行を拒絶する意思を明確に表示したときなど、催告なくして解除できる場合も**あります**（民法542条）。

ただし、賃貸借契約は、当事者間の信頼関係を基礎として締結され、貸主と借主の関係が一定期間継続する、継続的契約です。

そこで、判例上、借主の債務不履行が軽微なものである場合には、いまだ信頼関係を破壊するに至らないため、賃貸借契約を解除することは**認められない**、との考え方（**信頼関係破壊**の法理）が採用されています（同法541条但書）。

よって、借主による賃料の不払いがあっても、貸主との間の**信頼関係**が**破壊**されたとはいえない特段の事情があるときには、賃貸借契約を解除**できません**（最判昭39.7.28）。

よく出る!

一般的には、1か月分の賃料不払いがあっただけでは信頼関係が破壊されたものとは判断されず、具体的には2～3か月分の賃料不払いがあってはじめて、信頼関係が破壊されたと認められる傾向にあります。

プラスα

信頼関係が破壊されたか否かは、賃料の不払額や不払いに至った程度などを総合的に考慮して、具体的な事案ごとに検討されます。

なお、前述のとおり、契約を解除するためには、原則として、借主に対して賃料の支払いを**催告**することが必要

借主に債務不履行があったとしても、それが貸主との間の信頼関係を破壊するに至らないような場合は、貸主による契約解除を**認めない**という法理のこと。

となりますが、借主が長期にわたって賃料を滞納しており、借主の義務違反が重大であるため**信頼関係**が**破壊**されたと**明らかに認められる**場合には、貸主は、**催告**をすることなく、賃貸借契約を解除することができます（最判昭43.11.21）。

よく出る!

賃貸借契約は、当事者間の信頼関係が前提にあります。その信頼関係の破壊が明らかである場合、契約関係を維持することはもはや不可能である以上、催告の必要もないのです。

プラスα

信頼関係の破壊により解除する場合でも、借主の残置物を勝手に処分**できません**。借主の所有物だからです。

このように解除に当たっては、借主への**催告**が**原則**であって、信頼関係の破壊が**明らか**であれば、例外的に、**無催告**で解除することが認められているにすぎません。

したがって、賃貸借契約において、「1か月でも賃料の支払いを滞納した場合には、貸主は催告をすることなく、賃貸借契約を解除することができる」旨（**無催告解除特約**）を定めたとしても、この定めに従って、当然に無催告で解除することができるわけでは**ありません**。

よく出る!

あくまでも、個別具体的な事情から、信頼関係の破壊が明らかであるといえるか否かを検討して、無催告解除の可否が判断されることとなります。

プラスα

家賃債務保証業者が保証債務を履行した場合でも、借主の賃料の不払いにより信頼関係が破壊されたとして、解除が認められた判例もあります（大阪高判平25.11.22）。

覚えよう! 賃料不払いを理由とする契約解除

①**信頼関係**が**破壊**されていることが必要。

②解除に当たり、借主に対して履行の**催告**をするのが原則。

➡ただし、**信頼関係の破壊**が**明らか**であれば、無催告での解除ができる。

キーワードでCHECK! 信頼関係が「明らかに」破壊された場合の契約解除 ⇒

3　用法遵守義務違反を理由とする契約の解除

借主は、賃貸建物について、賃貸借契約又は賃貸目的物の性質によって定まる**用法（使用目的）**に従った使用収益をする義務を負っています（民法 616 条、594 条 1 項）。

借主がこの用法に違反して建物を使用収益した場合は、用法遵守義務違反という契約違反（債務不履行）が存在するため、貸主は、債務不履行を理由として契約を解除することができます。

ただし、この場合も、用法遵守義務の違反の程度や、建物使用の態様等を考慮して、貸主との間の**信頼関係**が**破壊**されたとはいえない特段の事情があるときには、賃貸借契約を解除することができません。

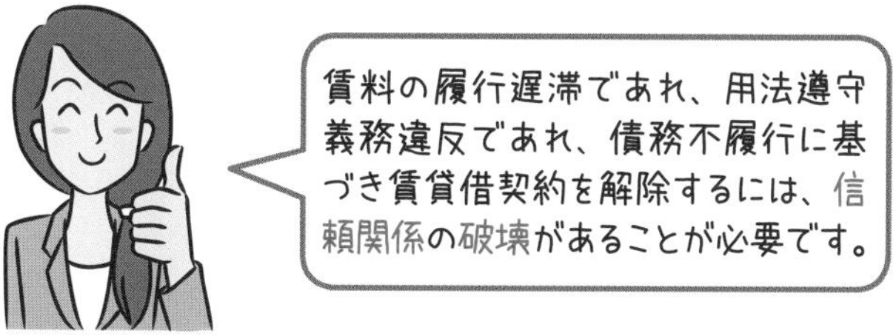

4　賃借権の無断譲渡・無断転貸を理由とする解除

借主は、貸主の**承諾**を得なければ、第三者に対して、建物の賃借権を**譲渡**することや、建物を**転貸**することができません（民法 612 条 1 項）。

貸主の**承諾**なく、賃借権の**譲渡**又は建物の**転貸**をして、第三者に建物の使用収益をさせた場合は、貸主は、賃貸借契約を**解除**することができます（同条 2 項）。

ただし、賃借権の無断譲渡・無断転貸の場合でも、貸主が契約を解除するためには、貸主との間の**信頼関係**が**破壊**されたことが必要であって、貸主に対する背信的行為と認めるに足らない特段の事情があるときには、契約を解除することが**できません**（最判昭 28.9.25）。

プラスα
例えば、賃貸借契約において、貸主に無断で増改築をすることの禁止や、ペット禁止の定めが設けられている場合があります。この定めに違反した場合、用法遵守義務違反となります。

プラスα
賃借権の無断譲渡・無断転貸を理由とする契約の解除は、民法に定められた原則です。賃貸借契約の中に賃借権の無断譲渡・無断転貸を禁止する旨の記載がない場合であっても、貸主は契約を解除することができます。

よく出る!

信頼関係が破壊された場合でも、契約解除には原則として催告が必要だが、信頼関係が明らかに破壊された場合は、貸主は**催告なし**に解除できる。

よく出る!

例えば、借主が、賃貸建物に自分と同居している自分の子に対して、貸主の承諾を得ずに、当該建物を転貸した場合には、一般的には貸主に実質的な損害は**生じない**と考えられるため、直ちに信頼関係が破壊されたとは**いえず**、必ずしも貸主は無断転貸を理由として契約を解除することができることには**なりません**。

5　解除権の行使の方法

貸主が、借主の債務不履行を理由として賃貸借契約を解除する場合、借主に対して解除の意思表示（解除通知）をすることが必要です（民法540条1項）。

よく出る!

この解除の意思表示は、必ずしも書面によって行う必要はなく、**口頭**による方法でも可能です。

よく出る!

そして、借主に解除の意思表示が**到達**した時点で、契約解除の効力が発生します。なお、この解除の意思表示は、**撤回**することができません（同条2項）。

解除の意思表示を口頭で行った場合、後日、借主との間で言った言わないのトラブルとなりかねません。そのため一般的には、解除の意思表示は、配達証明付きの内容証明郵便によって明確にする方法が採られています。

プラスα

内容証明郵便は、郵便物の内容について、いつ、どんな内容のものを、誰から誰にあてて差し出したかということを、差出人が作成した謄本（内容を写したもの）によって証明するものです。文書の内容が真実であるかどうかを証明するものではありません。

なお、前述のとおり、解除の意思表示をする前に、原則として借主に対する履行の**催告**が必要となります。つまり、まずはちゃんと契約上の義務を履行してくださいよ…と、履行の**催告**を行い、その後、それでも履行がなければ、契約の解除の意思表示を行うという流れが原則です。

よく出る!

ただし、この履行の催告の際に、「一定期間内に賃料の支

キーワードでCHECK!

当事者が複数いる場合の賃貸借契約解除の意思表示の方法　⇒

払いがない場合には、この催告をもって賃貸借契約を解除します。」と通知して、催告時に、催告とあわせて条件付で解除の意思表示を行うことも**有効**です（停止条件付解除）。

この場合には、催告後、あらためて解除の意思表示をする必要は**なくなります**。

◆通常の催告と解除の意思表示

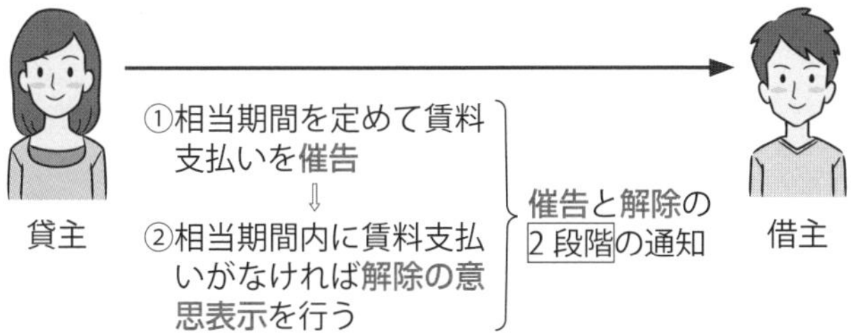

◆催告とあわせて行う停止条件付解除

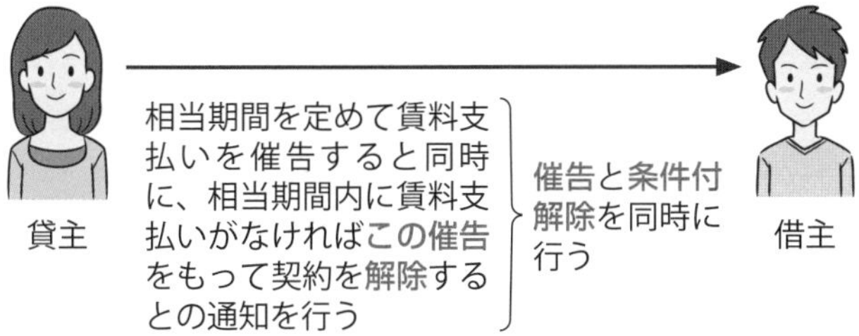

なお、賃貸建物の借主が複数存在する場合は、貸主は、借主の**全員**に対して賃貸借契約の解除の意思表示をする必要があります（同法544条1項）。

これに対して、賃貸建物が共有物件であり、貸主が複数存在する場合では、賃貸借契約の解除は共有物の**管理行為**であるとして、**持分の価格**に従い、その**過半数**で決します（同法252条1項）。

つまり、共有建物の賃貸借契約の解除は、必ずしも貸主全員が共同して行う必要は**なく**、**過半数の共有持分**を有す

プラスα

これに対して、催告時に「万が一、一定期間内に賃料の支払いがない場合には、契約解除します」と通知した場合、催告と併せて条件付の解除の意思表示を行ったことが明確であるとはいえないため、催告後、あらためて解除の意思表示をしなければ、契約は終了しないものと考えられています。

プラスα

条件が成就した時からその効力を生ずるものを**停止**条件といい、条件が成就した時からその効力を失うものを**解除**条件といいます。

よく出る!

借主が複数の場合、貸主による解除の意思表示はその**全員**に行う。貸主が複数の場合、目的物の**持分価格**の**過半数**を有する貸主により、解除の意思表示をできる。

る共有者によって、行うことができることとなります。

◆共有建物の場合の賃貸借契約の解除

⇒ C を除く A と B の 2 人で、契約を解除できる。
（AB 合わせて 3 分の 2 という、**過半数**の共有持分になるため）

6　解除の効果

賃貸借契約が解除されると、解除の効果は**将来に向かってのみ**発生します（民法 620 条）。これは解除によって、賃貸借契約は当初から存在しなかったことになるのではない、ということです。

もし、解除によって賃貸借契約は当初から存在しなかったことになるとすれば、貸主は、それまで受け取った賃料を借主に返さなくてはなりませんし、借主も、それまでの使用収益による利益を貸主に返さなくてはならないこととなります。このような事態を防ぐために、解除は**将来に向かってのみ**効力を生じるとされたのです。

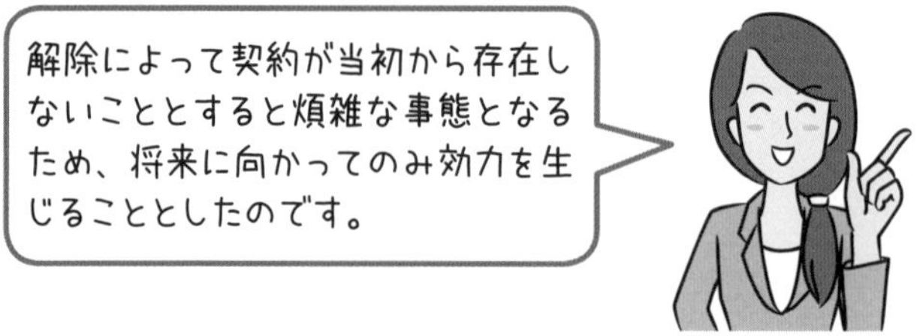

○×チェック!!

A と B が各 2 分の 1 の割合による持分を有する建物について、A 及び B を貸主、C を借主とする賃貸借契約が締結された場合、A は、単独でこの賃貸借契約を解除することができる。

答× A の持分価格は 2 分の 1 であり、「過半数」では**ない**。「過半数」とは文字どおり、半分を " 過ぎている " ことである。

よく出る!

プラスα

一般的に、解除には遡及効（法律や法律要件の効力が、その成立以前に遡って及ぶこと）があります。賃貸借契約の解除は、遡及効が**ない**点で、一般的な解除とは異なる性格を帯びています。

キーワードで CHECK!　**賃貸借契約の解除の効果**　⇒

Ⅳ その他の終了原因

重要度 ★★

POINT

貸主と借主の合意による契約の解除や、建物の使用収益ができなくなったことによる契約の終了も存在することを忘れないようにしましょう。

1 合意解除

賃貸借契約は、貸主と借主の双方の合意によって成立するものであることから、双方の合意があれば、当然、賃貸借契約を解除することができます（合意解除）。

2 建物の滅失・朽廃

建物の賃貸借契約は、借主に建物を使用収益させることを目的として締結されるものです。よって、賃貸建物が災害により全部滅失した場合や、朽廃によってその効用を完全に喪失した場合のように、もはや借主に使用収益させることができなくなったときには、貸主の使用収益させる義務が**履行不能**によって消滅し、その結果、賃貸借契約が終了することとなります（民法616条の2）。

覚えよう！｜賃貸借契約の終了原因

①**期間満了**
②**解約申入れ**
③**債務不履行**による契約解除（賃料不払い、用法遵守義務違反、賃借権の無断譲渡・無断転貸）
④**合意解除**
⑤建物の**滅失**・朽廃（履行不能）

プラスα

ここは契約の解除について、双方の合意がある場合の話であり、253ページから述べた、期間の定めがある賃貸借契約について「一方的」な解約申入れが**できない**、という話とは異なります。

よく出る！

用語

履行不能
一定の債務が成立した後、その履行をすることができなくなった状態のこと。

売買契約の解除の効果は、遡及的（契約当初に遡って）に契約が存在しなかったことになるが、賃貸借契約の解除の効果は、**将来に向かってのみ**発生する。

一問一答で確認しよう！

□□□問 1　建物の転貸借契約がされている場合における貸主（原賃貸人）が、借主（転貸人）との間の原賃貸借契約について、期間満了を理由として更新拒絶をするときは、その正当事由の有無の判断に当たって、転借人の事情を考慮することはできない。

□□□問 2　貸主は、建物賃貸借契約の借主が賃料を滞納したとしても、貸主との間の信頼関係が破壊されたとはいえない特段の事情があるときには、賃貸借契約を解除することができない。

□□□問 3　貸主が、借主の用法遵守義務違反を理由として建物賃貸借契約を解除する場合、信頼関係が破壊されたと認められることが必要である。

□□□問 4　建物賃貸借契約が解除された場合、解除の効力として、借主はその使用収益によって得た利益を貸主に返還しなければならない。

□□□問 5　建物賃貸借契約が期間の定めのない契約である場合は、貸主及び借主は、合意によって建物賃貸借契約を解除することはできない。

正解と解説

1 ×　転貸借契約がなされている場合には、正当事由の有無の判断に当たり、貸主・借主のほか、転借人の事情も考慮**される**（借地借家法 28 条）。

2 ○　信頼関係が破壊されたとはいえない特段の事情があるときには、賃料不払いを理由として賃貸借契約を解除することが**できない**（最判昭 39.7.28）。

3 ○　借主の用法遵守義務違反を理由として建物賃貸借契約を解除する場合にも、信頼関係破壊の法理が適用**される**。

4 ×　賃貸借契約が解除されると、解除の効果は**将来に向かってのみ**発生するから（民法 620 条）、借主は使用収益による利益を貸主に返還する必要は**ない**。

5 ×　期間の定めの有無にかかわらず、貸主及び借主の**合意**によって、賃貸借契約を解除することが**できる**。

過去問を確認しよう！

□□□**問題** 令和４年４月１日に締結された賃貸借契約の終了に関する次の記述のうち、適切なものの組合せはどれか。（令和５年度第25問）

NEW!

ア 賃貸人と賃借人に紛争があり、賃借人があらかじめ賃料の支払を拒絶する意思を書面にて明らかにしており、実際に賃料の滞納が３か月に及ぶ場合、賃貸人は催告することなく賃貸借契約を解除することができる。

イ 賃料支払義務は賃借人の中核的義務である以上、１回でも賃料不払があれば、賃貸人との間の信頼関係が破壊されたとして、賃貸人は賃貸借契約を解除することができる。

ウ 賃貸借契約が解除されると、解除の遡及効により契約当初に遡り解除の効果が生ずる。

エ 家賃債務保証業者が連帯保証人となっている場合において、当該業者が賃借人による賃料不払に関して保証債務を履行していても、信頼関係が破壊されたとして、賃貸人による賃貸借契約の解除が認められる場合がある。

1 ア、イ　**2** イ、ウ　**3** ウ、エ　**4** ア、エ

正解 ４

ア○ 債務者がその債務の全部の**履行を拒絶**する意思を**明確に表示**したとき、債権者は、催告なく、直ちに契約の解除をすることが**できる**（民法542条１項２号）。本肢はこの場合に該当し、また、賃料滞納が３か月にわたっていることから、信頼関係も破壊されていると考えられるため解除**できる**。

イ× 一般に賃料不払いによる契約解除の主張がなされるのは、賃料の**２か月分**ないし**３か月分**が不払いとなった場合である。本肢のように、１回の賃料不払いでは信頼関係が破壊されたとは**言い難い**。

ウ× 賃貸借の解除をした場合には、その解除は、**将来**に向かってのみその効力を生ずる（民法620条）。よって、遡及効は**生じない**。

エ○ 家賃債務保証業者が保証債務を履行した場合においても、賃借人による賃料の不払いにより信頼関係が破壊されたとして、賃貸借契約を解除することを**認めた**判例も**ある**（大阪高判平25.11.22）。

以上より、適切なものの組合せは**ア、エ**であり**４**が正解となる。

予想問題にチャレンジ！

問題　建物の賃貸借契約の期間満了による終了に関する次の記述のうち、最も適切なものはどれか。

1　賃貸借契約の更新拒絶等における正当事由は、更新拒絶等の通知及び解約申入れの時に存在していれば、その後継続して存在している必要はない。

2　期間の定めのない賃貸借契約における解約申入れには、正当事由の具備は要求されない。

3　期間の定めのある賃貸借契約について、貸主から期間満了を原因として終了させる場合は、貸主は、借主に対し更新拒絶等の通知をしなければならないが、借主から期間満了により建物賃貸借契約を終了させる場合には、借主は、貸主に対し更新拒絶等の通知をする必要はない。

4　立退料の有無は、正当事由の有無を判断する対象にはなるが、立退料の提供があったという事実のみで正当事由を満たすと判断されることはない。

解答	

正解	4

1 ×　更新拒絶等における正当事由は、更新拒絶等の通知及び解約申入れの時に存在し、かつ、その後**6か月間継続**して存在していなければならない（最判昭28.1.30）。

2 ×　期間の定めのない建物賃貸借契約における解約申入れには、正当事由の具備が要求**されている**（借地借家法27条、28条）。

3 ×　貸主からであろうと借主からであろうと、期間満了を原因として建物賃貸借契約を終了させるためには、相手方に対して**更新拒絶等の通知**をしなければならない。

4 ○　立退料の提供があったという事実のみで正当事由を満たすと判断されることは**なく**、他の事情が備わったうえで、**正当事由の1つ**として**補完**されるにすぎない。

第7節 貸主・借主の変更

学習日 ／

頻出度 A

賃貸借契約の継続中に、貸主又は借主に変更があった場合の法律関係についても頻出事項です。本節は複雑な内容であり、間違えやすいので、ここも時間をかけて学習し、正しく理解するようにしましょう。

Ⅰ 貸主の地位の変更

重要度 ★★★

POINT

どのような場合に貸主の変更が生じるのか、借主の地位や敷金関係はどのように処理されるのかについて、ケースごとに理解しておくことが重要です。

1　建物の所有権移転による貸主の変更の有無

賃貸借契約の継続中、賃貸建物が第三者に譲渡されて、所有権が移転することに伴い、貸主の地位が第三者に移転することがあります。この場合、借主の建物賃借権に「対抗力がある」場合と「対抗力がない」場合とで、貸主が変更するか否かが異なります。

プラスα

貸主の地位の移転の有無が問題となるのは、あくまでも賃貸借契約が**継続中**である場合です。すでに賃貸借契約が終了した後に建物の所有権が移転しても、貸主の地位は移転しないことに注意しましょう。

(1) 賃借権に対抗力がある場合

「賃借権の対抗力」とは、借主が、賃借権を有していること（＝自己が借主の地位にあること）を第三者に主張することができる法律上の効力のことです。

よく出る！

建物の賃貸借では、①**賃借権の登記**を備えた場合、又は②借主が**建物の引渡し**を受けた場合に、建物の賃借権の対抗力が備わります（民法605条、605条の2第1項、借地借家法31条）。

よく出る！

賃借権の対抗力が備えられた後に、賃貸建物が第三者に譲渡され所有権が移転したときは、**貸主**の地位は、特段の事情がない限り、建物の新所有者に**移転する**こととなり、**新所有者**と借主が、賃貸借契約の当事者の関係に立つこととなります（最判昭 39.8.28）。

旧所有者と新所有者との間で、賃貸人たる地位を旧所有者に留保し、新所有者が賃貸人たる地位を承継しない旨の合意をした場合、その合意は**有効**です（民法 605 条の 2 第 2 項前段）。

よく出る!

また、賃貸借契約に「従たる契約」である**敷金契約**も、貸主の地位の移転に伴って新貸主に移転します。したがって、旧貸主に差し入れられていた敷金は、旧貸主に対する借主の未払賃料や損害賠償の支払義務があるときには**当然充当**され、その**残額**のみ、敷金をめぐる権利義務関係が新貸主に承継されます（最判昭 44.7.17）。

プラスα

敷金の残額については、賃貸借契約の終了後、建物の明渡時に、**新貸主**が借主に対する返還義務を負うこととなります。

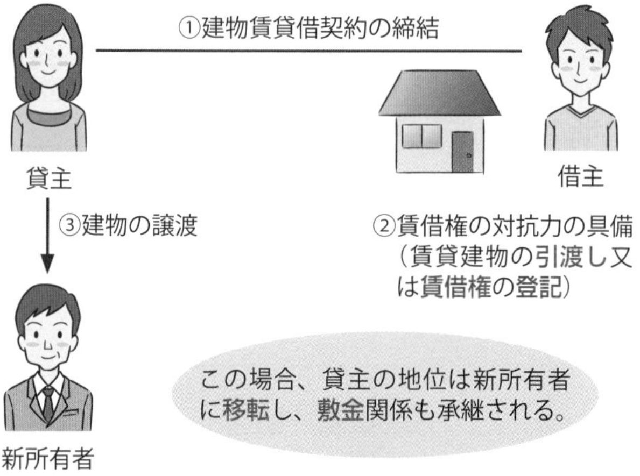

なお、仮に、賃貸不動産が二重に譲渡され、新所有者であると名乗る者が複数現れた場合、借主は、賃料を二重に支払ってしまうおそれがあります。そのような二重払いの危険から借主を保護するため、新所有者は、建物の**所有権移転登記**を備えない限り、借主に対して賃料の支払請求をすることができません（最判昭 49.3.19）。

よく出る!

キーワードでCHECK! 賃貸人の地位の移転があった場合の敷金契約 ⇒

借主は、所有権移転登記を備えた者に対してのみ賃料を支払えばよいため、複数の者に二重に賃料を支払う危険がなくなります。

(2) 賃借権に対抗力がない場合

よく出る!

賃貸建物が第三者に譲渡され、所有権が移転した時点で、建物の賃借権の対抗力が備えられていない場合には、貸主の地位は、新所有者に移転**しません**。

したがって、この場合の借主は、新所有者からの賃貸建物の明渡請求を拒むことができません。

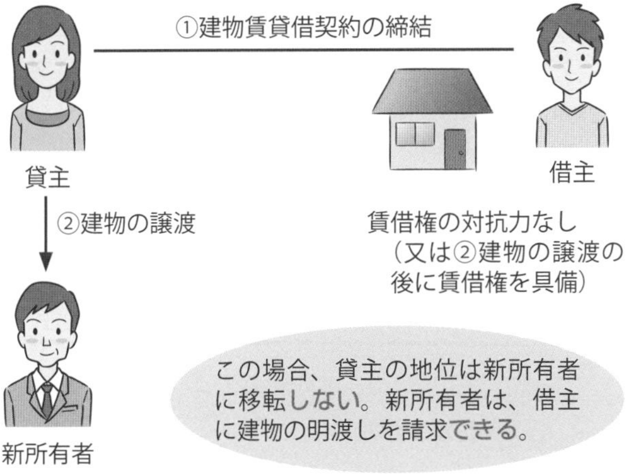

プラスα

ただし、新所有者は、旧所有者（貸主）との間で合意をすれば、貸主の地位の移転を受けることができます（民法605条の3）。この場合、借主の同意は不要です。

覚えよう！ 建物の所有権移転による賃貸人の地位の移転

①賃借権に対抗力がある場合

新所有者へ、賃貸人の地位及び敷金関係が移転**する**。

②賃借権に対抗力がない場合

新所有者へ、賃貸人の地位及び敷金関係は移転**しない**。

よって、新所有者は借主に建物の明渡請求が**できる**。

賃貸人の地位の移転があった場合、敷金契約は新貸主に**移転する**。ただし、敷金は、旧貸主への未払賃料等へ**当然**に**充当**され、その**残額**のみ新貸主に承継される。

2　抵当権付き建物の抵当権が実行された場合

抵当権付きの建物について賃貸借契約が締結された場合、借主の入居中に、賃貸建物の抵当権が実行されることがあります。抵当権が実行され、競売によって買受人が当該賃貸建物を競落すると、当該賃貸建物の所有権は、買受人に移転します。

この場合の建物の買受人（新所有者）と建物の借主との法律関係は、抵当権の設定登記がなされた時期と、借主による建物賃借権の対抗力の取得時期の先後によって、以下のようになります。

（1）抵当権設定登記の前に、建物賃借権の対抗力を取得していた場合

抵当権の設定登記がされる**前**に、建物賃貸借契約の借主が建物の引渡しを受けたか又は賃借権の登記を備えたことにより、建物の賃借権の対抗力を備えていた場合、借主は買受人（新所有者）に対して、賃借権を対抗することができ、借主としての地位を主張することが**できます**。

したがってこの場合、買受人（新所有者）に貸主たる地位が**移転する**こととなり、買受人（新所有者）は、借主に対して建物の明渡請求をすることは**できません**。

よく出る!

また、**敷金**に関する権利義務も、当然に買受人（新所有者）に**承継**されることとなります。

よく出る!

抵当権の実行により、賃貸建物の所有権が移ります。その結果、賃貸人の地位も、先ほどまでの所有権移転のときと同様に、賃借権の対抗力の有無で結論が異なります。

用語

抵当権

金銭債権等の債権者が、債権の担保として債務者又は第三者から目的物の占有を移転することなく、その目的物である不動産などにつき、他の債権者に優先して、自己の債権の弁済を受けることができる担保物権。債務が弁済されない場合、この抵当権を実行し、目的物である不動産の競売が行われ、債権者はその売却代金から優先的に弁済を受けることとなる。

キーワードでCHECK!　賃貸不動産の抵当権が実行され、買受人が新所有者となった場合の貸主の地位の移転の有無　⇒

◆抵当権の設定登記前に、建物賃借権の対抗力を取得していた場合

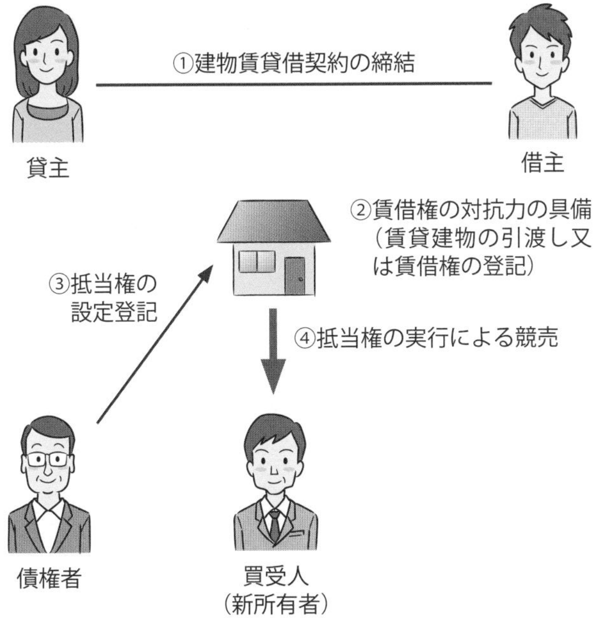

この場合、貸主の地位及び敷金は、買受人（新所有者）に移転**する**。

(2) 抵当権設定登記の後に、建物賃借権の対抗力を取得した場合

抵当権の設定登記がされた**後**に、借主が建物の賃借権の対抗力を備えた場合には、買受人（新所有者）に対して、賃借権を対抗することは**できず**、借主としての地位を主張することは**できません**。そのため、買受人（新所有者）に貸主の地位は、移転**しません**。

よく出る!

この結果、借主は、買受人（新所有者）からの賃貸建物の明渡請求を拒むことが**できない**こととなります。しかし、直ちに借主が賃貸建物を明け渡さなければならないとする

借主が抵当権設定登記前に、**対抗力ある賃借権**を有していた場合、貸主の地位は新所有者に移転する。これを有していなかった場合、貸主の地位は移転しない。

と、借主はきわめて大きな不利益を被ることになってしまいます。

そこで、抵当権の実行による競売手続の開始前から建物の使用収益を行っている借主は、買受人（新所有者）の買受けの時から**6か月間**は、建物を買受人（新所有者）に引き渡すことを要しないこととされています（**建物明渡猶《ゆう》予《よ》制度**、民法395条1項）。

これによって、賃貸建物の抵当権が実行されて競売が行われても、借主は一定期間、賃貸建物の使用収益ができることとなり、借主の保護が図られています。なお、この規定に反して、賃貸建物が競売されて買受人が所有権を取得した場合に、直ちに賃貸借契約が終了する旨の特約をしても、**無効**です。

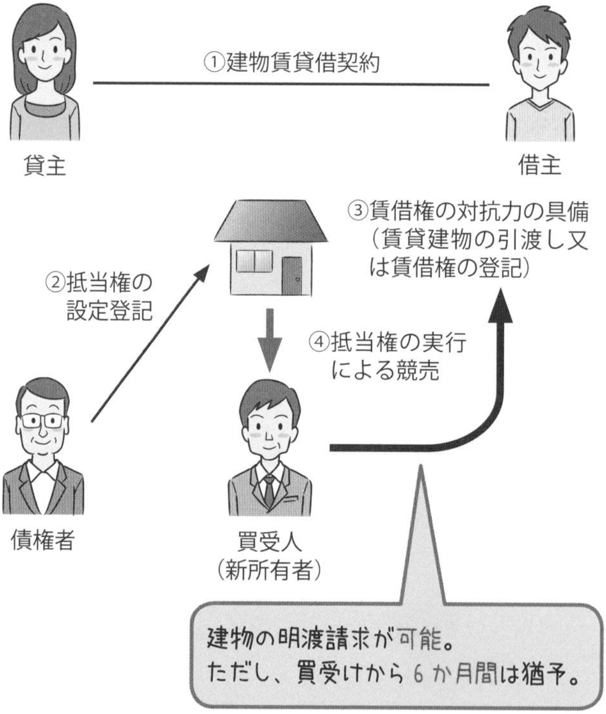

よく出る!

よく出る!

○×チェック!!

競売で建物を競落した買受人に賃借権を対抗できる場合、賃借人は、買受けの時から6か月を経過するまでは、建物の明渡しが猶予される。

答× 競売で建物を競落した買受人に賃借権を対抗することができる場合、買受人との間で**従来の賃貸借契約**が**存続**する。建物の明渡しを猶予されるのは、抵当権の設定登記「**後**」に賃借権の登記を備えたことで、賃借権を対抗**できない**場合である。

キーワードでCHECK! 建物明渡猶予制度 ⇒

覚えよう!｜賃貸建物の抵当権が実行された場合

①抵当権設定登記の前に、建物賃借権の対抗力を取得していた場合

➡借主は、建物賃借権を新所有者（買受人）に対抗**できる**。

敷金に関する権利義務は、買受人に承継**される**。

②抵当権設定登記の後に、建物賃借権の対抗力を取得した場合

➡借主は、建物賃借権を新所有者（買受人）に対抗**できず**、建物の明渡請求を拒絶**できない**。

ただし、買受人の買受けから**6か月間**は、建物の明渡しが**猶予**される。

3　貸主が死亡した場合

賃貸借契約の契約期間中に貸主が死亡した場合は、貸主の**相続人**が貸主の地位を**承継**します。

貸主の相続人が複数存在するときは、各共同相続人が貸主の地位を**共同相続**するため、共有建物の賃貸となります。なお、遺産分割協議によって、共同相続人の中から１人又は数人の相続人のみが、貸主の地位を承継することにもできます。

Ⅱ 借主の地位の変更

重要度 ★★★

POINT

借主の地位の変更が生じるケースや敷金関係の処理について、貸主の地位の変更と混同しないように注意して学習しましょう。

1　賃借権の譲渡

賃借権の譲渡とは、賃貸借契約に基づく賃借権（借主の

抵当権実行により賃借権を買受人に対抗できない借主は、建物を明け渡す必要があるが、借主保護のため、買受時から**6か月**間、明渡しが猶予される制度。

地位）を、第三者に移転することをいいます。借主は、**貸主の承諾**があれば、賃借権を譲渡することができます（民法612条1項）。

貸主の承諾によって賃借権の譲渡が行われた場合、借主の地位が移転し、旧借主の貸主に対する権利義務は、**新借主**が承継します。

> プラスα
> 賃借権が貸主に無断で譲渡された場合は、賃貸借契約の解除原因となります（本章第6節Ⅲ参照）。

よく出る!

ただし、敷金に関する権利義務は、原則として、新借主には承継**されません**（同法622条の2第1項2号）。

旧借主は、あくまでも“自己の債務”の担保のために貸主に対して敷金を差し入れたのであり、新借主の債務まで担保するものではないからです。例外的に、旧借主と貸主との間で、敷金をもって新借主の債務まで担保することを合意していた場合や、旧借主が新借主に対して敷金返還請求権を譲渡した場合には、敷金に関する権利義務は新借主に承継されることとなります。

2　借主が死亡した場合

(1) 借主に相続人がいる場合

借主が死亡した場合、賃借権は消滅せず、借主の**相続人**が賃借権を相続し、借主の地位を承継します。

> プラスα
> なお、公営住宅の場合は、借主の相続人は当然には賃借権を承継しないとされています（最判平2.10.18）。

相続人が複数存在するときは、各共同相続人が賃借権を**共同相続**します。共同相続人が賃借権を共同相続した場合、賃料債務は**不可分**債務であると考えられていることから(大判大11.11.24)、貸主は、借主である各共同相続人に対し、**賃料全額**の支払請求をすることができます。相続分に応じて分割された賃料しか請求できないのでは**ないこと**に注意しましょう。

よく出る!

> プラスα
> **使用貸借**契約の場合、借主の死亡によって契約が終了します。混同しないように注意しましょう(本章第1節Ⅲ参照)。

なお、遺産分割協議によって、共同相続人の中から1人又は数人の相続人のみが賃借権を相続することにもできます。

キーワードでCHECK!　内縁の妻（夫）⇒

◆借主の地位を共同相続した場合

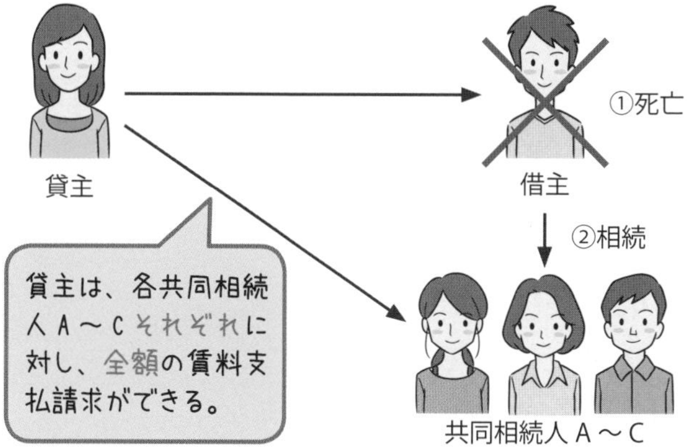

次に、相続人以外に、死亡した借主と**同居**していた者（借主の内縁の妻や、事実上の親子）が存在する場合の処理も問題となります。この同居者は、借主の相続人では**ない**以上、賃借権を相続することは**できません**。

そうすると同居者は、借主の相続人や貸主に対して、賃貸建物を明け渡す必要がありそうですが、これでは、同居者は借主の死亡によって突然、生活の本拠を奪われることになってしまい、生活に重大な支障が生じます。

そこで、同居者の保護を図るために、建物の明渡請求に対して、同居者は、借主の**相続人**が**相続した建物賃借権**を**援用**して、賃貸建物への居住を継続することが**できる**とされています（最判昭 42.2.21）。

用語

援用
ある権利や事実を自己の利益のために主張することを意味する。

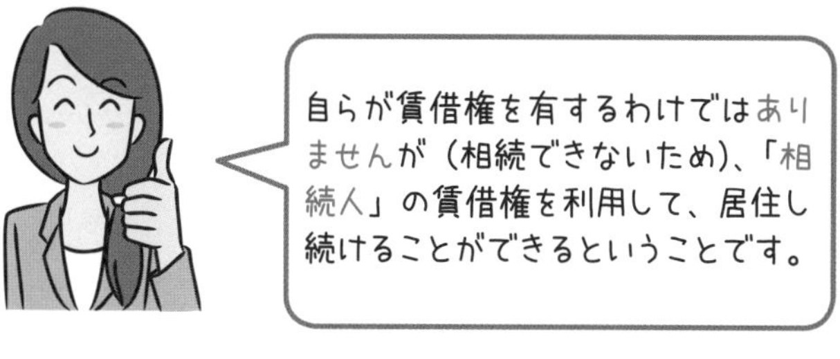

実質的には夫婦だが、法律上の婚姻手続を行っていない者のこと。法律上の夫婦（婚姻関係）とは認められず、婚姻による効果（相続権など）が**認められない**。

(2) 借主に相続人がいない場合

借主が死亡し、相続人がいない場合は、賃貸借契約は終了します。

この場合、前述のとおり、死亡した借主と**同居**していた者が存在する場合で、借主に相続人が存在する場合には、同居者は相続人が相続した賃借権を援用して、居住を続けることができます。

しかし、借主に相続人が**存在しない**場合は「相続人の賃借権」も存在しないことになるため、「賃借権の援用」はできません。その一方、借主に相続人がいない場合でも、生活の本拠が奪われないようにするという、同居者の保護の必要性は変わりません。

よく出る!

そこで、借地借家法は、居住用の建物の借主が、相続人なくして死亡した場合において、借主と事実上**夫婦**又は**養親子**と同様の関係にあった**同居**者は、建物の借主の権利義務を**承継**することとしています（同法36条1項）。

つまり、同居者は、建物の**賃借権**を**承継**し、借主の地位を**承継**することとして、その保護が図られているのです。

プラスα

この同居人は、借主の権利義務を承継する以上、敷金に関する権利や、未払賃料の支払義務なども**承継する**こととなります。

覚えよう!｜死亡した借主の同居者の地位

①借主に相続人がいる場合

➡同居者は、**相続人**が相続した賃借権を**援用**して、居住の継続が可能。

②借主に相続人がいない場合

➡同居者は、借主の賃借権を**承継**し、**借主**として居住の継続が可能。

一問一答で確認しよう！

□□□**問 1**　賃貸借契約の継続中に貸主が死亡したときは、賃貸借契約が終了する。

□□□**問 2**　賃貸借契約の継続中に借主が死亡した場合において、借主に複数の共同相続人がいるときは、貸主は、各共同相続人に対し、賃料全額を支払うように請求することができる。

□□□**問 3**　賃貸借契約の貸主の承諾によって賃借権が譲渡された場合、旧借主の貸主に対する権利義務は、賃借権の譲渡を受けた者が承継する。

□□□**問 4**　建物賃貸借契約の借主が死亡し、借主に相続人が存在する場合において、借主の内縁の妻が賃貸建物に借主と同居していたときは、内縁の妻は、借主の賃借権を承継することにより、賃貸建物への居住を続けることができる。

正解と解説

1 ×　賃貸借契約の継続中に貸主が死亡したときは、貸主の**相続人**が貸主の地位を**承継**する。

2 ○　借主が死亡した場合に、相続人が複数存在するときは、各共同相続人が賃借権を**共同相続**し、貸主は、各共同相続人に対し、**賃料全額**の支払請求をすることができる。

3 ○　貸主の承諾によって賃借権の譲渡が行われた場合、借主の地位が移転し、旧借主の貸主に対する権利義務は、賃借権の譲渡を受けた新借主が**承継**する。

4 ×　借主に相続人が存在する場合、賃借権は、借主の**相続人**が承継し、借主と同居していた内縁の妻は賃借権を承継することが**できない**。ただしこの場合、内縁の妻は、借主の**相続人**が相続した建物賃借権を**援用**して、賃貸建物への居住を継続することができる（最判昭 42.2.21）。

過去問を確認しよう！

□□□**問題**　賃貸不動産の所有権移転と賃貸借契約上の地位の移転に関する次の記述のうち、最も適切なものはどれか。　（平成 28 年度第 15 問）

1　貸主が、自己の所有建物を借主に賃貸して引き渡した後、第三者に当該建物を売却し、所有権移転登記を完了した場合には、特段の事情がない限り、貸主の地位もこれに伴って第三者に移転し、敷金に関する権利義務も第三者に承継される。

2　建物について抵当権が設定され、その登記がされた後に、賃貸借契約が締結された場合、当該抵当権が実行され、買受人に当該建物の所有権が移転したときは、貸主の地位は当然に買受人に移転する。

3　建物について抵当権設定登記がされる前に賃貸借契約が締結され、借主が当該建物の引渡しを受けた場合、その後に設定された抵当権が実行され、買受人に当該建物の所有権が移転したときは、借主は建物を明け渡さなければならないが、買受けから 6 ヵ月間は明渡しを猶予される。

4　担保権の登記がされていない建物について賃貸借契約が締結され、借主が当該建物の引渡しを受けた後に、当該建物が貸主の債権者によって差し押えられ、競売された場合には、借主は建物を直ちに明け渡さなければならない。

正解　1

1 ○　建物の**引渡し**により、借主は新所有者に**賃借権**を対抗することが**できる**こととなり（借地借家法 31 条）、この場合、特段の事情がない限り、貸主の地位が新所有者に**移転**し、敷金関係も第三者に承継**される**。

2 ×　本肢では、賃借権の対抗力が備わる前に、抵当権の設定登記がされているため、借主は買受人に賃借権を対抗**できず**、貸主の地位は買受人に移転**しない**。

3 ×　建物の**引渡し**により、抵当権の設定登記の前に賃借権の対抗力が**備わっている**から（借地借家法 31 条）、借主は建物を明け渡す必要は**ない**。

4 ×　選択肢 3 と同様に、建物の**引渡し**によって、当該建物が貸主の債権者に差し押さえられる前に賃借権の対抗力が**備わっている**から（借地借家法 31 条）、借主は建物を明け渡す必要は**ない**。

予想問題にチャレンジ！

問題　賃貸目的建物の所有権が移転した場合に関する次の記述のうち、最も不適切なものはどれか。

1　借主が新所有者に対して賃借権を対抗することができる場合には、貸主の地位は、特段の事情がない限り、旧所有者から新所有者に引き継がれることとなり、新所有者と借主との間に賃貸借関係が成立する。

2　旧所有者と新所有者との間で、賃貸人たる地位を旧所有者に留保し、新所有者が賃貸人たる地位を承継しない旨の合意をすることは、有効である。

3　借主は、貸主の承諾を得て、賃借権を第三者に譲渡することができ、この場合、旧借主の貸主に対する権利義務は新借主が承継するから、旧借主が預託した敷金に関する権利義務も、新借主に承継される。

4　新所有者が借主に対して賃料を請求するためには、建物の所有権移転登記を具備する必要がある。

解答

正解　3

1 ○　借主が新所有者に賃借権を対抗することができる場合、貸主の地位は新所有者に移転し、新所有者と借主との間には賃貸借関係が成立する。

2 ○　賃貸人たる地位を旧所有者に留保するとの合意は、有効である（民法605条の2第2項）。

3 ×　旧借主が預託した敷金に関する権利義務は、原則として、新借主に承継されない（最判昭53.12.22）。

4 ○　新所有者は、建物の所有権移転登記を具備しなければ、借主に対して賃料を請求することができない（最判昭49.3.19）。これは、賃貸人の地位の移転があった場合、借主が誰が本当の貸主なのかわからなくなり、賃料の二重払いを行ってしまう危険を回避するためである。

第8節 賃貸借契約の保証

学習日 ／

頻出度 A

保証に関する知識も、毎年みられる重要事項です。例年、基本的な知識が問われていますので、確実に正解することができるように、本節の内容を確実にマスターしましょう。

I 保証とは

重要度 ★★★

POINT

保証債務の法的性質に関する知識は、試験対策上も実務上も非常に重要です。ここで紹介する話は、確実に習得するようにしましょう。

1 保証の意義

建物賃貸借契約においては、賃料債務について保証人による保証がされることがあります。

保証とは、ある債務（**主たる債務**又は**主債務**といいます）の履行を確保するために、その履行をする責任を別の者（**保証人**といいます）が負うことをいいます（民法446条1項）。このような保証をする責任のことを、保証債務といいます。

保証債務は、**債権者**と**保証人になろうとする**者との間の契約（保証契約）によって成立します。保証人が保証契約をするに当たって、主たる債務者の同意を得ていることは必要**ではありません**。また、主たる債務者の意思に反していても、**債権者**と**保証人**との間で保証契約を締結することができます。

プラスα

債務者が保証人を立てる義務を負う場合、保証人は、①行為能力者及び②弁済をする資力を有する者であることが必要です（民法450条1項）。ただし、債権者が保証人を指名した場合、この要件は適用されません（同条3項）。

保証債務は、主たる債務者（主たる債務を負う者）と保証人になろうとする者との間で成立するものではないことに注意しましょう。

キーワードで CHECK! 保証契約の当事者 ⇒

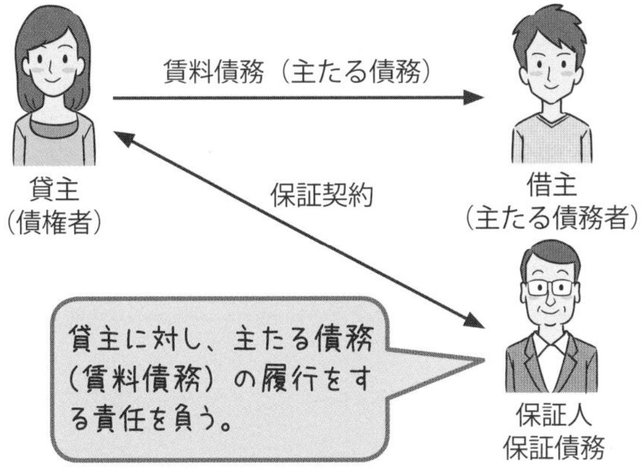

プラスα
保証債務の引当てとなる保証人の財産は、保証人の**全財産**です。

よく出る！

なお、保証契約は、**書面**で締結しなければ効力を生じません（同法446条2項）。保証人が個人の場合でも、法人の場合でも、**書面**で締結することを要します。

プラスα
保証契約は、**要式**契約に当たります。

これは、軽率に保証人となって責任を負わされてしまわないように、契約内容を書面の形式で残して、保証人となろうとする者が保証契約を締結するかどうかを慎重に判断することができるようにするためです。

よく出る！

そして、**書面**は必ずしも賃貸借契約とは別個の契約書による必要は**なく**、「賃貸借契約書」の中に、保証に関する定めが存在し、保証人の**署名・押印**があれば、**書面**により保証契約がなされたこととなり、保証契約は有効です。

プラスα
電磁的記録（コンピュータの磁気テープや光磁気ディスクなど）によって保証契約が締結された場合も、**書面**によって締結されたものとみなされ、**有効**です（民法446条3項）。

2　保証債務の法的性質

保証債務は、主たる債務が存在することを前提として成立するものであるため、次のような性質を有しています。

（1）附《ふ》従性《じゅうせい》

保証債務は、主たる債務の存在を前提として、主たる債務に従たる性質を有しています。これを、保証債務の附従性といいます。保証債務の附従性には、①成立における附

保証契約は、**債権者**と**保証人になろうとする**者が当事者となって締結する。債務者と保証人になろうとする者が当事者となるもの**ではない**点に注意すること。

従性、②内容における附従性、③消滅における附従性の３つがあります。

①成立における附従性

主たる債務が存在しなければ、保証債務は成立**しない**という性質です。例えば、主たる債務が無効の場合は、保証債務も成立**しない**こととなります。

②内容における附従性

よく出る!

保証債務は、主たる債務よりも重い内容となることがな**い**という性質です。保証債務が主たる債務より重い内容とする特約を結んだとしても、**主たる債務の範囲**に限定されます（民法 448 条 1 項）。

また、主たる債務の目的又は態様が保証契約の締結後に加重されても、保証人の負担は**加重されません**（同条 2 項）。

プラスα

民法 448 条 2 項の規定は、2020 年 4 月 1 日施行の改正民法において新設されたものです。

③消滅における附従性

よく出る!

主たる債務が**消滅**すれば、保証債務も**消滅**するという性質です。例えば、借主が貸主に対して賃料を支払ったことにより、主たる債務である賃料債務が消滅すれば、保証人の保証債務も**消滅**することとなります。

覚えよう! ｜ **保証債務の附従性**

①主たる債務が不成立ならば、保証債務も**不成立**。

②保証債務は、主たる債務よりも重い内容には**ならない**。

③主たる債務が消滅すれば、保証債務も**消滅**。

キーワードでCHECK! **貸主が賃貸建物を第三者に譲渡した場合の保証債務　⇒**

(2) 随伴性《ずいはんせい》

主たる債務者に対する債権が移転すれば、保証債務も**ともに移転**します。これを保証債務の随伴性といいます。

保証債務は主たる債務の担保を目的とします。主たる債務者に対する債権のみが移転し、保証債務は移転しないとすると、担保の目的を達成することができないことから、保証債務には随伴性が認められています。

よく出る!

例えば、貸主が賃貸建物を第三者に譲渡した場合、賃料債権は新貸主となる第三者に移転しますが、この場合、保証契約は終了するのでは**なく**、保証人は、新貸主となる第三者に対して保証債務を**負う**こととなります。

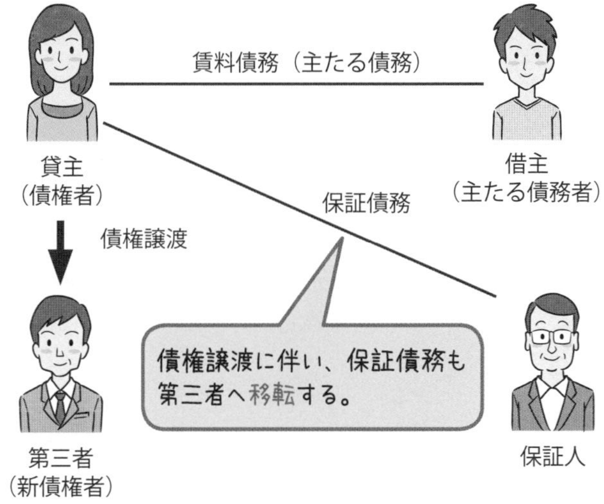

(3) 補充性《ほじゅうせい》

保証人は、**主たる債務者**がその債務を**履行しない**場合に、はじめて債務を履行する責任を負います（民法 446 条 1 項）。このように債権者は、**主たる債務者**から債務の弁済を受けられない場合に、はじめて保証人に請求できるという

第三者が新貸主となるので、賃料債権は第三者に移転するが、保証債務の負担には影響はなく、保証契約は**存続**し、保証人は、**第三者**に対して保証債務を**負う**。

性質を、保証債務の補充性といいます。

保証債務の補充性の具体的な内容として、保証人は、債権者（貸主）から保証債務の履行を求められた場合、①**まずは主たる債務者**（**借主**）に主たる債務の履行を**請求せよ**と主張して、保証債務の履行を拒否することができるという、**催告の抗弁権**を有しています（同法452条）。

また、②債権者（貸主）が主たる債務者（借主）に履行を催告した後であっても、主たる債務者（借主）に弁済するだけの**資力**があり、**かつ**、**容易に執行**することができることを保証人が**証明**した場合には、まずは**主たる債務者**（**借主**）**の財産に執行**するよう要求することができるという、**検索の抗弁権**を有しています（同法453条）。

なお、後ほど説明するように、保証契約が**連帯保証**契約である場合には、この補充性は認められません。

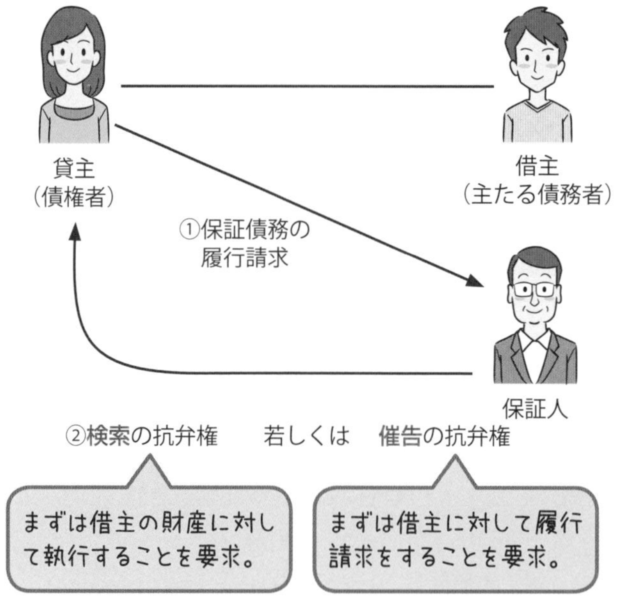

プラスα

ただし、主たる債務者が①破産手続開始の決定を受けたとき、又は②その行方が知れないときは、保証人は、催告の抗弁権を行使することができません（民法452条ただし書）。

よく出る!

プラスα

連帯保証に対して、補充性のある通常の保証のことを**単純保証**又は通常保証といいます。

キーワードで CHECK!　保証債務の範囲に、借主の原状回復義務が含まれるか　⇒

覚えよう! 保証債務の補充性
（催告の抗弁権・検索の抗弁権）

①催告の抗弁権

債権者（貸主）に対し、まずは**主たる債務者**（借主）へ履行を**請求**することを求める権利。

②検索の抗弁権

債権者（貸主）に対し、まずは**主たる債務者**（借主）の**財産**へ**執行**することを求める権利。

プラスα

これらの権利は連帯保証債務については、**認められません**。

3　保証債務の範囲

保証債務の範囲は、主たる債務に関する**利息**や**違約金**、**損害賠償**、その他**主たる債務に従たるすべて**のものを包含します（民法447条1項）。

したがって、借主の保証人は、賃料の支払債務のみならず、その利息・遅延損害金も支払う義務を**負う**こととなります。また、賃貸借契約が債務不履行によって解除された場合における、**原状回復**義務や**損害賠償**債務も、保証債務の範囲に含まれます。

よく出る!

なお、賃貸建物を使用収益するのは借主であって、保証人は賃貸建物を使用収益していないことから、保証人は賃貸建物の明渡義務を直接負うことは**ありません**。

よく出る!

ただし、借主が賃貸借契約の終了後に賃貸建物の明渡義務を履行しなかったことにより、貸主に生じた賃料相当額の損害金については、損害賠償債務に**含まれる**ため、保証債務を**負う**こととなります。

よく出る!

さらに判例は、賃貸借契約が更新された場合、保証人は、保証債務の継続に反対の趣旨をうかがわせる特段の事情のない限り、更新後の賃貸借契約から生ずる借主の債務についての保証債務を**負う**としています（最判平9.11.13）。

賃貸借契約が債務不履行により解除された場合の借主の**原状回復義務**や**損害賠償債務**も、保証債務の範囲に含まれる。

つまり、保証人は、賃貸借契約の更新後の借主の債務について、別途更新後に保証契約を締結していなくても、原則として、保証債務を負うこととなります。

よく出る!

覚えよう!｜保証の対象

①主たる債務に関する利息、違約金、損害賠償、その他主たる債務に従たるすべてのもの。
②賃貸借契約の解除に伴う原状回復義務や損害賠償債務も保証の対象となる。
➡保証人は、賃貸建物の明渡義務は直接負わないが、借主による賃貸建物の明渡義務の不履行に基づく損害賠償債務は、保証の対象となる。
③賃貸借契約の更新後の借主の債務も、特段の事情のない限り、保証の対象となる。

Ⅱ 連帯保証契約の締結

重要度 ★★★

POINT

連帯保証は、実務上きわめて大きな意義を有するため、試験でもよく出題されます。単純保証との違いを意識しながら学習することが大切です。

1 連帯保証契約の特徴

連帯保証とは、主たる債務者から債務の弁済を受けられない場合に、はじめて保証人に請求できるという**補充性**がない保証のことです。

つまり、連帯保証人には、催告の抗弁権及び検索の抗弁権がありません。したがって、連帯保証人は、貸主から保証債務の履行を求められた場合に、まず借主に催告すべき旨を求めたり、借主の財産に執行することを求めたりする

プラスα

建物賃貸借契約における賃料債務の保証は、多くの場合、連帯保証契約によってなされています。

よく出る!

キーワードでCHECK! **連帯保証人の検索・催告の抗弁権の有無 ⇒**

ことができないこととなります。

よって、債権者（貸主）は、主たる債務者（借主）に債務の履行を請求しなくても、いきなり連帯保証人に保証債務の履行を請求することが**できます**。そのため、債権者（貸主）の立場からすると、単純保証契約を結ぶよりも連帯保証契約を結んだほうが有利であり、実務上は連帯保証契約が結ばれるのが一般的です。

このように連帯保証においては、**補充性**が認められませんが、附従性や随伴性については、単純保証の場合と同じく**認められています**。

したがって、連帯保証契約を締結したからといって、保証人は、借主が負担する債務よりも重い保証債務を負うことには**なりません**。また、連帯保証債務の範囲についても、前述の単純保証の場合と同様です。

2　連帯保証契約の締結

前述のとおり、保証契約は、**書面**で締結しなければ効力を生じません（民法446条2項）。これは連帯保証でも同じです。書面によらずに連帯保証契約が締結された場合は、単純保証契約となるのでは**なく**、**無効**となり、何らの契約も**成立しません**。

覚えよう! | **連帯保証の特徴**

①補充性（検索の抗弁権・催告の抗弁権）が**ない**。

➡債権者は、借主（主たる債務者）に請求することなく、いきなり保証人に保証債務の履行を請求**できる**。

②分別の利益がない。

➡各連帯保証人は、それぞれ主たる債務の**全額**の保証債務を負う。

プラスα

この他に、連帯保証と単純保証の実務上重要な違いとして、「分別の利益」の有無があります。

「分別の利益」とは、保証人が複数いる場合、その**頭数**で割った金額についてのみ保証債務を負うことをいいます。

単純保証には、この「分別の利益」が**あります**が、連帯保証には**ありません**。したがって、連帯保証人が複数いる場合でも、各連帯保証人はそれぞれ主たる債務の**全額**の支払義務を負うこととなります。

よく出る!

連帯保証には補充性が**ない**ので、連帯保証人には、検索及び催告の抗弁権が**認められない**。貸主はいきなり連帯保証人に、保証債務の履行を求めることが**できる**。

一問一答で確認しよう！

□□□**問 1**　保証契約は、主たる債務者である借主と、保証人となろうとする者との間で行われる。

□□□**問 2**　主たる債務が無効の場合であっても、保証債務は成立しうる。

□□□**問 3**　連帯保証であっても通常の保証であっても、保証債務には附従性及び随伴性が認められる。

□□□**問 4**　借主の保証人は、借主が負う賃料債務について履行する責任を負うが、賃料債務から生じる利息については、履行する責任を負わない。

□□□**問 5**　書面によらずに連帯保証契約を締結した場合、連帯保証としての効力は有しないが、単純保証契約としての効力を有する。

正解と解説

1 ×　保証契約は、**債権者**と**保証人になろうとする者**との間で行われる。

2 ×　保証債務の**附従性**により、主たる債務が無効などにより存在しないならば、保証債務は**成立しない**。

3 ○　附従性及び随伴性は、保証債務の一般的性質として、連帯保証にも単純保証にも**認められる**。

4 ×　借主の保証人は、賃料債務のほか、利息や遅延損害金の履行責任を**負う**（民法 447 条 1 項）。

5 ×　連帯保証契約でも単純保証契約でも、**書面**によってしなければ**無効**となる（民法 446 条 2 項）。

過去問を確認しよう！

□□□**問題**　A を貸主、B を借主とする建物賃貸借において C を連帯保証人とする保証契約に関する次の記述のうち、誤っているものの組合せはどれか。ただし、それぞれの選択肢に記載のない事実はないものとする。（令和 3 年度第 27 問）

ア　B が賃料の支払を怠ったので、A が C に対して保証債務履行請求権を行使した場合、C は、B には弁済する資力があり、かつその執行が容易である旨を証明すれば、A が B の財産について執行を行わない間は保証債務の履行を免れる。

イ　A の賃料債権を被担保債権とする抵当権が D 所有の甲不動産に設定されていた場合、D の負う責任は甲不動産の範囲に限られるところ、C の負う責任は C の全財産に及ぶ。

ウ　C が自然人ではなく法人の場合は、極度額を書面で定めなくてもよい。

エ　B の賃借人の地位が A の承諾の下、第三者に移転した場合、C が引き続き連帯保証債務を負担することを「保証の随伴性」という。

1　ア、イ　　2　イ、ウ　　3　ウ、エ　　4　ア、エ

正解　4

ア×　保証人が主たる債務者に弁済をする資力があり、かつ、執行が容易であることを証明したときは、債権者は、まず主たる債務者の財産について執行をしなければならない（民法 453 条）。これを保証人の「検索の抗弁権」というが、連帯保証人には「検索の抗弁権」が**ない**（同法 454 条）。よって、C は保証債務の履行を免れることが**できない**。

イ○　物上保証の場合は、担保物権の設定された特定の財産**のみ**が主たる債務の引当てとなるのに対して、**保証人**（連帯保証人を含む）は、保証人の全財産が主たる債務の引当てとなる。よって、物上保証人（抵当権設定者）である D の責任は、甲不動産の範囲に**限られる**のに対して、保証人である C の責任は C の全財産に**及ぶ**。

ウ○　個人根保証契約は、極度額を書面で定めなければ効力を**生じない**（民法 465 条の 2）が、保証人が法人の場合、極度額を書面で定め**なくてもよい**。

エ×　主たる債務の「債権者」に変更が生じた場合、保証債務も債権者の変更に伴って新債権者に移転する。これを**随伴性**という。これは「債務者」に変更が生じた場合の話ではなく、本肢は**誤っている**。

以上より、誤っているものの組合せは**ア、エ**であり **4** が正解となる。

予想問題にチャレンジ！

問題　賃貸借契約の保証に関する次の記述のうち、最も適切なものはどれか。

1　賃貸借契約の借主が賃料を長期間滞納したため、貸主が、債務不履行を理由として賃貸借契約を解除した場合、借主の保証人は、解除に伴う原状回復義務については保証債務を負わない。

2　連帯保証人は、通常の保証人とは異なり、主たる債務者よりも重い内容の責任を負う。

3　賃貸借契約書の中に、保証に関する定め及び保証人の署名・押印がある場合、保証契約は有効に成立する。

4　主たる債務者である借主が、貸主に対する賃貸建物の明渡義務を履行しない場合、保証人は、借主に代わって明渡義務を履行しなければならない。

解答	

正解	3

1 ×　賃貸借契約が債務不履行によって解除された場合における原状回復義務も、保証債務の範囲に**含まれる**。

2 ×　連帯保証は、単純保証と同様に、内容における附従性を**有し**、主たる債務よりも重い内容となることは**ない**（民法448条）。

3 ○　保証契約は書面によってする必要があるが（民法446条2項）、賃貸借契約書の中に、**保証**に関する**定め**及び保証人の**署名・押印**があれば、書面によるものとして、保証契約は**有効**である。

4 ×　賃貸建物の明渡義務は、保証債務の範囲に**含まれない**。

第9節 定期建物賃貸借契約

学習日 ／

頻出度 A

定期建物賃貸借契約に関する問題は、毎年必ず出題されています。普通建物賃貸借契約の場合と混同しないよう、普通建物賃貸借契約との違いを意識しながら学習しましょう。

Ⅰ 定期建物賃貸借契約

重要度 ★★★

POINT

定期建物賃貸借契約については、書面による必要があること、事前説明を要することなど、その成立要件を確実に覚えることが肝心です。

1　定期建物賃貸借契約とは

定期建物賃貸借契約とは、期間の定めのある建物賃貸借契約のうち、**契約を更新することができない**旨の特約がされた建物賃貸借契約のことをいいます（借地借家法 38 条 1 項）。

本章第 5 節Ⅱ（240 ページ以降）で説明したように、通常の建物賃貸借契約（普通建物賃貸借契約）では、期間の定めがある場合、期間が満了しても更新拒絶等の通知が必要であり、かつ、正当事由が認められない限り、契約は更新され、期間満了後も、同一内容の建物賃貸借契約を存続させることができます。

これに対して、定期建物賃貸借契約は、貸主と借主の間の契約をより自由にして、合意によって定めた期間が満了すれば、建物賃貸借契約が終了し、賃貸建物が返還されることとすることで、賃貸建物の供給を促進すること等を目的とする制度です。

プラスα

定期建物賃貸借契約は、例えば、しばらくの間、海外に住むこととなり、その間だけ住居を賃貸したい場合などに利用されます。普通建物賃貸借では、更新の拒絶など、契約を終了させるために手間がかかりますが、定期建物賃貸借契約では、はじめから**更新しない**ことが前提となっているので、貸主としては安心して賃貸できます。

2　定期建物賃貸借契約の要件

(1) 書面による契約締結

「普通」建物賃貸借契約は、書面によって締結する必要はなく、口頭でも成立しますが、「定期」建物賃貸借契約は、公正証書等の書面（電磁的方法も可）によって契約をしなければ効力を生じません（借地借家法 38 条 1 項、2 項)。したがって、定期建物賃貸借契約は、要式契約に該当します。

よく出る!

ここでの注意点の 1 つは、公正証書「等」と規定されていることです。つまり、書面（電磁的方法も可）によって締結すれば有効であり、必ずしも「公正証書」によって締結する必要はありません。

また、書面等によらずに定期建物賃貸借契約を締結した場合、定期建物賃貸借契約は成立しませんが、何らの契約も成立しないのではなく、普通建物賃貸借契約が成立することとなります。

よく出る!

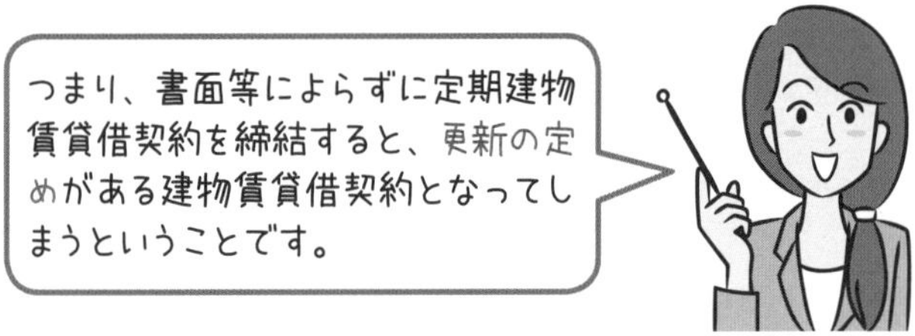

(2) 書面による事前説明

定期建物賃貸借契約をしようとするときは、建物の貸主は、あらかじめ、借主に対し、「契約の更新がなく、期間の満了により当該建物の賃貸借は終了する」ことについて、その旨を記載した書面（事前説明書、電磁的方法を用いたものも可）を交付したうえで、口頭で説明しなければなりません（借地借家法 38 条 3 項、4 項)。

よく出る!

この事前説明がない場合、更新の定めがある普通建物賃貸借契約が成立することとなってしまいます（同条 5 項)。

キーワードで CHECK!　定期建物賃貸借契約の契約期間の上限・下限　⇒

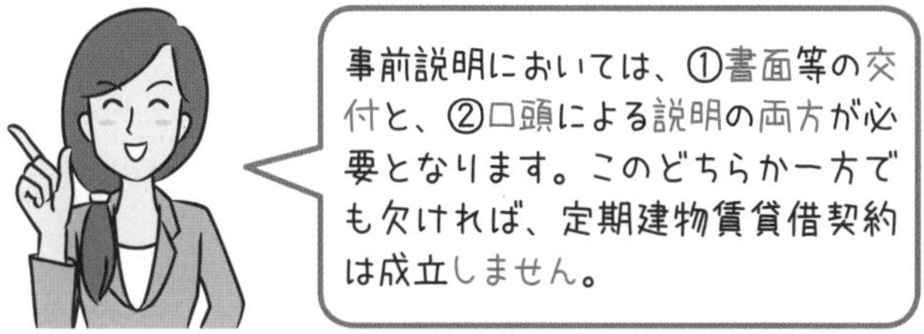

よく出る!

そして、この事前説明書は、契約書とは別個独立の書面等でなければなりません（最判平 24.9.13）。

よって、契約書の中に「契約の締結に先立って説明を受けた」旨の記載をしても、別途、事前説明書等を交付して説明していなければ、定期建物賃貸借契約は成立しません。

よく出る!

また、事前説明書等を交付して、口頭で説明を行っていれば、定期建物賃貸借契約書に「契約の締結に先立って、事前説明を受けた」旨の記載をする必要はありません。

よく出る!

なお、事前説明は、貸主（又は貸主の代理人）が行う必要があり、賃貸借の媒介を行う宅建業者が宅建業法 35 条に基づく重要事項説明を行っても、この事前説明を行ったことにはならず、事前説明を省略することはできません。

（3）契約期間の定め

定期建物賃貸借契約は、いつからいつまで、という賃貸借契約の期間が決まっているものですから、契約期間の始期と終期を定める必要があります。

よく出る!

なお、契約期間の上限及び下限については、特に制限はなく、期間を 1 年未満とする定期建物賃貸借契約も有効に成立します。

（4）契約の更新を否定する条項の定め

定期建物賃貸借契約では、契約書において、「契約の更

定期建物賃貸借契約の契約期間について、上限・下限の制限はない。なお、「期間の定めがある」建物賃貸借契約の契約期間は、下限が 1 年以上である。

新がない」旨の条項を定める必要があります（借地借家法38条1項参照）。

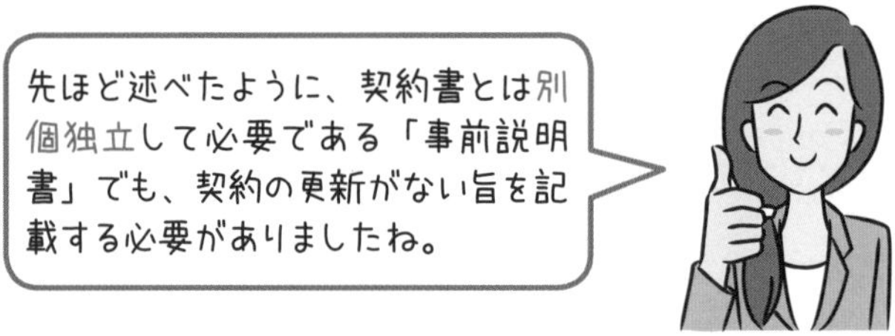

契約の更新がないことは、定期建物賃貸借契約の本質的要素であるため、事前説明によって契約の更新がない旨を説明することに加えて、契約書の中にもその旨を明記することとされているのです。

したがって、契約書の中に「更新がなく、期間の満了により契約が終了する」旨の記載がない場合には、事前説明において「更新がなく、期間の満了により契約が終了する」旨を記載した書面等を交付して口頭で説明していても、定期建物賃貸借契約は**成立しない**こととなります。

プラスα

要するに、「契約書」と「事前説明書」の**両方**において、契約の更新がないことを記載しないといけません。

よく出る！

3　定期建物賃貸借契約の特殊性

（1）借主による中途解約

定期建物賃貸借契約では、次の要件をすべて満たす場合、契約期間中であっても**借主**は**中途解約**をすることができます（借地借家法38条7項）。

◆定期建物賃貸借において借主が中途解約できる場合

①**居住用**建物の賃貸借であること。
②**床面積**が**200m²未満**の建物に係る賃貸借であること。
③転勤、療養、親族の介護その他のやむをえない事情により、借主が賃貸建物を自己の**生活の本拠**として使用することが**困難**となったとき。

用語

本拠
活動のよりどころとなる場所。

キーワードでCHECK!　契約書又は事前説明書に更新がない旨の記載がない場合の定期建物賃貸借契約の成否　⇒

上記①から③のすべてを満たす場合、建物の借主は、定期建物賃貸借契約の解約の申入れをすることができ、解約の申入れの日から**1 か月後**に、契約が終了します。

(2) 契約の終了手続

定期建物賃貸借契約の契約期間が**1 年以上**である場合、「貸主」は、期間満了の**1 年前**から**6 か月前**までの間に、借主に対して、期間満了により建物賃貸借が終了する旨の**通知**をしなければなりません。

貸主がこの通知をしなかった場合、契約の終了を借主に対抗することができなくなり、契約期間が満了した後も、借主は賃貸建物を使用収益することができることとなります。

よく出る!

ただし、貸主が上記の通知期間の経過後、借主に対して期間満了の通知をした場合には、その通知の日から**6 か月**後に、契約が**終了**します（借地借家法 38 条 6 項ただし書）。

(3) 賃料の増額・減額請求に関する特約

「普通」建物賃貸借契約では、建物の賃料が、土地・建物の価格の上昇・低下その他の経済事情の変動により、又は近傍同種の建物の借賃に比較して不相当となったときは、当事者は、将来に向かって賃料の額の増額又は減額を請求することが**できます**。

なお、一定期間、賃料を**増額しない**旨の特約をすることは可能です（借地借家法 32 条 1 項）。

これに対し、定期建物賃貸借契約では、当事者間の特約によって、賃料の増額又は減額の請求を**排除**することができます（同法 38 条 9 項）。

プラスα

「普通」建物賃貸借では、一定期間賃料を「**増額**」しない旨の特約が可能なのであって、「**減額**」しない旨の特約をすることはできません。

定期建物賃貸借契約では、契約の更新がないことは本質的な要素であるため、**契約書**及び**事前説明書**の**双方**にその旨の記載がないと、この契約は成立しない。

（4）普通建物賃貸借契約から「定期」建物賃貸借契約への切り替え

普通建物賃貸借契約の貸主と借主の合意によって、普通建物賃貸借契約を**終了**させ、**新たに**定期建物賃貸借契約を締結することもできます。

ただし、定期建物賃貸借制度が施行される前の時点である、**2000（平成 12）年 3 月 1 日より前**に締結された普通建物賃貸借契約については、貸主と借主の合意によりこれを終了させて、定期建物賃貸借契約を締結することはできません。

> プラスα
>
> **事業用**建物の賃貸借契約については、左のような制限はなく、貸主と借主の合意によって、定期建物賃貸借契約に切り替えることが**できます**。つまり、左の内容は「**居住用**」の建物賃貸借についての話です。

4　再契約について

定期建物賃貸借契約は、期間の満了によって終了しますが、当事者が同一の建物の賃貸借契約を希望する場合、**再契約**として、同一建物について新たに定期建物賃貸借契約を締結することができます。

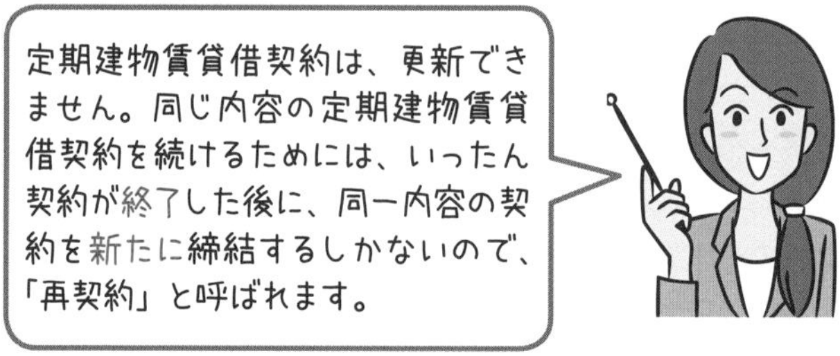

再契約は、あくまでも「**新たな契約**」の締結です。よって、必ずしも従前と同じ内容の定期建物賃貸借契約を締結する必要はなく、貸主と借主の合意によって、契約内容を自由に定めることができます。

よく出る!

したがって、例えば、契約期間を 5 年とする定期建物賃貸借が終了した後に、再契約として、同一建物について契約期間を 6 か月とする定期建物賃貸借契約を結ぶことも有

キーワードで CHECK!　定期建物賃貸借契約の再契約　⇒

効です。

　また、従前の定期建物賃貸借契約の保証人は、再契約後の定期建物賃貸借契約については、**新たに書面**によって保証契約を締結しない限り、保証債務を負いません。

よく出る!

◆定期建物賃貸借契約と普通建物賃貸借契約の比較

項　目	定期建物賃貸借契約	普通建物賃貸借契約
契約の締結方法	①書面による契約締結が必要。 ②契約書に、契約の更新がない旨の条項の明示が必要。 ③契約締結前に、契約書とは別個独立の書面（事前説明書）により、更新がない旨の説明が必要。 ④契約期間の始期と終期を定める必要がある。	口頭での契約締結も可能。
更新の有無	なし ※合意による再契約は可能。	あり（合意更新、法定更新）
契約期間の上限	制限なし	制限なし（※ 2000〔平成 12〕年 3 月 1 日以前の契約の上限は 50 年）
契約期間の下限	制限なし	1 年未満の期間を定めた場合、「期間の定めのない契約」とみなされる。
賃料の増減	賃料の額について、増額又は減額を請求できないとする特約が可能。	賃料が、経済事情の変動等により不相当となったとき、当事者は、賃料の額の増額又は減額を請求できる。ただし、一定期間、賃料を増額しない旨の特約が可能。

プラスα

　左の①～③の書面は、**電磁的方法**を用いたものでも可能です。

定期建物賃貸借契約を「更新」することはできないが、「再契約」することはできる。あくまでも新たな契約なので、契約内容を自由に定めることができる。

一問一答で確認しよう！

□□□**問 1**　定期建物賃貸借契約を締結した場合でも、貸主と借主が合意すれば、契約を更新することができる。

□□□**問 2**　定期建物賃貸借契約では、6 か月未満の契約期間を定めることはできない。

□□□**問 3**　定期建物賃貸借契約においては、貸主及び借主が賃料の増額又は減額の請求をすることができない旨の特約を結ぶことができる。

□□□**問 4**　平成 12 年 3 月 1 日より前に締結された普通建物賃貸借契約について、貸主と借主の合意によって、当該普通建物賃貸借契約を終了させて定期建物賃貸借契約を締結することができる。

□□□**問 5**　定期建物賃貸借契約の再契約では、従前の定期建物賃貸借契約と同一の契約内容としなければならない。

正解と解説

1 ×　定期建物賃貸借契約では、契約を更新**できない**（借地借家法 38 条 1 項）。

2 ×　定期建物賃貸借契約の契約期間には、特に**制限はない**。よって、6 か月未満の契約期間を定めることも**できる**。

3 ○　定期建物賃貸借契約では、当事者間の特約によって、賃料の増額又は減額の請求を**排除**することができる（借地借家法 38 条 9 項）。

4 ×　**2000（平成 12）年 3 月 1 日**より前に締結された普通建物賃貸借契約については、貸主と借主の合意によりこれを終了させて定期建物賃貸借契約を締結することは**できない**。

5 ×　契約は、あくまでも**新たな**契約の締結であるため、従前と同じ内容の定期建物賃貸借契約を締結する**必要はない**。よって、従前の定期建物賃貸借契約と同一の契約内容としなければならない**わけではない**。

過去問を確認しよう！

□□□**問題**　定期建物賃貸借契約に関する次の記述のうち、適切なものの組合せはどれか。（平成 29 年度第 12 問）

ア　定期建物賃貸借契約の事前説明において「更新がなく、期間の満了により契約が終了する」旨を記載した書面を交付して口頭で説明したとしても、賃貸借契約書に「更新がなく、期間の満了により契約が終了する」旨の記載がなければ、更新がない定期建物賃貸借契約として有効に成立しない。

イ　定期建物賃貸借契約は、書面によって締結すれば有効であり、必ずしも公正証書によって締結する必要はない。

ウ　契約期間を 1 年とする定期建物賃貸借契約においては、借地借家法第 38 条第 4 項に基づく終了通知は必要とされない。

エ　定期建物賃貸借契約の保証人は、定期建物賃貸借契約が期間満了後に再契約された場合、引き続き、保証債務を負担する旨を口頭で承諾したときは、再契約後の債務について保証債務を負う。

1　ア、イ

2　ア、ウ

3　イ、ウ

4　ウ、エ

正解　1

ア○　事前説明に加えて、賃貸借契約書には「契約の**更新がない**」旨の条項を定める必要が**ある**（借地借家法 38 条 1 項参照）。

イ○　定期建物賃貸借契約は、**書面**（**電磁的方法**を用いたものも可）によって締結すれば成立する（借地借家法 38 条 1 項、2 項）。必ずしも公正証書によって締結する必要は**ない**。なお、公正証書によって締結しても、**成立する**。

ウ×　契約期間が **1 年以上**であれば、借地借家法 38 条 6 項に基づく終了通知が**必要**となる。

エ×　保証人は、再契約後の債務については、**新たに**保証契約を**締結**しない限り、保証債務を負わない。また、保証契約は、**書面**で締結しなければ効力を生じないため（民法 446 条 2 項）、保証債務を負担する旨を口頭で承諾した本肢では、再契約後の債務について保証債務を**負わない**。

以上より、適切なものは**アとイ**であり、選択肢 1 が正解となる。

予想問題にチャレンジ！

問題 定期建物賃貸借契約に関する次の記述のうち、適切なものの組合せはどれか。

ア 定期建物賃貸借契約を締結しようとするときは、貸主は、あらかじめ借主に対し、更新がなく、期間の満了により建物賃貸借契約が終了することについて、契約書とは別に、その旨を記載した書面（電磁的方法含む）を交付して説明しなければならない。

イ 定期建物賃貸借契約は、公正証書等の書面（電磁的方法含む）により締結しなければならず、書面等によらずに定期建物賃貸借契約を締結しても、何ら契約は成立しない。

ウ 居住の用に供する床面積が 150m^2 の建物について、契約期間を 3 年とする定期建物賃貸借契約を締結した場合において、借主が転勤というやむをえない事情により、当該建物を自己の生活の本拠として使用することができなくなったときは、借主は貸主に対し、契約期間中であっても当該契約の解約の申入れをすることができる。

1 ア、イ　**2** ア、ウ　**3** イ、ウ　**4** ア、イ、ウ

解答

正解 **2**

ア○ 定期建物賃貸借契約を締結しようとするときは、貸主は、あらかじめ借主に対し、**事前説明**として、更新がない旨を記載した、契約書とは**別個独立**の書面（電磁的方法を含む）を交付して、**説明**しなければならない（借地借家法 38 条 3 項）。

イ× 定期建物賃貸借契約が書面（電磁的方法を含む）によらずに締結された場合、**普通建物賃貸借契約**が成立する。何ら契約が成立しないわけではない。

ウ○ **居住用**建物の賃貸借であって、床面積が **200m^2 未満**の建物に係る定期建物賃貸借契約の場合、転勤、療養、親族の介護その他のやむをえない事情により、借主が賃貸建物を自己の生活の本拠として使用することが困難となったときは、借主は**中途解約の申入れ**ができる（借地借家法 38 条 7 項）。本肢の建物は居住用で、床面積は **200m^2 未満**の 150m^2 であり、転勤というやむをえない事情がある以上、借主は契約期間中であっても当該契約の解除の申入れができる。

以上より、適切なものは**ア**と**ウ**であり、選択肢 **2** が正解となる。

第10節 賃貸住宅標準契約書

学習日 ／

頻出度 B

賃貸住宅標準契約書は、建物賃貸借契約書のモデルとして、実務上、重要な意義を有しています。2018年に新しい賃貸住宅標準契約書（平成30年3月版、再改訂版）が公表されているので、そのポイントを確認しましょう。

I 賃貸住宅標準契約書の意義・内容

重要度 ★★

POINT

新しい賃貸住宅標準契約書（平成30年3月版、再改訂版）の出題可能性はまだ低いと思われますが、念のため、赤字部分を覚えましょう。

1 「賃貸住宅標準契約書」とは

「賃貸住宅標準契約書」（以下「標準契約書」といいます）は、住宅の賃貸借契約をめぐる紛争を防止し、借主の居住の安定及び貸主の経営の合理化を図ることを目的として、旧建設省（国土交通省）が作成し、公表した、住宅に関する賃貸借契約書のひな型です。

標準契約書を利用することによって、合理的な賃貸借契約が締結され、貸主と借主の信頼関係が確立されることが期待されています。もっとも、標準契約書は1つのモデルケースであり、その使用が義務づけられているわけではなく、契約当事者の合意によって、標準契約書に修正を加えて使用することもできます。

プラスα

「賃貸住宅標準契約書」は、1993（平成5）年に作成・公表され、2012（平成24）年に「改訂版」が、2018（平成30）年に「平成30年3月版」が作成・公表されています。

2 「賃貸住宅標準契約書」（平成30年3月版、再改訂版）の内容

「賃貸住宅標準契約書」（平成30年3月版、再改訂版）について、主な条項のポイントを確認しておきます。標準

契約書には、家賃債務保証業者（125ページ参照）を活用する場合のための「家賃債務保証業者型」と、活用せずに個人が保証人となる場合のための「連帯保証人型」の2種類があります。この先、特にコメントをしていない場合、この2種類の規定は同じです。

（1）契約期間及び更新（第2条）

標準契約書では、契約期間が定められており、**期間の定めのある**賃貸借契約を前提としています（標準契約書2条1項）。

また、**期間の定めのある**契約であることが前提であるため、貸主及び借主の協議によって契約を**更新**（**合意更新**）することができる旨が定められています（同条2項）。

なお、民法及び借地借家法では「更新料」に関する規定は存在せず、標準契約書においても、**更新料の授受**に関する条項はありません。

よく出る！

（2）賃料（第4条）

借主は、毎月、一定の賃料を貸主に支払う旨とともに、1か月に満たない期間の賃料は、日割計算によって実際の契約期間に応じた賃料を支払う旨を定めています（標準契約書4条1項、2項）。

また、借地借家法32条に従い、一定の場合には、当事者の協議によって賃料を増額又は減額することができる旨を定めています（同条3項）。

なお、標準契約書には、賃料の支払いを遅延した場合の遅延損害金の規定がありませんが、契約書に規定がなくとも、借主が賃料の支払いを遅延したときは、民法上の履行遅滞に基づく損害賠償請求として、貸主は借主に対して**年3%の遅延損害金を請求することができます**（民法404条）。

プラスα
賃料には、建物自体の使用の対価のほか、その**敷地**の使用の対価も含まれます。なお、標準契約書では、建物賃貸借の目的を「**居住**」のみに限定しています（標準契約書3条）。

よく出る！

プラスα
223ページ以降の本章第4節の内容を復習しておきましょう。

キーワードでCHECK! 標準契約書における「更新料」の規定 ⇒

(3) 敷金（第6条）

賃貸借契約から生じる債務の担保として、借主は、敷金を貸主に交付する旨を定めており、標準契約書では、敷金契約の存在を**前提**としています（標準契約書6条1項）。

また、民法622条の2第2項は、契約期間中の敷金と借主の賃貸借契約上の債務との相殺について、貸主からは**できます**が、借主からは**できない**ことを明らかにしているため、標準契約書でも同内容を規定しています（同条2項）。

また、賃貸物件の明渡しがあったときは、貸主は、敷金の全額を借主に返還しなければならないものの、借主に債務の不履行（賃料の滞納、原状回復に要する費用の未払い等）がある場合は、貸主は、不履行の額を**敷金**から**差し引く**ことができる旨を定めています（同条3項）。

よく出る!

なお、標準契約書には、**敷引**や**保証金**に関する条項は、ありません。

> **プラスα**
> 改正民法において敷金の定義が明文化されたことに伴い（p.230参照）、標準契約書の文言も整備されました。

> **プラスα**
> なお、共用部分にかかる水道光熱費等の維持管理費用は、**借主**負担とされています（標準契約書5条1項）。

(4) 反社会的勢力の排除（第7条）

暴力団等の反社会的勢力を排除するために、貸主及び借主は、自ら又は自らの役員が反社会的勢力でないことや、反社会的勢力に協力していないこと、さらに、自ら又は第三者を利用して、相手方に対して暴力を用いる等の行為をしないこと等を、それぞれ相手方に対して確約させる旨を定めています。

なお、この条項に反する事実が判明した場合や、賃貸借契約締結後に自ら又は役員が反社会的勢力に該当した場合は、相手方は、賃貸借契約を**無催告解除**することができることとされています（標準契約書10条3項）。

> **プラスα**
> 標準契約書の7条2項では、借主は、貸主の承諾の有無にかかわらず、**賃借権**の**譲渡**又は**転貸**を禁止しています。

> 標準契約書においては、「更新料」に関する規定は**ない**。なお、「契約の更新」に関する規定は**ある**ので、この2つは区別して覚えておくこと。

(5) 禁止又は制限される行為（第８条）

民法612条1項が定める、借主による賃借権の**無断譲渡**、**無断転貸**の禁止や、**無断増改築等**の禁止、その他の禁止行為について規定しています。

(6) 契約期間中の修繕（第９条）

民法上、貸主は賃貸目的物の修繕義務を負うこととされていることから（民法606条）、修繕について、借主の責めに帰すべき事由がある場合を除いて、修繕費用は原則として、**貸主**の負担とする旨を定めています（標準契約書9条1項）。

また、貸主は、修繕の実施に当たって、借主への**通知**を要するとともに、民法606条2項によって借主は貸主による修繕の実施を拒むことができないこととされているため、借主は正当な理由なく貸主の修繕の実施を拒否することは**できない**旨を定めています（同条2項）。

また、借主が修繕箇所を発見したとき、貸主にその旨を**通知**し、必要な**協議**をするものとしています（同条3項）。

ただし、軽微な修繕については、借主が**自ら**の負担で行うことができることとしています（同条5項）。

プラスα

この通知を行った場合、修繕の必要があるにもかかわらず、貸主が**正当な理由**なく修繕しないときは、借主は**自ら修繕**できます。その際の費用は同条1項と同じです（同条4項）。

(7) 契約の解除（第10条）

まず、借主が賃料や共益費等の支払義務を履行せず、債務不履行がある場合には、民法541条に従い、貸主は相当の期間を定めて履行の**催告**を行い、その期間内に履行がないときは、貸主は賃貸借契約を**解除**することができることとしています（標準契約書10条1項）。

次に、借主が用法遵守義務や禁止行為の遵守義務等に違反した場合に、貸主が相当の期間を定めて義務の履行の**催告**をしたにもかかわらず、その期間内に義務の履行がない

プラスα

ここも、本章第6節Ⅲ（p.256以降）で学んだ知識の再確認が中心となります。

キーワードでCHECK!　標準契約書における「敷引」の規定　⇒

ため、もはや賃貸借契約を継続することが困難であると認められるに至ったときは、貸主は賃貸借契約を**解除**することができるとしています（同条２項）。

さらに、標準契約書７条（反社会的勢力の排除）の確約違反等の場合には、**催告なく**して契約を解除することができるとしています（同条３項、４項）。

なお、「貸主」に義務違反があった場合における借主の契約解除権に関する規定は、**設けられていません**。

(8) 借主からの解約（第 11 条）

借主は、貸主に対して 30 日以上前に解約の申入れを行うことによって、賃貸借契約を解除することができる旨を定めています（標準契約書 11 条 1 項）。

なお、借主は、解約申入れの日から 30 日分の賃料を支払うことにより、随時、解約することができる旨も定められています（同条２項）。

(9) 賃料の減額等（第 12 条）

民法 611 条 1 項では、賃料の減額が生じるケースについて、借主の責めに基づかない物件の**一部滅失**だけではなく、その他の事由で**使用収益ができなくなった**場合と規定したうえ、**使用収益できなくなった**部分の**割合**に応じて、賃料が減額されると規定しています。

これを踏まえて、標準契約書でも第 12 条として同内容の規定が新設されましたが、貸主と借主のトラブルを防止するため、物件の**一部滅失**等があったときは、貸主・借主は減額の程度、期間その他必要な事項について**協議**するものと規定しています。

プラスα

民法上、当事者の一方による解約申入れは、①期間の定めの**ない**契約の場合（民法617条）、又は、②期間の定めが**ある**契約において、**解約権**を**留保**する旨の**特約**をした場合、のいずれかのケースでのみ、認められます。

標準契約書は、期間の定めをしていることが前提となっているので、標準契約書 11 条 1 項は、②の**解約権留保**の特約に該当することとなります。

なお、契約の終了原因については、本章第６節Ⅳ（p.263）をもう一度確認しておきましょう。

標準契約書においては、「敷引」に関する規定や「保証金」に関する規定は**ない**。
ただし、「敷金」に関する規定は**ある**ので、注意しよう。

(10) 契約の終了（第 13 条）

建物の全部が滅失その他の事由により使用できなくなった場合、賃貸借契約は終了する旨が定められています。

これは、賃貸目的物が滅失すれば、履行不能により、賃貸借契約は当然に終了するという、当然の法理を確認したものです（民法 616 条の 2 参照）。

(11) 明渡し時の原状回復（第 15 条）

借主は、賃貸物件について、通常の使用に伴い生じた損耗及び経年変化を除いて、原状回復を行わなければならない旨を定めています。ただし、借主の原因に基づかないものは除かれます。また、貸主及び借主は、賃貸物件の明渡時において、原状回復の内容及び方法について協議する旨を定めています。

用 語

経年変化
年月が経つうちに製品の品質・性能が変化することであり、特に、摩耗・腐食などで性能が劣化すること。

(12) 保証に関する事項（第 17 条）

家賃債務保証業者の活用の増加に伴い、標準契約書（平成 30 年 3 月版）では、家賃債務保証業者を活用する場合のモデルとして「家賃債務保証業者型」の標準契約書が作成・公表されました。

また、家賃債務保証業者を活用しない場合、実際の賃貸借契約では連帯保証人が必要とされることが多いため、個人が連帯保証人となる「連帯保証人型」の標準契約書も作成・公表されています。

賃貸借契約の保証に関する事項について、家賃債務保証業者を活用する場合、通常、保証業者は貸主及び借主とそれぞれ保証契約又は保証委託契約を結び、その契約において具体的な保証内容を定めるため、「家賃債務保証業者型」の標準契約書第 17 条では、具体的な保証内容については規定せずに、別に定めるものとしています。

キーワードで CHECK!　標準契約書における「契約の終了」の規定 ⇒

他方、「連帯保証人型」の標準契約書第 17 条においては、**連帯保証人**の規定があります。民法 465 条の 2 第 2 項では、賃貸借契約において個人が保証人となる場合、根保証として**極度額**を定めなければその保証契約は効力を有しないとしています。これを受けて「連帯保証人型」の標準契約書第 17 条では、連帯保証人は**極度額**の範囲内で責任を負うものである旨が規定されています。

プラスα

賃貸借契約における貸主又は借主に対する保証は、一定の範囲に属する不特定の債務を主たる債務とする保証契約であるため、**根保証**となります。

(13) 特約条項（第 19 条）

契約書で定められた条項以外に、個別の事情に応じて、貸主及び借主は、合意によって**特約**を定めることができる旨を定めています。

特約条項の例としては、ペット禁止物件において例外的にペットの飼育を認める場合における具体的な内容や、火災保険・損害保険等の加入義務、**造作買取請求**の**排除**などが挙げられます。

なお、特約条項を定める場合においては、紛争の防止のために、貸主及び借主がその内容を明確に理解し、それを契約内容とすることについて明確に合意していることが重要です。

「賃貸住宅標準契約書（平成 30 年 3 月版、再改訂版）」は、以下のアドレスから入手することができますので、余裕がある受験生は、本節の内容とあわせて確認しておきましょう。

◆「賃貸住宅標準契約書（平成 30 年 3 月版、再改訂版）」

※国土交通省ホームページより。

https://www.mlit.go.jp/jutakukentiku/house/jutakukentiku_house_tk3_000023.html

プラスα

賃貸住宅管理業法が成立したことを踏まえ、入居者とサブリース業者等の間の紛争の未然防止を図るため「サブリース住宅標準契約書（令和 2 年 12 月版）」という契約書のひな型も公表されています。この契約書は、一般の賃貸住宅標準契約書に、①**特定賃貸借**が**終了**した場合の賃貸人の地位の承継に関する条項（第 18 条）、②**特定転貸事業者**が行う賃貸住宅の**維持保全**の実施方法の**周知**に関する条項（第 19 条）が追加された内容となっています。

標準契約書では、賃貸物件の**全部**が**滅失**その他の事由により**使用できなくなった**場合、賃貸借契約は**終了**する旨の定めがある。

一問一答で確認しよう！

□□□**問 1**　住宅の賃貸を目的とする賃貸借契約を結ぼうとする場合には、「賃貸住宅標準契約書」を使用しなければならない。

□□□**問 2**　「賃貸住宅標準契約書」では、貸主及び借主は、相手方に対して 30 日以上前に解約の申入れを行うことによって、賃貸借契約を解除することができる旨が定められている。

□□□**問 3**　「賃貸住宅標準契約書」では、貸主に義務違反があった場合について、借主は賃貸借契約を解除することができる旨が定められている。

□□□**問 4**　「賃貸住宅標準契約書」では、貸主及び借主は、賃貸物件の明渡時において、原状回復の内容及び方法について協議する旨が定められている。

正解と解説

1 ×　住宅の賃貸を目的とする賃貸借契約を結ぶ場合において、標準契約書の使用は義務づけられて**いない**。

2 ×　標準契約書は、借主が解約の申入れを行うことができる旨を定めているが、「貸主」が解約の申入れを行うことができる旨は**定められていない**（標準契約書 11 条 1 項）。

3 ×　標準契約書 10 条は、借主に義務違反があった場合における**貸主**の契約解除権に関する規定が**設けられている**が、貸主に義務違反があった場合における**借主**の契約解除権に関する規定は**設けられていない**。

4 ○　標準契約書 15 条 2 項は、貸主及び借主は、賃貸物件の明渡時において、**原状回復の内容及び方法**について**協議**する旨を定めている。

過去問を確認しよう！

□□□**問題**　賃貸住宅標準契約書（国土交通省住宅局平成 30 年 3 月公表）に関する次の記述のうち、正しいものはどれか。（令和 3 年度第 23 問）

1　賃貸住宅標準契約書では、建物賃貸借の目的を「住居」と「事務所」に限定している。

2　賃貸住宅標準契約書では、更新料の支払に関する定めはない。

3　賃貸住宅標準契約書では、賃料は、建物の使用対価のみを指し、敷地の使用対価は含まないものとされている。

4　賃貸住宅標準契約書では、共用部分にかかる水道光熱費等の維持管理費用は、貸主が負担するものとされている。

正解　2

1 ×　標準契約書では、建物賃貸借の目的を「**居住**」のみに限定している（標準契約書 3 条）。

2 ○　更新料の支払いは全国的な慣行ではないため、標準契約書においては定められて**いない**。

3 ×　賃貸借の目的物が建物であったとしても、借主は建物の使用に必要な範囲で建物の敷地を利用できる権利も有すると考えられることから、標準契約書における「賃料」には、建物自体の使用の対価のほか、その敷地の使用の対価も**含まれる**。

4 ×　標準契約書では、共用部分にかかる水道光熱費等の維持管理費用は、**借主**が負担するものとされている（標準契約書 5 条 1 項）。

予想問題にチャレンジ！

問題　賃貸住宅標準契約書（平成 30 年 3 月版、再改訂版）に関する次の記述のうち、最も不適切なものはどれか。

1　家賃債務保証業者を活用するケースの増加に伴い、賃貸住宅標準契約書では、個人が連帯保証人となる連帯保証人型のほかに、家賃債務保証業者を活用する家賃債務保証業者型が作成・公表されている。

2　賃貸住宅標準契約書では、反社会的勢力ではないことの確約条項が設けられており、反社会的勢力に該当する場合、契約を無催告解除することができるとされている。

3　賃貸住宅標準契約書では、賃貸物件の修繕費用について、修繕が借主の責めに帰すべき事由により必要となったものは借主が、その他のものは、貸主が負担することとされている。

4　賃貸住宅標準契約書では、借主が、貸主の承諾を得ることなく、賃貸物件の修繕を行うことを禁止している。

解答	

正解	4

1 ○　**本肢の記述のとおり**である。家賃債務保証業者を活用する場合は「家賃債務保証業者型」、活用しない場合は「連帯保証人型」を活用する。

2 ○　標準契約書 7 条において、反社会的勢力ではないことの確約条項が**設けられており**、かかる条項に違反した場合、**無催告解除**が可能であるとされている（標準契約書 10 条 3 項）。

3 ○　標準契約書 9 条 1 項において、修繕が借主の責めに帰すべき事由により必要となったものは**借主**が、その他のものは、**貸主**が修繕費用を負担する旨が定められている。

4 ×　本肢のような規定は**ない**。また、標準契約書 9 条 5 項において、借主は、**貸主の承諾**を得ることなく、一定の修繕を借主の負担で行うことが**できる**旨が定められている。

第７章

建物と賃貸借契約の管理実務

第7章の学習ポイントをマンガでチェック!

ガイドラインの一部を紹介すると、壁の画びょう等による小さな穴(下地の張替不要)は、貸主負担。下地の張替えが必要な大きな穴は、借主負担となるわ。
貸主負担
借主負担
通常の生活で生じる損耗は、当然生じるものだし、これも踏まえて賃料も設定すべきだから、貸主負担と考えるのよ。
なるほど
でも特殊な使用で生じた損耗は、借主負担にすべきよね。
もくもく
第7章では、こんなガイドラインの規定内容を押さえてください。
はーい
ガイドラインでは、様々な規定があるから、根気よく学習してね。では勉強を始めましょう！

第1節 建物管理の実務

学習日 ／

頻出度 A

本節では、賃貸建物についてどのような管理を行うべきかを具体的に学習します。試験では、常識的に判断すれば正解できるような出題が多いですが、細かい知識についてもしっかり確認しておきましょう。

I 鍵の管理

重要度 ★★

POINT

借主に賃貸物件へ安全に入居してもらうためには、鍵の管理はとても重要です。鍵の管理方法や交換時期、交換費用について、正確に覚えましょう。

1 鍵の管理

(1) 鍵の管理一般

貸主は、賃貸借契約の締結後、契約に係る金銭等の受領と同時に、借主に対して賃貸物件の鍵を引き渡すのが原則です。借主に鍵を引き渡すとともに、管理業者が、業務上の必要性から、貸主の依頼や承諾を受けて、各部屋の鍵を保管・管理する場合があります。

管理業者が貸主に代わって鍵の保管・管理を行う場合には、鍵が不正に使用されたり、紛失・盗難等が発生したりすることのないよう、管理業者は借主に対し、各部屋の鍵を保管・管理する**目的を説明**したうえで、厳重かつ適切な管理を行わなければなりません。

よく出る!

また、管理業者の従業員が常時携行すると不正使用や紛失等のリスクが高まるため、各部屋の鍵は、従業員に常時携行させることは避け、施錠可能な場所に保管しておくべきです。

よく出る!

プラスα

一般的に、借主への鍵の引渡しの際には、借主から「鍵受領証」などを受領することで、借主に鍵を引き渡したことの証明を残します。

キーワードでCHECK! ロータリー（U9）シリンダー ⇒

(2) マスターキーの管理

マスターキーは、借主が不在中の管理物件で非常事態が発生した場合等に使用されるもので、各部屋のすべてを解錠することができる鍵であることから、通常の鍵よりもさらに**厳重な管理**を行うことが求められます。マスターキーは、鍵の取扱規則などに基づいて使用することを原則とし、マスターキーの保管・管理を行う責任者を定めたうえで、他の鍵とは区別して、施錠可能な場所に保管しておくこと等の対応が必要となります。

プラスα

マスターキーを使用できる場面は、出火や漏水、犯罪などの緊急事態が発生した場合や、点検業務に際して貸主から指示があった場合、借主から緊急事態の発生などを告げられた場合のような、**やむをえない事情**がある場合に限られます。

2 鍵・錠の種類

鍵(キー)とは、解錠に利用するために携帯する物のことをいい、錠(シリンダー)とは、扉に固定されている部分をいいます。主な鍵・錠には、以下のものがあります。

覚えよう! | 主な鍵・錠の種類

ディスクシリンダー	以前は広く普及していたタイプ。**ピッキング被害**に遭いやすいため、現在は**製造中止**となっている。
ロータリー(U9)シリンダー	U字型ディスクを9枚内蔵することにより、**ピッキング**に対する防犯性能が向上し、現在**最も普及**している。
ピンシリンダー	ピッキングに対する防犯性能が向上。
ディンプルキー対応シリンダー(リバーシブルピンシリンダー)	鍵の表面にくぼみ(ディンプル)があり、防犯性に優れる。高級物件で多く使用。
カードキー対応シリンダー	カード式で、複製が困難であり、防犯に優れる。ホテルなどで多く使用。
暗証番号設定式シリンダー	暗証番号が変更でき、入居者変更の都度、シリンダー交換の必要がなく、経費削減になる。
その他のハイテク錠システム	指紋照合によるものなどがある。

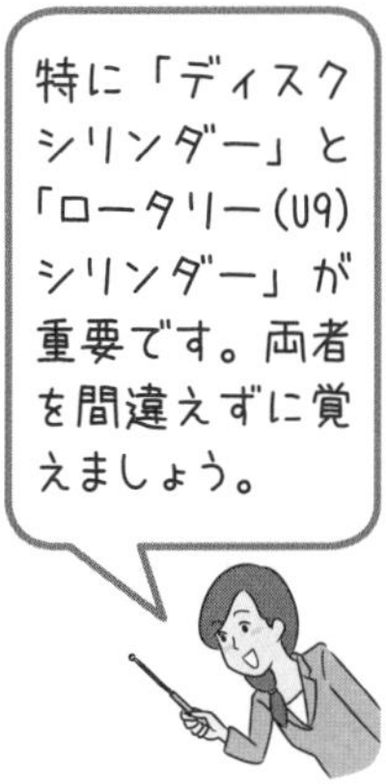

U字型ディスクを9枚内蔵することにより、ディスクシリンダーと比べて**ピッキング**に対する防犯性能が向上した鍵。現在、**最も普及**している。

3　賃貸借契約終了後の鍵の交換

(1) 鍵の交換の意義

従前の借主との建物賃貸借契約が終了し、借主が退去した後は、新しい借主のために、防犯上の観点から、新しい鍵・錠に交換する必要があります。鍵を交換しないまま新しい借主に賃貸建物を引き渡してしまうと、従前の借主が鍵を使用して部屋に侵入するおそれがあり、ピッキング被害・空き巣・盗難等のトラブルの原因となり、貸主は新しい借主に対して**損害賠償責任**を負うという事態が発生してしまいます。

よく出る!

また、借主が退去した後は、複数の入居希望者への物件の紹介のために鍵の使用が予定されているため、新しい借主が決定する前の時点で鍵の交換をするのは適切では**ありません**。そのため、鍵の交換を行うべきタイミングは、従前の借主が退去した後、リフォームが終了して、新たに入居する借主が**決定した後**が望ましいとされています。

よく出る!

◆鍵の交換のタイミング

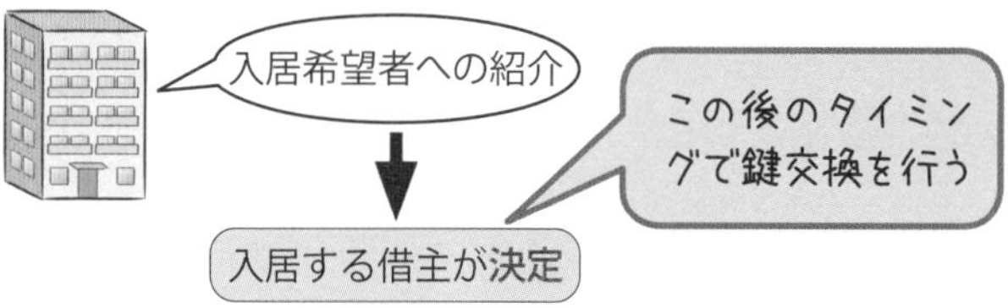

(2) 鍵の交換費用の負担

貸主は、借主が安全・安心に居住することができる物件を賃貸する責任を負っていますので、鍵交換の費用は、原則として、**貸主**が負担するものとされています。

例外として、**借主**が鍵を**紛失**したため鍵交換を行う場合や、借主が防犯面に強い鍵への交換を依頼したなど、借主からの**特別な依頼**に基づく場合には、**借主**が負担すること

よく出る!

キーワードでCHECK!　鍵の交換のタイミング　⇒

となります。また、借主・貸主のうち、鍵の交換を特に申し出たほうが、鍵の交換費用を負担します。

プラスα

ただし、当事者の合意によって、鍵の交換費用の負担者をはじめから借主とすることもできますので、契約書の内容をよく確認することが必要です。

覚えよう！｜鍵の交換費用の負担

◆原則：**貸主**が負担。

◆例外：以下の場合は、**借主**が負担。

①借主の鍵の**紛失**による交換。

②借主からの**特別な依頼**による交換。

（ピッキング対応キーへの交換依頼など）

Ⅱ 居住ルールの指導・クレーム処理等

重要度 ★★★

POINT

賃貸管理においては、居住ルールの指導やクレーム処理に関する知識も重要です。常識的な内容が多いため、知識を確実にしておきましょう。

1　入居者に対する居住ルールの遵守の指導

(1) 入居における基本ルール

入居者である借主には、「館内規約」や「入居のしおり」等に記載されている、入居における基本ルールをよく理解してもらったうえで、適切に賃貸物件を使用してもらう必要があります。

(2) 生活騒音に関する指導

楽器の演奏や大きな物音のする作業を行うことや、夜遅くのテレビや音楽の音量など、生活騒音は入居者どうしや近隣との間で最もトラブルとなりやすい問題です。

生活騒音についてクレームが寄せられた場合の対処方法としては、まずはいつ、どの部屋で、どのような騒音が発

前の借主の退去後、リフォームが終了し、新たな借主の**決定後**が望ましい。新たな入居者が決定する前の段階で鍵を交換すると、**防犯上のリスク**が発生するため。

生しているのかという事実の確認をして、騒音の発生源を特定することが必要です。また、実際に迷惑となるようなレベルの騒音であるか否かを、管理業者自身が確認することも大切です。

借主が騒音の発生源であった場合には、借主本人へ直接注意をし、改善されない場合は、通知書などの書面によって、居住ルールに違反していることを警告する必要があります。

それでも騒音が改善しない場合には、貸主と協議のうえ、賃貸借契約の解除の手続をとることも考えられます。

（3）ペット飼育に関する指導

ペット飼育の３大トラブルとして、**鳴き声**、**糞尿**処理、**悪臭**が挙げられます。

ペット可の物件において、これらを防ぐためには、ペットの適切な飼育や他の入居者や近隣に対する配慮事項などを定めた「ペット飼育規則」などを定めて、賃貸借契約において、入居者はペット飼育規則を遵守しなければならない旨を規定しておくことが重要です。

（4）分譲マンションにおける注意点

分譲マンションでは、共用部分の管理等に関して、**管理規約**が定められていることが多く、入居者は管理規約に定められたルールに従う必要があります。

そこで、管理業者は、当該分譲マンションの共用部分に関する管理規約の内容を確認したうえで、借主に対し、管理規約のコピーなどを提示して、**管理規約の内容を理解してもらう**ようにすることが必要となります。

よく出る!

キーワードでCHECK!　ペット飼育の３大トラブル　⇒

2　クレーム等の処理

（1）クレーム等に対する適切な処理の重要性

管理業者は、借主や近隣住民から様々なクレーム（苦情）を受ける可能性があります。また、クレームとまではいえない相談や依頼を受けることもあります。

これらのクレームなどに対し、管理業者が適切かつ迅速な対応を行わないと、大きなトラブルに発展してしまうおそれがあります。

（2）クレームやトラブルへの対応方法

管理業者は、貸主に代わって、責任ある立場でクレームやトラブルを処理し、解決していく必要があります。管理業者は、入居者同士のトラブル等の相談を受けた場合には、一方の言い分のみではなく、双方の話をよく聞いて、**公平な立場**で処理に当たることが重要です。

よく出る!

管理業者へのクレームや相談は、電話が利用されることが多いため、管理業者は、「クレーム受付票」などを用意して、管理業者の内部で、クレーム・相談の内容や処理の結果を記録しておく必要があります。

クレームやトラブルの内容やその対応方法については、様々なものが存在することから、管理業者は、過去の相談事例等を蓄積した社内マニュアルを作成して、社内で**情報共有**することも、クレームやトラブルへの対応方法として重要になります。

よく出る!

また、設備の不具合や使用方法など、電話での相談を受けた際にアドバイスをすることで簡単に解決するケースもあり得るので、借主から電話連絡があった際には、まずは電話で詳しい状況を聞いて、対処法をアドバイスすることも効果的です。

よく出る!

鳴き声、糞尿処理、悪臭がペット飼育の３大トラブルといわれている。ペット可の物件では、「ペット飼育規則」などによってこれらのトラブルを防ぐ必要がある。

3　緊急事態への対応

漏水や、火災・地震などの災害、空き巣被害などが発生した場合には、管理業者は以下のような対応を行うことが望ましいとされます。

（1）漏水発生時

入居者から居室の天井から漏水が発生した旨の連絡があった場合、管理業者は、まずは**入居者**に対し、「急いで上階に行き、下階に水が漏っている旨を**告げる**ように。」と伝えることが重要です。

よく出る!

その際、賃貸物件に管理員が置かれている場合は、入居者どうしのトラブルを避けるため、管理員に連絡をしたうえで、**管理員とともに上階に行く**ように伝えることが望ましいです。そして、管理業者もできる限り早く現場へ向かい、現場の状況を確認した後に、必要に応じて修理会社へ連絡をします。

その後、管理業者は、貸主への報告や、漏水による被害が発生した場合には保険会社への報告要請等を行います。

（2）地震発生時

管理員が置かれている建物では、管理員は、地震による揺れが収まった後に、建物の点検を行い、状況に応じて、建物内の入居者を外に避難させることが求められます。

よく出る!

管理員が置かれていない建物では、管理業者は、地震による揺れが収まった後、できるだけ早く対象物件を**訪れて**、被害状況を確認し、復旧や後片付けを行うことが求められます。

（3）火災発生時

管理員が置かれている建物では、自動火災報知器の発報

プラスα

自然災害に関して、借主に対しては賃貸借契約の締結時に、地方公共団体が作成しているハザードマップ等に記載された**避難所**の**位置**を示すことが望ましいです。

キーワードで CHECK!　火災発生時に採るべき対応　⇒

や入居者からの通報によって火災の発生を感知した管理員は、まずは**現場**へ**駆けつけて**、入居者に火災の発生を知らせて、入居者の避難誘導を行う必要があります。

よく出る!

あわせて、管理員は、消防署へ通報するとともに、消火器による初期消火等の延焼防止に努めることが求められます。

管理員が置かれていない建物では、自動火災報知器の発報や入居者からの通報で火災の発生を感知した管理業者が、消防署への通報前に現場へ駆けつけても、被害がさらに拡大してしまうおそれがあります。

そのため、管理業者は、まずは**消防署**に**通報**し、その後現場へ駆けつけて、被害の拡大防止などに協力することが求められます。

よく出る!

(4) 空き巣発生時

入居者から、空き巣被害が発生した旨の連絡を受けた管理業者は、まず、盗難に遭った被害物件の内容や、犯人の侵入経路など、被害状況を確認したうえで、被害者である借主の加入保険の内容を調査して、**補償**の手続を**支援**することが必要です。

あわせて、空き巣被害の**再発**を**防止**するために、貸主と相談のうえ、侵入経路の遮断や非常警報装置などの防犯システムを設置するなどの対策を早急に行うことが重要です。

さらに、掲示板等に空き巣被害が発生した旨を掲示して、他の入居者に部屋の施錠の徹底を呼びかけることなども求められます。

プラスα

その他、ブロック塀が倒壊する等の事故を防止するため、地方公共団体の**助成金**制度の活用の検討も望まれます。

管理員が存在するならば、**管理員**が現場へ駆けつけて、入居者の**避難誘導**を行う。
管理員が存在しないならば、管理業者が**消防署**へ**通報**した後、現場へ駆けつける。

Ⅲ 住環境の整備

重要度 ★★

POINT
入居者や近隣が快適に生活できるようにするための住環境の整備の内容については、ここで説明している内容を押さえておけば十分です。

1　除草、植栽の管理

(1) 除草

賃貸建物の敷地内の土地が露出した部分には、雑草が生えやすいため、定期的に除草作業を行う必要があります。

除草作業において、除草剤を散布する場合には、入居者や近隣へ事前通知を行って、洗濯物やペットなどを室内へ一時移動するなどの**協力を求める**ことが重要です。

よく出る!

(2) 植栽

建物の植栽は、建物の美観を向上させるほか、防犯・防災の効果も有しています。ただし、定期的に手入れをしないと、かえって環境を損なうこととなるため注意が必要です。植栽後、樹木が地盤に根付くまでの２～３年間は、定期的にチェックして手入れをすることが大切です。植栽の手入れとして整枝や剪定、害虫駆除等を行う場合、通常は専門業者に依頼して実施します。

> プラスα
> 2018年６月に大阪府北部で発生した地震により、建築基準法違反のブロック塀が倒壊し、小学生が犠牲となる事故が発生しました。この事故を受け、避難道路沿道の一定規模以上のブロック塀などを耐震診断義務の対象とする改正耐震改修促進法施行令が2019年１月１日に施行されています。

2　駐車場・駐輪場、共用部分の管理

(1) 駐車場・駐輪場の管理

駐車場の管理上の問題として、あらかじめ定められた利用権者以外の自動車が駐車されていることがあります。このような不法駐車を防止するためには、駐車区画ごとに利用権者を表示することや、カラーコーン・埋め込み式ポールを用いた侵入防止策が効果的です。

キーワードでCHECK!　**清掃業務の種類　⇒**

駐輪場の管理としては、収容能力を超える自転車が駐輪されないようにする必要があります。入居者の協力を得て、放置自転車や不要自転車を整理することや、駐輪場の使用を登録制にして、駐輪場使用料を徴収して駐輪自転車を制限することが効果的です。

プラスα

また、車上荒らし対策としては、人感センサーライトや防犯カメラの設置が効果的です。

(2) 共用部分の管理

建物の共用部分である廊下や階段、玄関ホールなどに、入居者の私物が置かれている場合、緊急時の避難の妨げとなります。この場合、入居者の私物を無断で撤去すると、トラブルの原因となりますので、管理業者は、入居者に注意して、**入居者自身**によって撤去することを求める必要があります。

よく出る!

3　清掃業務

清掃業務は、賃貸物件の美観を維持し、周辺住民との摩擦を避けるために重要な業務です。賃貸物件にあわせた作業仕様書を作成して計画的に行い、チェックリストで作業漏れがないかを確認することが必要です。

プラスα

空室を放置していると劣化や傷みが進みます。管理業者は**定期的**に**入室**して、換気や清掃を行うべきです。

天井の清掃や電球の交換、窓のサッシのほこりの拭き取り等のように、脚立を使用する必要がある清掃作業においては、脚立の転倒を防ぐために、脚立を支える作業員を用意し、2 名以上で行う必要があります。

(1) 日常清掃業務

日常清掃業務とは、管理員又は清掃員が、建物の共用部分を対象に、**毎日**又は**週 2、3 回**行う日常的な清掃業務です。出入口ホールや廊下、階段の床の掃き清掃・拭き清掃が中心となります。

管理員や清掃員が毎日又は週 2、3 回、建物の共用部分を対象に行う**日常**清掃業務と、月に 1 回などの周期を定めて、主に機械を使用して行う**定期**清掃業務がある。

(2) 定期清掃業務

定期清掃業務とは、日常清掃業務のように毎日あるいは週2、3回行う日常的な清掃業務ではなく、「月に1回」、又は「2か月に1回」など、**周期を定めて**行う清掃業務のことです。

定期清掃業務は、主に機械を使用して、床のワックスがけ、シミ抜きなど、専門的な技術を要する清掃が中心となります。そのため、一般的には清掃業者に**アウトソーシング**して行われます。

用語

アウトソーシング

アウトソーシングとは、外部の業者に一定の管理業務を委託すること。詳しくは、327ページからのⅤで説明する。

定期清掃業務は、シーズンにあわせた清掃を行う必要があり、台風シーズン前にはドレイン（排水溝）回りのゴミ取り等の掃除を行い、年末には共用部分の一斉清掃を行う必要があります。定期清掃業務は、**年間清掃計画書**や**清掃業務仕様書**を作成して、シーズンごとに計画性をもって実施することが重要です。

プラスα

年間清掃計画や定期点検計画を借主に**事前**に**知らせる**ことは、管理業者の重要な役割とされています。

Ⅳ 防犯・防火・防災対策

重要度 ★★

POINT

防犯・防火・防災対策も、常識的な内容の知識が多い分野ですが、細かい内容も含まれているため、知識を確実にしておきましょう。

1　建物・設備の防犯対策

管理業者には、建物・設備について適切な防犯対策を行い、借主が安全・安心に居住することができる環境を整えることが求められています。

空き巣や不審者が賃貸物件へ侵入することを防ぐための対策としては、個々の入居者の**防犯意識の向上**が最も重要です。日頃から、管理業者と入居者との間のコミュニケーションは当然、入居者同士や近隣住民との良好なコミュニケーションを形成するように努めることが必要です。

キーワードで CHECK!　防犯対策の具体例　⇒

その他にも、管理業者は、空き巣対策として、各部屋の鍵・錠をピッキングに強いものに交換したり、出入口ホールや駐車場等に防犯カメラを設置したうえで夜間センサーライトを点灯することや、各種センサーにより侵入者などの異常を感知したときには警備会社へ自動的に通報し、警備員が駆けつけるシステムを導入すること等により、適切な防犯対策を講じることが大切です。

また、空き巣や不審者の侵入を防ぐために、二重錠や窓ガラスの**二重化**、**防犯フィルム**、立入りを防ぐフェンスの設置などの対応を行うことが考えられます。

なお、屋上からの侵入による窃盗や空き巣も多く発生しているため、屋上への立入りを防ぐためのフェンスの設置などの対応を行うことも必要となります。ただし、屋上は防災上の避難場所となることから、消防署は、屋上の出入扉は施錠しないように指導しています。

プラスα

例えば、空き巣被害が発生した場合には、管理業者は、掲示板等に空き巣被害が発生した旨の掲示をして、入居者に対して各部屋の施錠を呼びかける等をして、防犯意識を高めるように注意を促さなければなりません。

(1) 共同住宅に係る防犯上の留意事項

国土交通省住宅局及び警察庁が共同で策定し公表している「共同住宅に係る防犯上の留意事項」及び「防犯に配慮した共同住宅に係る設計指針」によれば、共同住宅における防犯対策として、以下のような対策をすることが望ましいとされています。

①共用部分の防犯対策

共用出入口	・周囲からの見通しの確保 ・共用玄関は、50ルクス以上の明るさ ・共用玄関以外の共用出入口は、20ルクス以上の明るさ ・オートロックシステムの導入
管理人室	・共用玄関、共用メールコーナー、エレベーターホールを見通せる位置

入居者の**防犯意識の向上**や、ピッキングに強い鍵・錠への交換、防犯カメラや各種センサーの設置、窓ガラスの**二重化**、**防犯フィルム**の設置などが考えられる。

共用メールコーナー・エレベーターホール	・共用玄関付近からの見通しの確保 ・50 ルクス以上の明るさ
エレベーター	・かご内への防犯カメラの設置 ・非常時、かご内から外部に連絡などを行う装置の設置 ・かご内は、50 ルクス以上の明るさ
共用廊下・共用階段	・見通しの確保 ・20 ルクス以上の明るさ
駐輪場・駐車場	・見通しの確保 ・3 ルクス以上の明るさ

②専用部分の防犯対策

住戸の玄関扉	・破壊が困難な材質、こじ開けの防止に有効な措置 ・破壊やピッキングが困難な構造の錠や補助錠の設置 ・ドアスコープ・ドアチェーン等の設置
インターホン	・住戸玄関の外側との間の通話機能 ・管理人室との間の通話機能 ・共用玄関扉のオートロックと連動し、共用玄関の外側との間の通話機能
住戸の窓	・共用廊下に面する住戸の窓・接地階に存する住戸の窓のうち、バルコニー等に面するもの以外の窓は面格子の設置等 ・侵入が想定される階でバルコニー等に面する住戸の窓は、錠付きクレセント、補助錠の設置等、侵入防止に有効な措置 ・避難計画等に支障のない範囲の窓は、破壊困難なガラス材質
バルコニー	・手すり等を利用した侵入の防止 ・手すりは、見通しの確保

2　防火対策

共同住宅は、消防法上の防火対象物（非特定防火対象物）に該当するため、収容人員が 50 名以上の場合は、**防火管理者**を定めて、**防火管理**を行う必要があります。

賃貸物件を放火から守るための対策としては、物件の周囲に燃えやすい物（段ボール、新聞紙、雑誌など）を置か

プラスα

左の「共用メールコーナー」とは、マンションなどのエントランス付近にパソコンと簡単な机等が設置され、住人がメール送信やインターネットの閲覧ができるサービスのことです。

プラスα

防火管理については、434 ページ以降で詳しく説明します。

キーワードでCHECK!　管理業務のアウトソーシングとは　⇒

ないことや、ゴミは決められた日の朝に出すこととし、夜間に出さないこと、また、賃貸物件の周囲や駐車場に照明設備（センサーライトなど）を設置することなどが有効です。

3　防災対策

防災対策として、建物の立地条件を**ハザードマップ**で把握し、近隣の危険地域や非常時の避難経路などを確認しておく必要があります。

リュックサックなどに避難用品を入れて、直ちに持ち運びができるようにしておき、保存水や食料を定期的に交換するよう、定期的に入居者に指導・注意喚起することも重要です。

その他に、ベランダや階段の手すりなどに、落下の危険がある植木鉢などを置かないように注意することや、倒壊しやすいブロック塀の劣化状況を調べて、建て替えの検討を行うことなども考えられます。

用語

ハザードマップ
自然災害による被害を予測し、被害範囲を地図化したもの。予測される災害の発生地点、被害の拡大範囲及び被害程度、避難経路、避難場所などの情報が地図上に図示されている。

V　アウトソーシング

重要度 ★★

POINT
管理業者は、外部の専門業者に管理業務の一部を委託していることが多いため、アウトソーシングに関する知識をよく確認しておきましょう。

1　アウトソーシングの必要性

アウトソーシングとは、管理業者が管理業務の一部を**外部の業者**に**委託**して行わせることをいいます。

管理業者が行うべき管理業務の内容には、様々なものがあることに加えて、管理業者は借主からの依頼や相談、クレーム等にも対応する必要があるため、管理業者のみですべての業務に対応することは困難です。

管理業者が、管理業務の一部を**外部の業者**に**委託**して行わせること。専門業者へのアウトソーシングにより、管理業者が行うべき業務の**効率化**につながる。

よく出る!

そこで、外部の専門業者に管理業務をアウトソーシングすることによって、管理業者の業務量を調整することができ、**人的資源**を補うことが可能となるため、管理業者は自らの**得意分野**に**専念**して、中心的事業の競争優位性、**専門性**や**付加価値**を高めることができるようになります。

よく出る!

ただし、その反面、外部の業者に業務の一部を任せることによって、自社内に業務のノウハウが蓄積**されない**という点や、外部への情報漏えいのリスクがあるなどのデメリットもあります。

覚えよう! | **アウトソーシングの長所と短所**

・**長所**

①業務量を調整できる。

②**人的資源**を補うことができる。

③自らの**得意分野**に**専念**でき、自社の中心的事業の競争優位性、**専門性**や**付加価値**を高めることができる。

・**短所**

①自社内に業務のノウハウが蓄積**されない**。

②情報漏えいのリスクがある。

2　アウトソーシングしやすい業務・しにくい業務

よく出る!

管理業務のアウトソーシングについては、ハード面（建物・設備の維持管理）は、アウトソーシング**しやすく**、ソフト面（騒音問題等の居住ルールの遵守指導など）は、アウトソーシング**しにくい**傾向にあります。

3　今後のアウトソーシングについて

今後、アウトソーシングの活用領域はさらに拡大すると考えられています。例えば、ロボットによる自動清掃や防

キーワードでCHECK!　**アウトソーシングを行う際の留意点　⇒**

犯対策など、アウトソーシングする業務の内容がハイテク化する可能性があります。

このような技術革新を用いたアウトソーシングの活用によって、管理業務を従来の労働集約型産業から**知識集約型産業**へと転換することが期待されています。

よく出る!

プラスα

一般的に、人間の肉体的労働に依存する割合が高い業種を**労働集約型産業**といい、人間の知的労働に依存する割合が高い業種を**知識集約型産業**といいます。

4　アウトソーシングを行うに当たっての留意点

具体的にアウトソーシングを行う際には、アウトソーシングにより発生するコストと、アウトソーシングによるサービスの向上による利益（将来の賃料や空室率の改善にどの程度寄与するのか）とを考慮して、**経営収支**との**バランス**を図る必要があります。

Ⅵ 工作物責任

重要度 ★★

POINT

工作物責任は、民法の重要条文です。今後の出題可能性は高いので、ここで紹介する基本的な事項は、押さえておきましょう。

工作物責任とは、例えば、管理が悪かったために建物の外壁の一部が落下して、通行人を負傷させた場合など、土地の工作物（建物等）の設置・保存に瑕疵（欠陥）があることで他人に損害が生じたとき、一次的には工作物の**占有者**が責任を負担し（民法 717 条 1 項本文）、**占有者**が損害の発生防止に必要な注意をしていた場合は、**所有者**が責任を負うものです（同項ただし書）。

ここでいう占有とは、物を事実上支配していることで、管理業者も工作物の瑕疵を修補すべき立場にあった場合、占有者と**なります**。

なお、「設置」の瑕疵は、**当初**から欠陥がある場合、「保存」の瑕疵は、**設置後**に欠陥が生じた場合です。

プラスα

占有者が必要な注意を行っていた場合、所有者の責任は**無過失責任**です。つまり、自分に落ち度がなくても、責任を**負う**ことになります。

アウトソーシングを行うかどうかは、発生するコストと、サービス向上によって将来見込まれる利益とを考慮のうえ、**経営収支**との**バランス**を図る必要がある。

一問一答で確認しよう！

□□□**問 1**　借主の退去時には鍵交換を行うことが予定されているため、鍵交換の費用は、原則として、借主が負担するものとされている。

□□□**問 2**　借主から管理業者に対して、生活騒音に関するクレームが寄せられた場合、管理業者は、まずはいつ、どの部屋で、どのような騒音が発生しているのかという事実の確認をする必要がある。

□□□**問 3**　借主が空き巣被害を受けた場合、管理業者は、被害者である借主の加入保険の内容を調査して、補償の手続を支援する必要がある。

□□□**問 4**　外部の専門業者に管理業務をアウトソーシングすることで、管理業者が自らの専門性や付加価値を高めることにつながる。

□□□**問 5**　賃貸管理業務のうち、生活騒音やペットに関するクレームへの対応業務は、アウトソーシングしやすい業務である。

□□□**問 6**　Aが所有し、Bに賃貸していた家屋の塀が崩れ、脇に駐車中のD所有の車を破損させた。当該家屋について管理受託契約を締結していた管理業者Cは、損害の発生を防止するのに必要な注意をしていれば、Dに対する損害賠償責任を免れることができる。

正解と解説

1 ×　**貸主**は、借主が安全・安心に居住できる物件を賃貸する責任を負っているため、鍵交換の費用は、原則として、**貸主**が負担する。

2 ○　生活騒音に関するクレームへの対処方法として、まずは**事実の確認**を行い、騒音の発生源を特定することが必要である。

3 ○　借主が空き巣被害を受けた場合には、被害者である借主の加入保険の内容を調査して**補償**の手続を**支援**することも、管理業者の役割として求められる。

4 ○　管理業務をアウトソーシングすることによって、管理業者の業務量を調整して人的資源を補うことができ、管理業者は自らの**得意分野**に**専念**して、**専門性**や**付加価値**を高めることができる。

5 ×　生活騒音やペットに関するクレームへの対応業務などの**ソフト**面は、アウトソーシング**しにくい**業務である。

6 ○　土地の工作物（建物等）の設置・保存に瑕疵があることで他人に損害が発生した場合、一次的には、その工作物の占有者が責任を負担する（民法717条1項本文）。管理業者も工作物の瑕疵を修補すべき立場にある場合、この占有者に**該当する**が、損害の発生防止に**必要な注意**をしていた場合は責任を免れる。なお、その場合、当該工作物の**所有者**Aが責任を負う（**無過失**責任）。

過去問を確認しよう！

□□□**問題**　「防犯に配慮した共同住宅に係る設計指針」（国土交通省住宅局平成13年3月23日策定）において、新築される共同住宅に防犯上必要とされる事項に関する次の記述のうち、最も不適切なものはどれか。
（令和3年度第11問）

1　エレベーターのかご内には、防犯カメラを設置するものとされている。

2　住戸の玄関扉について、ピッキングが困難な構造を有する錠の設置までは不要とされている。

3　接地階に存する住戸の窓で、バルコニー等に面するもの以外のものは、面格子の設置等の侵入防止に有効な措置を行うものとされている。

4　共用玄関の照明設備の照度は、その内側の床面においては概ね50ルクス以上とされている。

正解　2

1 ○　「防犯に配慮した共同住宅に係る設計指針」（以下「同指針」とする）によると、エレベーターのかご内には**防犯カメラ**を設置するとされる。

2 ×　同指針によると、住戸の玄関扉等は、防犯建物部品等の扉及び錠を設置したものとするとされている。やむを得ずこれらを設置できない場合は、玄関扉（枠を含む）は、材質をスチール製等の破壊が困難なもので、デッドボルト（かんぬき）が外部から見えない構造のもの又はガードプレート等を設置したものとするとともに、錠は**ピッキング**が**困難**な構造のシリンダーを有するもので、面付箱錠、彫込箱錠等破壊が困難な構造のものとし、主錠のほかに、補助錠を設置することが望ましいとされている。

3 ○　同指針によると、共用廊下に面する住戸の窓及び接地階に存する住戸の窓のうちバルコニー等に面するもの**以外**のものは、防犯建物部品等のサッシ及びガラス、**面格子**その他の建具を設置するものとされている。

4 ○　同指針によると、共用玄関の照明設備は、その内側の床面において、おおむね**50**ルクス以上の平均水平面照度を確保できるものとするとされている。

予想問題にチャレンジ！

問題　防犯対策に関する次の記述のうち、最も適切なものはどれか。

1　エレベーターのかご内は、20 ルクス以上の明るさを確保することが望ましい。

2　共用廊下及び共用階段は、見通しの確保のため、3 ルクス以上の明るさを確保することが望ましい。

3　不審者の室内への侵入を防ぐためには、扉や窓への二重ロックを取り付けたり防犯用ガラスフィルムを貼付することが効果的である。

4　屋上からの侵入による窃盗や空き巣を防ぐために、屋上の出入扉は施錠することが重要である。

解答	

正解	3

1 ×　エレベーターのかご内は、**50 ルクス**以上の明るさを確保することが望ましいとされている。

2 ×　共用廊下及び共用階段は、**20 ルクス**以上の明るさを確保することが望ましいとされている。

3 ○　扉や窓への二重ロックの取り付け・防犯用ガラスフィルムの貼付は、室内への侵入対策として**効果的**である。

4 ×　屋上は防災上、避難場所となることから、消防署は、屋上の出入扉は**施錠しない**ように指導している。屋上からの侵入を防ぐ対策としては、屋上への立入りを防ぐためのフェンスの設置などの対応が考えられる。

第2節 賃貸借契約の管理

学習日 ／

頻出度 A

ここでは、賃貸借契約に基づく賃料の徴収方法や未払賃料への対応、契約の更新などを学びます。ここで学ぶ知識は、実務においても非常に重要なものばかりですので、しっかり身に付けておきましょう。

I 賃料の取扱い

重要度 ★★

POINT

賃料を借主から確実に徴収する方法は、賃貸借契約における最も重要な要素の１つであり、重要です。確実に押さえておきましょう。

1 賃料の徴収方法

一般的な賃料の徴収方法としては、①借主による賃料の持参、②借主から貸主への賃料の直接振込み、③借主から管理業者への賃料振込み、④自動振替による入金の４つの方法があります。

①の借主による賃料の**持参**は、借主が現金を貸主のもとへ直接持参する方法であるため、紛失や盗難のトラブルが発生するリスクがあります。現在ではこの方法をとることは多くはなく、**銀行振込み**による方法が一般的です。

銀行振込みによる賃料支払方法としては、②のように借主が貸主の銀行口座に直接振り込む方法、又は③のように管理業者の銀行口座に振り込む方法があります。**銀行振込み**による方法は、借主にとって都合の良いタイミングで賃料を振り込むことができるというメリットがありますが、反面、借主の任意のタイミングで賃料が振り込まれるため、借主や貸主が入金の確認に手間がかかることや、借主が入金を忘れて賃料の支払期日までに入金がされないリスクが生じるというデメリットもあります。

④の自動振替による入金は、信販会社や銀行などの集金事務代行会社によって、借主の銀行口座から毎月、自動的に賃料が引き落とされる方法です。集金事務代行会社への手数料支払いというコストがかかりますが、一定期日に賃料が自動的に引き落とされるため、効率的に賃料徴収を行うことができるというメリットがあります。

2　管理業者から貸主への賃料の送金

「賃借人による持参」や「管理業者への振込み」という賃料徴収方法を採用した場合、賃料徴収の代行をした管理業者は、賃貸人に対して、確実に賃料を支払わなければなりません。

管理業者が貸主に代わって賃料の徴収を行う場合には、物件ごとに賃料を集計した後、**管理報酬**等を**差し引い**たうえで、貸主の銀行口座に振り込むことなどによって、貸主に賃料を送金することが必要です。

Ⅱ 賃料改定

重要度 ★★

POINT

賃貸借契約の締結時に定めた賃料は、どのような場合に改定する必要があるのか、改定するための要件について、正しく理解しましょう。

1　賃料改定の必要性の検討

管理業者は、賃貸経営が安定した収益を上げることができるように、税制の変化などの経済環境の変化を常に調査して、賃料改定に影響を及ぼす各種要因に**変化**が生じた場合には、**賃貸条件**を変更すべきかについて、**直ちに検討**する必要があります。

よく出る!

賃料改定に影響を及ぼす要因は、賃貸建物の状態のほか、

キーワードでCHECK!　賃料増減請求権　⇒

新しい駅や道路ができたことや、少子化の影響で近くの小学校が廃校になったといった、周辺の環境の変化などを総合的に判断しなければなりません。

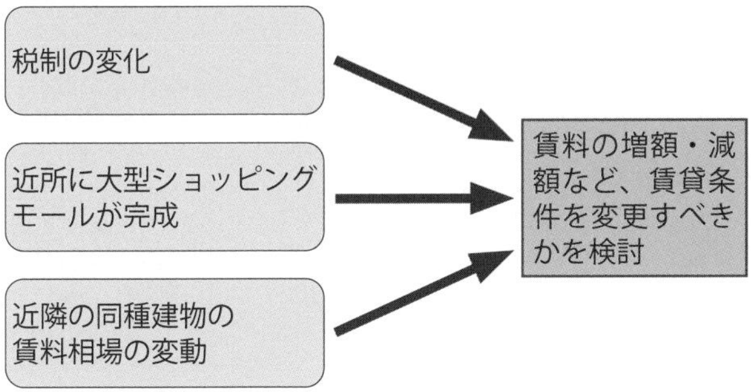

2　賃料改定の方法

(1) 賃料増減請求権

賃料の改定の方法としては、貸主又は借主が、借地借家法に定める**賃料増減請求権**を行使して、協議によって賃料を新たに定める方法があります（同法 32 条 1 項）。

この賃料増減請求権は、①土地・建物に対する租税その他の負担の増減や、②土地・建物の価格の上昇又は低下その他の経済事情の変動、又は③近隣の同種の建物の賃料と比較して、建物の賃料が不相当となった場合に、将来に向かって賃料の**増額又は減額**を**請求**できる権利です。

賃料増減請求は、いわゆる形成権であり、相手方に賃料の増額又は減額の意思表示が到達した時点で、**将来に向かって**効果が生じることになります。

「将来に向かって」とは、賃貸借契約の開始時に遡って賃料が増額又は減額されるわけではなく、増額又は減額の**意思表示**が到達した**以降の賃料**について**のみ**、増額又は減額がされるということです。

なお、一定の期間「賃料を**増額しない**」旨の特約がある

プラスα

賃料の増額又は減額請求について、相手方の同意は**不要**であるということを押さえておきましょう。

よく出る!

土地・建物に対する租税の増減や価格の上昇・低下等の事情により、建物の賃料が**不相当**となった場合に、**将来に向かって**賃料の増額又は減額を請求できる権利。

場合には、この特約に従い、一定期間の間は増額することはできません（同項ただし書）。これに対し、一定の期間「賃料を減額しない」旨の特約は無効であり、この特約があっても借主は賃料の減額を請求することができます。

よく出る！

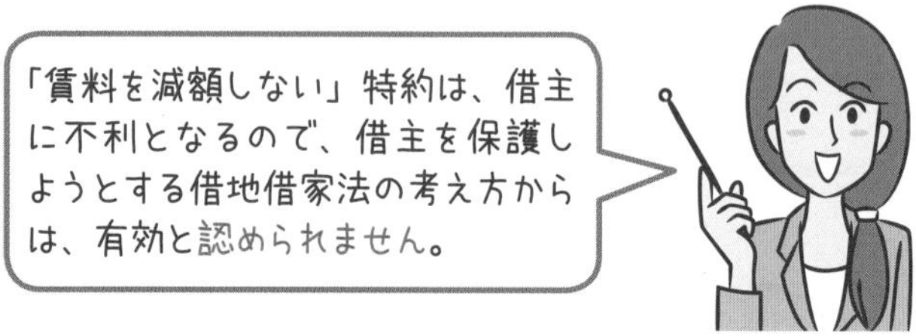

プラスα

判例は、賃貸借契約書に「賃料改定は、当事者が**協議**して定める」旨の**条項**が存在する場合であっても、それはできる限り訴訟によらずに当事者双方の意向を反映した結論に達することを目的としたものにすぎないとしています。よって、この場合でも、当事者は賃料増減請求権の行使をすることが**でき**、また、その後の協議・調停が調わない場合には、**訴訟**を提起して新賃料を決定することも**できる**こととなります（最判昭 56.4.20）。

覚えよう！ ｜ 賃料増減請求権の行使要件

①土地・建物に対する**租税**その他の**負担の増減**
②土地・建物の**価格**の**上昇又は低下**その他の**経済事情の変動**
③**近隣の同種の建物**の賃料と比較して、建物の賃料が**不相当**となった場合

に、将来に向かって賃料の増額又は減額の請求ができる。

賃料の増減請求が行われた場合、相手方が請求額を了承すれば、それ以降の賃料がその請求額に決定します。

これに対し、相手方が請求額を了承しない場合は、まずは貸主と借主との**協議**による交渉を行います。協議が調わない場合は、**調停**を申し立てて、調停による協議によって新賃料の決定を目指します。新賃料を決定するに当たっては、調停によらずにいきなり訴訟を提起することは**できず**、**訴訟を提起する前**に、必ず**調停**を申し立てなければなりません（**調停前置主義**）。調停でも協議が調わない場合は、**訴訟**を提起して、新賃料を決定することになります。

よく出る！

キーワードでCHECK! **調停前置主義** ⇒

覚えよう！｜賃料の増減請求の流れ

①賃料の増減請求⇒相手方が了承すれば、請求額が以降の新賃料となる。

⬇相手方が了承しない場合

②**協議**による交渉⇒**協議**が調えば、新賃料が決定。

⬇**協議**が調わない場合

③**調停**の申立て⇒**調停**での協議が調えば、新賃料が決定。

⬇調停での協議が調わない場合

④訴訟の提起（判決が確定すれば、それに従う）

なお、新賃料についての「裁判が確定するまで」の間は、賃料の増減請求を受けた者は、**相当と認める**額の賃料の支払い又は請求をすることができます（借地借家法 32 条 2 項、3 項）。例えば、貸主が賃料の増額請求をした場合には、借主は、裁判が確定するまでの間は、相当と認める額の賃料（つまり増額される前の賃料）を支払えば足ります。

また、借主が賃料の減額請求をした場合には、貸主は、裁判が確定するまでの間は、減額される前の賃料を請求することができます。

プラスα

ただし、増額又は減額を認める裁判が確定した後は、①借主は、裁判が確定するまでの間に支払った賃料の不足分に年 1 割の利息をつけて支払わなければならず、②貸主は、裁判が確定するまでの間に受け取った賃料の超過額に、年 1 割の利息をつけて返還しなければなりません。

(2) 賃貸借契約書による賃料改定ルールの定め

賃貸借契約書上で、賃料改定のルールを定めることもできます。この場合は、その契約書上のルールに従って、賃料の改定が行われますが、賃貸借契約の形態によって、以下のように取扱いが異なります。

①普通建物賃貸借契約の場合

契約書の中で、貸主又は借主は賃料増減請求権を行使することができないという定めがされている場合、前述のと

訴訟を提起するには、まずは**調停**を申し立てなければならないという原則。**賃料増減請求**では、この調停前置主義が採られている。

おり、一定の期間「賃料を増額しない」旨の特約は有効となります。これに対して、一定の期間「賃料を減額しない」旨の特約は無効であるため、この特約があっても借主は賃料の減額を請求することができます。

②定期建物賃貸借契約の場合

定期建物賃貸借契約においては、契約書であらかじめ賃料改定方法に関する特約を定めている場合、賃料増減請求をすることはできません(借地借家法38条9項)。つまり、「賃料を一切改定しない」旨の特約や、「賃料を減額しない」旨の特約も有効となります。

よく出る!

Ⅲ 賃料未払いへの対応

重要度 ★★★

POINT
賃料の未払いが発生した場合の対応方法や採りうる手段には、様々なものがあります。試験上も実務上も非常に重要ですので、正確に理解しましょう。

1 未収賃料の回収における留意点

(1) 自力救済の禁止

賃料の支払期日が到来したにもかかわらず、借主が賃料を支払わない場合(**未収賃料**といいます)、貸主は、裁判所による司法手続を経るなど、適法な方法によって未収賃料を回収する必要があります。

貸主がこの未収賃料を回収するために、借主の承諾を得ないで賃貸建物の部屋の鍵を交換して借主が室内に入れないようにするなど、私人が裁判所による司法手続によらずに**実力行使**(**自力救済**といいます)をすることは、社会秩序の混乱を招くものとして、**禁止**されます(**自力救済の禁止**)。

プラスα

自力救済の禁止を規定した条文はありませんが、現代の民事法では、一部の例外を除き自力救済は**禁止**されています。

キーワードでCHECK! 自力救済の禁止 ⇒

◆自力救済の禁止について

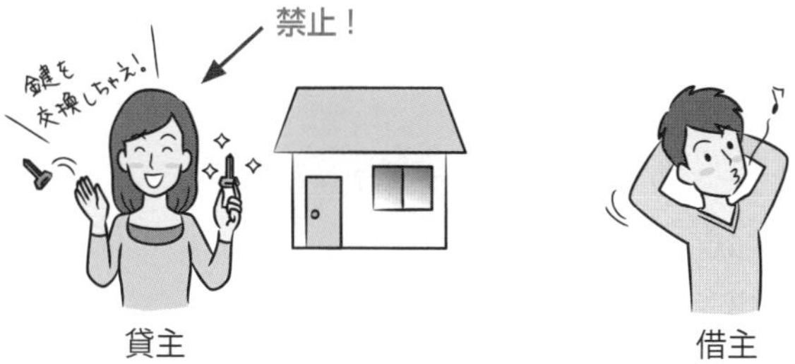

無断で鍵の交換をしたり、賃貸建物の出入口に施錠をするなどの行為は、民法上の不法行為や刑法上の住居侵入罪などに**該当**し、**違法**となるおそれがある。

賃料の未払いに対する貸主の対応が自力救済に該当する例としては、借主に無断で部屋の鍵を交換する行為のほか、ドアの鍵部分にカバーをかけて部屋に入れなくする行為や、ドアに「荷物は全て出しました」との張り紙を貼る行為、借主の留守中に勝手に借主の家財道具を処分する行為などがあります。たとえ賃貸借契約書において、「借主が賃料を滞納したときは、貸主又は管理業者は、鍵を交換することができる。」などの**特約**があったとしても、このような特約は公序良俗に反するため、**無効**となります（民法 90 条）。

よく出る！

なお、借主から、退去前に「借主は退去後の**残置物**については所有権を放棄する。」という念書を取得した場合には、貸主がこの念書に基づいて、借主が残していった粗大ゴミを処分することは自力救済には該当**せず**、**許されます**。

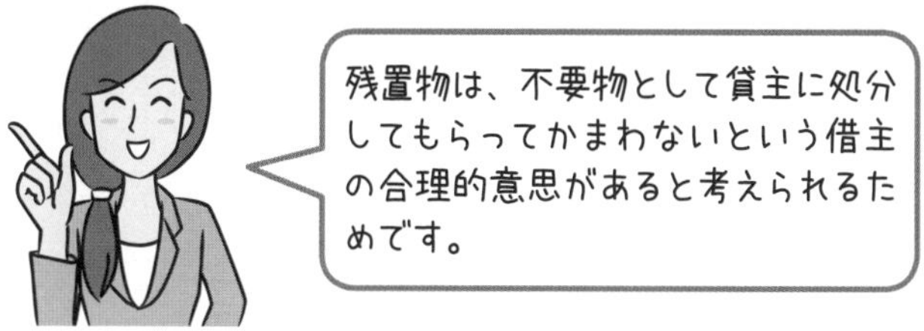

私人（一般人）が、裁判所による**司法手続**によらずに**実力行使**によって権利を実現することを禁止するという考え方。法治国家では当然の原則とされている。

(2) 弁護士法 72 条（非弁行為の禁止）の遵守

弁護士法 72 条は、弁護士又は弁護士法人で**ない者**が、**報酬を得る目的**で、訴訟事件などの法律事件に関して、代理や仲裁、和解などの**法律事務**を取り扱うことや、これらのあっせんをすることを業とすることを、原則として、**禁止**しています（**非弁行為の禁止**）。

したがって、賃貸管理業務を受託した管理業者は、未収賃料の回収業務を行うに際しては、以下のように、非弁行為に該当しないように留意する必要があります。

プラスα

つまり、当事者本人**以外の者**が、法律事務に該当する業務について、報酬を得る目的で、業として行うことは、弁護士法 72 条に**違反**することとなります。

①管理受託方式により管理業務を受託した場合

管理受託方式によって賃貸管理業務を行っている管理業者は、貸主の代理人として賃貸管理業務を行うことから、弁護士法 72 条に抵触する可能性があります。したがって、管理受託方式の場合、管理業者が貸主に**代理**して、**管理業者の名前**で、借主に対して未収賃料の回収のための**内容証明郵便**を発信することは、非弁行為に該当し、弁護士法 72 条に抵触するため、禁止されます。内容証明郵便の発信は、あくまでも貸主本人の名前で発信しなければならないこととなります。

よく出る!

②サブリース方式により管理業務を受託した場合

サブリース方式の場合、管理業者は、転貸借契約においては「貸主」の立場に立つことから、転貸借契約の**当事者の立場**にあります。

そのため、サブリース方式の場合、当事者である本人の立場に立つので、管理業者の行う法律事務は、非弁行為には該当せず、借主に対しては、**管理業者の名前**で未収賃料の回収のための内容証明郵便を発信することができることとなります。

よく出る!

キーワードで CHECK! **非弁行為の禁止（弁護士法 72 条）** ⇒

◆非弁行為の禁止について

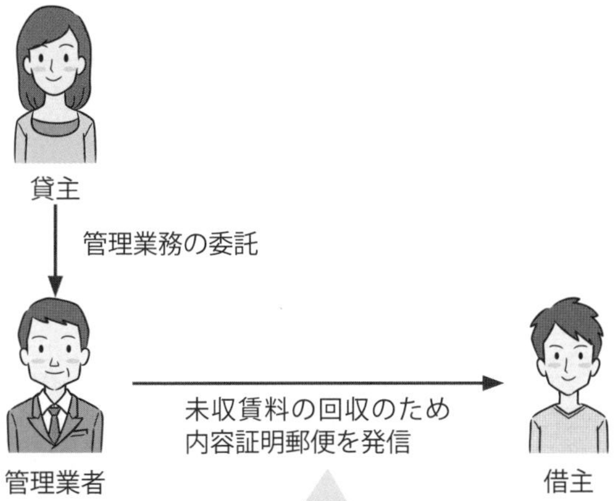

①管理受託方式では、管理業者の名前で発信することは弁護士法 72 条に**抵触する**。
②サブリース方式では、管理業者の名前で発信しても弁護士法 72 条に**抵触しない**。

2　回収業務の進め方

(1) 賃料の滞納理由の調査

賃料の未払い（滞納）が発生した場合、賃料債務の不履行という債務不履行に該当しますが、賃料の滞納が一度あったからといって、直ちに賃貸借契約を解除することができるわけでは**ありません**。

よく出る!

ここまで何度も述べてきたように、その賃料の滞納が、契約当事者間の**信頼関係を破壊**するに至ったといえない限りは、直ちに、賃貸借契約を解除することはできないものとされているからです。**信頼関係が破壊**されたといえるか否かを判断するためには、まずは滞納理由を調査する必要があります。

弁護士又は弁護士法人ではない者が、**法律事務**に該当する業務について、**報酬**を得る目的で業として行うことは、弁護士法で禁止されている。

賃貸借契約の解除と信頼関係破壊の法理については、256ページからの第6章第6節Ⅲをもう一度確認しておきましょう。

例えば、借主が、引落口座へ賃料相当額の入金を忘れていたなど、借主の単なる落ち度による賃料支払いの遅延の場合は、一般的に、信頼関係が破壊されたとはいえません。また、1か月分の賃料滞納があっただけでは、信頼関係が破壊されたとは**いえません**。

借主の収入の低下や失業・倒産などを理由に、数か月分の賃料を滞納している場合や、過去に何度も賃料滞納を繰り返している場合には、信頼関係が破壊されたと判断される傾向にあります。

(2) 借主への催告

①催告の必要性

賃料を滞納した借主に対しては、直ちに賃料を支払うよう、**催告**をする必要があります。また、信頼関係が破壊されたと認められるに至った場合であっても、原則として、賃貸借契約を解除するためには、借主に対して、相当期間を定めて賃料を支払うよう**催告**をする必要があり、その後、相当期間内に支払いがなかった場合にはじめて、契約解除が可能となります。したがって、賃貸借契約の解除を検討している場合でも、まずは賃料の支払いを**催告**する必要があります。

②催告の方法・内容

催告は、口頭でもすることができます。しかし、催告を

プラスα

256ページからの第6章第6節Ⅲで説明したとおり、借主が長期にわたって賃料を滞納しており、借主の義務違反が重大であるため信頼関係が破壊されたと**明らかに認められる**場合には、貸主は、**催告をせずに**賃貸借契約を解除することができます（最判昭43.11.21）。

キーワードでCHECK! 催告の内容の種類 ⇒

したという事実を証拠として残すことは重要ですから、催告の証拠が残るように、**内容証明郵便**によって行うなど、書面によって催告をすることが望ましいでしょう。

催告の内容としては、以下のように、①単純催告、②契約解除予告付き催告、③条件付き契約解除通知の 3 種類があります。

単純催告	「滞納賃料△△円を、本通知書到達後○日以内にお支払い下さい。」のような文言による催告。 ⇒単に滞納賃料の支払いを求めるのみであって、今後も**契約を継続**することを前提とする場合に用いられる。
契約解除予告付き催告	「滞納賃料△△円を、本通知書到達後○日以内にお支払い下さい。期限内に支払いがないときは、賃貸借契約を解除します。」のような文言による催告。 ⇒借主の対応次第で、契約の解除を検討する場合等に用いられる。ただし、解除をするには、あらためて解除通知を行う**必要がある**。
条件付き契約解除通知	「滞納賃料△△円を、本通知書到達後○日以内にお支払い下さい。期限内に全額の支払いがないときは、あらためて解除通知をすることなく、上記期限の経過をもって、当然に賃貸借契約は解除されたものとします。」のような文言による催告。 ⇒催告と条件付きの解除通知を**兼ねて**いるため、期限内に賃料の支払いがなければ、あらためて解除通知を行う必要は**なく**、当然に**契約解除**となる。契約の解除を前提とする場合や、借主が後日の解除通知を受け取らないおそれがある場合に用いられる。

単純催告、**契約解除予告付き催告**、**条件付き契約解除通知**の 3 つがある。催告をしたという証拠が残るように、**内容証明郵便**などの書面で行うのが一般的である。

(3) 借主が長期不在の場合の対応

よく出る!

借主が長期にわたって不在となっている場合であっても、賃貸借契約は存続しているため、賃貸借契約の解除の意思表示をしなければ、賃貸借契約は終了**しません**。したがって、たとえ借主が行方不明になっていても、解除の意思表示をしない限り、賃貸借契約は**存続し続けます**。

3 内容証明郵便と公正証書

(1) 内容証明郵便

内容証明郵便は、**いつ**、**どのような内容**の郵便物を、**誰が**、**誰にあてて**出したかを、郵便局（日本郵便株式会社）が**証明**する制度です。賃貸借契約の解除の意思表示や催告は、内容証明郵便を用いなくても効力は生じます。

しかし、このような重要な意思表示・通知に関しては、貸主と借主との間で、いつの時点で解除の意思表示などをしたのか等について、紛争が生じることがあります。そこで、内容証明郵便を利用することで、通知・意思表示をしたことを明確にすることが重要となります。

解除の通知や催告は、相手方へ**到達**したことによって効力が発生しますが、内容証明郵便では、郵便物が相手方へ到達したかどうかや、いつ**到達**したのかについては証明することができません。

よく出る!

そのため、解除の通知や催告は、**配達証明付きの内容証明郵便**によって行うことが一般的です。これにより、解除の意思表示や催告を行ったことについて**裁判上の証拠**とすることができます。

なお、内容証明郵便は、郵便物の通知内容を証明するものであって、郵便物である文書の**内容の真実性**まで、証明するものではありません。

キーワードでCHECK! 支払督促 ⇒

(2) 公正証書

公正証書は、**公証人**が作成する文書のことです。公正証書は公文書に該当し、社会的に信用性の高い文書として扱われることから、重要な内容の文書は、公正証書を用いて作成されることが多くなっています。公正証書が作成されると、その**原本**は、原則として、**公証役場**において**20年間保管**されます。

よく出る!

未収賃料の支払請求など、一定の金銭の支払いなどを目的とする請求に関して公正証書が作成され、その公正証書に、債務者の同意を得て、債務者が直ちに強制執行に服する旨の陳述（**強制執行認諾文言**）が記載されている場合には、裁判手続を経ることなく、直ちにこの公正証書を用いて**強制執行**をすることができます。

よく出る!

ただし、金銭の支払いなどを求める請求ではなく、賃貸建物の明渡しを求める請求については、公正証書に基づく強制執行をすることは**できません**。

4　未収賃料を回収するための法的手段

(1) 支払督促

未収賃料を迅速に回収するために、支払督促を利用することができます。支払督促とは、金銭の請求について債権者（貸主）が、簡易裁判所の**裁判所書記官**に対して一方的な申立て（支払督促の申立て）をして、裁判所はその主張の真偽についての実質的な審理を行わずに、簡易裁判所の**裁判所書記官**が**支払督促（支払命令）**を発する制度です（民事訴訟法382条）。

支払督促の手続の流れは、まず、債権者（貸主）による支払督促の申立てがあると、簡易裁判所の裁判所書記官によって支払督促の正本が発付され、相手方（債務者＝借主）に送達されます。

プラスα

通常の訴訟は、訴額が140万円超の場合、一審が地方裁判所になりますが、支払督促の場合、訴額に関係なく簡易裁判所が管轄裁判所となります。

金銭の請求について、債権者が簡易裁判所の**裁判所書記官**に対して申立てをして、実質的な審理を経ずに**支払督促（支払命令）**が発付される制度。

相手方（債務者＝借主）は、支払督促に異議がある場合は、送達後2週間以内に**督促異議の申立て**をし、この異議申立てがあると、地方裁判所又は簡易裁判所の民事訴訟の手続に移行します。

督促異議の申立てがなければ、債権者（貸主）は、**仮執行宣言の申立て**をして、簡易裁判所の裁判所書記官によって**仮執行宣言が発付**され、支払督促に仮執行宣言が付され、相手方（債務者＝借主）に送達されます。ここでも、相手方（債務者＝借主）は、送達後2週間以内に督促異議の申立てをすることで、民事訴訟の手続に移行させることができます。

仮執行宣言後の督促異議の申立てがなければ、仮執行宣言付支払督促が**確定**します。それにより、相手方（債務者＝借主）が賃料を支払わない場合には、債権者（貸主）は**強制執行**の手続をとることができます。

◆支払督促手続の流れ

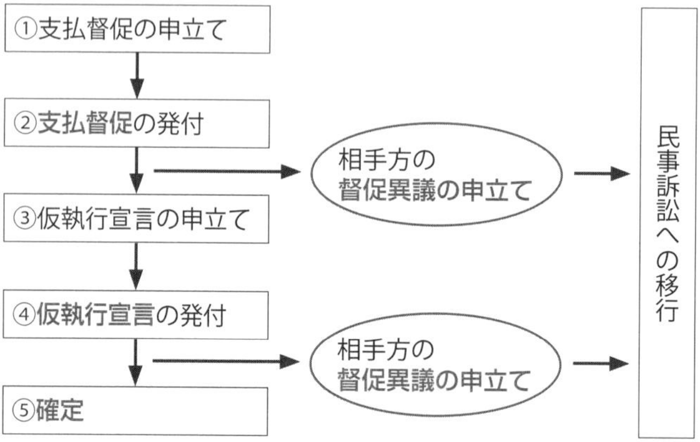

(2) 少額訴訟

少額の未収賃料を回収しようとする場合は、少額訴訟を利用することができます。少額訴訟は、**60万円以下の**金

プラスα

仮執行宣言が付された支払督促は、確定判決と同一の効力を有し（民事訴訟法396条）、民事執行法上の債務名義となります（同法22条4号）。そのため、仮執行宣言が付された支払督促が債務者に送達されたときには、執行文の付与を経なくても、強制執行が可能となります（同法25条ただし書、29条）。

銭の**支払請求**を目的とする訴えについて、**簡易裁判所**に対して審理及び裁判を求める手続です（民事訴訟法 368 条 1 項）。

請求する金銭が少額であることから、簡易かつ迅速な解決を可能とするために、裁判は原則として、**1 回の期日**で審理を終了させ、即日、判決が言い渡されます。

原告となる貸主が少額訴訟を利用するためには、訴えの提起に際して「少額訴訟による審理及び裁判を求める」旨の**申述**をし、被告である借主が少額訴訟によることに**異議がない**ことが必要です。

被告は、第 1 回口頭弁論期日で弁論をする（自己の言い分を主張する）までは、少額訴訟手続ではなく、通常の訴訟手続で審理するよう裁判所に求めることができます。したがって、原告が少額訴訟の利用を希望しているからといって、裁判所は被告の意向を無視して、少額訴訟による審理を行うことは**できません**。

また、原告は、**同一の簡易裁判所**においては、**同一年**に、**10 回**を超えて少額訴訟を選択することはできません。たとえ被告（債務者）が同一ではなくても、**年 10 回**という利用制限を受けることとなるため注意が必要です。

少額訴訟は、簡易かつ迅速な審理を行うことを目的とするものですので、被告が**反訴**を提起することは**許されません**。また、複雑な証拠調べを行うことはできず、即時に取り調べることができる証拠に限って、証拠調べをすることができます。なお、少額訴訟においても、**証人尋問**を行うことができます。

裁判所は、原告の請求の全部又は一部を認容する判決を言い渡す場合において、被告の資力その他の事情を考慮して特に必要があるときには、判決の言渡日から 3 年を超えない範囲内で、**支払猶予**又は**分割払い**の定めをすることができます。

プラスα

少額訴訟によって、建物の明渡しを求めることは**できません**。

用語

原告

訴訟を提起して、裁判を請求する当事者のこと。これに対して、訴訟の相手方当事者（訴えられた側）のことを被告という。

よく出る!

よく出る!

用語

反訴

訴訟の係属中に、被告が原告を相手方として、訴えを提起し、原告が提起した訴え（本訴）と同一の訴訟手続内での審理を求めること。

よく出る!

60 万円以下の金銭の支払請求を目的とする訴えについて、簡易裁判所に対して審理及び裁判を求める手続。原則として、判決は即日言い渡される。

覚えよう！｜少額訴訟の特徴

・**対象**：**60 万円以下**の金銭の支払請求。
➡少額訴訟によることにつき、被告に**異議がないこと**が必要。

・**裁判**：①原則として **1 回**の期日で終了。
②**証人尋問**をすることができる。

・**判決言渡し**
①**即日**言い渡される。
②言渡日から 3 年以内の範囲で、**支払猶予・分割払い**の定めが可能。

・**少額訴訟の利用の制限**
同一の簡易裁判所では、**同一の年**に **10 回**まで利用可能。

・**その他の特徴**
反訴の禁止、証拠調べの限定、控訴の禁止。

（3）民事調停

民事調停は、**当事者の合意**によって紛争の解決を図るもので、いわゆる裁判外紛争解決手続（ADR）の一種です。

民事調停は、原則として簡易裁判所で行われ、裁判官 1 名と、民間から選ばれた調停委員 2 名以上によって構成される**調停委員会**によって、当事者双方の言い分を聞いたうえで、当事者の合意をめざすという手続が進められます。

話しあいがまとまり、当事者の合意が成立すると、裁判所書記官がその内容を「**調停調書**」に記載して、調停が成立します。調停調書には確定判決と**同一**の効力があるため、原則として、後から不服を申し立てることは**できません**。

プラスα

なお、少額訴訟の終局判決に対しては、**控訴**をすることは禁止されているため、判決に不服がある当事者は、判決をした簡易裁判所に対して**異議申立て**をすることにより、通常の訴訟手続によって引き続き審理・裁判を続けることを求めることとなります。

キーワードでCHECK!　**債務名義**　⇒

(4) 民事訴訟

民事訴訟は、当事者の一方が、相手方に対する請求について、裁判所に訴状を提出して、裁判所の判断を求める手続です。訴額が **140 万円を超える**場合は地方裁判所に、**140 万円以下**の場合は簡易裁判所に申し立てることとなります。

また、当事者は、裁判所の判決によって強制的に紛争解決基準を求めることができるほか、裁判所を関与させたうえで当事者双方が歩み寄って和解するという、裁判上の和解によって紛争を解決することもできます。**裁判上の和解**が行われた場合、「**和解調書**」が作成されます。この和解調書にも確定判決と**同一**の効力があるため、原則として、後から不服を申し立てることは**できません**。

プラスα

裁判上の和解は、「訴え提起前の和解」(民事訴訟法 275 条)と「訴訟上の和解」に分かれます。

(5) 強制執行

強制執行とは、確定した判決などの強制執行を基礎づける文書(**債務名義**)によって、財産の競売等の手続を経て、債務者に対する債権者の請求権を国の機関が強制的に実現する手続です。

よく出る!

強制執行をするためには、債務名義を得たうえで、裁判所書記官による**執行文の付与**を受ける必要があります。

①債務名義

債権者が、強制執行を行う国の機関(**執行機関**といいます)に対して、強制執行を申し立てるためには、債権者の**権利の存在**及びその**範囲**を公に明らかにする文書である**債務名義**を用意する必要があります。

執行機関は、この債務名義に基づいて強制執行を行えばよいこととなるため、簡易・迅速に債権者の権利が実現されることとなるのです。

強制執行を申し立てるために必要となる、債権者の**権利の存在**及びその**範囲**を公に明らかにした文書。**確定判決**や**和解調書**、**調停調書**などが債務名義に該当する。

債務名義としては、**確定判決**、仮執行宣言付き判決、仮執行宣言付き支払督促、強制執行認諾文言付き公正証書が代表的なものです。その他にも、確定判決と同一の効力を有するものも債務名義となるため、裁判上の**和解調書**、**調停調書**が債務名義となります。

よく出る!

債権者が強制執行を申し立てるに当たっては、これらの文書のいずれかを有していなければなりません。例えば、借主が貸主に対して賃貸建物の明渡しをすることを内容とする確定判決や和解調書は、賃貸建物の明渡しを求める強制執行の債務名義となります。また、借主が貸主に対して未払賃料を支払うことを内容とする確定判決や和解調書は、未払賃料の支払いを求める強制執行の債務名義となります。

よく出る!

プラスα

「強制執行認諾文言付き公正証書」については、その原本を保管する公証役場に執行文付与の申立てを行い、公証人によって執行文が付与されます。

覚えよう! | **主な債務名義の種類**

①**確定判決**　②仮執行宣言付き判決
③仮執行宣言付き支払督促
④強制執行認諾文言付き公正証書
⑤**和解調書**　⑥**調停調書**

②執行文の付与

債務名義のみでは、強制執行を申し立てることはできず、裁判所によって「債権者は、債務者に対し、この債務名義に基づき強制執行することができる。」旨の文言が記載された書類（**執行文**）があってはじめて、強制執行の申立てが可能となります。

プラスα

執行文は、訴訟記録のある裁判所の書記官に執行文付与の申立てを行い、裁判所書記官に付与してもらいます。

5　未収賃料の経理上の処理

（1）賃料の収益計上の時期

税務上、賃料は入金がなかったとしても、賃料の支払日

よく出る!

キーワードでCHECK!　執行文　⇒

が到来したのであれば、収入として取り扱い、未収賃料として貸借対照表に計上しなければなりません。

また、敷金や保証金は、賃貸建物の明渡しの時に借主に返還されるものですが、敷金・保証金の名目で金銭が授受されていても、借主に返還しないことが確定している場合には、その確定の都度、収入金額へ計上しなければなりません。

よく出る!

(2) 回収不能の未収賃料の取扱い

よく出る!

未収賃料が回収不能の場合、原則として、その損失が生じた日の属する年分の不動産所得の金額の計算上、必要経費に算入します。

よく出る!

なお、回収不能の未収賃料は、賃料の支払いが滞納されているからといって、直ちに必要経費とはなりません。必要経費に算入するためには、賃貸借契約の解除や裁判所の判決などによって賃貸借契約を終了させ、未収賃料の金額を確定させる必要があります。判決などにより、支払いが猶予された金額や分割返済される部分については、必要経費とはならず、未収賃料の減額に応じた金額のみを必要経費に算入することができます。

Ⅳ 会計の基礎

重要度 ★★

POINT

会計の基礎は今まで出題されていませんでしたが、令和４年度試験ではじめて出題されました。今後も継続的に出題されることが予想されます。

1　企業会計の基礎

企業会計原則は、企業会計の実務の中に慣習として発達したものの中から、一般に公正妥当と認められたところを要約した基準です。この原則は一般原則、損益計算書原則、貸借対照表原則の３つの原則により構成されます。

プラスα

一般原則は、損益計算書、貸借対照表のいずれにも共通する企業会計原則の最高規範とされています。

裁判所によって「債権者は、債務者に対し、この債務名義に基づき強制執行することができる。」旨の文言が記載された書類。強制執行の申立てに必要となる。

（1）一般原則

一般原則には以下のものがあります。

①**真実性**の原則：企業会計は、企業の財政状態及び経営成績に関して、**真実な報告**を提供するものでなければなりません。

②**正規の簿記**の原則：企業会計は、すべての取引につき、**正規の簿記**の原則に従って、正確な会計帳簿を作成しなければなりません。

③資本・利益区分の原則

④**明瞭性**の原則：企業会計は、**財務諸表**によって、利害関係者に対し必要な会計事実を**明瞭に表示**し、企業の状況に関する判断を誤らせないようにしなければなりません。

⑤継続性の原則

⑥保守主義の原則　⑦単一性の原則

（2）損益計算書原則

企業会計において、ある会計期間における企業の経営成績を示す**損益計算書**を作成するための具体的な**処理基準**です。

（3）貸借対照表原則

企業会計において、期末における企業の財政状態を示す**貸借対照表**を作成するための具体的な**処理基準**です。

2　会計処理の基礎

（1）仕訳と勘定科目

企業はすべての取引につき仕訳を行います。仕訳とは、取引を**借方**（複式簿記の**左側**）と**貸方**（同**右側**）に分解して、**勘定科目**と金額を決定することをいいます。

プラスα

借方と貸方の金額は常に一致します。勘定科目とは、取引の記録・計算を行うための整理名称のことをいい、損益計算書や貸借対照表に表示されます。

キーワードでCHECK!　明瞭性の原則　⇒

◆勘定科目の分類

①**資産**：現金や預金など、収益獲得に貢献する財産。増加した場合は**借方**、減少した場合は**貸方**に記録します。
②**負債**：借入金や未払金など、将来において一定の財産を減らすものをいいます。増加した場合は**貸方**、減少した場合は**借方**に記録します。
③**純資産**：資本金など、資産から負債を差し引いて算出されるもので、正味の財産のことで、増加した場合は**貸方**、減少した場合は**借方**に記録します。
④**収益**：管理手数料収入など、金銭等の財産が増加する要因のことをいいます。増加した場合は**貸方**、減少した場合は**借方**に記録します。
⑤**費用**：清掃費や水道光熱費など、金銭等の財産が減少する要因のことをいいます。増加した場合は**借方**、減少した場合は**貸方**に記録します。

(2) 発生主義と現金主義

収益又は費用をどの時点で認識するかについては「発生主義」と「現金主義」の２つの考え方が存在します。発生主義は「収益又は費用は発生の事実をもってその計上を行う」という考え方で、現金主義は「現金の入出金が生じた時点で収益又は費用の計上を行う」という考え方です。

プラスα
取引を適正に会計処理するためには、**発生主義**のほうが好ましいとされています。

(3) 貸借対照表（B/S）と損益計算書（P/L）

貸借対照表は、**決算（期末）時点**での企業の財務状態を表しています。企業のプラスの財産である「資産」とマイナスの財産である「負債」のバランスをまとめたデータです。

損益計算書は、**一会計期間**の経営成績を示した表です。「収益」「費用」「利益」の３つの要素から成り立っており、収益から費用を差し引くことで最終的な利益を計算します。

プラスα
貸借対照表は「B/S」（バランスシート）、損益計算書は「P/L」（プロフィット＆ロス・ステイトメントとも呼ばれます。

一般原則の１つであり、企業会計はすべての取引について、正規の簿記の原則に従って、**明瞭かつ正確**な会計帳簿を作成しなければならない。

一問一答で確認しよう！

□□□問 1　賃料増減請求の意思表示が相手方に到達すると、賃貸借契約の開始時に遡って賃料が増額又は減額されることとなる。

□□□問 2　サブリース方式により管理業務を受託した管理業者は、借主に対して、自己の名前によって未収賃料の回収のための内容証明郵便を発信することは、弁護士法 72 条の非弁行為に該当し、禁止される。

□□□問 3　賃料を滞納した借主に対して、貸主が相当期間を定めて催告をしたものの、相当期間内に支払いがない場合、この催告が条件付き契約解除通知であれば、あらためて解除の意思表示をすることなく、賃貸借契約は当然に解除される。

□□□問 4　金銭の支払いなどを求める請求や賃貸建物の明渡しを求める請求については、公正証書に基づいて強制執行をすることができる。

□□□問 5　賃貸借契約が合意による更新が行われた場合、管理業者は、賃貸借契約の更新事務を行うに当たって、借主に対し、更新後の期間、更新後の賃料の額、支払時期及び方法等を記載した書面を交付することが望ましい。

□□□問 6　企業会計原則は、一般原則、損益計算書原則、貸借対照表原則の 3 つの原則により構成されている。

正解と解説

1 ×　賃料増減請求については、相手方に賃料の増額又は減額の意思表示が到達した時に、**将来に向かって**増額又は減額の効果が生じる。

2 ×　サブリース方式の場合、管理業者は、転貸借契約における**貸主**という当事者の立場に立つことから、自己の名前で未収賃料の回収のための内容証明郵便を発信しても、弁護士法 72 条の非弁行為には**該当しない**。

3 ○　条件付き契約解除通知の場合、催告と条件付きの解除通知を**兼ねている**ため、借主が期間内に賃料を支払わない場合、あらためて解除の意思表示をする必要は**なく**、**当然**に契約は**解除**される。

4 ×　賃貸建物の明渡しを求める請求については、公正証書に基づく強制執行をすることが**できない**。

5 ○　管理業者は、賃貸借契約の更新事務を行うに当たって、当該更新が合意によって行われたことを明確にするため、本問の内容を記載した書面を交付することが**望ましい**。

6 ○　本問の記述のとおりである。

過去問を確認しよう！

□□□**問題**　未収賃料の経理上の処理に関する次の記述のうち、最も適切なものはどれか。　（平成 29 年度第 23 問）

1　賃料の支払がなければ、税務上、収入として扱う必要はなく、貸借対照表への計上も不要である。

2　金銭の授受の名目が敷金であれば、返還しないことが確定している場合でも、収入金額への計上を要しない。

3　回収不能の未収賃料は、個人貸主にあっては、損失が生じた日の属する年分の不動産所得の金額の計算上、必要経費に算入されるのが原則である。

4　滞納期間が長い未収賃料は、回収不能と判断されて必要経費に算入される。

正解　3

1 ×　賃料の支払いがなくても、支払期日が到来すれば、**未収賃料**として貸借対照表に計上する**必要がある**。

2 ×　返還しないことが確定している敷金は、その確定した都度、**収入金額**へ計上する**必要がある**。

3 ○　回収不能の未収賃料は、原則として、その**損失が生じた日の属する年分**の不動産所得の金額の計算上、**必要経費**に算入される。

4 ×　滞納期間が長い未収賃料であるからといって、直ちに回収不能と判断されて必要経費に算入される**わけではない**。

予想問題にチャレンジ！

問題　賃料の取扱いに関する次の記述のうち、最も不適切なものはどれか。

1　賃料を借主が貸主の銀行口座に直接振り込むという方法は、入金の確認に手間がかかるというデメリットがある。

2　借主が賃料等を管理業者へ振り込み、管理業者から貸主に振り込んでもらう方法は、管理業者が借主からの入金状況を確実に把握できるというメリットがある。

3　賃料等の徴収を代行した管理業者には、財産を分別管理する義務があり、日常的に行っている他の支払代行業務により徴収した金銭と混同しないよう、十分注意することが求められる。

4　信販会社や銀行などの集金事務代行会社によって、借主の銀行口座から毎月、自動的に賃料が引き落とされるという自動振替による方法は、低コストで賃料徴収を行うことができるというメリットがある。

解答	

正解	4

1 ○　賃料を借主が貸主の銀行口座に直接振り込む方法は、借主の任意のタイミングで振り込まれることとなるため、**入金の確認**に**手間がかかる**というデメリットがある。

2 ○　借主が賃料等を管理業者へ振り込み、管理業者から貸主に振り込んでもらう方法には、管理業者が借主からの**入金状況**を**確実**に**把握**でき、入居者ごとに入金状況を確認することが可能となるというメリットがある。

3 ○　賃料等の徴収を代行した管理業者は、財産の**分別管理**の義務を負うため、他の支払代行業務により徴収した金銭と**混同しない**ように注意しなければならない。

4 ×　自動振替による賃料の徴収は、集金事務代行会社への手数料支払いの**コストがかかる**というデメリットがある。

第3節 明渡しの際の原状回復

学習日 ／

頻出度 A

本節では、賃貸借契約が終了し、賃貸建物を明け渡す際の原状回復についての一般的な考え方について学習します。ガイドラインがどのように定めているのかを中心に、しっかりと準備をしておきましょう。

I 原状回復をめぐるトラブルとガイドライン

重要度 ★★★

POINT

建物賃貸借契約においては、原状回復をめぐって様々なトラブルが発生します。トラブルを解決するためのガイドラインの位置づけを学習しましょう。

建物賃貸借契約が終了し、賃貸建物を明け渡す際、借主は原状回復義務を負います。この原状回復をめぐっては、その範囲や費用負担などをめぐるトラブルが急増しており、このようなトラブルを未然に防ぐことや円満解決を目的として、国土交通省は、「原状回復をめぐるトラブルとガイドライン（再改訂版）」（国土交通省平成23年8月。以下「ガイドライン」といいます）を公表しています。

ガイドラインは、賃貸借契約や契約終了時の退去の際について、貸主及び借主が知っておくべき一般的なルール等を示したものです。賃料が市場家賃程度の民間賃貸住宅を想定して定められたものであり、賃貸借契約の締結時において参考となるものです。

ガイドラインでは、「原状回復」とは、借主が物件を借りた当時の状態に戻すもの**ではない**ということを明確にしたうえで、原状回復の定義や考え方について、基準を策定しています。また、原状回復費用の負担など、実務上トラブルになりやすい事例について、トラブル解決の参考となる

プラスα

ガイドラインは、1998（平成10）年に最初に公表され、2004（平成16）年に「改訂版」が、さらに2011（平成23）年には現在の「再改訂版」が公表されました。

ように、詳細な判断基準を示しています。

よく出る!

なお、ガイドラインはあくまでも一般的な基準を示した指針であって、当事者に対して、法的な拘束力を及ぼすものではありません。したがって、貸主及び借主は、ガイドラインの内容を強制されるものではなく、契約内容や物件の性質、使用状況などによって、個別にその解決方法が判断されることとなります。

Ⅱ ガイドラインの内容

重要度 ★★★

POINT

建物の損耗等の原状回復の要否や負担割合、原状回復の範囲などは試験で頻出ですので、具体的な事例をもとに、正確な知識をインプットしましょう。

1　原状回復の原則

(1) 原状回復の意義

よく出る!

ガイドラインでは、原状回復とは、「賃借人の居住、使用により発生した建物価値の減少のうち、**賃借人の故意・過失**、善管注意義務違反、その他**通常の使用を超えるような使用による損耗・毀損を復旧すること**」と定義しています。

前述のとおり、原状回復は、賃借人（借主）が借りた当時の状態に戻すこと**ではない**ことを明確化しています。

そのうえで、原状回復の費用は、**借主**が負担するものとしています。

用　語

善管注意義務

「善良な管理者の注意義務」を省略したもので、業務を委任された人の職業や専門家としての能力、社会的地位などから考えて通常期待される注意義務のことを指す。

覚えよう!｜「原状回復」の定義

借主の居住、使用により発生した建物価値の減少のうち、以下を原因とする損耗・毀損を復旧すること。

➡これらの復旧費用は**借主**が負担する。

①借主の**故意・過失**　　②借主の**善管注意義務違反**

③**通常の使用を超える**ような使用

キーワードでCHECK!　不可抗力による損耗等の復旧費用の負担者（ガイドライン）　⇒

これに対して、ガイドラインでは、**経年変化**（建物・設備等の自然的な劣化・損耗等）や**通常損耗**（借主の通常の使用により生ずる損耗等）は、**貸主**が負担すべきものであるとしています。

例えば、新たな入居者を確保する目的で行う設備の交換や化粧直し等のリフォームは、経年変化及び通常損耗の修繕に**該当し**、**貸主**の負担となります。

よく出る!

なお、ガイドラインは、震災等の**不可抗力**による損耗等や、上階の入居者によってもたらされた天井からの水漏れ等の借主とは無関係な、**第三者**によってもたらされた損耗等については、貸主が負担すべきであるとしています。

よく出る!

プラスα

経年変化及び通常損耗の復旧費用については、賃貸借契約の性質上、**賃料**の中に**含まれている**と考えられるため、借主が別途、これらの復旧費用を負担する必要はないものとされています。

覚えよう!｜**「貸主」が復旧費用を負担すべき損耗等**

①**経年変化**（建物・設備等の自然的な劣化・損耗等）
②**通常損耗**（借主の通常の使用により生ずる損耗等）
③**不可抗力**による損耗等
④**第三者**による損耗等

(2) 事例ごとの負担義務者

ガイドラインは、原状回復が問題となる事例を次のように４つに区分して、費用の負担義務者の考え方を示しています。

事例の区分		費用負担者
A	賃借人が**通常**の住まい方、使い方をしていても発生すると考えられるもの	貸主
B	賃借人の**住まい方、使い方次第で発生したり、しなかったりする**と考えられるもの（明らかに通常の使用等による結果とはいえないもの）	借主

ガイドラインでは、震災等の不可抗力による損耗等や、借主とは無関係の第三者により発生した損耗等の復旧費用は、**貸主**が負担すべきとしている。

A（＋B）	基本的にはAであるが、その後の手入れ等、**賃借人の管理が悪く**、損耗等が発生又は拡大したと考えられるもの	借主
A（＋G）	基本的にはAであるが、**建物価値を増大**させる要素が含まれているもの	貸主

上記表のA（賃借人が通常の住まい方、使い方をしていても発生すると考えられるもの）は、**経年変化**又は**通常損耗**に該当するため、**貸主**が費用を負担すべきであるとされています。

これに対して、B（賃借人の住まい方、使い方次第で発生したり、しなかったりすると考えられるもの）は、借主の**通常の使用**を**超える**ような使用によって発生した損耗等に該当するため、**借主**が費用を負担すべきであるとされています。

A（＋B）（基本的にはAであるが、その後の手入れ等賃借人の管理が悪く、損耗等が発生又は拡大したと考えられるもの）は、もはや通常の使用により発生する損耗等とは**いえない**ため、**借主**が費用を負担すべきであるとされています。

A（＋G）（基本的にはAであるが、建物価値を増大させる要素が含まれているもの）は、次の入居者を確保するための**化粧直し・グレードアップ**の要素を含むものであるため、建物価値の増大という利益を受ける**貸主**が費用を負担すべきであるとされています。

以上の費用負担の区分を、ガイドラインは次のようなグラフによって示しています。

よく出る!

プラスα

2020年4月1日から施行されている改正民法では、①賃借物に損傷が生じた場合は、原則として借主が原状回復義務を負うこと、②借主の責めに帰することができない事由によって損傷が発生した場合は、借主は原状回復義務を負わないこと、③通常損耗及び経年変化については、借主は原状回復義務を負わないこと、が明記されることとなりました（民法621条）。

キーワードでCHECK! 貸主が費用を負担すべきもの ⇒

◆**損耗・毀損事例の区分**　「原状回復をめぐるトラブルとガイドライン（再改訂版）」より抜粋

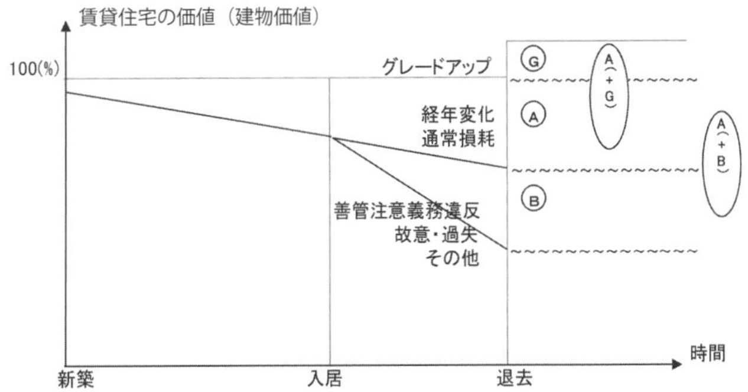

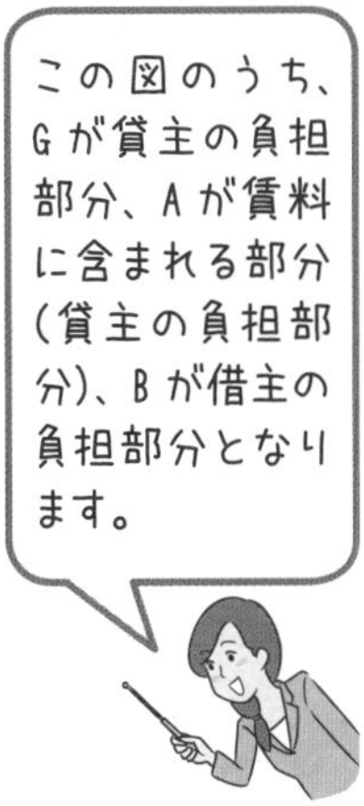

覚えよう！ 負担義務者の区別

◆**貸主が負担するもの**

①借主が**通常の住まい方**、**使い方**をしていても**発生**すると考えられるもの。

②**建物**の**価値**を**増大**させる要素が含まれているもの。

◆**借主が負担するもの**

①借主の住まい方や使い方次第で、**発生したりしなかったりする**と考えられるもの。

②借主が通常の住まい方、使い方をしていても発生すると考えられる損耗等であるが、その後の手入れ等**借主の管理**が悪かったために、その損耗等が**発生**又は**拡大**したと考えられるもの。

①借主が**通常の住まい方**、**使い方**をしていても**発生**すると考えられるもの、及び②建物の**価値**を**増大**させる要素が含まれているもの。

（3）損耗・毀損の事例区分の部位別の具体例

次に、ガイドラインでは、通常損耗か否かの判断に関してトラブルになりやすいものについて、「部位別」に整理したうえで、359ページからのA、B、A（＋B）、A（＋G）のいずれの事例区分に該当するかを整理しています（ガイドライン別表1）。この「別表1」のうち、主要なものを取り上げてまとめると、次のものになります。

◆ガイドラインによる損耗・毀損の事例区分の部位別の主な具体例（通常、一般的な例示）のまとめ

①家具の設置による床やカーペットのへこみ、設置跡
→**通常の使用**による損耗と考えられ、**貸主**の負担（A）に区分。

②壁、天井のうち、たばこ等のヤニ・臭い
→通常の使用による汚損を**超える**ものと判断される場合が多く、**借主**の負担（B）に区分されることが多い。

③画《が》鋲《びょう》やピン等の穴のうち、**下地ボードの張替え**が不要な程度のもの
→**通常の使用**による損耗と考えられ、**貸主**の負担（A）に区分。

④壁等のくぎ穴、ねじ穴のうち、**下地ボードの張替え**が必要な程度のもの
→通常の使用による損耗を**超える**と判断される場合が多く、**借主**の負担（B）に区分されることが多い。

⑤建具のうち、落書き等の故意による毀損
→**借主**の負担（B）に区分。

プラスα

なお、これらの区分は一般的な事例を想定して定められたものにすぎないため、個別具体的な事例において、例えば、Bに区分され借主に原状回復義務が発生すると思われるものであっても、損耗等の程度を考慮して、借主の負担割合等についてより**詳細に決定**することも可能です。

よく出る!

よく出る!

よく出る!

キーワードでCHECK!　経過年数による減価割合　⇒

⑥飼育ペットによって柱等に付いたキズや臭い

→借主の使い方次第で発生したりしなかったりするものに位置づけられ、**借主**の負担（B）に区分されることが多い。

よく出る!

⑦台所やトイレの消毒

→借主の管理の範囲を**超える**ので、**貸主**の負担（A（＋G））に区分。

⑧エアコンの内部洗浄

→借主の管理の範囲を**超える**ので、**貸主**の負担（A（＋G））に区分。

よく出る!

（4）借主の費用負担割合（経過年数・入居年数の考え方）

ガイドライン上、借主が原状回復義務を負うとされる場合でも、借主は必ず「全額」の費用負担義務を負わなければならないわけではありません。

経年変化や通常損耗は当然の前提となっており、借主は、経年変化・通常損耗分は**賃料**として支払っていることから、その分は**貸主**が費用を負担すべきと考えられます。

そこで、ガイドラインは、借主の負担割合については、建物や設備等の**経過年数**を考慮して、**経過年数**が多いほど負担割合を**減少**させることとしています。

よく出る!

①経過年数による減価割合

ガイドラインは、経過年数による減価割合について、法人税法における**減価償却資産**の考え方を採用しています。各資産について、その**耐用年数**を過ぎると、**残存価値が 1 円**になるとして、経過年数に応じた減価割合を設定しています。

ガイドラインでは、この考え方を次のグラフで表しています。

プラスα

詳細なガイドラインを確認したい場合は、下記のアドレスにおいて、国土交通省のホームページからダウンロードすることができます。

https://www.mlit.go.jp/jutakukentiku/house/jutakukentiku_house_tk3_000021.html

各資産について**耐用年数**を考慮し、その耐用年数を過ぎれば**残存価値**が 1 円となるように、経過年数に応じて借主の負担割合が減少することになる。

◆設備等の経過年数と賃借人負担割合（耐用年数６年及び８年・定額法の場合）、「原状回復をめぐるトラブルとガイドライン（再改訂版）」より抜粋

賃借人負担割合（原状回復義務がある場合）

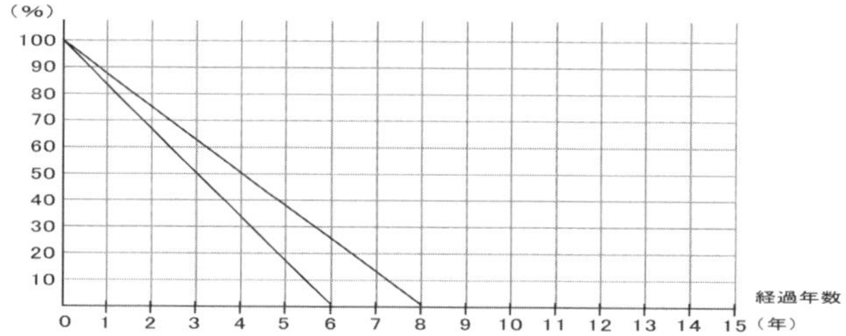

このグラフは、資産の耐用年数が６年の場合と８年の場合を想定しています。例えば、賃貸建物の新築後に入居して、入居から４年後に退去する場合、耐用年数が８年の壁のクロスに借主の故意・過失による損傷があったとします。そのクロスの張替え費用が４万円であるとして、上記グラフによれば、借主が費用負担すべき割合は**50%**となるので、**２万円**を負担すべきこととなります。

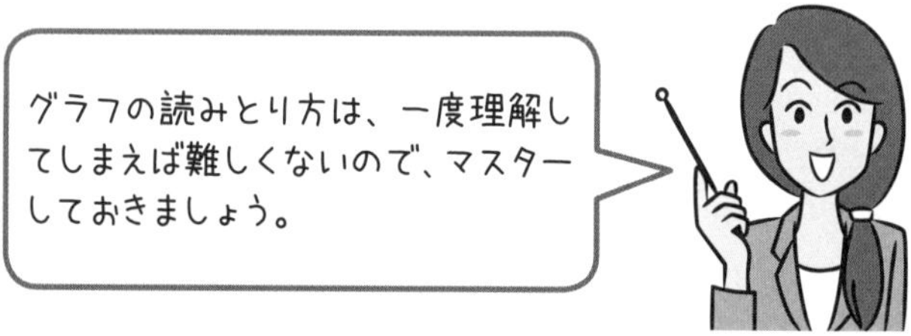

よく出る!

なお、経過年数を**超えた**設備等であっても、引き続き賃貸建物の設備等として使用することができる場合があります。この場合に、借主が故意・過失などにより設備等を損傷して使用不能となったときは、その設備等が**本来機能**していた状態にまで回復させるための費用について、**借主**の負担とすることができます。

キーワードでCHECK! 入居年数による代替 ⇒

②入居年数による代替

ガイドラインは、賃貸建物が新築ではない場合や、設備が交換された直後でない場合には、経過年数のグラフを**入居年数**で代替する方式を採用することとしています。

すなわち、新築や設備交換の直後でない場合は、次のグラフのように、実際の資産価値にあわせて、グラフの出発点を100%から下方にシフトさせて使用します。

プラスα

グラフの出発点を何％にするかは、契約当事者があらかじめ協議して決定します。

◆入居時の状態と賃借人の負担割合（耐用年数６年・定額法の場合）「原状回復をめぐるトラブルとガイドライン（再改訂版）」より抜粋

賃借人負担割合（原状回復義務がある場合）

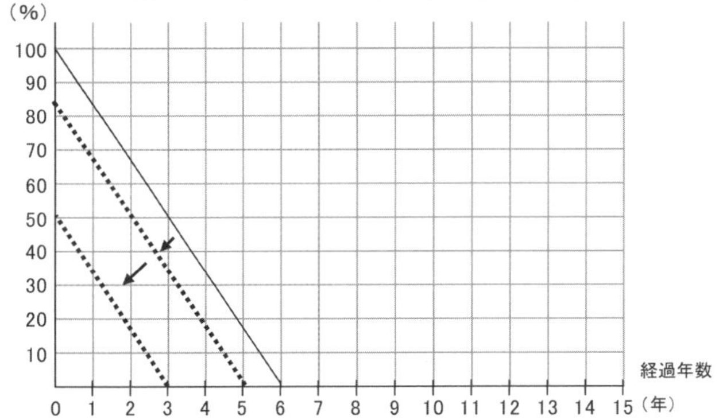

※入居時の設備等の状態により、左方にシフトさせる。新築や交換、張替えの直後であれば、始点は（入居年数、割合）＝（0年、100%）となる。

このグラフは、資産の耐用年数が６年の場合を想定して、グラフの出発点を100%から82.5%、又は50%に設定しています。

例えば、グラフの始点を50%に決定した場合において、入居から１年後に退去する際に、耐用年数が６年の壁のクロスに借主の故意・過失による損傷があったときは、そ

ガイドラインは、新築ではない場合や設備交換の直後でない場合には、**実際の資産価値**にあわせて、グラフの出発点を100%から下方にシフトさせている。

の張替え費用が６万円であるならば、借主が費用負担すべき割合は、６万円×50％＝３万円のうち、入居時に残存価値が３年であったクロスのうち残り**２年**分について負担することとなります。結果、３万円×**３分の２＝２万**円を負担すべきこととなります。

③経過年数（入居年数）を考慮しないもの

よく出る!

ガイドラインによれば、必ずしも「すべて」の設備等について、経過年数（入居年数）を考慮しなければならない**わけではありません**。

フローリング等の部分補修のように、建物本体と同様に長期間の使用に耐えられ、部分補修が可能な部位は、経過年数を考慮することにはなじまないものとされています。

よく出る!

また、**襖紙**《ふすまがみ》や**障子紙**《しょうじがみ》、**畳表**《たたみおもて》のように、消耗品としての性格が強いものは、経過年数を考慮せずに、借主の故意・過失によって張替え等が必要となる毀損等が発生した場合には、張替え等の費用を**借主**の負担とすべきであるとされています。

さらに、**クリーニング費用**についても、経過年数を考慮しないとされており、通常の清掃を実施していない場合に、部位又は住戸全体の清掃費用を**借主**の負担とすべきであるとされています。借主が**鍵を紛失**した場合の交換費用も、経過年数を考慮せず、借主に交換費用を負担させるべきとされています。

よく出る!

覚えよう！ 経過年数（入居年数）を考慮しないもの

①フローリング等の部分補修
②**襖紙、障子紙、畳表**
③**クリーニング費用**
④借主が**鍵**を**紛失**した場合の交換費用

（5）原状回復の範囲

ガイドラインによれば、原状回復とは毀損部分を復旧することであるから、原状回復の範囲は、**可能な限り毀損部分に限定**し、毀損部分の補修工事が可能な最低限度を原状回復工事の施工単位とすることとされています。

そのため、借主に原状回復義務がある場合の費用負担の範囲についても、補修工事が**最低限可能な施工単位**に基づく補修費用相当分となることとされています。

よく出る！

例えば、壁等のクロスの張替え費用については、**m²単位**で借主に負担させるべきであって、張替えが必要な「全面」分の費用について、借主に負担させるべき**ではない**とされています。

よく出る！

ただし、借主が毀損した箇所を含む**一面**分の張替え費用については、借主に負担させることができるとされています。

よく出る！

また、借主の喫煙等により、居室全体のクロスがヤニで変色したり臭いが付着した場合には、居室全体のクリーニング費用又はクロスの張替え費用を**借主**負担とすることが妥当であるとされています。

ガイドラインが定める借主の原状回復義務の負担範囲は、次のように紹介されています。ポイントは上記で紹介しましたが、参考に掲載します。

ガイドラインは、原状回復の範囲は可能な限り**毀損部分**に**限定**し、**毀損部分**の補修工事が可能な**最低限度**を原状回復工事の**施工単位**とすることとしている。

◆借主の原状回復義務の負担範囲　「賃借人の原状回復義務等負担一覧表」「原状回復をめぐるトラブルとガイドライン（再改訂版）」より抜粋

別表２　賃借人の原状回復義務等負担一覧表

	賃借人の原状回復義務	工事施工単位（実体）	賃借人の負担単位等	経過年数の考慮等
基本的な考え方	・賃借人の居住・使用により発生した建物価値の減少のうち、賃借人の故意・過失、善管注意義務違反、その他通常の使用を超えるような使用による損耗等を復旧すること。	――――――	・可能な限り毀損部分の補修費用相当分となるよう限定的なものとする。この場合、補修工事が最低限可能な施工単位を基本とする。いわゆる模様あわせ、色あわせについては、賃借人の負担とはしない。	・財産的価値の復元という観点から、毀損等を与えた部位や設備の経過年数によって、負担割合は変化する。 ・具体的には、経過年数が多いほど賃借人の負担割合が小さくなるようにする。 ・最終残存価値は１円とし、賃借人の負担割合は最低１円となる。
床 （畳、フローリング、カーペットなど）	・毀損部分の補修	・畳　:最低1枚単位 色合わせを行う場合は当該居室の畳数分 ・カーペット、クッションフロア:1部屋単位 洗浄等で落ちない汚れ、キズの場合 ・フローリング　:最低m²単位	・畳　:原則1枚単位 毀損等が複数枚にわたる場合は、その枚数（裏返しか表替えかは毀損の程度による） ・カーペット、クッションフロア: 毀損等が複数箇所にわたる場合は当該居室全体 ・フローリング　:原則m²単位 毀損等が複数箇所にわたる場合は当該居室全体	（畳表） ・消耗品に近いものであり、減価償却資産になじまないので、経過年数は考慮しない。 （畳床、カーペット、クッションフロア） ・６年で残存価値１円となるような直線（または曲線）を想定し、負担割合を算定する。 （フローリング） ・経過年数は考慮しない。ただし、フローリング全体にわたっての毀損によりフローリング床全体を張り替えた場合は、当該建物の耐用年数（参考資料の資料８参照）で残存価値１円となるような直線を想定し、負担割合を算定する。

キーワードで CHECK!　**壁等のクロスの張替え費用に関する原状回復の範囲　⇒**

	賃借人の原状回復義務	工事施工単位（実体）	賃借人の負担単位等	経過年数の考慮等
壁、天井 （クロスなど）	・毀損部分の補修	・壁（クロス）：最低㎡単位 色、模様あわせを行う場合は当該面または居室全体 ＊タバコ等のヤニや臭いの場合は、クリーニングまたは張替え（部分補修困難）	・壁（クロス）： ㎡単位が望ましいが、賃借人が毀損させた箇所を含む一面分までは張替え費用を賃借人負担としてもやむをえないとする。 ＊タバコ等のヤニや臭い 喫煙等により当該居室全体においてクロス等がヤニで変色したり臭いが付着した場合のみ、当該居室全体のクリーニングまたは張替費用を賃借人負担とすることが妥当と考えられる。	（壁〔クロス〕） ・6 年で残存価値 1 円となるような直線（または曲線）を想定し、負担割合を算定する。
建具 （襖、柱など）	・毀損部分の補修	・襖：最低1枚単位 色、模様あわせを行う場合は当該居室全体の枚数 ・柱：最低1本単位	・襖：1枚単位 ・柱：1本単位	（襖紙、障子紙） ・消耗品であり、減価償却資産とならないので、経過年数は考慮しない。 （襖、障子等の建具部分、柱） ・経過年数は考慮しない。（考慮する場合は当該建物の耐用年数で残存価値 1 円となるような直線を想定し、負担割合を算定する。）

「全面」分の費用ではなく、m^2 単位で借主に負担させるべきである。ただし、借主が毀損した箇所を含む一面分の張替え費用を、借主に負担させることができる。

	賃借人の原状回復義務	工事施工単位（実体）	賃借人の負担単位等	経過年数の考慮等
設備、その他 （鍵、クリーニングなど）	・設備の補修 ・鍵の返却 ・通常の清掃（ゴミ撤去、掃き掃除、拭き掃除、水回り清掃、換気扇やレンジ回りの油汚れの除去）	・設備機器：部分的補修、交換 ・鍵：紛失の場合はシリンダーの交換 ・クリーニング：専門業者による部位ごともしくは全体のクリーニング（いわゆるハウスクリーニング）	・設備機器：補修部分、交換相当費用 ・鍵：紛失の場合はシリンダーの交換 ・クリーニング：部位ごともしくは住戸全体	（設備機器） ・耐用年数経過時点で残存価値１円となるような直線（または曲線）を想定し、負担割合を算定する（新品交換の場合も同じ）。 **【主な設備の耐用年数】** ●耐用年数５年のもの ・流し台 ●耐用年数６年のもの ・冷房用、暖房用機器（エアコン、ルームクーラー、ストーブ等） ・電気冷蔵庫、ガス機器（ガスレンジ） ・インターホン ●耐用年数８年のもの ・主として金属製以外の家具（書棚、たんす、戸棚、茶ダンス） ●耐用年数 15 年のもの ・便器、洗面台等の給排水・衛生設備 ・主として金属製の器具・備品 ●当該建物の耐用年数が適用されるもの ・ユニットバス、浴槽、下駄箱（建物に固着して一体不可分なもの） ・鍵の紛失の場合は、経過年数は考慮しない。交換費用相当分を全額賃借人負担とする。 ・クリーニングについて、経過年数は考慮しない。賃借人負担となるのは、通常の清掃を実施していない場合で、部位もしくは住戸全体の清掃費用相当分を全額賃借人負担とする。

2　原状回復の取扱いに関する特約

(1) 通常損耗補修特約の可否

ガイドラインによれば、経年変化や通常損耗の補修費用は、原則として、**貸主**が負担することとなります。しかし、ガイドラインには強制力はないため、ガイドラインとは異なる特約を結ぶことは**許されて**おり、経年変化や通常損耗の補修費用を借主の負担とする特約（通常損耗補修特約）をすることも**可能**です。

ただし、経年変化や通常損耗に対する補修費用を借主に負担させる特約は、借主に法律上・社会通念上の義務とは別個の新たな義務を課すこととなるため、ガイドラインは、以下の要件を満たす場合に限り、通常損耗補修特約は有効となるとしています。

よく出る！

◆通常損耗補修特約が有効となるための要件

①特約の**必要性**があり、**かつ**、暴利的でないなどの**客観的、合理的理由**が存在すること。

②借主が特約によって、通常の原状回復義務を超えた修繕等の義務を負うことについて**認識**していること。

③借主が特約による**義務負担**の**意思表示**をしていること。

また、判例（最判平 17.12.16）は、通常損耗補修特約が有効となるためには、貸主と借主との間に**明確な合意**があることが必要であるとしています。すなわち、判例は、借主が補修費用を負担することとなる通常損耗及び経年変化の範囲が、**賃貸借契約書**の条項で**具体的に明記**されているか、又は、貸主が**口頭で説明**して、借主がその旨を**明確に認識**し、それを**合意の内容**としたことが認められるなど、通常損耗補修特約が**明確に合意**されていることが必要であるとしています。

プラスα

結果として、通常損耗補修特約が有効になるための要件の4つ目として、左の判例の内容が加わります。

経年変化や通常損耗の補修費用は、原則として**貸主**の負担とされているが、この費用負担を**借主**の負担とする旨の特約のこと。

3　原状回復の手続

(1) 損耗等の有無の確認

貸主と借主との間で、入居時及び退去時における損耗等の有無の確認が不十分だと、原状回復をめぐるトラブルが発生する大きな原因となります。

そこで、ガイドラインは、このようなトラブルを未然に防止する方法として、次のような入居時・退去時物件状況確認リスト等のチェックリストを作成し、入居時及び退去時における損耗等の有無を確認し、事実関係を明確にすることが重要であるとしています。

チェックリストは、玄関や台所、浴室、洗面所などの場所ごとに分けたうえで、天井や壁、床、ドアなどの部位について、入居時における損耗等の有無や具体的な状況と、退去時における損耗等の有無・具体的な状況・修繕や交換の要否などについて詳しく記載することが有効です。また、具体的な損耗の箇所や程度を平面図に記入することや、写真を撮るなどの手段を活用することも重要です。

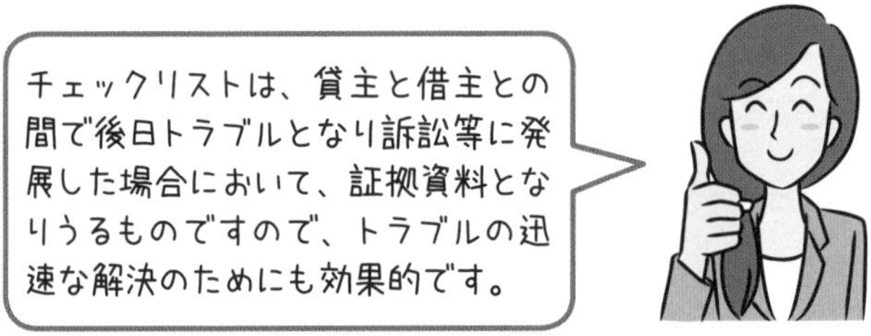

(2) 原状回復に関する契約条件等の合意

借主が負担すべき原状回復にかかる費用は、金額の大きさによって、借主が賃貸借契約を締結するか否かを判断するに当たっての重要な判断材料の 1 つとなります。

このことから、ガイドラインは、修繕費用の負担範囲や

キーワードでCHECK!　原状回復工事施工目安単価　⇒

原状回復工事施工目安単価などを明記した、原状回復に関する**契約条件**を契約書に添付することによって、あらかじめ貸主と借主との間で**原状回復条件**について**合意**しておくことが重要であるとしています。

またガイドラインは、契約書に添付する原状回復の条件に関する様式として、これまで説明した「原状回復」の定義を明記したうえで、貸主・借主の修繕分担表（貸主の負担となるものと借主の負担となるものの一覧表）、借主の負担単位などを明記することとしています。

（3）原状回復工事施工目安単価の記載

さらに、ガイドラインは、貸主と借主は、原状回復をめぐるトラブルを未然に防止するために、目安として、把握することが可能な「**原状回復工事施工目安単価**」を可能な限り記載することが望ましいとしています。

原状回復工事施工目安単価は、**入居時**における貸主・借主双方で概算額を認識するために設定するものです。畳やカーペット類、壁や天井のクロス、窓、襖、障子、玄関ドア、柱などの対象箇所ごとに、一定の単位における単価は何円であるかを記載するものです。例えば、壁（クロス）であれば、m^2 単位ごとの単価を具体的に記載することとなります。

なお、原状回復工事の資材の価格や在庫状況の変動のほか、実際の毀損の程度や施工方法などによって、入居時に設定した目安単価が、退去時には適切な金額ではなくなっていることがあります。そのため、原状回復工事施工目安単価は、あくまでも入居時に設定した**目安**であって、**退去時**に、この単価を**変更**することは可能です。

よく出る!

原状回復工事施工目安単価は、これはその名にもあるとおり、あくまで**目安**なので、退去時にこの単価を変更することは**できる**。

一問一答で確認しよう！

□□□**問１**　ガイドラインは、原状回復とは借主が借りた当時の状態に戻すことではないことを明確にしている。

□□□**問２**　ガイドラインは、建物の損耗等を「経年変化」、「通常損耗」、「借主の故意・過失や善管注意義務違反その他通常の使用を超えるような使用による損耗等」の３つに区分している。

□□□**問３**　ガイドラインによれば、襖紙や障子紙、畳表は、経過年数を考慮するものとされている。

□□□**問４**　ガイドラインによれば、台所やトイレの消毒は、借主が原状回復義務を負い、借主がその費用を負担するものとされている。

正解と解説

１ ○　ガイドラインでは、原状回復を「賃借人の居住、使用により発生した建物価値の減少のうち、**賃借人の故意・過失、善管注意義務違反**、その他**通常の使用を超える**ような使用による**損耗・毀損**を復旧すること」と定義しており、借主が借りた当時の状態に戻すこと**ではない**ことを**明確**にしている。

２ ○　ガイドラインは、原状回復を定義することにより、建物の損耗等を「**経年変化**」、「**通常損耗**」、「**借主の故意・過失**や**善管注意義務違反**その他**通常の使用を超える**ような使用による**損耗・毀損**」の**３つ**に区分している。

３ ×　襖紙や障子紙、畳表のように、消耗品としての性格が強いものは、経過年数を**考慮せず**、**借主の故意・過失**によって、その張替え等が必要となる毀損等が発生した場合には、張替え等の費用を借主の負担とすべきであるとされている。

４ ×　台所やトイレの消毒は、日常の清掃とは**異なり**、借主の管理の範囲を**超えている**ものであるため、**貸主**が費用を負担するものとされている。

過去問を確認しよう！

□□□**問題**　ガイドラインの考え方を前提とした場合、原状回復に関する次の記述のうち、誤っているものはいくつあるか。（令和２年度第 32 問）

ア　ハウスクリーニング費用は、借主が通常の清掃を実施していないために必要となった場合であっても、貸主の負担である。

イ　鍵交換費用は、借主が鍵を紛失した場合であっても、貸主の負担である。

ウ　ペット飼育に伴う部屋の毀損を補修する費用は、無断飼育の場合を除き、貸主の負担である。

エ　借主の同居人による部屋の毀損を補修する費用は、借主自身に故意過失がない場合、貸主の負担である。

1　1つ　**2**　2つ　**3**　3つ　**4**　4つ

正解　4

ア×　ハウスクリーニング費用について、通常の清掃を実施していない場合は、部位又は住戸全体の清掃費用を**借主**の負担とすべきであるとされている。

イ×　借主が鍵を紛失した場合の交換費用は、経過年数を考慮**せず**、**借主**に交換費用を負担させるべきとされている。

ウ×　飼育ペットによって柱等に付いたキズや臭いは、借主の使い方次第で発生したりしなかったりするものに位置づけられ、**借主**の負担に区分されることが多い。

エ×　借主が善管注意義務に違反したことによって建物の価値が減少した場合、その復旧費用は**借主**が負担する。本肢のように、借主の同居人が部屋を毀損した場合、借主には**善管注意義務違反**があったと考えられるため、補修の費用は**借主**の負担となる。

以上より、誤っているものは**４つ**であり、選択肢**４**が正解となる。

予想問題にチャレンジ！

問題　ガイドラインに関する次の記述のうち、最も不適切なものはどれか。

1　経年変化や通常損耗の補修費用を借主の負担とする特約（通常損耗補修特約）は、貸主が補修費用を負担する通常損耗及び経年変化の範囲が賃貸借契約において具体的に明記されていない限り、有効とはならない。

2　ガイドラインによれば、原状回復は毀損部分の復旧であることから、可能な限り毀損部分に限定して、毀損部分の補修工事が可能な最低限度を施工単位とすることが基本とされている。

3　ガイドラインによれば、フローリング等の部分補修は、経過年数を考慮しないものとされている。

4　ガイドラインによれば、賃貸借契約の締結時に定めた原状回復工事施工目安単価については、退去時に変更することができる。

解答	

正解	1

1 ×　判例（最判平 17.12.16）は、借主が補修費用を負担することとなる通常損耗及び経年変化の範囲が、賃貸借契約書の条項で**具体的**に**明記**されているか、**又は**、貸主が**口頭**で説明して、借主がその旨を**明確に認識**して、それを合意の内容としたことが認められるなど、通常損耗補修特約が**明確に合意**されている場合には、通常損耗補修特約は有効であるとしている。

2 ○　ガイドラインによれば、原状回復については、**可能な限り毀損部分に限定**して、毀損部分の補修工事が可能な**最低限度**を施工単位とすることが基本とされている。

3 ○　ガイドラインによれば、フローリング等の部分補修のように、建物本体と同様に長期間の使用に耐えられ、部分補修が可能な部位については、経過年数を**考慮しない**ものとされている。

4 ○　ガイドラインによれば、原状回復工事施工目安単価はあくまで**目安**であって、退去時に、この単価を変更することが**できる**とされている。

第８章

建物・設備の知識

第8章の学習ポイントをマンガでチェック！

劣化部分を見つけるたびに修繕していると不経済なのよ。
そこで賃貸不動産経営管理士が修繕をプランニングして提案するの。
今年は階段の修繕計画を立てました。
修繕計画
事前に資金の準備ができるよ。
修繕工事は日常生活の中で行われるから、配慮も必要よ。
少し騒がしくなりますが…
大丈夫ですよ。
とはいえ第8章のメインは建物や各種設備の知識だから、そこはしっかりね！
はーい！
建物や設備は種類が多く、覚える事がらが多いけれど、過去の出題内容が繰り返し出題されることも多いわ。
時間がない場合、過去問で出た内容だけは押さえてね！では学習を始めましょう！

第1節 建物の知識

学習日 ／

頻出度 A

この節では、賃貸建物の建築や改修、保全・維持管理に関する知識を学習します。細かい知識も多いですが、試験との関係では、赤字部分を中心に確認しておけば十分に対応が可能です。

Ⅰ 建物に関する基礎知識

重要度 ★★

POINT

この項目では、建物の様々な構造方式の内容と、それぞれのメリット・デメリットを中心に確認しておきましょう。

1 建物の基礎部分

よく出る！

基礎とは、建物の下部にあって、上部の**建物に加わる力**（**荷重**）を**地盤に伝える**部分のことをいいます。基礎は、**直接基礎**と**杭**《くい》**基礎**などがあります。

直接基礎とは、建物の荷重を直接、良好な地盤に伝達する形式の基礎のことをいいます。これに対し、**杭基礎**とは、建物の荷重を杭によって支える形式の基礎のことをいい、軟弱な地盤を固定するために用いられます。

地盤が荷重を支える力のことを**地耐力**といい、建物の重量が軽い場合や、地盤が良好であり**地耐力**が十分である場合には、直接基礎を採用して荷重を支持することができます。反対に、地耐力が不十分な地盤については、地盤の改良を行うことや杭基礎を施すなどの対応が必要となります。

プラスα

荷重には、建物自体の重さによる「**固定**荷重」、建物内の人や物による「**積載**荷重」、雪の重みによる「**積雪**荷重」、主に水平方向からの風圧による「**風圧**荷重」と地震の揺れによる「**地震**荷重」などがあります。

2 建物の構造方式

（1）木造・軽量鉄骨造

木造・軽量鉄骨造の工法には、**木造在来工法**、**木造ツー**

キーワードで CHECK! 基礎とは ⇒

バイフォー工法、プレハブ工法等があります。

木造在来工法とは、土台、柱、梁《はり》などの軸組（骨組み）によって主要構造を構成する工法であり、日本の伝統的な木造住宅の工法です。

木造ツーバイフォー工法とは、木造枠組壁工法ともいい、枠組みにして構造用合板を張った壁や床によって構成された壁式構造の工法です。北アメリカから導入された工法で、主要部材の基準断面が２×４インチ（約５×10cm）であることから、こう呼ばれています。

プレハブ工法とは、事前に構成部材を工場で製作し、現場では部材の組立てのみを行う工法です。

それぞれの工法には、以下のようなメリット及びデメリットがあります。

プラスα

この他、ヨーロッパで開発された木質系工法として、CLT工法（Cross Laminated Timber）があります。繊維方向で直交するように板を交互に張り合わせたパネルを用いて、床、壁、天井（屋根）を構成します。**耐震**性、**断熱**性、**遮炎**性に優れますが、雨水浸入を防ぐことが**できない**ので、外部に面して別仕上げが必要となります。

◆各工法のメリットとデメリット

工　法	メリット	デメリット
木造在来工法	建物の重量が軽く、施工しやすいので設計の自由度が高い。	防火、耐火性能が他の建築構造よりも劣る。
木造ツーバイフォー工法	構造安全耐力や、断熱・保温などの居住性能に優れる。	気密性が高いので、建物内に湿気がたまりやすい。
プレハブ工法	コスト（現場管理費）が安く済み、工期短縮や省力化、品質向上に優れる。	規格化された部材を組み合わせる工法なので、設計の自由度が低い。

(2) 鉄筋コンクリート造・鉄骨鉄筋コンクリート造・鉄骨造

鉄筋コンクリート造は、鉄筋を配置して柱や梁などの基本構造を組み、そこにコンクリートを流し込んで造る工法です。８階ぐらいまでの中低層の建物のほか、コンクリートと鉄筋の強度を上げることで、高層建物でも採用されて

建物の下部にある、上部の建物に加わる力（荷重）を地盤に伝える部分。直接基礎は良好な地盤や建物の重量が軽い場合に、杭基礎は軟弱な地盤に用いられる。

います。

鉄骨鉄筋コンクリート造は、鉄骨を取り巻くように鉄筋を配置して型枠で囲み、コンクリートを流し込んで一体化させて造る工法です。高層建物に多く採用されています。

鉄骨造は、柱や梁などの基本構造に鉄骨を使用する工法です。柱の間隔が大きい空間を必要とする工場や倉庫、店舗や事務所などに採用されています。

それぞれの工法におけるメリット及びデメリットは、以下のようになります。

◆各工法のメリットとデメリット

工　法	メリット	デメリット
鉄筋コンクリート造	・耐火性、耐久性に優れる。 ・鉄骨造よりも、地震による揺れが少ない。 ・設計の自由度が高い。	・建物の重量が重いため、地震による影響が大きい。 ・「木造」と比べて、工期が長い、工事費が高い、解体がしにくい。
鉄骨鉄筋コンクリート造	・耐震性に優れる。 ・鉄骨造よりも、振動が少なく、遮音性が高い。	・「鉄筋コンクリート造」と比べて、工期が長い、工事費が高い、解体がしにくい。 ・施工の難易度が高い。
鉄骨造	・耐震性に優れる。 ・鋼材の加工性がよい。 ・工期が比較的短く、省力化が可能。	・風や地震などによる揺れの影響を受けやすい。 ・外壁の目地のメンテナンスが必要となる。 ・木造に比べて、工事費が高い。

(3) 壁式構造とラーメン構造

①壁式構造

壁式構造とは、柱や梁を設けずに、壁体や床板などの平

プラスα

鉄筋コンクリート造はRC造（Reinforced Concrete）、鉄骨鉄筋コンクリート造はSRC造（Steel Reinforced Concrete）、鉄骨造はS造（Steel Structure）と呼ばれることもあります。

プラスα

この他、**壁式鉄筋**コンクリート造という工法もあります。基本的には鉄筋コンクリート造と同じですが、**柱**が存在しない工法で、空間を有効に使えます。建設可能な高さ等が法令で規定されています。

また、角形・円形鋼管の内部にコンクリートを充填したCFT造（Concrete Filled steel Tube）というものもあります。

よく出る!

キーワードでCHECK!　壁式構造とラーメン構造　⇒

面的な構造体のみで構成する構造方式のことをいいます。壁厚や壁量、階高などに力学的な観点からの安全性を確保するための制限が設けられているため、一般に、非常に強固で、地震に強い構造とすることが可能となります。

◆壁式構造

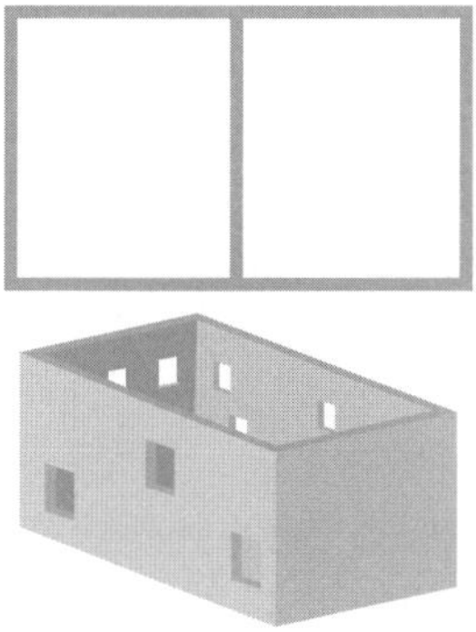

②ラーメン構造

ラーメン構造とは、柱と梁を一体化した骨組構造のことをいいます。柱と梁による「枠」によって建物を構成するため、壁を一切なくすことや、壁の位置を自由に移動することができます。

よく出る!

プラスα

「ラーメン」とは、ドイツ語で「枠」「額縁」の意味です。

◆ラーメン構造

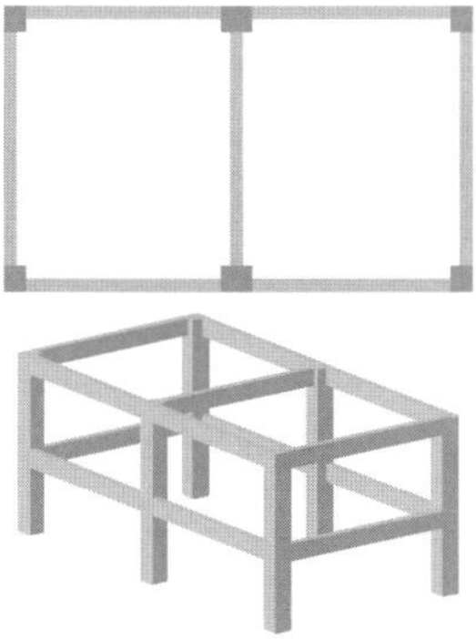

壁式構造は、柱や梁を**設けず**、壁体や床板などの**平面的**な構造体のみによる構造方式。ラーメン構造は、柱と梁を**一体化**した「**枠**」による構造方式。

3　屋根、外壁、漏水、防水

(1) 屋根の種類

屋根の種類には、以下のとおり、傾斜屋根と陸屋根･ルーフバルコニーがあります。

◆屋根の種類と内容

項　目	内　容
傾斜屋根	傾斜をもたせることにより雨水などを排水させる形状をした屋根。金属屋根、スレート屋根、瓦屋根がある。表面温度の変化で、変形などが起こり、雨漏りが発生することがある。
陸屋根・ルーフバルコニー	平坦な躯体部（スラブ）に防水を施し、水勾配や排水溝、排水管を設置して雨水を排水する屋根。

プラスα

陸屋根では、落ち葉やゴミ等が排水溝をふさいでしまい、漏水の原因となることが**あります**。

(2) 外壁の種類

外壁の種類には、以下のとおり、モルタル塗り、タイル張り、コンクリート打ち放し、サイディングパネルがあります。

◆主な外壁の種類と内容

項　目	内　容
モルタル塗り	壁材の表面にモルタルを塗って、表面に吹きつけ材等の塗装を施したもの。
タイル張り	壁材の表面にタイルを張り付けたもの。
コンクリート打ち放し	コンクリートの上にモルタルを塗らず、直接仕上げたもの、又はコンクリートの上に塗装を施したもの。
サイディングパネル	セメント・金属板等を原料とした板状の壁材を外壁に設置したもの。

プラスα

モルタルは、砂（細骨材）とセメントと水とを練り混ぜて作る建築材料で、砂利（粗骨材）が入らないのが、コンクリートとの違いです。

キーワードでCHECK!　タイル張りの外壁　⇒

(3) 漏水

①雨水による漏水

雨水による漏水については、建物の最上階では、**屋上**や**屋根**、**庇**《ひさし》からの漏水が多くなり、建物の中間階では、**外壁**や**出窓**、**ベランダ**からの浸水が多くなります。

よく出る!

屋上や屋根からの漏水は、防水部材の劣化・破損を原因とするものや、コンクリートなどの構造部材のクラック・破損を原因とするもの、雨水の排水設備の不良を原因とするものなどが考えられます。

プラスα

給水管の保温不足による**結露**も、漏水の原因となります。

このように、様々な原因によって漏水が発生するため、雨水による漏水の発生源を特定することは**困難**な場合が多いといえます。

よく出る!

その他、外壁がタイル張りである場合、タイルの**剥がれ**や**コーキング**の劣化が原因となって漏水が発生することが多いです。

よく出る!

プラスα

コーキングとは、建築物において、気密性や防水性向上を目的として、隙間を目地材などで充填することをいいます。

出窓の場合は、出窓の**屋根**と**外壁**との**取り合い**箇所、**サッシ周り**が原因となることが多く、ベランダの場合は、**床表面**の傷・破損が原因となって漏水が発生することがあります。また、ガスレンジ、浴室、トイレなどの換気扇の**排気口**から雨水が浸入して漏水することもあります。

覚えよう! | **雨水による漏水の発生原因**

- **外壁**：タイル張りの場合は、タイルの**剥がれ**や**コーキング**の劣化。
- **出窓**：出窓の**屋根**と**外壁**との**取り合い**箇所、**サッシ周り**。
- **ベランダ**：**床表面**の傷・破損。
- **ガスレンジ、浴室、トイレ**：換気扇の**排気口**からの雨水の浸入。

タイル張りの外壁は、壁材の表面にタイルを張り付けた外壁であり、タイルの**剥がれ**や**コーキング**の劣化が原因となって、雨水による**漏水**が発生することがある。

②雨水以外による漏水

雨水以外による漏水の発生源は、入居者の不注意による水漏れでないならば、**給水・排水配管**からの漏水である可能性が高いといえます。したがって、雨水以外による漏水については、まずは、漏水している水の種類を特定することが重要です。

配管からの漏水であるか否かを調べるためには、水栓をすべて止めて、給水メーターの動きを確認することによって調べることができます。

プラスα

また、上階の部屋や横系統バルブ（仕切弁）を閉めて給水を遮断し、発生源を特定することもできます。

（4）防水

防水の種類には、**メンブレン**防水と**シーリング**防水があります。**メンブレン**防水は、屋根、屋上などの全面に薄い皮膜を形成して、雨水の浸入を防止するために行う**面状の防水**の総称であり、熱アスファルトシート防水、シート防水、改質アスファルト防水、塗膜防水に分けられます。

◆防水の種類

メンブレン防水（面状の防水）	熱アスファルトシート防水	アスファルトを加熱溶融して、下地に張付け防水層を形成する防水。
	シート防水	合成高分子を主原料とするルーフィングシートを使用して防水層を形成する防水。
	改質アスファルト防水	合成高分子系材料とアスファルト材料とアスファルトを混入して防水性能を高める防水。
	塗膜防水	ウレタンゴム系防水材などを数回塗布し、防水層を形成する防水。
シーリング防水	コンクリートの打ち継ぎ部、目地部、接合部などにシーリング材を充てんする、線状の防水。	

キーワードでCHECK!　用途地域　⇒

Ⅱ 建築法規

重要度 ★★

POINT

建築基準法では種々の規制が設けられていますが、試験との関係では、シックハウス対策や石綿（アスベスト）規制、避難規定に関する知識が特に重要です。

1　用途地域

用途地域とは、都市計画法の地域地区の１つで、用途の混在を防ぐことを目的として定められているものです。

住宅や大型商店、工場などが同じ区域に混在して建築されることによって生活環境が害されることのないよう、都市計画法は、**住居系**、**商業系**、**工業系**の３つのタイプに分けて、合計13種類の用途地域を定めています。

そのうえで、建築基準法は、各用途地域において建築することができる建物の種類（用途制限）や容積率、建蔽《べい》率などの建築規制を定めています。

◆ 13種類の用途地域

用途地域の種類	内　容
①第一種低層住居専用地域	低層住宅に係る良好な住居の環境を保護するため定める地域。
②第二種低層住居専用地域	主として低層住宅に係る良好な住居の環境を保護するため定める地域。
③第一種中高層住居専用地域	中高層住宅に係る良好な住居の環境を保護するため定める地域。
④第二種中高層住居専用地域	主として中高層住宅に係る良好な住居の環境を保護するため定める地域。
⑤第一種住居地域	住居の環境を保護するため定める地域。
⑥第二種住居地域	主として住居の環境を保護するため定める地域。

プラスα

左の表のうち、①～⑧が住居系、⑨・⑩が商業系、⑪～⑬が工業系の用途地域です。

建築物の用途の混在を防ぐことを目的として都市計画法で定められている地域地区であり、**住居系**、**商業系**、**工業系**に分かれ、合計**13**種類の用途地域が存在する。

⑦準住居地域	道路の沿道としての地域の特性にふさわしい業務の利便の増進を図りつつ、これと調和した住居の環境を保護するため定める地域。
⑧田園住居地域	都市内の農地の計画的な保全を図ることにより、良好な都市環境の形成に資することを目的とした地域。
⑨近隣商業地域	近隣の住宅地の住民に対する日用品の供給を行うことを主たる内容とする商業その他の業務の利便を増進するため定める地域。
⑩商業地域	主として商業その他の業務の利便を増進するため定める地域。
⑪準工業地域	主として環境の悪化をもたらすおそれのない工業の利便を増進するため定める地域。
⑫工業地域	主として工業の利便を増進するため定める地域。
⑬工業専用地域	工業の利便を増進するため定める地域。

プラスα

2018年4月1日、改正都市計画法の施行に伴い、用途地域に「田園住居地域」が新たに追加されました。

今のところ、この13種類の用途地域の具体的な内容を問う問題は出ていません。余裕があれば覚えておきましょう。

2　建蔽率・容積率

(1) 建蔽率

よく出る!

建蔽率とは、建築面積の敷地面積に対する割合のことです。つまり、敷地面積のうち、どの割合で建物を建てられるのかという割合です。

覚えよう！｜建蔽率とは

建蔽率＝**建築面積**の**敷地面積**に対する**割合**

$$建蔽率＝\frac{建築物の\textbf{建築面積}}{\textbf{敷地面積}}$$

建蔽率は、建築基準法によって、以下のとおり、住居系、商業系、工業系のそれぞれの用途地域に応じて、一定の範囲で指定されています。

◆各用途地域における指定「建蔽率」

用途地域	指定建蔽率（原則の数値）
第一種・第二種低層住居専用地域 第一種・第二種中高層住居専用地域 工業専用地域、田園住居地域	30％、40％、50％、60％のうちいずれか （都市計画で定める）
第一種・第二種住居地域 準工業地域 準住居地域	50%、60%、80%のうちいずれか（都市計画で定める）
近隣商業地域	60%、80%のうちいずれか （都市計画で定める）
商業地域	80%（一律）
工業地域	50%、60%のうちいずれか （都市計画で定める）
用途地域の指定のない区域	30%、40%、50%、60%、70%のうちいずれか （特定行政庁が都市計画審議会の議を経て定める）

覚えよう！｜用途地域における指定建蔽率のポイント

- **住居系**：30%～80%の範囲で指定
- **商業系**：60%～80%の範囲で指定
- **工業系**：30%～80%の範囲で指定

都市内の農地の計画的な保全を図ることにより、良好な都市環境の形成に資することを目的とした地域。2018年4月1日から追加された。

(2) 容積率

容積率とは、建築物の**延べ面積**（各階の**床面積の合計**）の**敷地**面積に対する**割合**のことです。

容積率についても、建蔽率と同様に、建築基準法によって以下のように指定されています。

◆各用途地域における指定「容積率」

用途地域	指定容積率
第一種・第二種低層住居専用地域 田園住居地域	50%、60%、80%、100%、150%、200%のうちいずれか（都市計画で定める）
第一種・第二種中高層住居専用地域 第一種・第二種住居地域 準住居地域 近隣商業地域 準工業地域	100%、150%、200%、300%、400%、500%のうちいずれか（都市計画で定める）
商業地域	200%、300%、400%、500%、600%、700%、800%、900%、1000%、1100%、1200%、1300%のうちいずれか（都市計画で定める）
工業地域 工業専用地域	100%、150%、200%、300%、400%のうちいずれか（都市計画で定める）

3　建築に関するその他の法的制限

(1) 採光規定

建築基準法は、住宅の居室のうち、**居住**のための**居室**には、**自然採光**を確保するために、一定の**開口部**を設けることを義務づけています（採光規定）。住居の居室で採光に有効な部分の面積は、その居室の**床面積**に対して、**7分の1**から**10分の1**までの間において、居室の種類に応じ政令で定める割合以上としなければなりません。なお、襖《ふすま》など、常に開放できるもので仕切られた2つの居室は、この規定

プラスα

採光規定は、事務所や店舗用の建築物には、適用**されません**。

キーワードでCHECK!　シックハウス対策規定の対象　⇒

では、1室とみなすことができます。

(2) 内装制限

建築基準法は、火災による建物内部の延焼を防ぐため、建物の用途規模に応じて、**内装材料**などに様々な制限を加えています(内装制限)。これは建物の新築時だけではなく、賃貸借契約による内部**造作**工事も対象とされます。

プラスα

そもそも「住宅の居室」とは、人が**長時間**いる場所のことで、居間や寝室が該当しますが、便所、浴室、廊下等は**除かれます**。

(3) 換気規定

建築基準法は、建物の居室には、一定の例外を除いて、**換気**のための**窓**その他の**開口部**を設けることを義務づけています(換気規定)。

よく出る!

換気に有効な部分の面積は、居室の**床面積**の**20分の1以上**とする必要があります。なお、襖など、常に開放できるもので仕切られた2つの居室は、この規定との関係においては、1室とみなすことができます。

(4) シックハウス対策

よく出る!

建築基準法は、**2003(平成15)年7月1日**着工以降の建築物であって、**居室**を有する建築物では、シックハウス対策として、その居室内において**クロルピリホス**及び**ホルムアルデヒド**の発散による衛生上の支障がないように、建築材料及び換気設備に関する一定の技術的基準に適合しなければならないとしています。

プラスα

クロルピリホスは殺虫効果を持つことから、農薬やシロアリ駆除などに用いられています。また、ホルムアルデヒドはフェノール樹脂、メラミン樹脂、尿素樹脂などの原料として広く用いられています。

したがって、居室を有する建築物を建築する場合には、クロルピリホス及びホルムアルデヒドを含む**建築材料**の使用が**制限**されることとなります。

よく出る!

なお、このシックハウス対策に関する規定は、新築建物だけでなく、中古住宅について、**増改築**や**大規模な修繕**・**模様替え**を行う場合にも適用されます。

シックハウス対策に関する規定は、新築建物に対してだけではなく、中古住宅の**増改築**や**大規模**な**修繕**、**模様替え**を行う場合にも適用される。

(5) 天井高

建築基準法施行令は、居室の天井高は **2.1m 以上**としなければならないとしています。1 室の中で、天井の高さが異なる場合や、傾斜天井の場合は、**平均**の天井高が **2.1m** あることが必要となります。

(6) 避難規定

建築基準法は、火災から人命を保護するために、以下のような避難設備に関する規定を設けています（避難規定)。

①直通階段

よく出る!

共同住宅では、①**その階**における**居室**の床面積の合計が 100m^2（耐火構造・準耐火構造の場合は 200m^2）を**超える場合**、又は、② **6 階以上の階**であって居室を有する場合には、原則として、**直通階段**を **2 つ以上**設けなければなりません。

②避難通路の幅

よく出る!

共同住宅では、住戸の床面積の合計が **100m^{2}を超える階**においては、片側廊下の場合には **1.2m 以上**、両側に居室がある場合には **1.6 m以上**の廊下の幅が必要とされています。

よく出る!

また、共同住宅における階段の幅については、**直上階**の居室の床面積の合計が **200m^{2}を超える地上階**、又は、居室の床面積の合計が 100m^{2}を超える地階（地下の階のこと）では **120cm 以上**が必要とされ、それ以外のものについては、75cm 以上の階段の幅が必要とされています。

よく出る!

屋外階段については、直通階段の場合は 90cm 以上、その他の階段は 60cm 以上の階段の幅が必要とされています。

キーワードで CHECK! アスベスト（石綿）⇒

敷地内においては、屋外への出口又は屋外避難階段から道路その他の空地までは、幅 **1.5m 以上**の**通路**を設けなければならないとされています。

覚えよう!｜共同住宅の避難経路に関する規制

- **「廊下」の幅**

  住戸の床面積の合計が 100m² を**超える**階には、以下の廊下の幅が必要

  ①片側廊下の場合→ 1.2m 以上

  ②両側に居室がある場合→ 1.6m 以上

- **「階段」の幅**

  ① 120cm 以上の階段の幅が必要

  直上階の居室の床面積の合計が 200m² を**超える地上階**

  居室の床面積の合計が 100m² を超える**地階**

  ② 90cm 以上の階段の幅が必要

  屋外階段における**直通階段**

  ③ 60cm 以上の階段の幅が必要

  屋外階段で、直通階段以外

(7) アスベスト（石綿《いしわた》）規制

アスベストとは、**天然の鉱石**に含まれる**繊維**のことをいい、**石綿**とも呼ばれます。

よく出る!

アスベスト粉じんは、肺がんや中《ちゅう》皮《ひ》腫《しゅ》、肺線《はいせん》維《い》症《しょう》（じん肺）の原因になるとされています。そのため、建築基準法は、アスベストが含まれる**建築材料**の使用を**原則**として、**禁止**しています。

よく出る!

ただし、例外的に、アスベスト等の**飛散**・**発散のおそれがない**ものとして、国土交通大臣が定めたもの又は国土交

天然の鉱石に含まれる繊維のこと。アスベスト粉じんの人体への悪影響から、建築基準法は、アスベストが含まれる建築材料の使用を原則として禁止している。

通大臣が認定したものは、建築材料として使用することが許されています。

ここでのポイントは、アスベストが含まれる建築材料の使用は、全面的に禁止しているのではなく、一定の場合は使用可能となることです！

Ⅲ 建物の保全・維持管理

重要度 ★★★

POINT

建物の保全、維持管理の意義と内容を踏まえて、管理業者が担うべき役割について、具体的な場面を押さえながら学習しましょう。

1 建物の保全・維持管理の意義

(1) 建物の保全の意義

建物の保全とは、竣工時点の建物が有する**機能**や**性能**を**維持**する行為のみならず、建物が存続する期間内に、建物の全体又は一部の**機能**や**性能**を使用目的に適合するように、**維持**・**改良**する行為のことを意味します。これを**維持保全**、及び**改良保全**といいます。ここでは「維持保全」に関する知識を学習します。

この維持保全は、さらに「予防保全」と「事後保全」に分かれます（次ページ図参照）。

よく出る！

予防保全とは、建物の点検や保守によって、事故や不具合の前兆を捉えて、事故や不具合が発生する**前**に、**適切な処置**を施すことをいいます。

これに対し、事後保全とは、事故や不具合が生じた**後**に、**修繕**を行うことをいいます。

プラスα

事業者は、石綿取扱作業については、石綿作業主任者を選任して、作業に従事する労働者の指揮、保護具の使用状況の監視等の職務を遂行させなければなりません。原則として、石綿作業主任者は、石綿作業主任者技能講習を修了した者のうちから選任する必要があります。

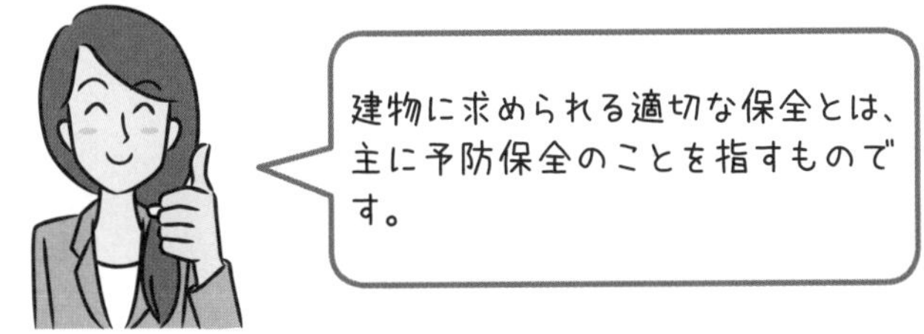

◆建物の保全の体系

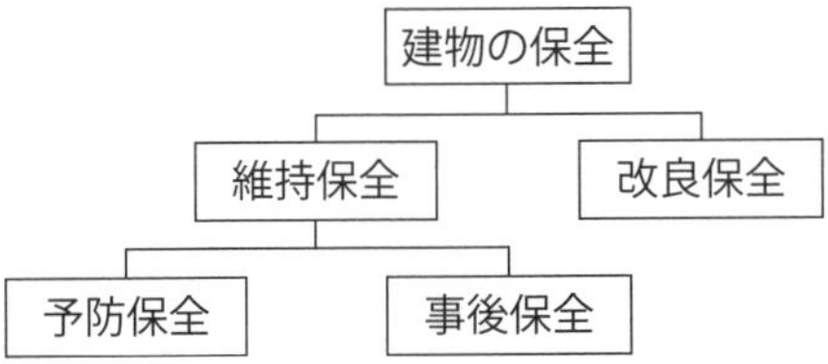

よく出る!

なお、予防保全においても事後保全においても、必ずしも法定耐用年数どおりに、設備・機器を交換すればよいというわけではありません。管理業者には、現場の劣化状況や収支状況をあわせて確認・検討したうえで、予防的な交換・保守・修繕を行うことが求められています。

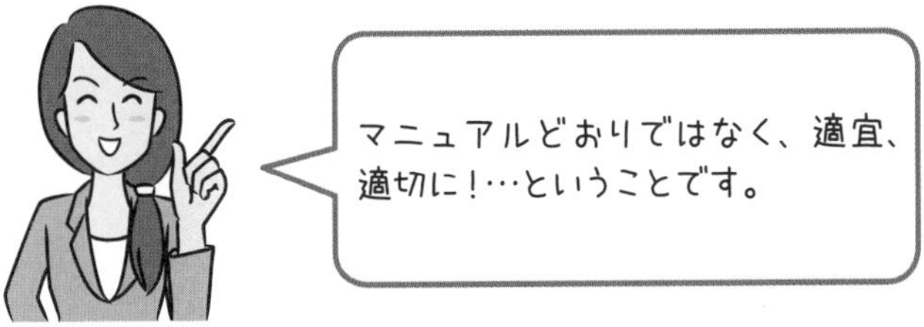

(2) 建物の維持管理の意義

建物の維持保全の中でも、建物の設備や施設、構造物などを**常時適切**な状態に**維持**する管理活動のことを「建物の維持管理」といいます。建物の維持管理は、借主に安全及び安心や、衛生的で快適な環境を提供しつつ、経済性も確保することを目的とするものです。

建物の**点検**や**保守**を行うことで、事故や不具合の**前兆**を捉え、事故や不具合が発生する**前**に適切な処置を施すこと。

建物の維持管理における中心業務は、清掃管理、設備管理、警備、巡回などの日常業務全般と、定期的に管理状況を把握するための点検、保守・修繕業務です。これらの業務を、維持管理計画を立てて、効率的・効果的に実施及び管理していく必要があります。

維持管理計画は、年間計画、月間計画に整理して実施・管理することが重要です。

2　建物の点検

(1) 日常点検

①貸主への日常点検業務に関する説明

日常点検業務は、建物本体や設備に加えて、門や塀、ごみ置き場などの外構や植栽の清掃状況なども対象となるため、点検項目は多数に及びます。

管理業者としては、点検業務の目的や必要性について、貸主に対して十分な説明を行い、納得してもらう必要があります。耐用年数が到来した設備は交換しなくてはならないことや、法定点検は一定の資格者による点検作業及び所轄官庁への報告が義務づけられているため、費用がかかることなどについて、貸主に事前に理解してもらわなければなりません。

よく出る!

したがって、管理業者の役割として、貸主に対し、日常点検業務に関する**費用の見積り**と**結果報告**を必ず行う必要があります。

キーワードでCHECK!　巡回点検業務　⇒

②巡回点検業務

周期を定めて**継続的**に行う日常点検のことを、巡回点検業務といいます。巡回点検業務は、管理業者が担う役割のうち重要なものであり、巡回点検の**結果**については、時間経過と状態変化を把握できるように、**整理**して**保管**しておくことが重要となります。

よく出る!

管理業務として建築物の点検を行う場合、**入居者**からの**情報**を活用することが重要です。また、清掃担当者などの巡回者から、気づいた点などの報告を受けることで、点検作業の手助けや裏づけになるため、**巡回者**からの**報告**も、点検作業を行ううえで有効な情報となります。

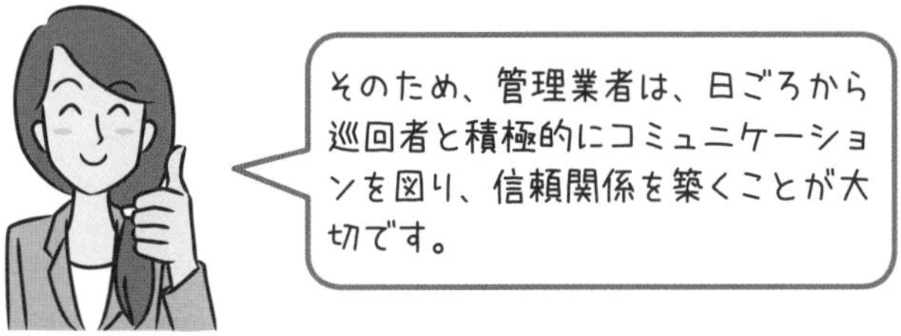

(2) 定期報告

建築基準法では、建築物の**所有者**・**管理者**等に、建物の敷地、構造、設備を常時適法な状態に維持するように努めることを求めています（同法８条１項)。特に、多数の者が利用する用途及び規模の建築物については、万が一、事故が発生した場合には大事故に発展するおそれがあるため、より一層の安全性の確保を図る必要があります。

よく出る!

そこで、一定の**特定建築物**（政令で定める建築物及び当該政令で定めるもの以外の特定建築物であって特定行政庁が指定するもの）については、**建築設備**及び**防火設備**について、**定期的**に、一級建築士や二級建築士、特定建築物調査員などの**有資格者**による**調査**・**検査**をさせて、その結果

周期を定めて**継続的**に行う日常点検のこと。巡回点検の**結果**は、時間の経過や状態の変化を把握することができるよう、**整理**して**保管**することが求められる。

を特定行政庁へ報告（**定期報告**）することが義務づけられています（同法12条1項）。この制度を、定期報告制度といいます。したがって、一定以上の規模の共同住宅については、この定期報告が必要となります。

よく出る!

定期報告制度における主な調査内容は、**敷地**、**構造**、**防火**、**避難**の4項目です。

よく出る!

そして、特定建築物の定期調査・定期報告は、**毎年1回又は3年ごと**に行う義務があります。

これに対して、建築設備、**防火**設備、**昇降機**の定期検査・定期報告は、**毎年1回**行う義務があります。

プラスα

昇降機とは、エレベーターのことです。

覚えよう!｜定期報告制度

- 対象➡一定の**特定建築物**。
- 主な調査内容➡**敷地**、**構造**、**防火**、**避難**。
- 定期調査・検査を行う有資格者
  ➡**一級・二級建築士**、**特定建築物調査員**など。
- 定期調査・検査、定期報告の時期
  ①特定建築物➡**毎年1回又は3年に1回**。
  ②建築設備、防火設備、昇降機➡**毎年1回**。

3　計画修繕

（1）計画修繕の必要性

建物の設備は、時間の経過とともに性能や機能が低下し、劣化します。そのため、劣化したままの状態にしておくと、いずれは建物としての機能を失い、使用することができなくなりますが、適切な修繕を施すことによって、長持ちさせることができます。

しかし、無計画に、劣化部分を見つけ次第、修繕を行うというのでは、貸主にとって予想外の出費が発生し、長期

キーワードでCHECK!　**定期報告制度の主な調査内容　⇒**

的に見ても非効率・不経済となります。

そこで、管理業者としては、事前に修繕の時期や修繕内容を予想した**修繕計画**を作成し、貸主に説明をすることで、資金面を含めた準備をしておいてもらうようにすることが重要となります。この修繕計画に基づいて行う修繕を、**計画修繕**といいます。

よく出る!

修繕計画による的確な修繕の実施によって、**中・長期的**に見れば、賃貸経営の**収支上**、**プラス**に働く可能性があるため、管理業者には、着実に計画修繕を実施することが望まれています。

(2) 修繕計画の作成と計画修繕の実施

修繕計画の作成に際しては、建築や設備に関する一定の専門的知識が必要となります。そこで、修繕専門会社や、建物・設備のメンテナンスに詳しい設計事務所などの協力を得たうえで、その物件のことを一番よく知る管理業者が主体となって修繕計画を作成することが必要となります。

よく出る!

修繕計画に基づく計画修繕の実施に当たっては、まずは、計画された修繕部位について、**現場**で点検・調査したうえで、他に不具合のある箇所がないかも確認するなど、**全体の状況**を把握することが重要です。

そのうえで、修繕工事の基本計画を立案し、貸主に提案し、了解を得ることとなります。その際、貸主に対して資金計画についてもアドバイスすることも大事です。

修繕工事の開始に当たっては、事前に入居者に対して修繕工事が開始される旨を連絡して、協力を求めます。

よく出る!

修繕工事は、日常生活の中で行われるため、騒音や振動、ごみやほこり等が発生し、入居者や近隣に**迷惑を及ぼす**可能性があるため、事前に十分な連絡や説明を行って、理解を求めておくよう配慮しなければなりません。

定期報告制度において調査が義務づけられる主なものは、①**敷地**、②**構造**、③**防火**、④**避難**、についての４つの項目である。

(3) 長期修繕計画の提案

長期修繕計画とは、長期的な視野に立って、いつ・どこを・どのように・どのくらいの費用で修繕するのかをまとめた計画のことをいいます。

計画修繕を着実に実施していくためには、修繕費用に関する**資金的**な**裏づけ**を得ておく必要があるため、**長期修繕計画**を策定して、修繕管理の費用を賃貸不動産経営の中に**見込んでおく**必要があります。

よく出る！

そして、次の修繕のために重要な情報となる修繕履歴は、建物の維持管理コストを**低減**でき、リフォームする際にも有用な情報となります。また、修繕履歴を賃借人に提供することで、入居後の**トラブル防止**につながり、**災害発生**時の適切な復旧対応にもつながります。なお、修繕履歴は建物の**所有者**に帰属するものですが、管理受託者が保管し、必要に応じて利用に供することも考えられます。

> プラスα
>
> また、長期修繕計画の精度を高めるため、**数年ごと**に内容の**見直し**を行うことも重要です。

4 耐震診断・補強

(1) 耐震診断

耐震診断とは、建物に必要とされる**耐力**と、**現に保持**している**耐力**を比較し、その結果、大地震の際に受ける被害の程度を評価するものです。

例えば、木造住宅の耐震診断では、まず一般の人による「誰でもできるわが家の耐震診断」（耐震診断問診表の 10 問の評点を合計して判定）を行い、建物に心配がある場合、建築士や工務店などの専門家による「一般診断法」（原則として非破壊による調査）、もしくは、原則として、建築士による「精密診断法」（一定の引きはがしなども実施して、できるだけ正確に調査を行う）による診断を実施します（(一財) 日本建築防災協会発行の「2012 年改訂版 木造住宅の耐震診断と補強方法」（国土交通省住宅局監修））。

> プラスα
>
> 地震発生直後、被災建物等の倒壊等の危険性について、**外観調査**に重点をおいて応急的に調査・判定する「応急危険度判定」というものがあります。これは建築技術者が**地方公共団体**の要請で行うことが一般的であり、危険度を「危険」「要注意」「調査済」の**3ランク**に区分します。

キーワードでCHECK! 耐震構造 ⇒

(2) 地震対策

①耐震構造

耐震構造とは、建物の**剛性**を高め、**構造の強さ**（**耐力**）や**粘り**（**変形能力**）で地震力に抵抗する構造です（403 ページの図参照）。なお、地震時の揺れのことを加速度といいますが、耐震構造では、加速度は**上階**ほど大きくなります。賃貸建物の耐震改修は、以下のような方法によって行います。

◆賃貸建物の主な耐震改修の方法

木造（軽量鉄骨造）	・構造パネルなどによる**壁**の補強 ・筋交い等による**開口部**の補強 ・基礎と土台、柱と梁の補強（**金物**を使用して緊結する） ・**制震装置（ダンパー）**を取り付けて地震力を吸収する
コンクリート造（鉄筋コンクリート造・鉄骨鉄筋コンクリート造等）	・**耐震壁**の付加 ・鋼板巻き、炭素繊維シート等による柱の補強 ・鋼板の取り付け ・**筋交いの増設**

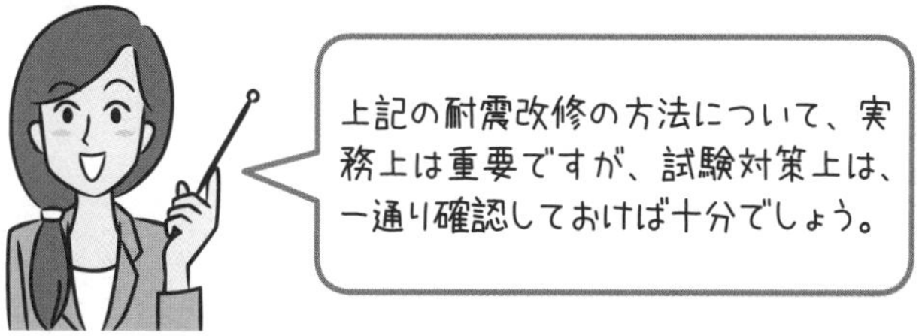

②免震構造

免震構造とは、建物に地震力が伝わりにくくするために、**基礎**と建物**本体**との間に**クッション**（**免震ゴム**等を用いた機械装置）を設け、地震による揺れを低減させる構造です（403 ページの図参照）。

用語

剛性

物体の固さ・変形のしにくさを表す値のこと。

プラスα

耐震構造は、構造を**損傷**させて地震エネルギーを吸収します。よって、大地震時において、構造躯体等の**損傷**はやむをえません。

プラスα

保険の請求や税の減免などに必要な「家屋の**財産的被害の程度**」（全壊、半壊など）を市町村長が証明する書面として、り災証明書というものがあります。

よく出る!

建物の**剛性**を高め、構造の**強さ**や**粘り**（**変形能力**）で地震力に抵抗する構造。木造、コンクリート造、鉄骨造によって、様々な耐震改修の方法がある。

建物を地面と切り離して揺れを伝えないようにするもので、大地震の振動を30～50%に低減して小地震程度に抑えることができます。加速度は**各階**とも小さく、構造躯体等の損傷も**少ない**です。

免震装置は機械装置であり、**定期的な点検**が必要となります。コンクリート造では、地震の際に建物が大きく移動するスペースが必要となるため、床下を有効利用することが困難となります。

プラスα

免震工法は、地震力が低減される分、建物本体の構造工費も低減することができます。ただし、免震構造へと改修する場合には、**多額**の工事費が必要となるため、主に**新築**建物の工法として利用されます。

③制震構造

制震構造とは、建物に入った地震力を**吸収**する**ダンパー**などを設置する構造です（次ページの図参照）。建物の要所要所で揺れを吸収し、大地震の振動を70～80%に低減して中地震程度に抑えることが可能となります。

制震構造の場合、免震構造と異なり、一般的に点検は不要です。また、免震工法のように、建物本体に大きな手を加えることが少ないため、工事費は高額とならず、制震工法は**改修**に向いている工法であるといえます。

また、制震構造は、軽くてやわらかい建物に有効であり、塔状の建物での風揺れ対策にも効果が発揮できます。

プラスα

制震構造における加速度は、耐震構造と免震構造の間の値となります。構造躯体等の損傷は**少なく**できます。

覚えよう！ ｜ **耐震・免震・制震**

①**耐震**：建物の**剛性**を高めて構造の**強さ**や**粘り**（**変形能力**）で地震力に抵抗する構造。

②**免震**：**基礎**と建物本体との間に**クッション**（**免震ゴム**等を用いた機械装置）を設け、地震による揺れを低減させる構造。

③**制震**：建物に入った地震力を**吸収**する**ダンパー**などを設置する構造。

キーワードでCHECK! **免震構造と制震構造** ⇒

◆耐震構造、免震構造、制震構造のイメージ

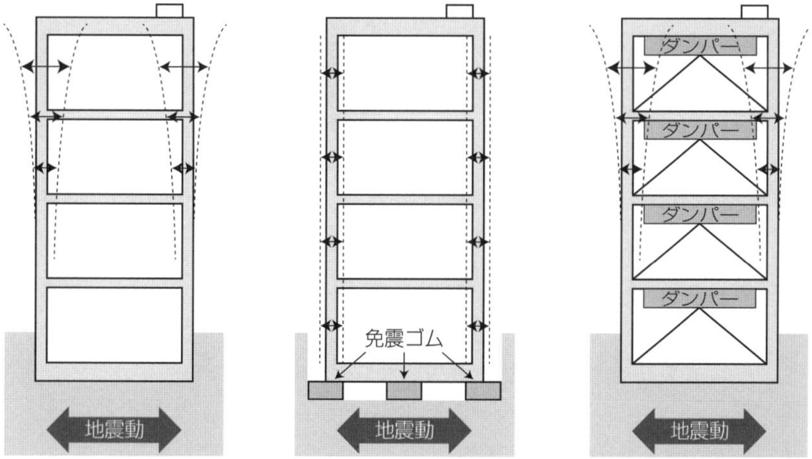

(3) 耐震改修促進法

建築物の耐震改修の促進に関する法律（耐震改修促進法）は、地震による建築物の倒壊等の被害から国民の生命、身体、財産を保護するために、建築物の耐震改修の促進のための措置を講ずることによって、建築物の地震に対する安全性の向上を図ることを目的とする法律です。

この法律によって、特定既存耐震不適格建築物の所有者は、**耐震診断**を行い、診断の結果、地震に対する安全性の向上を図る必要があると認められるときは、耐震改修を行うよう努めなければならないとされています。

この「**特定既存耐震不適格建築物**」とは、一定の規模以上の建築物で、現在の建築基準法の耐震関係の規定に適合しないものを指します。

プラスα

耐震改修促進法は、阪神大震災の教訓から、1995 年 12 月 25 日より施行されている法律です。

よく出る!

免震構造は、基礎と建物本体との間に**クッション**を設けて揺れを低減させる構造。
制震構造は、地震力を**吸収**する**ダンパー**などを設置する構造。

「特定既存耐震不適格建築物」は、長くて覚えにくい名称ですが、試験で出題されていますので、がんばって覚えましょう。

よく出る!

また、賃貸住宅（共同住宅に限る）については、**3 階以上**、**かつ**、床面積 **1,000m^2以上**であって、建築基準法の耐震規定に適合していない場合（不明な場合は**昭和 56（1981）年 5 月 31 日以前**に新築の工事に着手していること）、特定既存耐震不適格建築物に該当し、耐震改修を行う努力義務を負います。

法律で「努めなければならない」とある規定は「努力義務（規定)」と呼ばれます。“できるだけ”そのようにしなさいという規定で、必ずそうしなければならないわけではありません。

そして、上記の昭和 56（1981）年 5 月 31 日以前に建てられた建物は、「既存不適格建築物」（建築基準法 3 条 2 項）となります。「既存不適格建築物」とは、その名のとおり、建築基準法の規定の施行や改正の際、すでに建っている建築物や工事中の建築物で、現行の規定に適合していない建物のことです。基本的には、現行の建築基準法の耐震関係規定に適合しない**すべての建物**が対象となるため、共同住宅に**限りません**。

なお、所管行政庁は、この耐震診断及び耐震改修の的確な実施を確保するために必要があるときは、所有者に対し、必要な指導及び助言ができます。

一問一答で確認しよう！

□□□**問 1**　鉄筋コンクリート造は、耐火性や耐久性に優れるが、地震による影響が大きい。

□□□**問 2**　セメント等を原料とした板状の壁材を外壁に設置したものを、サイディングパネルという。

□□□**問 3**　容積率とは、建築面積の敷地面積に対する割合をいう。

□□□**問 4**　アスベストが含まれる建築材料の使用は一切禁止されている。

□□□**問 5**　特定建築物の定期調査及び定期報告は、毎年 1 回又は 3 年ごとに行わなければならない。

正解と解説

1 ○　鉄筋コンクリート造は、耐火性や耐久性に**優れる**が、建物の重量が**重い**ため、地震による影響が**大きい**。建物の重量が**重い**と、地震に対して強いイメージがあるかもしれないが、その反対なので注意すること。

2 ○　**サイディングパネル**とは、セメント等を原料とした板状の壁材を外壁に設置したものである。

3 ×　容積率とは、建築物の**延べ**面積（**各階の床面積**の合計）の**敷地**面積に対する**割合**をいう。本問でいう建築面積の敷地面積に対する割合は「**建蔽率**」のことである。

4 ×　アスベストが含まれる建築材料の使用は、建築基準法により、**原則**として、**禁止**される。しかし例外的に、アスベスト等の**飛散**・**発散のおそれがない**ものとして、国土交通大臣が定めたもの又は国土交通大臣が認定したものは、使用することが**できる**。使用が一切禁止されている**わけではない**。

5 ○　特定建築物の定期調査・定期報告は、**毎年 1 回**又は **3 年ごと**に行う義務がある。

過去問を確認しよう！

□□□**問題**　住宅の居室に関する次の記述のうち、誤っているものはどれか。
（令和 3 年度第 12 問）

1　住宅の居室とは、人が長時間いる場所のことであり、居間や寝室等が該当し、便所は除かれる。

2　住宅の居室には、原則として、床面積の 20 分の 1 以上の換気に有効な開口部が必要である。

3　襖等常に解放できるもので間仕切られた 2 つの居室は、換気に関し、1 室とみなすことはできない。

4　共同住宅では、その階における居室の床面積の合計が 100 平方メートル（耐火、準耐火構造の場合は 200 平方メートル）を超える場合は、避難するための直通階段を 2 つ以上設けなければならない。

正解　3

1 ○　住宅の居室とは、人が**長時間**いる場所のことであり、居間、寝室、台所等が該当し、便所、浴室、廊下等は**除かれる**。

2 ○　居室には、換気のための窓その他の開口部を設け、その換気に有効な部分の面積は、原則として、その居室の床面積に対して、**20 分の 1** 以上としなければならない（建築基準法 28 条 2 項）。

3 ×　襖、障子その他随時**開放**することができるもので仕切られた 2 室は、換気の規定の適用については、**1 室とみなされる**（建築基準法 28 条 4 項）。

4 ○　共同住宅では、その階における居室の床面積の合計が **100㎡**（耐火構造・準耐火構造の場合は **200㎡**）を超える場合には、その階から避難するための直通階段を **2 つ以上**設けなければならない（建築基準法施行令 121 条）。

過去問を確認しよう！

□□□**問題**　建物の構造に関する次の記述のうち、最も不適切なものはどれか。

NEW!　（令和 5 年度第 46 問）

1　制振（制震）構造は、建物に入った地震力を吸収する制震部材（ダンパー）等を建物の骨組み等に設置することにより、振動を低減、制御する構造である。

2　搭状の建物では、制振（制震）構造による風揺れ対策の効果は期待できない。

3　免震構造は、建物に地震力が伝わりにくくするように、基礎と建物本体との間に免震ゴムなど免震装置を設け、揺れを低減する構造である。

4　免震構造の免震装置部分は、定期的な点検と管理が必要である。

正解　2

1 ○　制振（制震）構造は、免震構造のように地震力が建物に伝わりにくくするのではなく、建物に入った地震力を吸収する**制震部材（ダンパー）**等を建物の骨組み等に設置することにより、大地震であっても振動を低減することができる構造である。

2 ×　制振（制震）構造は、軽くてやわらかい建物に有効で、塔状の建物では風揺れ対策にも効果が発揮**できる**。

3 ○　免震構造とは、建物に地震力が伝わりにくくするように、**基礎と建物本体**との間に**クッション**（**免震ゴム**など）を設け、ゆったりとした揺れに変える構造である。

4 ○　免震装置部分は機械装置なので、地震時に有効に稼働するかどうかの**定期的な点検**が必要である。

予想問題にチャレンジ！

問題　計画修繕に関する次の記述のうち、最も不適切なものはどれか。

1　建築物の修繕の時期や内容を予想した修繕計画の作成は、管理業者の重要な業務である。

2　修繕計画の作成には、建築や設備に関する専門的知識が必要となるため、修繕専門会社や、建物・設備のメンテナンスに詳しい設計事務所などに修繕計画を作成してもらうことが重要である。

3　管理業者は、修繕工事の基本計画を立案し、貸主に提案する際には、貸主に対して資金計画についてもアドバイスすることが重要である。

4　長期修繕計画は、数年ごとに内容の見直しを行うべきである。

解答	

正解	2

1 ○　管理業者は、建築物の**修繕の時期**や**内容**を**予想**した修繕計画を作成することが必要である。

2 ×　修繕専門会社や、建物・設備のメンテナンスに詳しい設計事務所などには、修繕計画を作成するうえでの**協力を得るにとどめ**、修繕計画の作成自体は、その物件のことを一番よく知る**管理業者**が**主体的**に行うべきである。

3 ○　修繕工事の基本計画を貸主に提案し、了解を得る際に、貸主に対して**資金計画**についてもアドバイスすることは、管理業者の重要な役割である。

4 ○　長期修繕計画の精度を高めるため、**数年ごとに内容の見直し**を行うべきである。

第2節 設備の知識

学習日 ／

頻出度 A

建物の設備には様々な種類があります。聞きなれない言葉が多く出てくる分野ですが、試験では設備に関する単純な知識が聞かれるため、根気よく覚えていきましょう。

Ⅰ 給水設備・給湯設備等

重要度 ★★★

POINT

給水設備では、給水方式の種類及び特徴や管理方法、給湯設備では、給湯方式の種類及び特徴を覚えることが大切です。

1 給水設備

(1) 給水設備の構成

給水設備は、賃貸物件の各住戸に水を供給するための設備です。各住戸に供給する水は、水道法に基づく各種の水質基準を満たすものであって、安全で良質な水でなければなりません。

給水設備は、給水配管、弁、ポンプ、水槽などによって構成されています。給水配管には、かつては鋼管が用いられていましたが、内部に錆が発生しやすいため、現在では**塩ビ管（塩化ビニル管）**が広く用いられています。

この**塩ビ管**は、強靭《きょうじん》性や耐衝撃性、耐火性で鋼管よりも**劣る**ものの、錆の心配がなく、**軽量**で**耐食性**に優れているのが特徴です。

○×チェック!!
塩ビ管は、強靭性、耐衝撃性、耐火性で鋼管より優れているが、軽量で耐食性に劣る。

答× 塩ビ管は、強靭性、耐衝撃性、耐火性で鋼管より**劣る**が、軽量で耐食性に**優れている。**

よく出る!

(2) 給水方式

給水方式には、「**直結**方式」と「**受水槽**方式（**貯水槽**方式）」があります。

そして、直結方式には、「直結直圧方式」と「直結増圧方式」があり、受水槽方式には、「高置（高架）水槽方式」「圧力タンク方式」「加圧給水方式（ポンプ直送方式）」があります。それぞれの内容・特徴をまとめると以下のようになります。

◆各給水方式のまとめ

	方式と特徴	イメージ図
直結方式	直結直圧方式 水道本管から分岐された給水管から、水槽やポンプを介さずに直接、各住戸へ給水する方式。 小規模で低層の建物が対象。	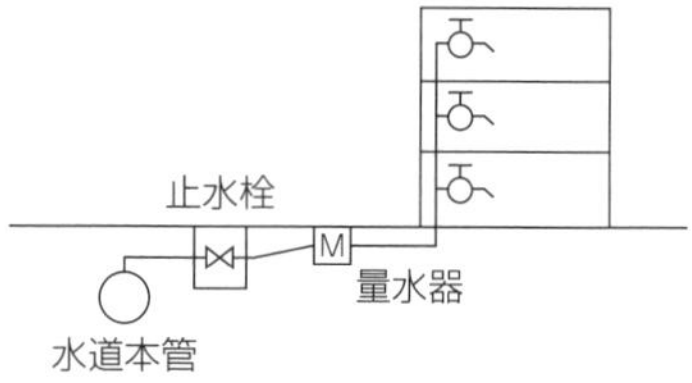
	直結増圧方式 水道本管から分岐して引き込んだ上水を、増圧給水ポンプによって各住戸へ直接給水する方式。 中規模以下のマンションやビルが対象。	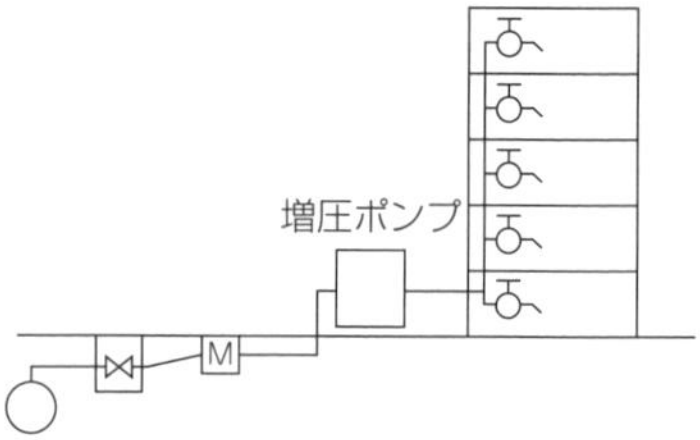
受水槽（貯水槽）方式	高置（高架）水槽方式 水道本管から分岐して引き込んだ上水を、いったん受水槽に貯め、揚水ポンプによって屋上等に設置された高置水槽に汲み上げ、重力による自然流下で各住戸へ給水する方式。 水道本管の断水や停電の場合でも、高置水槽の水によってすぐには断水しない。	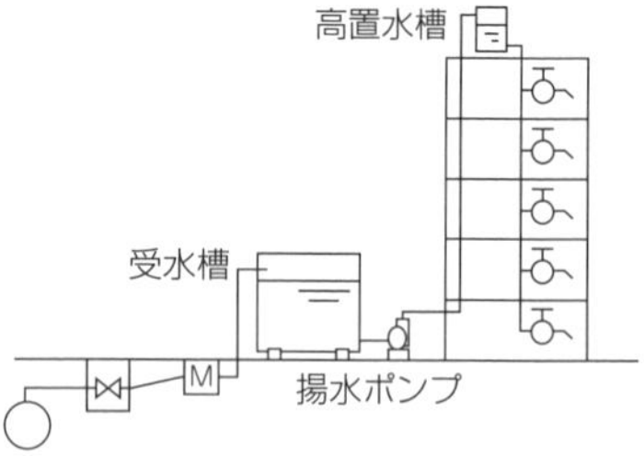

キーワードでCHECK! 給水方式の種類 ⇒

	圧力タンク方式 水道本管から分岐して引き込んだ上水を、いったん受水槽に貯め、加圧ポンプによって圧力タンクに給水して、圧力タンク内の空気を圧縮し加圧させて各住戸へ給水する方式。 高置水槽が不要であり、多くの小規模マンションで採用。	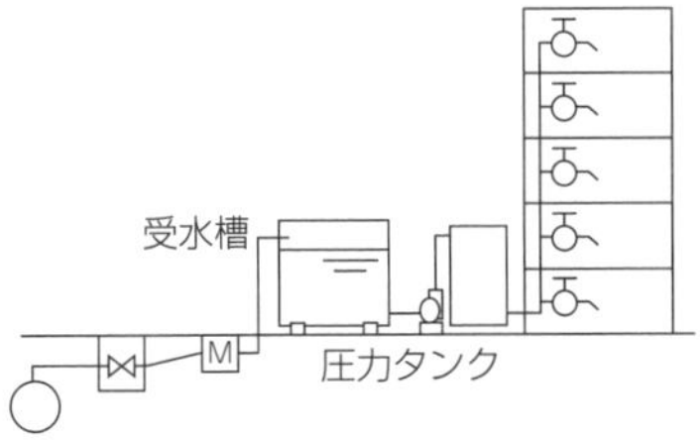
	加圧給水方式（ポンプ直送方式） 水道本管から分岐して引き込んだ上水を、いったん受水槽に貯め、加圧ポンプによって加圧した水を直接、各住戸へ給水する方式。 高置水槽が不要であり、高層マンションでも採用。	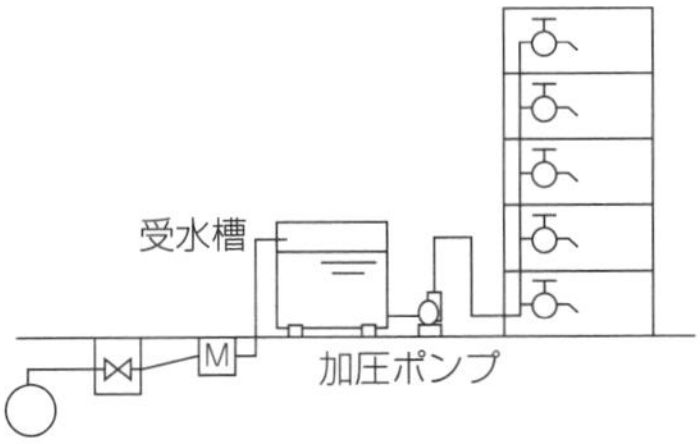

覚えよう！ | **給水方式のポイント**

①直結直圧方式

給水管から**直接**給水。**小規模・低層**の建物で利用。

②直結増圧方式

増圧給水ポンプで直接給水。**中規模以下**のマンション・ビルで利用。

③高置（高架）水槽方式

受水槽に貯めた水を**高置水槽**に汲み上げ、**自然流下**で給水。

④圧力タンク方式

受水槽に貯めた水を**圧力タンク**に給水したうえで、**圧力タンク**内の**空気**の**圧縮**によって給水。

⑤加圧給水方式（ポンプ直送方式）

受水槽に貯めた水を**加圧ポンプ**で給水。

プラスα

平成29年度の問30（選択肢2）では、左の直結増圧方式の給水設備が出題されました。**中規模以下**のマンション等を対象とする点もポイントです。ただし、本問は他の選択肢に不適切な記述があったため、全員正解と扱われました。

直結直圧方式と直結増圧方式を内容とする**直結**方式と、高置（高架）水槽方式、圧力タンク方式、加圧給水（ポンプ直送）方式を内容とする**受水槽**方式（**貯水槽**方式）がある。

(3) 室内の配管方式

各室内への給水配管の配管方式には、先分岐方式とさや管ヘッダー方式があります。

◆室内の配管方式のまとめ

配管方式	内容・特徴
先分岐方式	室内に引き込んだ給水管を分岐させて、キッチンやトイレ等へ給水する方式。 分岐させるため配管の継ぎ目が多くなり、2か所以上で同時に水を使用すると水圧が落ちる可能性がある。
さや管ヘッダー方式	水回り部に設置されたヘッダーから管をタコ足状に分配して、水栓などの各器具に接続する方式。 耐久性・施工性に優れ、配管更新時には床や壁等の内装材を剥がさずに改修可能であり、2か所以上で同時に水を使用しても水圧や水量の変動が少ない。 給水・給湯配管方式として広く普及している。

(4) 給水設備の管理

①水槽の管理

水槽（受水槽・高置水槽）の清掃中は断水の状態となるため、水槽の清掃作業を行うに当たっては、事前に、入居者に対して清掃実施日を通知することが必要です。

水槽内には、水槽内の水位を調整するための**ボールタップ**や**電極棒**などが付属しています。ボールタップや電極棒が故障すると、**満水**になったり、逆に**減水**になったりすることがあります。

具体的には、水が**オーバーフロー**となって放水状態に陥り、常に給水ポンプが作動してしまう状態となって、騒音や余分な電気代が発生してしまうことがあります。また、減水したままの状態でポンプを空回りさせて、ポンプを故障させてしまうことがあります。そのため、満水又は減水

プラスα

受水槽は汚染を防止するため、天井や底、周壁は建物の躯体と兼用**できません**。また、内部には飲料水以外の配管設備を設けることも**できません**。

用語

オーバーフロー
水などがあふれること。

キーワードでCHECK! ボールタップ、電極棒 ⇒

時には、満減水警報が発報する仕組みとなっています。

◆電極棒のイメージ

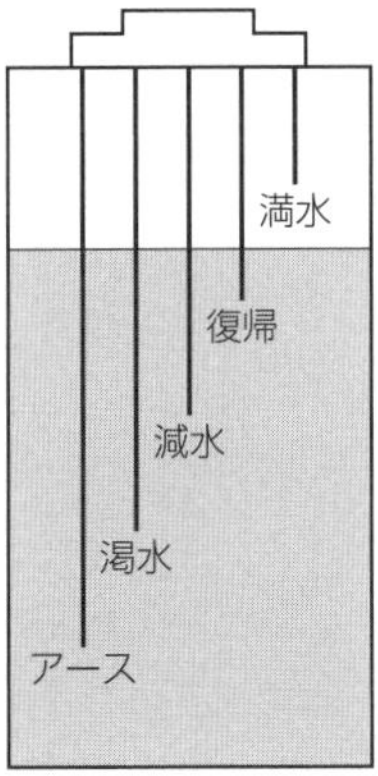

◆ボールタップ（水洗便所）

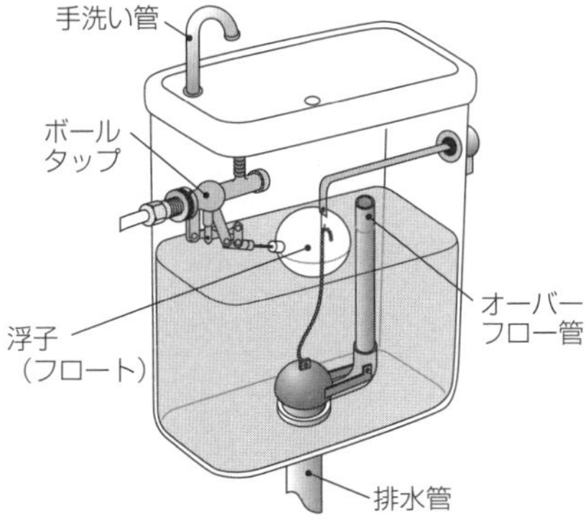

例えば、上記の「◆電極棒のイメージ」のうち、「減水」の部分の下まで水位が下がると、満減水警報が水が足りないと感知して発報します。逆に、「満水」のところにまで水位が上がれば、それを感知して、水が入らないようになります。

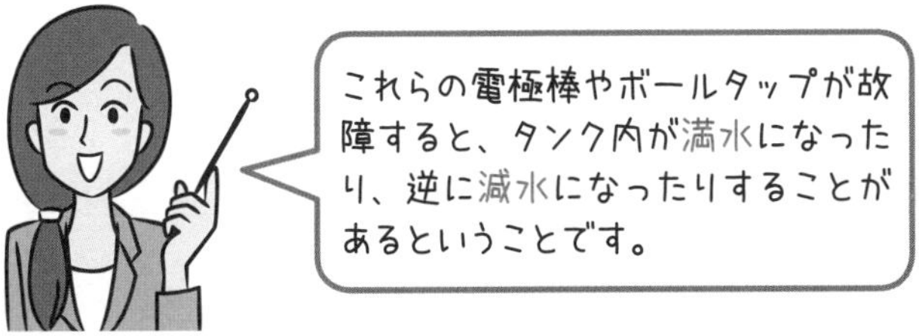

②ポンプの管理

ポンプ（増圧給水ポンプ、揚水ポンプ、加圧ポンプなど）は、**2台**で1つのセットとなっており、通常は、**2台**のポンプが**自動的**に**交互**運転しています。

減水警報が発報したときは、速やかに対応しないと、断

建物の水槽（受水槽・高置水槽）の中の**水位**を**調整**するための装置。ボールタップや電極棒が故障すると、**満水**や**減水**となり、満減水警報が発報する。

水を起こしてしまうほか、ポンプが空転により故障してしまう可能性があるので注意が必要です。高層建物で発生する断水は、揚水ポンプの故障が原因であることが多いです。

ポンプを復旧させるためには、ポンプ制御盤のスイッチによってポンプを**手動運転**に切り替えて、手動で健全なポンプを稼働させて給水するようにします。水槽内の電極棒の故障によってポンプが作動しない場合にも、手動で水槽内に給水する必要があります。

③飲料水の汚染原因

飲料水は、使用されるまでの間に汚染されてはなりません。汚染の原因としては、①受水槽などへの**異物混入**、②機器材料の接水面から有害物質が**溶出**、③一度吐水した水や飲料水以外の水が、飲料水配管に**逆流**することが挙げられます。

2　給湯設備

（1）給湯設備の構成

給湯設備は、給湯配管、弁、給湯器、貯湯タンクなどによって構成されています。

給湯配管には、かつては被覆銅管が使用されていましたが、近年では、耐熱性に優れる樹脂管である架橋ポリエチレン管やポリブテン管などが多く使用されています。

給湯器には、ガス瞬間湯沸器、電気温水器、ヒートポンプ式給湯機（エコキュート）、家庭用燃料電池（エネファーム）などが使用されています。

プラスα

給湯設備の構成内容までは、覚えておかなくても試験には対応できるはずです。

（2）給湯方式

給湯方式は、飲用給湯方式、局所給湯方式、中央（セントラル）給湯方式に分類され、それぞれ次の特徴があります。

キーワードでCHECK!　**中央（セントラル）給湯方式　⇒**

◆給湯方式のまとめ

給湯方式	内容・特徴
飲用給湯方式	台所の流しにガス瞬間湯沸器を置くなど、給湯する**箇所ごと**に給湯器を設置する方式。
局所給湯方式	**各戸・各室ごと**に給湯器を設置し、**各給湯箇所**へ**配管**して給湯する方式。 マンションの壁掛け式ガス給湯器、深夜電力利用の電気温水器など。
中央（セントラル）給湯方式	建物の屋上や地下の機械室に、ボイラーなどの**熱源機器**と**貯湯タンク**を設置して、建物の各所へ**配管**して給湯する方式。 商業ビルやホテルなど、大きな建物で採用。

プラスα

給湯方式については、平成29年度の問30（選択肢1）において、中央（セントラル）給湯方式の説明文について、「局所式である」とした誤った選択肢として出題されました。このような出題もあるので、正確に各方式の内容を覚えておきましょう。

覚えよう！｜給湯方式のポイント

①**飲用給湯方式**

給湯箇所ごとに給湯器を設置する方式。

②**局所給湯方式**

各戸・各室ごとに設置した給湯器から、**各給湯箇所**へ**配管**して給湯する方式。

③**中央（セントラル）給湯方式**

建物の屋上・地下の機械室に**熱源機器**と**貯湯タンク**を設置し、建物の各所へ**配管**して給湯する方式。

プラスα

ガス給湯器の供給出湯能力は32号、24号といった号数で表され、この号は現状の水温に**25度**温かくしたお湯を1分間にどれだけ出せるかの能力を表します。32号の場合、現状の水温が15度ならば、40度のお湯を1分間に**32**リットル出せます。

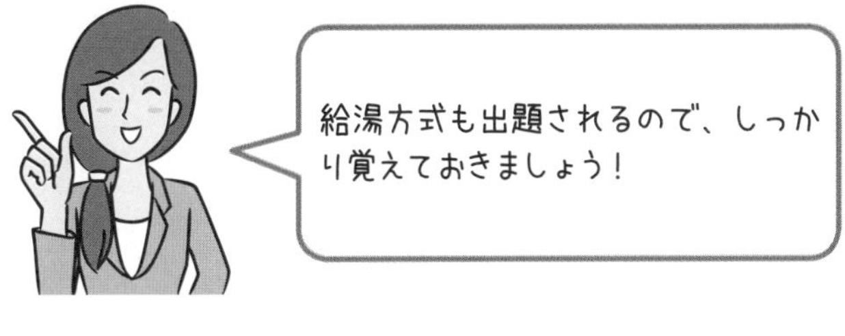

建物の屋上や地下の機械室に、ボイラーなどの**熱源機器**と**貯湯タンク**を設置して、建物の各所へ配管して給湯する方式。

Ⅱ 排水設備、通気設備、換気設備

重要度 ★★★

POINT

換気設備に関する知識は、毎年のように出題されています。覚えておくべき内容は多くはないので、しっかりチェックしておきましょう。

1　排水設備

(1) 排水の概要

排水（排出する水自体のこと）は、**汚水**（トイレの排水）、**雑排水**（台所・浴室・洗面所・洗濯機などの排水）、**雨水**に分類されます。

排水は、汚水・雑排水・雨水を建物の敷地の外に排出すると同時に、排水管内の**臭気**を室内に**拡散**させないようにするものです。

排水は、地盤面より高い部分及び横引き管の部分は、**重力式流下**による排水を行い、地盤面より低い部分は、**汲み上げ式**（ポンプアップ）による排水を行います。

排水設備は、排水を速やかに排出させるための雑排水管・汚水管と、排水を一時的に溜める雑排水槽・汚水槽及び排水ポンプ、通気配管で構成されています。また、敷地構内の排水管と排水桝《ます》があります。

(2) 排水トラップ

排水トラップとは、排水管の一部に設置され、下水道と接続されている排水管を伝わって下水臭や虫、小動物が室内に侵入することを防ぐものです。

排水トラップは、排水管の中に少量の水を残留させることによって、排水管を封じるように設計されています。このように排水管を封じる水のことを**封水**といいます。排水トラップには、次ページのような種類があります。

プラスα

排水トラップは、防臭トラップや封水トラップと呼ばれることもあります。

キーワードでCHECK! 排水トラップ ⇒

◆排水トラップの種類

サイホン式トラップ（管トラップ）		
Sトラップ	・一般的に多く用いられる。 ・サイホン作用が起きやすい。	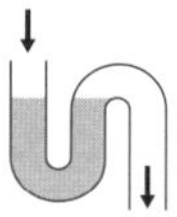
Uトラップ	・汚水の流れを妨げる原因となりやすい。 ・封水の安定度が劣る。	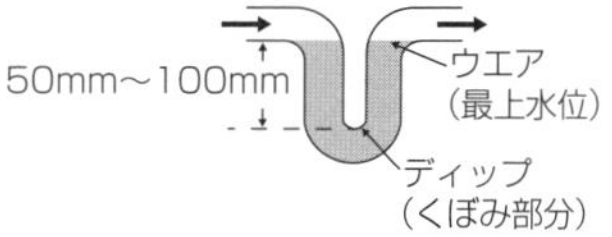
Pトラップ	・最も多く使用される。 ・サイホン作用が起きにくい。 ・通気管を接続することで封水が安定する。	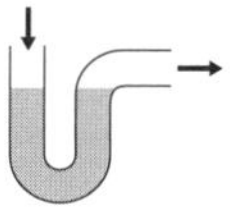
非サイホン式トラップ（隔壁トラップ）		
ドラムトラップ	・台所の流しに使用される。 ・封水の安定度が高い。	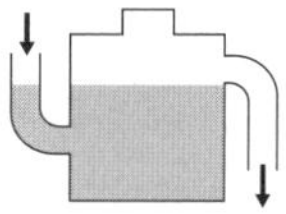
わんトラップ（ベルトラップ）	・床排水に使用される。 ・封水深が浅いものが多く、封水の安定度が低いという問題がある。	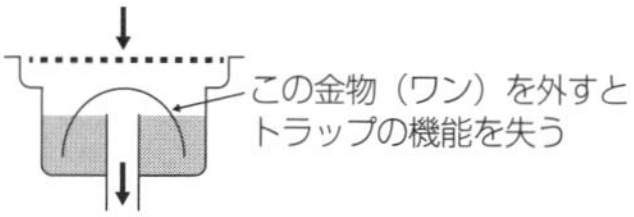

2　通気設備

通気設備は、排水トラップ内の封水が破れること（破封といいます）を防止するとともに、排水管内の気圧と外圧の気圧差をできる限り生じさせないようにすることで、排水の流れをスムーズにするための管のことです。

通気設備は、建物の高さや排水系統の合流形態などによって、次の2つに分けられます。

排水管の一部に設置され、下水道と接続されている排水管を伝わっての下水臭や虫、小動物の室内への侵入を防ぐ装置。管トラップと隔壁トラップがある。

◆通気設備の種類

伸頂通気方式	排水立て管の先端を延長した伸頂通気管を、屋上又は最上階の外壁などの部分で大気に開口する方式。
通気立て管方式	排水立て管と通気立て管の２本を設置して、最下層よりも低い位置で排水立て管に通気立て管を接続するか、通気立て管を単独で直接大気に開口する方式。

3　換気設備

（1）換気設備の種類

よく出る!

室内の空気を入れ替える換気設備には、給気ファン、排気ファン、給排気ダクト、ルーフファン、排気塔、設備用換気扇などの種類があります。

（2）換気方式

換気方式は、以下のように、自然換気方式と機械換気方式に分けられます。

◆換気方式の種類

自然換気	室内と室外の温度差による対流や風圧等の、自然の条件を利用して換気する方式。 換気扇等の機械を使用しないため、騒音が発生せず、経済的である。一方で、換気量や換気圧力は安定しない。
機械換気	換気扇や送風機等の機械を利用して、強制的に換気する方式。 必要時に安定した換気ができるが、費用がかかる。また、電気のエネルギー源が必要となる。

キーワードでCHECK!　機械換気設備　⇒

覚えよう！ 自然換気と機械換気

①自然換気

自然条件（室内と室外の温度差による対流、風圧等）を利用した換気方式。

②機械換気

機械（換気扇、送風機等）を利用した換気方式。

（3）機械換気設備

機械換気設備は、機械の組合せによって、第 1 種換気、第 2 種換気、第 3 種換気に分けられます。

◆第 1 種換気、第 2 種換気、第 3 種換気のイメージ

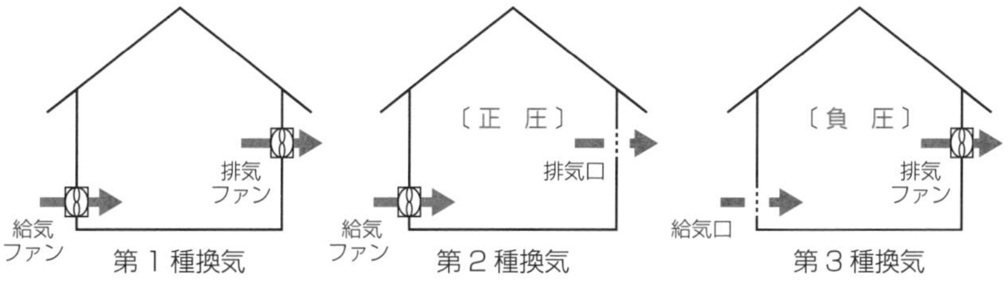

それぞれの機械換気設備の特徴をまとめると、次のようになります。

◆機械換気設備の種類と特徴

第 1 種換気	給気機と排気機の組合せ。**給気**と**排気**の**双方**にファン（機械換気）を使用する。 **居室**に設けられる**熱交換型換気設備**や、**機械室**、**電気室**などに採用される。

プラスα

第 1 種換気は、3 つの換気方式の中で最も安定的かつ正確に換気を行うことができますが、初期コストが高くなるというデメリットもあります。

換気扇、送風機等の**機械**を利用して換気を行うための装置。機械を**給気**と**排気**の双方又は一方に使用する。

第２種換気	給気機と排気口の組合せ。 **給気のみ**ファン（機械換気）を使用する。 ファンによって室内に清浄な空気を供給するため、室内は**正圧**になり、天井裏などからの空気の侵入を抑制する一方で、湿気が侵入する。製造工場などに採用される。
第３種換気	給気口と排気機の組合せ。 **排気のみ**ファン（機械換気）を使用する。 ファンによって排気することで室内が**負圧**になるため、他の部屋に汚染空気が**入らない**。**多くの住宅**で、台所や浴室、便所、洗面所などの燃焼ガス、水蒸気、臭気などが発生する部屋に採用される。

プラスα

ただし第３種換気は、**排気のみ**を機械で行うため、給気の取入れが充分でないと、室内外の差圧が**増える**という障害が発生する。

覚えよう！｜機械換気設備の種類

①第１種換気

給気と**排気**にファンを使用。居室に設置される**熱交換型換気設備**などに採用。

②第２種換気

給気のみにファンを使用。製造工場などに採用。

③第３種換気

排気のみにファンを使用。室内が**負圧**になり、他の部屋に汚染空気が**入らない**。**多くの住宅**で採用。

機械換気設備の区別については、頻出です。室内が負圧になるかどうかという点もヒッカケ問題として出題されるので、正確に覚えておきましょう。

キーワードでCHECK!　24時間換気（常時換気）システム　⇒

(4) 24時間換気（常時換気）システムの義務づけ

2003（平成15）年7月から、建築基準法施行令によって、**シックハウス症候群**の原因となる揮発性有機化合物（VOC）の除去対策として、新築住宅には、一部の例外を除いて、24時間稼働する機械換気設備の設置が義務づけられています。

シックハウス症候群は、建材や家具、日用品などから発散されるホルムアルデヒドや揮発性有機化合物（VOC）などが原因であると考えられているため、その対策として常時換気することが重要であると考えられたためです。

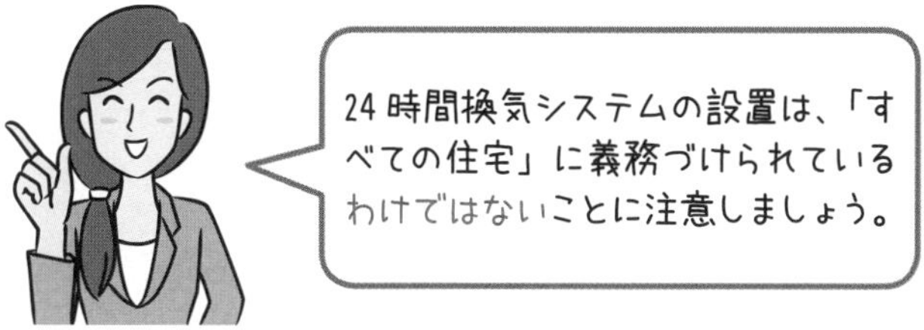

よく出る!

用語

シックハウス症候群

新築住宅やリフォームされた住宅に入居した場合に見られる、目がチカチカする、鼻水、のどの乾燥、吐き気、頭痛、湿疹などの症状が起こる健康被害の総称。個人差が大きく、同じ室内にいてもまったく影響を受けない人もいる。

Ⅲ 電気設備、ガス設備

重要度 ★★

POINT

電気設備については、受電方式の種類と電力の供給方式・供給方法が、ガス設備については、ガスの種類に関する知識が重要です。

1 電気設備

(1) 電気設備の構成

電気設備には、受変電設備、幹線設備、動力設備、電灯設備などがあり、建物の大小によって、設置される電気設備が異なります。

シックハウス症候群の原因となる揮発性有機化合物（VOC）の除去対策のため、一定の住宅について、24時間稼働する機械換気設備の設置が義務づけられている。

（2）受電方式（引込み電圧）の種類

共同住宅では、電力会社の電気を共同引込線によって建物内に引き込んで、電力の供給を受けています。

よく出る!

電力会社からの電力供給は、供給電圧によって、以下のように、低圧引込み、高圧引込み、特別高圧引込みに分けられます。

◆受電方式（引込み電圧）の種類

種　類	受電電圧	契約電力	電気室等
低圧受電（低圧引込み）	三相3線式標準電圧200ボルト	50kW未満 ※契約容量と契約電力との合計が50kW以上となる場合あり	不要 （※50kW以上となる場合は、変圧器等の設置が必要）
高圧受電（高圧引込み）	三相3線式標準電圧6,000ボルト	50kW以上2,000kW未満	受変電室が必要
特別高圧受電（特別高圧引込み）	2万ボルト、6万ボルト、14万ボルトのいずれか	2,000kW以上	特別高圧受変電室及び高圧受変電室が必要

（3）建物への電力の供給方式

電力会社との契約電力と、契約電流又は契約容量との合計が50kW以上の場合は、電力の需要者の土地又は建物内に、変圧器などの電力の供給施設が設置されることがあります。

建物への電力の供給方式には、次ページの表のとおり、借柱方式（柱上変台方式）、集合住宅用変圧器方式（パットマウント方式）、借室方式、借棟方式、キュービクル方式があります。

キーワードでCHECK!　受電方式（引込み電圧）の種類　⇒

◆建物への電力の供給方式

方　式	内容・特徴
借柱方式（柱上変台方式）	電柱上に変圧器を設置することで電力を供給する方式。
集合住宅用変圧器方式（パットマウント方式）	建物の敷地内の屋外に地上用変圧器を設置することで電力を供給する方式。
借室方式	建物内の一室を変圧器室として、電力会社へ提供（借室）する方式。
借棟方式	建物の敷地内に変圧器棟を設置することで電力を供給する方式。
キュービクル方式	建物の敷地内の屋外にキュービクル式高圧受電設備を設置することで電力を供給する方式。

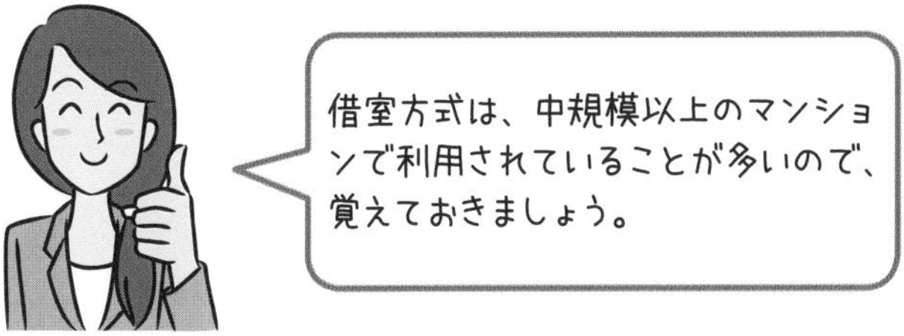

プラスα

キュービクル式高圧受電設備は、金属製の外箱の中に、高圧で受電するための機器を収めたもので、「キュービクル」とも呼ばれます。小さいスペースに設置することができ、保守点検作業が安易であるというメリットがあります。

(4) 住戸内への電力の供給方式

各住戸へ電力を供給する方式には、単相 3 線式 100 ボルト／ 200 ボルトと、単相 2 線式 100 ボルトの 2 つの方式があります。

よく出る!

単相 3 線式は、3 本の電線のうち、真ん中の中性線と上又は下の電圧線を利用すると 100 ボルトが使用でき、中性線以外の上と下の電圧線を利用すると 200 ボルトが使用できるという方式です（次ページ図参照）。

単相 2 線式は、電圧線と中性線の 2 本の線を利用する方式で、100 ボルトの電圧のみ使用できます。

したがって、電力の供給が単相 2 線式によって行われて

供給電圧によって、低圧受電（低圧引込み）、高圧受電（高圧引込み）、特別高圧受電（特別高圧引込み）の 3 種類に分けられる。

いる住戸では、200 ボルトの電力が必要となる家電製品などを使用することは**できない**こととなります。

◆単相 3 線式 100 ボルト／200 ボルトの配線図例

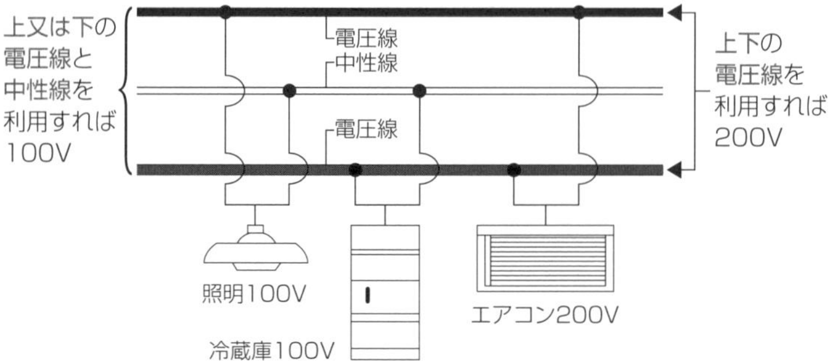

◆単相 2 線式 100 ボルトの配線図例

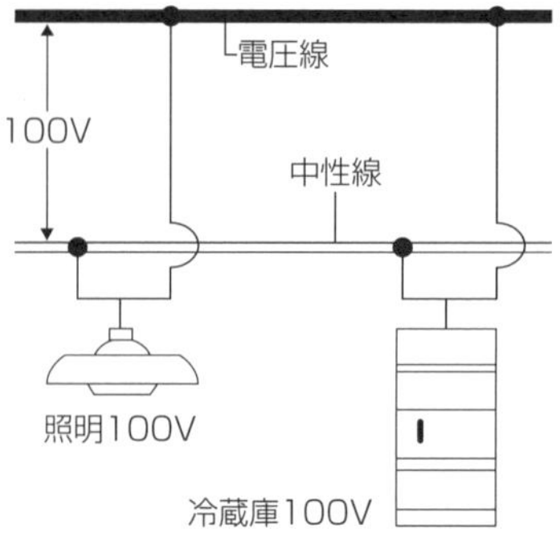

(5) 電気設備の維持管理

①照明設備の維持管理

建物の廊下や階段が外部に開放されている場合は、天井灯や階段室の照明に雨水や湿気が入り込むことにより、錆が発生して**劣化**する可能性が高くなります。

照明設備の錆や劣化は、**漏電**や部品の落下の危険を生じさせる原因となるため、照明設備を定期的に点検し交換することが重要です。

また、照明設備の電線を**被覆**する**ビニール**は、熱や紫外線の影響により**経年劣化**し、絶縁抵抗が**弱まる**こととなります。そのため、定期的な抵抗測定を行って、配線を交換する必要があります。

よく出る!

プラスα

絶縁抵抗が低くなると漏電を生じ、感電や火災等の原因となります。

照明設備の点灯時間を、光センサーや人感センサー、照度センサーによる自動点滅器やタイマーを設置して制御している建物もあります。

タイマーによって点灯時間を制御している場合は、季節ごとの日照時間の変化に応じて、タイマーの点灯時間を**調整**する必要があります。

よく出る!

②停電

一時的に電流が過剰に流れた場合、遮断器（ブレーカー）が落ちて停電する可能性があります。建物全体の停電の場合は、分電盤を調べて、遮断器が落ちている回路を再び通電させて、様子を見ます。

そして、再び停電してしまう場合は、その回路を切ったうえで、専門業者による原因究明と修理を依頼する必要があります。

建物全体ではなく、建物内の特定の住戸内のみに停電が発生した場合は、入居者が一時的に数個の家電製品を使用したことや、漏電が発生したことによって、住戸内のブレーカーが落ちて電気が遮断された可能性があります。

よく出る!

また、住戸内の分電盤の中には、一般的に、漏電遮断器（漏電ブレーカー）のほか、アンペアブレーカー（サービスブレーカーともいいます）及び安全ブレーカーが設置されています。

漏電遮断器（漏電ブレーカー）とは、ELB とも呼ばれ、電気配線や電気製品の故障やいたみによる**漏電をすばやく**

よく出る!

単相 3 線式は、3 本の電線の組合せにより、100 ボルト又は 200 ボルトが使用できる方式で、単相 2 線式は、2 本の線を利用して 100 ボルトが使用できる方式。

察知し、回路を遮断することにより感電や火災を防ぐ役割を果たす機器です。

◆住戸内のブレーカーの例

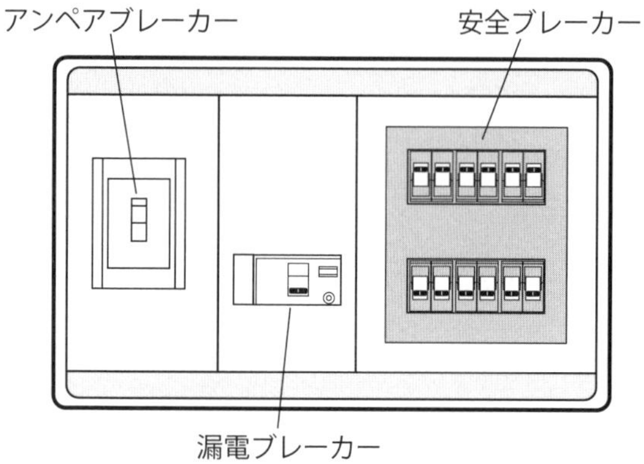

2　ガス設備

(1) 都市ガスとプロパンガス（LP ガス）

ガス器具は、ガスの種類にあわせて製造されており、誤ったガス器具を使用すると事故につながるため、十分に注意しなければなりません。一般家庭では、**都市ガス**又は**プロパンガス（LP ガス）**が使用されています。

この 2 つのガスは、以下のように、供給方法とガスの重量が大きく異なります。

◆ 2 つのガスの供給方法と重量

ガスの種類	供給方法	重　量
都市ガス	地下に埋設された**ガス導管**によって供給。	ほとんどの都市ガスは空気より**軽い**。
プロパンガス（LP ガス）	ガスを詰めた**ボンベ**を**配送**することによって供給。	プロパンガス（LP ガス）は空気より**重い**。

プラスα

アンペアブレーカー（サービスブレーカー）は、電力会社との間で契約された「契約アンペア値」を超える電流が流れた場合に、電気の供給を自動的に停止する機器です。

安全ブレーカーとは、電気器具の故障によりショートした場合や、過電流が流れた場合に電気を自動的に遮断して、電線を保護する機器です。

なお、地震による火災の発生を防止するため**感震ブレーカー**の普及促進が進んでいます。**感震ブレーカー**は、設定値以上の揺れを検知した際に、ブレーカーやコンセントなどの電気を自動的に止める器具です。

プラスα

都市ガスもプロパンガスもともに原料の大半は海外から輸入しています。また、**ともに無味・無臭**のため、ガス漏れに気づけるよう臭いを付けています。

キーワードで CHECK!　ガス管の配管材料　⇒

なお、プロパンガス（LP ガス）には、都市ガスの 2 倍以上の火力エネルギーがあります。

また、都市ガス及びプロパンガス（LP ガス）の料金は、ガス会社によって自由に料金を定めることができるため、利用者ごとに異なる料金を設定することや、料金変更を行うことが可能です。

覚えよう! **都市ガスとプロパンガス（LP ガス）の違い**

①都市ガスは**ガス導管**によって、プロパンガスは**ボンベの配送**によって、供給される。

②ほとんどの都市ガスは空気より**軽い**が、プロパンガス（LP ガス）は空気より**重い**。

よく出る!

(2) ガス設備

①ガス管

よく出る!

ガス管の配管材料として、近年では、屋外埋設管には、**ポリエチレン管**、**ポリエチレン被覆鋼管**が、屋内配管には、**塩化ビニル被覆鋼管**が多く使用されています。

②ガスメーター（マイコンメーター）・ガス警報器

よく出る!

ガスメーター（マイコンメーター）とは、ガスの**使用量**を**計量**する機能と、ガスの異常放出・地震などの**異常を検知**して、自動的にガスの**供給を遮断**する機能を備える機器です。

住戸内のすべてのガス器具が使用できなくなった場合には、ガスメーター（マイコンメーター）によって自動的にガスの供給がストップしている可能性がありますので、ガスメーター（マイコンメーター）の復帰操作を行わなけれ

近年においては、屋外埋設管には、**ポリエチレン**管、**ポリエチレン**被覆鋼管が多く使用され、屋内配管には、**塩化ビニル**被覆鋼管が多く使用されている。

ばなりません。

　また、復帰操作の後もガス器具が使用できない場合には、ガス会社に連絡して点検をしてもらう必要があります。

◆ガスメーター（マイコンメーター）

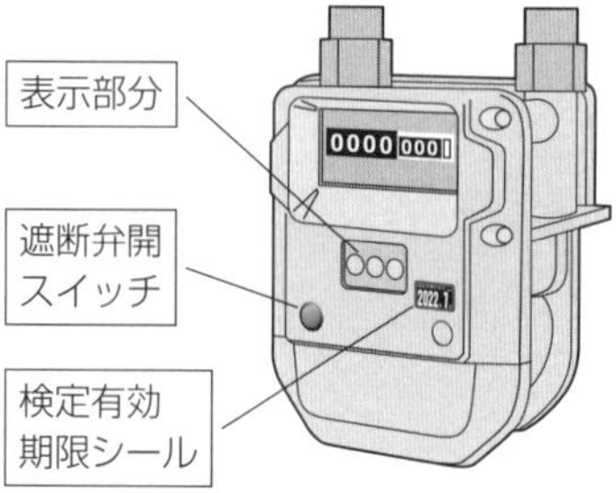

③ガスの開栓手続

　ガスの使用を開始する場合には、住戸ごとに、ガス会社による開栓作業が必要となります。開栓作業の際には、原則として、**ガス利用者**が立ち会う必要があります。

よく出る!

　管理業者としては、借主に対して、入居する前にガス会社に連絡して、開栓作業を依頼する必要があることを伝えておく必要があります。

　なお、管理業者は、ガスの開栓作業に立ち会う必要は**ありません**。

3　避雷《ひらい》設備

　高さが20mを超える建築物・工作物には、周囲の状況によって**安全上支障がない**場合を除き、避雷設備を設置しなければなりません。避雷設備における避雷針では、電力線等から侵入する雷サージ電流（雷で発生する過電圧・過電流）を防止**できません**。この防止システムには、雷保護用等電位ボンディングやサージ防護デバイスがあります。

プラスα

雷保護用等電位ボンディングも、サージ防護デバイスも大地に接地（アース）するものです。

キーワードでCHECK!　消防用設備等　⇒

Ⅳ 消防用設備等、防火管理

重要度 ★★★

POINT

消火器、自動火災報知設備などの消防設備に関する知識や、防火管理制度に関する知識は試験で頻出ですので、赤字部分を中心に覚えましょう。

1　消防用設備等（消防・防火・避難設備）

消防用設備等とは、消防法に定められている、①消防の用に供する設備、②消防用水、③消火活動上必要な施設のことをいいます。

よく出る!

共同住宅における消防用設備等は、建物に火災が発生した場合に、火災の感知、報知、連絡、通報、消火、避難及び誘導が安全かつ迅速にできること、並びに**消防隊の活動を支援**することを目的として設置されるものです。

◆消防用設備等の種類

- ①消防の用に供する設備
  - 消火設備
  - 警報設備
  - 避難設備
- ②消防用水
- ③消火活動上必要な施設

①の「消防の用に供する設備」は、さらに**消火**設備、**警報**設備、**避難**設備に分けられます。

消火設備には、消火器や簡易消火用具（水バケツ、水槽、乾燥砂など）や屋内消火栓、スプリンクラー、水噴霧消火設備などがあります。

警報設備としては、自動火災報知設備、ガス漏れ火災警報設備、非常ベルなどがあります。

避難設備としては、すべり台、避難はしご、救助袋、誘

①**消防の用**に供する設備（消火設備、警報設備、避難設備）、②**消防用水**、③消火活動上必要な**施設**のことで、消防法に規定されている。

導灯などがあります。

②の「消防用水」とは、防火水槽又はこれに代わる貯水池その他の用水のことです。

③の「消火活動上必要な施設」とは、排煙設備、連結散水設備、連結送水管、非常コンセント設備、無線通信補助設備のことです。

(1) 主な消防設備

①消火器

消火器には、色マークと、適応火災の種別が表示されています。火災の種類は、燃焼する物質によって、A 火災（普通火災）、B 火災（油火災）、C 火災（電気火災）の 3 種類に大別されます。

よく出る!

◆ 3 種類の火災の種類

火災の種類	色マーク	火災の内容
A 火災（普通火災）	白マーク	木材、紙、繊維等が燃える火災のこと。
B 火災（油火災）	黄マーク	石油類その他の可燃性液体、油脂類等が燃える火災のこと。
C 火災（電気火災）	青マーク	電気設備、電気機器等の火災のこと。

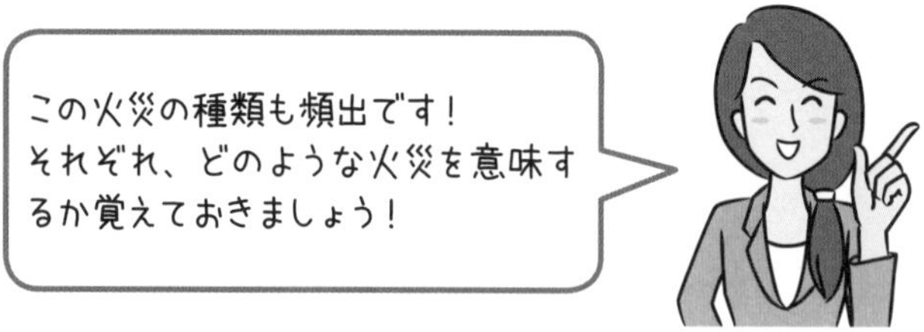

消火器の主流は、**粉末消火器**です。一般の家庭や事務所、店舗などには、前記の３種類の火災に適応することができる、ABC 粉末消火器が設置されているのが通常です。

業務用消火器の使用期限は、おおむね **10 年**であり、住宅用消火器はおおむね **5 年**で、詰め替えが**できない**構造となっています。

プラスα

製造物責任法では、消火器について８年のサイクルでの交換を指導しています。また、2011 年の省令改正により、消火器へ安全上の注意事項等の表示が義務づけられ、この表示のない旧型式の消火器は、2022 年１月１日からは設置できないことになりました。

②自動火災報知設備

自動火災報知設備は、火災により発生する熱や炎、煙を**感知器**によって検出し、火災信号を**受信機**（**火災報知器**）へ発信するものです。

感知器は、熱感知器と煙感知器に分けられ、さらに、熱感知器は定温式スポット型と差動式スポット型に、煙感知器はイオン化式スポット型と光電式スポット型に分かれます。それぞれの特徴は以下のようになります。

◆感知器の種類と特徴

熱感知器	**定温式スポット型**	火災の熱によって**一定の温度以上**になると作動する。75℃や 65℃で作動するものが多い。
熱感知器	**差動式スポット型**	火災の熱により、**周囲の温度の上昇率**が、一定率以上になると作動する。煙や排気ガスが多く流入する場所（食堂や駐車場など）に設置される。
煙感知器	**イオン化式スポット型**	機器内のイオン電流が、**煙**によって**遮断**されると作動する。
煙感知器	**光電式スポット型**	**煙**の微粒子による**光の乱反射**により作動する。

木材や紙等が燃えるＡ火災（**普通火災**）、**石油類**や**油脂類**等が燃えるＢ火災（**油火災**）、**電気設備**、**電気機器**等の火災であるＣ火災（**電気火災**）がある。

覚えよう！｜熱感知器と煙感知器

- **熱感知器**
  ①定温式スポット型
  一定温度以上になると作動。
  ②差動式スポット型
  温度上昇率が**一定率以上**になると作動。
- **煙感知器**
  ①イオン化式スポット型
  イオン電流が**煙**で**遮断**されると作動。
  ②光電式スポット型
  煙の微粒子により**光が乱反射**して作動。

③避難設備

よく出る!

避難設備の種類には、**避難器具、誘導灯、誘導標識**があります。また、バルコニーに設置されている避難はしご、避難ハッチ、避難ロープなどや、バルコニーの隣室との境に設置された隔壁や非常階段も、非常時においては避難設備となります。

管理業者としては、火災が生じた際に避難設備を使用することができるように、日頃から、これらの器具の周辺やバルコニーなどに障害物を置かないように、入居者に徹底させることが重要です。

なお、11 階以上のマンションにおいては、避難口誘導灯、通路誘導灯を設置することが義務づけられています。

プラスα

火災発生時に避難通路がふさがれていると脱出が阻害されるため、ベランダの物置、廊下の自転車、階段や踊り場の段ボールなどを見つけたら、すぐに撤去を求めるべきです。

④住宅用火災警報器の設置義務

よく出る!

住宅用火災警報器は、火災発生時に鳴動して、火災の発生を音によって知らせる機器です。「自動」火災報知設備等が設置されていないすべての住宅には、消防法によって、

キーワードでCHECK!　防火管理　⇒

住宅用火災警報器の設置が義務づけられています。

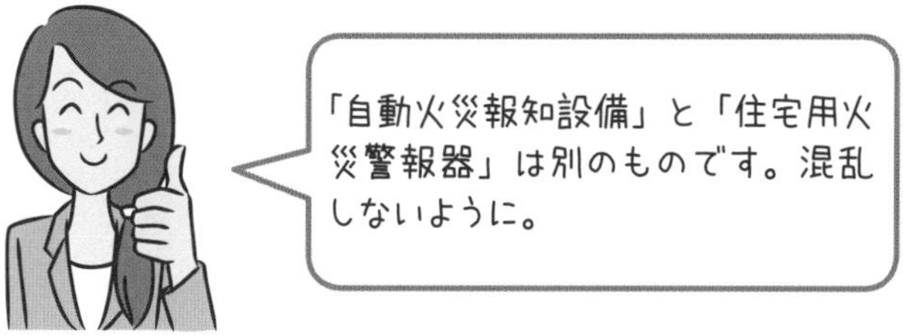

住宅用火災警報器の設置は、住宅の用途として使用されているもののすべてが対象となります。複合用途建物においては、住宅部分に設置しなければなりません。

2　防火管理

（1）防火管理の意義

防火管理とは、火災の発生の防止及び火災による被害を最小限に止めることを目的として、日常の火気管理や避難施設の管理、消防用設備等の維持管理、消火訓練や避難訓練を行う制度のことをいいます。

防火管理の対象となるもののことを**防火対象物**といい、防火対象物の所有者や**管理権原者**は、消防法8条により、**防火管理者**を定め、防火管理にかかわる業務を行わせる義務を負います。

消防法により、**共同住宅**は「**非特定防火対象物**」に分類されます。

非特定防火対象物は、建物全体の収容人員が**50人以上**の場合には、防火管理者を定めて、防火管理を行わなければなりません。

したがって、共同住宅が賃貸物件であっても、収容人員が50人以上ならば、管理権原者が防火管理者を定め、防火管理を行う必要があります。

共同住宅が賃貸物件である場合、**貸主**（所有者）等が管

プラスα

近年、住宅火災による死者のうち、高齢者（65歳以上）が半数以上の割合を占めていることから、高齢化社会への対応として、2004年に消防法が改正され、住宅用火災警報器の設置が義務づけられたのです。

よく出る!

よく出る!

よく出る!

用語

非特定防火対象物
共同住宅や事務所などのように、不特定多数の人が出入りする用途ではない建物のこと。

よく出る!

火災の発生の防止・火災による被害を最小限に止める目的で、日常の**火気管理**や**避難施設**の管理、**消防用設備等**の維持管理、**消火訓練**や**避難訓練**を行う制度のこと。

理権原者に該当します。管理権原者は、防火管理における最終責任者であり、たとえ管理業者を防火管理者として選任したとしても、防火管理責任を免れることはできません。

覚えよう! **賃貸物件である共同住宅における防火管理**

- 建物全体の収容人員が**50人以上**なら、防火管理を行う必要あり。
- **貸主（所有者）**等が管理権原者となり、防火管理者を定める。
- 管理権原者は、管理業者を防火管理者に選任しても、防火管理責任を免れることはできない。

(2) 防火管理者の業務

防火管理者の行う業務は、以下のとおりです。

◆防火管理者の行う業務

①**消防計画**の作成
②消火、通報、避難訓練の実施
③**消防用設備**等の点検・整備
④火気の使用又は取扱いに関する監督
⑤避難又は防火上必要な構造・設備の維持管理
⑥**収容人員**の管理
⑦その他防火管理上必要な業務

よく出る!

これらの業務のうち、特に重要なものは、**消防計画の作成**です。消防法施行規則３条は、消防計画の内容として、次ページのものを定めています。

キーワードで CHECK! 防火管理者の業務 ⇒

◆消防計画の内容

①自衛消防の組織に関すること。

②防火対象物についての火災予防上の自主検査に関すること。

③消防用設備等又は法第 17 条第 3 項に規定する特殊消防用設備等の点検及び整備に関すること。

④避難通路、避難口、安全区画、防煙区画その他の避難施設の維持管理及びその案内に関すること。

⑤防火壁、内装その他の防火上の構造の維持管理に関すること。

⑥定員の遵守その他収容人員の適正化に関すること。

⑦防火管理上必要な教育に関すること。

⑧消火、通報及び避難の訓練その他防火管理上必要な訓練の定期的な実施に関すること。

⑨火災、地震その他の災害が発生した場合における消火活動、通報連絡及び避難誘導に関すること。

⑩防火管理についての消防機関との連絡に関すること。

⑪増築、改築、移転、修繕又は模様替えの工事中の防火対象物における防火管理者又はその補助者の立会いその他火気の使用又は取扱いの監督に関すること。

⑫その他、防火対象物における防火管理に関し必要な事項。

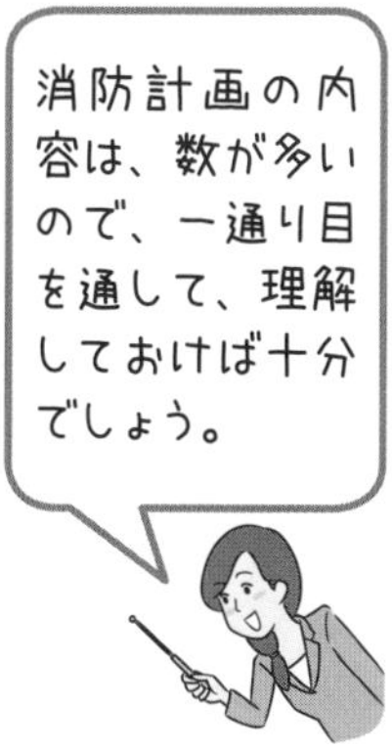

(3) 防火管理者の委託

防火管理者の業務は、管理的又は監督的な地位にある者のいずれもが、防火管理上必要な業務を適切に遂行できないと認められる場合に限って、外部（防火管理者の資格を有する者であることが必要）に**委託**することができます。

プラスα

ただし、各地域の所轄消防署によって、委託を認める基準が異なりますので、事前に所轄の消防署に確認する必要があります。

消防計画の作成が特に重要な業務であり、その他に、消火、通報、避難訓練の実施や**消防用設備等**の点検・整備、**収容人員**の管理などの業務を行う。

V 昇降機設備・立体駐車場設備

重要度 ★★

POINT

昇降機設備について、フルメンテナンス契約とPOG契約（パーツ・オイル＆グリース契約）の特徴はよく出題されるので、押さえておきましょう。

1　昇降機（エレベーター）設備

昇降機とは、エレベーターやエスカレーター、簡易リフトなどのことをいいます。

マンションを中心とする賃貸建物においてはエレベーターが付属していることが多いため、ここではエレベーターについての説明をします。

(1)「ロープ式」エレベーターと「油圧式」エレベーター

エレベーターは、駆動方式によって、**ロープ式**と**油圧式**に分かれます。**ロープ式**エレベーターは、屋上などの上部に機械室を設置して、ロープによって上下運行させる方式です。主にビルやマンションで採用されています。

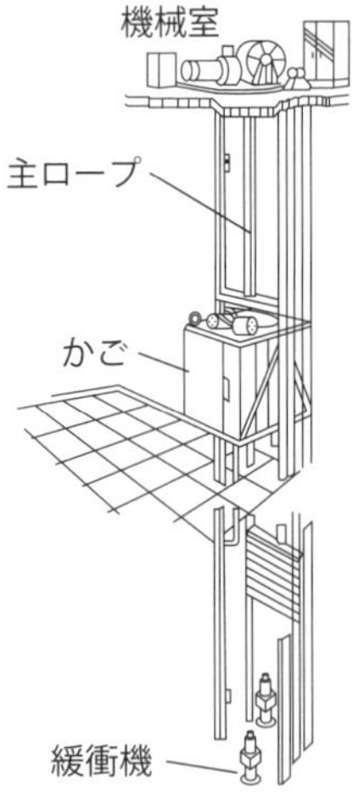

プラスα

建築基準法34条2項では、高さ**31メートル超**の建物には「非常用の昇降機」を設けなければならないと規定しています。

油圧式エレベーターは、油圧シリンダー内のプランジャ（上下に可動する部分）に、エレベーターのかごを直結させて、機械室の油圧パワーユニットからシリンダーに油を送って昇降させる方式です。主に低層の建物で採用されています。

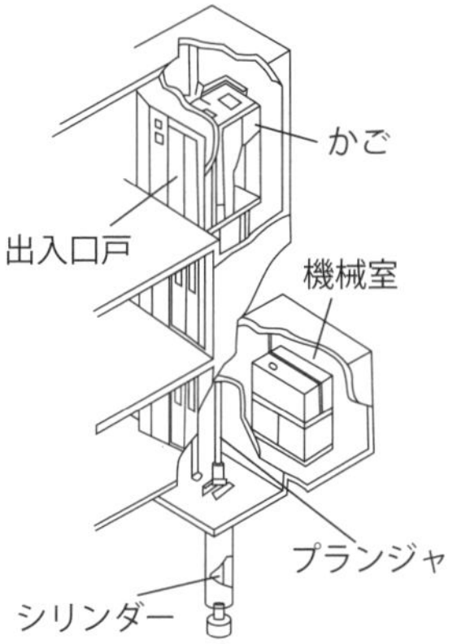

(2) エレベーターの保守契約

エレベーターの点検や清掃、注油、消耗品の交換などを専門業者に委託する契約を、エレベーターの保守契約といいます。エレベーターの保守契約は、月１回又は２回の保守点検を実施することを内容とし、フルメンテナンス契約とPOG契約（パーツ・オイル＆グリース契約）の２種類があります。それぞれの契約の特徴は次のとおりです。

◆フルメンテナンス契約の特徴

内　容	部品の取替えや調整・修理などを状況にあわせて行うことを内容とする契約。
長　所	部品代や調整・修理代が保守料金に含まれるため、発注側の年度予算の立案や管理が容易。
短　所	・部品代や調整・修理代が保守料金に含まれるため、月々の契約が割高となる。 ・エレベーターのかごの内装や、天災・故意による損壊などの交換・修理代は、保守料金に含まれず、別途料金が発生する。

エレベーターの点検や清掃、注油、消耗品の交換などを専門業者に委託する契約のことで、フルメンテナンス契約とPOG（パーツ・オイル＆グリース）契約がある。

◆ POG 契約（パーツ・オイル＆グリース契約）の特徴

内　容	点検、注油、調整を行うが、部品の取替えや調整・修理は行わず、部品代や調整・修理代は別料金とすることを内容とする契約。
長　所	・月々の保守料金が安く設定される。 ・部品代や調整・修理代がその都度発生するため、発注側のコスト意識が高まる。
短　所	・部品が故障した場合、交換・修理代の見積り・確認に時間がかかるため、迅速性に欠ける。 ・部品の経年劣化により、別途部品代などがかかるため、費用が増加する。

(3) エレベーターの法定点検（定期報告制度）

よく出る!

建物の所有者又は管理者は、建築基準法上の定期報告制度の対象となるため、**年1回**、一級建築士や二級建築士、昇降機等検査員にエレベーターの検査をさせて、その結果の報告として、特定行政庁に「**昇降機定期点検報告書**」を提出しなければなりません。

プラスα

定期報告制度については、397 ページから詳しく説明しています。

2　立体駐車場設備

立体駐車場は、駐車場内で機械を使用せずに、各自動車が目的の駐車階まで自走して駐車をする**自走式**立体駐車場と、昇降機（エレベーター）等の機械装置を用いて駐車をする**機械式**立体駐車場に分けられます。

よく出る!

立体駐車場については、その構造や規模によって、不活性ガス消火設備、泡消火設備、ハロゲン化物消火設備等の**消火設備**の設置が義務づけられています（消防法施行令13条1項）。

一問一答で確認しよう！

□□□**問 1**　給湯設備の給湯配管には、近年では、架橋ポリエチレン管やポリブテン管などが多く使用されている。

□□□**問 2**　排水トラップにおいて、少量の水を排水管の内部に残留させることで、排水管を封じることを破封という。

□□□**問 3**　単相 2 線式では 100 ボルトの電圧しか使用することができないが、単相 3 線式では、200 ボルトの電圧を使用することができる。

□□□**問 4**　都市ガスの料金は、ガス会社によって自由に料金を定めることができるため、利用者ごとに異なる料金を設定することや、料金変更を行うことが可能である。

□□□**問 5**　消火器に表示された適応種別のうち、C 火災とは、石油類や油脂類等が燃える火災のことである。

正解と解説

1 ○　給湯配管には、かつては被覆銅管が使用されていたが、近年では、耐熱性に優れる樹脂管である**架橋ポリエチレン管**や**ポリブテン管**などが多く使用されている。

2 ×　排水トラップにおいて、少量の水を排水管の内部に残留させることにより排水管を封じる水のことを、**封水**という。

3 ○　単相 2 線式では **100 ボルト**の電圧しか使用することができない。これに対し、単相 3 線式では、中性線以外の上と下の電圧線を利用すると **200 ボルト**を使用することができる。

4 ○　都市ガスの料金は、以前は公共料金として規制されていたが、その後、**自由化**され、現在はガス会社によって自由に料金を定めることが**できる**。

5 ×　C 火災とは、**電気設備**、**電気機器**等の火災のことである。なお、A 火災とは、**木材**や**紙**などが燃える**普通**の火災のこと、B 火災とは、**油火災**のことを意味する。

過去問を確認しよう！

□□□**問題**　室内の換気方式に関する次の記述のうち、誤っているものはどれか。

NEW!

（令和５年度第14問）

1　自然換気方式は、室内外の温度差による対流や風圧等の自然条件を利用しているため、換気扇の騒音もなく経済的であり、いつでも安定した換気量が確保できる。

2　機械換気方式は、換気扇や送風機等を利用した強制的な換気方式であり、必要なときに換気ができるが、エネルギー源が必要となる。

3　住宅では、台所、浴室、便所等からの排気は機械換気とし、給気は給気口から取り入れる第３種換気を採用することが多い。

4　第３種換気において給気の取入れが十分でないまま機械による排気を行うと、室内外の差圧が増大することによる障害が発生する。

正解　1

1 ×　自然換気方式は、換気扇の騒音が**なく**、経済的**である**が、自然条件が相手なので、安定した換気量や換気圧力は期待**できない**。

2 ○　機械換気方式は、自然換気方式に比べ、必要なときに**安定**した換気ができるが、電気をエネルギー源とするので費用がかかる。

3 ○　住宅では、台所、浴室、便所等からの排気のみを機械換気とし、給気は給気口から取り入れることが多い。このような換気方式を**第３種**換気という。

4 ○　第３種換気において、給気が十分でないまま機械による排気を行うと、室内が**負圧**となり、室内外の差圧が**増大**することによる障害が発生することがある。

過去問を確認しよう！

□□□**問題**　防火管理者に関する次の記述のうち、最も不適切なものはどれか。
（平成 30 年度第 32 問）

1　管理権原者は、防火管理者を選任し、防火管理業務を行わせなければならない。

2　賃貸住宅における管理権原者は、貸主（所有者）等である。

3　管理権原者は、管理業者を防火管理者として選任することで、防火管理責任を免れることができる。

4　防火管理者の行う業務のうち、特に重要なものは、消防計画の作成である。

正解　3

1 ○　管理権原者は、**防火管理者**を**選任**して、防火管理業務を行わせる必要がある（消防法 8 条）。

2 ○　賃貸住宅では、**貸主**（**所有者**）等が管理権原者となる。

3 ×　管理権原者は、防火管理における**最終責任者**であるから、たとえ管理業者を防火管理者として選任したとしても、防火管理責任を免れることは**できない**。

4 ○　防火管理者の業務では、**消防計画の作成**が特に重要である。

予想問題にチャレンジ！

問題　給水設備・給湯設備に関する次の記述のうち、最も適切なものはどれか。

1　給水配管の配管方式における先分岐方式は、水回り部に設置されたヘッダーから管をタコ足状に分配して、水栓などの各器具に接続する方式である。

2　給水配管には、現在は鋼管が広く用いられている。

3　給湯方式における飲用給湯方式とは、建物の各戸や各室ごとに給湯器を設置し、各給湯箇所へ配管して給湯する方式である。

4　給水方式における圧力タンク方式は、水道本管から分岐して引き込んだ上水を受水槽に貯めて、加圧ポンプによって圧力タンクに給水し、圧力タンク内の空気を圧縮し加圧させて各住戸へ給水する方式であり、多くの小規模マンションで採用されている。

解答

正解　4

1 ×　水回り部に設置されたヘッダーから管をタコ足状に分配して、水栓などの各器具に接続するのは、**さや管ヘッダー**方式である。

2 ×　給水配管には、かつては鋼管が使用されていたが、内部に錆が発生しやすく、現在では、**塩ビ管**が広く用いられている。

3 ×　建物の各戸や各室ごとに給湯器を設置し、各給湯箇所へ配管して給湯するのは、**局所給湯方式**である。

4 ○　多くの小規模マンションで採用されている**圧力タンク方式**は、水道本管から分岐して引き込んだ上水を受水槽に貯めて、加圧ポンプによって圧力タンクに給水し、圧力タンク内の空気を圧縮し加圧させて各住戸へ給水する方式である。

第９章

賃貸業の支援業務など

第9章の学習ポイントをマンガでチェック！

では、地震保険は単独で加入できる?
できません!火災保険に付帯して加入します!
私だって、やればできるのよ!
あら…やるわね…
嬉しいわ。きっと合格できる…
あ…いや…そんな急に…
プロパティマネジメント(PM)業務を説明せよ!
ウググ…
くる!
まだ勉強が足りない!絶対に合格します!
プロパティマネジメント(PM)は、投資家からの委託を受けて、不動産の賃貸管理や運営を行う業務のことよ。
まだ勉強が必要だけれども、きっと合格できるわ!では、第9章の学習を始めましょう!

第1節 賃貸業への支援業務

学習日 ／

頻出度 B

この分野の学習範囲は広いものの、出題テーマが限られています。ポイントを押さえておくことで、この分野も得点源にできるので、本書赤字部分をしっかり押さえておきましょう。

I 賃貸不動産活用の企画提案

重要度 ★★

POINT

賃貸不動産の活用についての提案も賃貸不動産経営管理士の業務の1つです。投資回収の期間及びリスクとリターンの関係を中心に押さえておきましょう。

1 支援業務の内容

賃貸不動産経営管理士が行う管理業務には、賃貸不動産の活用を支援することも含まれます。

プラスα

支援は大きく分けて、不動産の活用についての企画提案を行うことと、依頼者からの相談に応じることの2つがあります。

2 企画提案の際に必要となるもの

不動産活用の企画提案やアドバイスに際しては、依頼者の活用動機の把握から始め、物件や市場の調査を経て、事業計画を策定します。事業計画の策定では、建築する**建物の種類・規模・用途**、**資金の調達方法**、**事業収支計画**の3点が検討の柱となります。

3 活用動機の把握

(1) コストの回収期間を把握する

不動産の活用動機の把握に関しては、依頼者が事業期間やコストの回収期間をどのくらいと想定しているか把握し、物件の物理的耐用年数や、**経済的耐用年数**等も考慮しつつ、次のように事業を提案します。

用 語

経済的耐用年数
その建物が実際にあとどれくらい使えるかを年数で示すもの。様々な劣化を考慮して判定する。

キーワードで CHECK! 事業期間10～20年の不動産活用の提案内容 ⇒

◆**事業期間に応じた提案内容**

① **10 ～ 20 年**：比較的短期の場合は**コスト**を優先し、**アパート**や**ローコスト**マンションを提案する。
② **20 ～ 30 年**：中期の場合は、近隣の物件との**差別化**を図り、付加価値を提案する。
③ **30 ～ 50 年**：コストよりも近隣物件との**差別化**を重視し、ライフサイクルコストを抑える提案をする。
④ **50 ～ 100 年**：コストよりも近隣物件との**差別化**、ライフサイクルコストの低減をめざしつつ、スケルトン・インフィル（建物内部の間取りや内装が変更しやすいようにすること）も検討する。

(2) 自己資金・他の不動産資産の有無

依頼者の自己資金の有無、他の不動産資産の保有状況によっても、事業の提案内容は変わります。要するに、保有資産が多いほど、**長期**の回収が行いやすくなります。

◆**自己資金・他の不動産資産の有無に応じた提案内容**

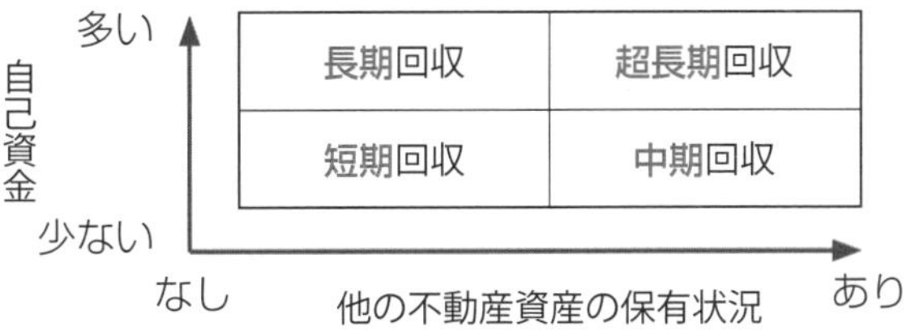

(3) リスクとリターンの関係

一般的な事業や投資の分野では、リスクが高いほどリターンは高く、リスクが低いほどリターンも低くなります。例えば、賃貸住宅とオフィスビル・店舗ビルとを比較した場合、賃貸住宅は投資額が少ないためリスクは**低い**反面、事業目的での入居に比べるとリターンは**小さく**なります。

プラスα

建物は建築から解体廃棄されるまでの間に、建設費の３～４倍の費用がかかると言われています。その内訳は、水道光熱費などの運用費、一般管理費、保全費、修繕・更新費といったものが挙げられ、建物を長く使い続けるためには設計段階での検討が不可欠となります。

よく出る!

事業期間が 10 ～ 20 年と比較的短期の場合は、資本回収の期間が短いので、コストを優先し、アパートやローコストマンションを提案する。

ただし、不動産の場合には、その立地によって、ハイリスク・ローリターン、ローリスク・ハイリターンとなる場合もあります。そのような状況を踏まえたうえで、土地の特性にあった提案をすることが重要です。

プラスα

例えば、郊外であったり、駅から遠い立地では、**ハイ**リスク・**ロー**リターンになりやすく、都心や駅から近い立地では、**ロー**リスク・**ハイ**リターンになりやすい傾向があります。

4　事前調査

不動産の活用動機を把握したら、次は物件や市場の事前調査を行います。この事前調査は、大きく分けて「物件調査」と「市場調査」の２種類です。

(1) 物件調査

物件調査では、現地の正確な所在地及び形状について確認し、場合によっては、測量を行います。物件の所在の特定には、不動産登記法に基づく**地番**と住居表示に関する法律に基づく**住居表示**があります。そのほか、容積率に影響する前面道路幅員や建築協定の有無、土地の高低や上下水道等の状況なども確認します。

プラスα

建物を建てる場合には、道幅が４m以上の道路に敷地が２m以上接している必要があります。

(2) 市場調査

市場調査では、提案内容にどれくらいの需要があるかどうかについて、対象となる土地のある地域の調査を行います。需要に大きな影響を及ぼす企業や学校の移転等の情報、周辺のマンション価格やその設備等についても調べておく必要があります。

その他にも、都心のターミナル駅までの所要時間や、最寄り駅までの徒歩又はバスの時間、周囲のスーパーやコンビニ、病院、保育園などの育児施設や学校、金融機関などの有無に加えて、高圧線や墓地などのいわゆる嫌悪施設の有無についても調べておくことが重要です。

プラスα

徒歩による所要時間は、道路距離80メートルにつき１分間を要するものとして計算します。１分未満の端数が生じたときは、１分として計算します。

キーワードでCHECK!　「とりあえず賃貸派」　⇒

Ⅱ 賃貸住宅のコンセプトの決定

重要度 ★★

POINT

事業計画の策定に当たり、どのような賃貸物件を建築するか、その種類について出題されます。ここで挙げたものをしっかり押さえておきましょう。

1　賃貸住宅の入居者像とメリット

よく出る！

一般的に、賃貸住宅を選択する住人には、持家を購入する資力や意欲がない「**仕方なく**賃貸派」や、将来は持家を購入したいと考えている「**とりあえず**賃貸派」など、様々な人がいます。

賃貸住宅を選択するメリットとしては、その時々で好きな場所に住んだり、家族構成にあわせて物件の大きさを変えたり、趣味嗜好に適した住環境に住むことができるという点を挙げることができます。

◆賃貸住宅を選択する住人の主な分類

- 持家を購入する資力や意欲がない➡**仕方なく**賃貸派
- 将来は持家を購入したいと考える➡**とりあえず**賃貸派
- 持家と賃貸とを比較し、現時点では賃貸住宅と考える➡**あえて**賃貸派
- 賃貸住宅で十分と考えている➡**当然**賃貸派
- 良質な賃貸住宅に住み、自由気ままに暮らしたいと考える➡**積極的**賃貸派

ここで少し受験テクニックの話をします。
次ページの問題を見てください。

賃貸住宅を選択する住人の分類のうち、将来は持家を購入したいと考えてはいるものの、現状では賃貸物件で済まそうと考えている住人のこと。

平成30年度問40　選択肢2
2　賃貸住宅における入居者像の「とりあえず賃貸派」は、家を持つことにはこだわらず、賃貸住宅で十分と考えているのが特徴である。

もし本問の正誤がわからなかったとしても、「とりあえず」賃貸という以上は、将来的には持家を…と考えているのが日本語的に自然ですし、「賃貸住宅で十分」というのは不自然ですよね。

結果として、本問は誤っています。わからない問題が出ても、日本語的に正しいか？…という観点で正解にたどり着ける問題もあります。あきらめないで問題文の日本語の意味から考える工夫もしましょう。

では話を戻して、賃貸住宅の種類について確認していきます。賃貸住宅には、次のような様々な種類があるので、どのタイプがよいのかを検討・提案することとなります。

2　学生用マンション

学生用マンションは、大学や専門学校などへ通う学生が居住するマンションです。物件を決める際には、その学生の親の意向の影響も受けるため、質の高さやセキュリティ上の観点から、アパートよりマンションが選ばれやすくなっています。

3　ペット可能物件

一般に、ペット可能物件が想定するペットの範囲は、一

キーワードでCHECK!　音楽専用マンション　⇒

匹までで手で抱きかかえられる程度で、室内での飼育を中心に、共用部分で**他の住民**との**接触**が最小限に抑えられることをルールとしている場合が多くなっています。これは動物嫌いや動物アレルギーの他の居住者とのトラブルを避けることが目的です。

よく出る!

ペット可能物件を建築する際には、ハード面で動物専用汚物流し（排泄物の処理設備）や足洗い場などの設置が必要ですが、通常の物件との違いはそこまでありません。

その一方で、ソフト面での対応、特に糞と鳴き声に配慮が求められます。入居者同士だけでなく近隣住民とトラブルにならないためにも、住人に糞の処理や動物の鳴き声について注意を促す必要があります。

プラスα

大型犬の糞は固く、家庭のトイレで流すことは困難です。このため、動物専用汚物流しは利便性が高い設備です。

4　音楽専用マンション

音楽専用マンションは、一般的には音大生や演奏家向けに提案されます。数は少なく、その希少性の**高さ**から、他の学生専用マンションよりも**高い**賃料を設定することができます。

ハード面の設備としては、窓や部屋の防音を施すほか、換気設備や電気配線からも音が漏れることがあるので、設計上の配慮が必要となります。

5　高齢者専用の賃貸住宅

近年、高齢者専用の賃貸住宅に関しては「高齢者の居住の安定確保に関する法律」に基づき、「サービス付き高齢者向け住宅」の普及が進んできており、世間一般において話題となっています。どのようなサービスが付いているのかは、次のとおりです。

一般的には、音大生や演奏家向けに提案される賃貸物件であり、窓や部屋に防音設備等が施されているマンション。希少性は**高く**、**高い**賃料を設定できる。

◆サービス付き高齢者向け住宅で提供されるサービス

①**状況把握**サービス：入居者の**心身**の**状況**を把握し、その状況に応じた一時的な便宜を供与するサービス。
②**生活相談**サービス：入居者が日常生活を支障なく営むことができるようにするために、入居者からの**相談**に応じ必要な助言を行うサービス。
③その他の高齢者が日常生活を営むために必要な**福祉**サービス。

6 シェアハウス

シェアハウスは、入居者が**専用**の**居室**を持つほか、リビングやキッチン、トイレや浴室といった部分を**共用**するという物件形態です。

シェアハウスにおいては、通常、複数の借主が異なる契約期間で契約するため、契約関係が複雑になるほか、共用部分の範囲が広くなるので、その管理においては通常の賃貸物件とは**異なる**取扱いが必要となります。

特に、共用部分の日常的な維持管理や居住ルール、同居人間のトラブルへの対処も必要となってきます。

7 DIY 型賃貸住宅

DIY 型賃貸住宅は、「工事費用の負担者が誰であるかに**かかわらず**、借主の意向を反映して住宅の修繕を行うことができる賃貸借契約やその物件」と定義されます。

DIY 型賃貸住宅は、空き家となった個人住宅の活用などで期待されており、改修費用を負担せずに現状のままで貸したいという貸主と、自分好みに借りた物件をカスタマイズしたいという借主との両方のニーズに対応できるようになっています。

○×チェック!!

シェアハウスの場合、管理業者が複数の借主の間に立って主導的な役割を果たす必要に迫られる場合があるので、通常の賃貸住宅より管理業務に要する時間が長くなる。

答○　シェアハウスの共用部分は、通常の共同住宅における廊下や階段等のほか、室内の共有スペースも対象となるため、その範囲及び使用頻度が格段に多くなり、通常の賃貸住宅よりも、管理業務に要する時間は**長く**なる。

プラスα

DIY とは、英語の Do It Yourself（ドゥイットユアセルフ）の略語で、「自身でやる」という意味です。

キーワードで CHECK!　DIY 型賃貸住宅　⇒

Ⅲ 賃貸住宅の構造と設備の決定

重要度 ★

POINT

事業計画の策定に当たり、賃貸住宅の構造と設備を決めることも重要です。ただし、出題頻度は低いので、一通り目を通しておけば十分です。

1　建物価値の落ちない賃貸建物

強度の強いコンクリートを使用することや、時間をかけてコンクリートの密度が高い状態にすることで、建物の耐久性を高めて、建物価値の低下を防ぐことができます。

建物価値の低下を防ぐその他の方法として、構造体（スケルトン）には100年以上の耐久性を持たせつつ、内装や設備は容易に改装・更新をしやすいSI（スケルトン・インフィル）住宅とすることや、メンテナンス費用の少ない内・外装材を使用することが考えられます。

2　賃貸住宅の付加設備

賃貸住宅は、次のような設備を付けることで、その付加価値を高めることができます。付加価値が高くなれば、それだけ賃料も高くすることが可能です。

◆付加価値を高める建物の付加設備の例

・広いバルコニー	・床暖房
・オール電化設備	・インターネット
・宅配ロッカー	・可変式間仕切り
・ガーデニング	・浴室乾燥機
・多機能収納	・駐輪システム
・セキュリティシステム	

プラスα

宅配ロッカーは、最近のインターネット通販市場の成長の影響もあって、借主のニーズの高い設備となっています。

借主の意向を反映して、物件の修繕を行うことができる賃貸借契約やその物件自体のこと。工事費用の負担者が貸主であるか、借主であるかは関係ない。

Ⅳ 資金調達と収支の把握

重要度 ★★

POINT
資金調達では、借入金の返済方法の「元利均等返済」についてよく出題されます。「元金均等返済」との違いをしっかりと理解するようにしましょう。

1　資金調達の考え方

不動産経営には資金が必要となります。その資金調達の方法を確認していきます。

(1) 自己資金

自己資金とは、すでに自らが有している資金のことです。不動産活用の企画提案においては、最初は事業そのものの評価を行うために、自己資金は考慮に**入れず**、検討することが一般的です。

(2) 礼金・敷金・保証金等一時金

礼金・敷金・保証金等の一時金とは、契約時に借主から貸主に対して、賃料とは別に支払われる金銭のことです。これらも資金となります。

(3) 借入金の返済方法

借入金とは、いわゆる借金です。事業総額から、自己資金と入居者から受け取る一時金を差し引いてなお残額がある場合は、借入金で充当することとなります。

プラスα
一般的に、借入金の返済期間は20年から35年とすることが多いです。

借入金の返済方法については、「元利均等返済」と「元金均等返済」があり、不動産賃貸事業資金の融資においては、元利均等返済が多く利用されます。

よく出る!

「元利」均等返済は、返済期間中の返済**金額**がずっと**変わらない**返済方式です。毎回の**返済額**が一定であるため、無

キーワードでCHECK! 元利均等返済　⇒

理のない返済ができ、返済計画が立てやすいというメリットがあります。

ただし、最初のうちの返済額について、利息の割合が高くなるため、元金の減りは遅くなります。

よって、返済直後は、経費に算入できる利息部分が多くなるため、納税額が少なくなります。返済期間の後半には、利息部分が減少することに伴って、納税額が増えます。

◆元利均等返済のイメージ（借入金 1,000 万円の場合）

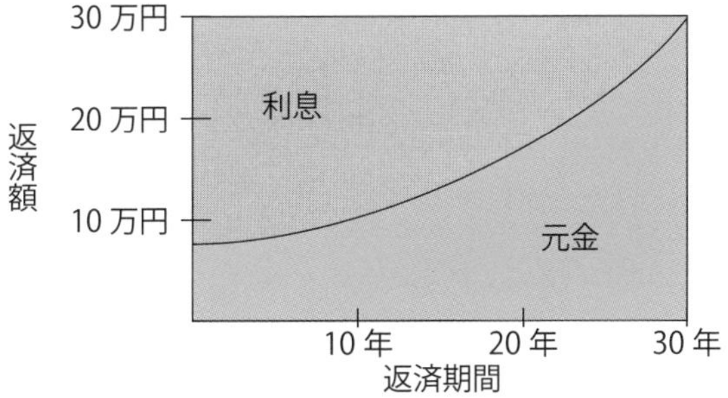

他方、「元金」均等返済とは、毎回の返済額のうち、元金部分の返済額を一定とする返済方法です。

借入当初の返済額は、「元利」均等返済のほうが少なくなりますが、「元金」均等返済では、返済が進むにつれて元金が減少するため、利息を含んだ返済額が減少します。

◆元金均等返済のイメージ（借入金 1,000 万円の場合）

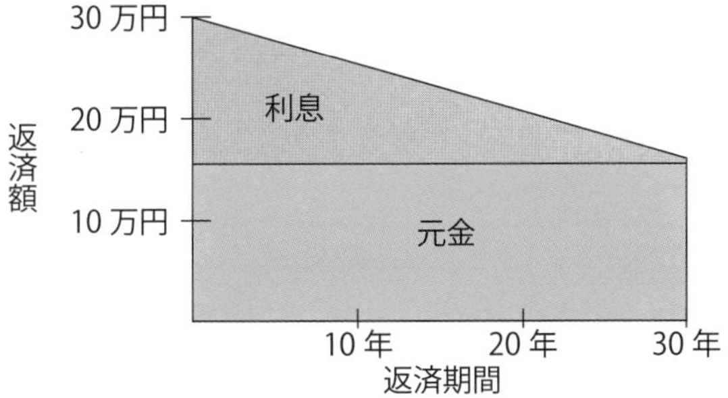

借入金について、返済期間中の返済金額が変わらない返済方式のこと。不動産賃貸事業については、この元利均等返済の方式が多く利用される。

2　収入項目

賃貸不動産経営においては、その収支を把握しておかなければなりません。収支を把握するに当たって、キャッシュフロー計算書における「収入」の項目は、次のものとなります。

(1) 賃料収入

事業用賃貸建物の賃料収入は、次のように計算します。

◆賃料収入の計算方法

坪当たり賃料×専用面積合計×12か月×(1−空室率)

また、建物の延べ床面積に対して、賃料収入を得ることができる専用部分面積の割合のことをレンタブル比といいます。

賃料収入の収支計画の策定に際しては、このレンタブル比の大小が重要な目安となります。一般的に、建物のグレードが高いほど、あるいは規模が小さくなるほど、レンタブル比は小さくなります。

レンタブル比が大きいほど、収益性は高くなりますが、その一方で、エレベーターや廊下などの共用部分の面積を狭めてしまうと、居住者の利便性・快適性を失ってしまうことにつながります。

(2) 更新料収入

地域によっては、賃貸借の更新時に更新料を徴収する慣習があり、更新料収入を見込むこともできます。

(3) 駐車場等収入

駐車場や貸看板等についても、賃料収入を見込むことが

プラスα

この「賃料収入の計算方法」は、出題可能性は低いですが、余力があれば覚えておきましょう。

よく出る!

プラスα

一般的に、建物のグレードが高いと、エントランス（入り口）部分が広くなるなど、共用部分の割合が増えるので、レンタブル比は**小さく**なります。

なお、レンタブル比の意味が覚えにくい場合、「レンタブル比が大きい＝居室が大きい」とイメージすればよいでしょう。

キーワードでCHECK!　レンタブル比が「小さく」なるケース　⇒

できます。

(4) 剰余金運用利子収入

敷金や保証金を預金として運用している場合、その運用益も収支計算に組み込むことができます。

3 支出項目

次に、収支を把握するに当たって、キャッシュフロー計算書における「支出」の項目は、次のものとなります。

(1) 建設年度経費

建物の建設初年度費用は、原則として、建物の取得価額に算入して、**減価償却**します。

ただし、登録免許税や不動産取得税、抵当権設定費用等については、個人の所得税計算においては必要経費に算入することとされ、法人税の計算では、一括で費用化してもよいことになっています。

(2) 地代

土地の賃貸借の場合には、地代が発生します。地代はおおむね、土地の固定資産税・都市計画税の2～3倍程度で設定されます。

(3) 維持管理費

建物の建築工事費を基準とした場合、維持管理費は0.5～1.0%程度となります。

(4) 損害保険料、公租公課

損害保険料は、建物の建築工事費を基準とした場合、火災保険のみであれば0.04～0.06%程度となり、総合保

用 語

減価償却
会計上の手続のことと考えればよい。事業用の固定資産である建物や機械等は、時間の経過で価値が減少するため、減価償却資産と呼ばれる。この減価償却資産の取得に際して支出した金額は、一度に購入した年度の費用とはせず、資産の使用可能期間である耐用年数で割り振ったうえ、各年度で減価償却費として算入する。減価償却については476ページから解説する。

一般的に、賃貸物件の建物のグレードが高いほど、又は、規模が小さくなるほど、レンタブル比は「小さく」なる。

険への加入であれば、建築工事費の0.15%程度となります。

このほか、土地建物について課される固定資産税や都市計画税も「支出」の項目に含まれます。

(5) 前年度事業税

前年度事業税も収支計算において「支出」の項目に含める必要があります。

(6) 減価償却費

建物は時間の経過とともに、その価値が減少していきます。この減少分を費用化したものを減価償却費と呼び、支出項目に計上します。減価償却については、476ページで解説します。

(7) 借入金金利

金融機関への借入金の返済に関して、その利子部分については経費に算入することができます。なお、元金部分は経費に算入することはできません。

V 保険の種類と概要

重要度 ★★★

POINT

最後に支援業務の１つとして、保険の知識を確認します。毎回出題される重要事項なので、ポイントを押さえて得点源にしましょう。

1　賃貸不動産経営における保険の重要性

よく出る!

保険は一定の保険料を加入者が分担することで、万一の事故に対して備える相互扶助の精神から生まれた助け合いの制度です。

賃貸不動産の経営においては、建物の火災や漏水など、

キーワードでCHECK!　保険商品の３つの分類　⇒

様々な危険が存在します。保険はこれらの危険に対して、起こってしまってからではなく、事前に備えておくことで、災害や事故が発生した場合にもリスクを**軽減**・**分散**できる、重要な防衛手段です。

用語

相互扶助（そうごふじょ）
互いに助け合うこと。

2　保険商品の分類

よく出る!

保険商品は、保険業法で定められている３つの分野に分けられます。**第１分野**は、人の生存や死亡に対して保険金を支払う生命保険、**第２分野**は、火災などの偶然の事故に対して保険金を支払う損害保険、そして、ケガや病気などになってしまった場合に備える**第３分野**の保険があります。

よく出る!

このうち、賃貸不動産経営において関係の深いものは、火災保険や地震保険を中心とした、**第２分野の損害保険**です。

プラスα

第３分野の保険は、第１・第２分野の保険と異なり、生命保険会社、損害保険会社のどちらも取り扱うことができます。

◆保険商品の分類

第１分野➡**生命**保険
第２分野➡**損害**保険
第３分野➡**傷害**保険やがん保険など

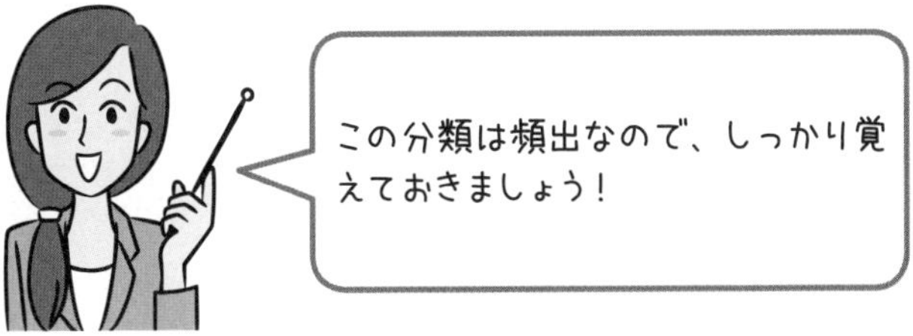

3　火災保険・地震保険の特徴

住宅に関する火災保険は、一般的に「**すまいの保険**」と呼ばれ、火災だけではなく、**落雷**や**破裂**・**爆発**、**風災**、ひょ

第１分野は「**生命**保険」、第２分野は「**損害**保険」、第３分野は「**傷害**保険」など。
賃貸不動産経営に関係が深いのは、**第２分野**である。

う災、雪災などで住宅や家財の全部又は一部に損害が生じた場合に補償するものです。以前は「住宅火災保険」や「住宅総合保険」として存在していた保険ですが、現在はこれらの新規加入の取扱いは中止されています。

なお、火災保険では補償されない**地震**や**噴火**、また、これに伴う**津波**を原因とする損害に対しては、**地震**保険によって補償されるようになっています。

よく出る!

なお、地震保険は、**火災保険**に**付帯**して加入することとなっており、地震保険のみに単独で加入することは、**できません**。

よく出る!

また、地震保険の保険金額については、主契約である火災保険と同額での設定は**できません**。建物の損害の程度に応じ、次のとおりに決められています。

プラスα

地震保険は国と保険会社が共同して運営するものとなっており、どの保険会社でも保険料や補償内容は同じです。

なお、故意・過失に基づく失火については失火責任法という民法 709 条の「不法行為」の特別法があり、失火の場合は加害者に**重過失**がないと不法行為責任が発生しません。

覚えよう!｜地震保険の保険金額

①主契約である火災保険の保険金額の **30 ～ 50%**の範囲。

②上限額は建物 **5,000 万円**、家財 **1,000 万円**まで。

プラスα

失火責任法は「不法行為」の特別法であり、債務不履行責任には**適用されません**。そして、賃借人の失火は債務不履行責任となるため、賃借人は損害賠償責任を**負う**ことになります。このためにも借家人賠償責任保険に加入する意味があります。

4　借家人賠償責任保険

借家人賠償責任保険とは、火災や水濡れ等の不測の事故で、賃借していた家屋を破損するなどして、**賃借人**が**賃貸人**に対して損害賠償を負った場合の**賠償金**を補償するものです。**賃貸人**への**賠償金**を補償するものであり、自己の家財等に対する保険では**ありません**。

なお、この保険は一般的に、火災保険の特約として加入することが多くなっています。

一問一答で確認しよう！

□□□**問 1**　賃貸住宅の経営は、オフィスビルや店舗ビルの賃貸経営に比べると、ローリスク・ローリターンであるといえる。

□□□**問 2**　DIY 型賃貸物件とは、工事費用の負担者が誰であるかにかかわらず、借主の意向を反映して住宅の修繕を行うことができる賃貸物件のことであり、空き家を活用するための仕組みとしても期待されている。

□□□**問 3**　シェアハウスとは、複数の者がキッチン、浴室等の施設を共用する形態の住宅であるが、賃貸借契約や管理の面において通常の共同住宅と異なることはない。

□□□**問 4**　建物の延べ床面積に対する専有部分面積の割合をレンタブル比といい、レンタブル比の値は、建物のグレードが高いものほど、あるいは規模が小さくなるほど、小さくなる傾向にある。

□□□**問 5**　借入金の返済方法には、元利均等返済と元金均等返済の二つの方法があるが、不動産賃貸事業資金の融資には、元利均等返済が多く採用されている。

正解と解説

1 ○　賃貸住宅の経営は、投資額が少ないためリスクは**低い**が、事業目的での入居に比べると、一般的にはリターンは**小さい**。

2 ○　DIY 型賃貸物件とは、工事費用の負担者が誰であるかに**かかわらず**、**借主の意向**を反映して、住宅の**修繕**を行うことができる賃貸物件のことである。

3 ×　シェアハウスは、通常の賃貸住宅より、管理業務に要する手間も時間も**多くなる**ため、管理面において通常の共同住宅と**異なる**。

4 ○　建物のグレードが高い場合、共用部分を**充実**することで、**専有**部分面積割合が小さくなること、また、規模が小さい建物の場合は、階段等を設ける必要性があることから、レンタブル比の値は**小さく**なる傾向にある。

5 ○　**元利**均等返済の場合、返済当初は利息部分が多くなり、納税額が少なくなることから、不動産賃貸事業資金の融資については、**元利**均等返済にするケースが多いといえる。

過去問を確認しよう！

□□□**問題**　保険に関する次の記述のうち、最も不適切なものはどれか。

（令和 2 年度第 42 問）

1　賃貸不動産の経営における危険を軽減・分散するための重要な方策の 1 つである火災保険は、保険業法上の「第二分野」に分類される損害保険の一種である。

2　地震保険は、地震・噴火・津波を原因とする火災や損壊等による損害を補償する保険である。

3　賃貸不動産の借主は、自己の家財に対する損害保険として、借家人賠償責任保険に単独で加入することができる。

4　地震保険は、住宅の火災保険に付帯して加入する保険であり、保険金額は、主契約の火災保険金額の 30% ～ 50%以内の範囲で、建物 5,000 万円、家財 1,000 万円までとされている。

正解　3

1 ○　保険商品は、保険業法で定められている 3 つの分野に分けることができる。当該分類において、火災保険は「**第 2 分野**」に位置づけられる。

2 ○　火災保険では補償されない**地震**や**噴火**、また、これに伴う**津波**を原因とする損害に対しては、地震保険によって補償される。

3 ×　借家人賠償責任保険は、賃借人が負う賃貸人への賠償金を補償するものであり、「自己の家財」に対する損害保険**ではない**。なお、単独での加入は**できる**。

4 ○　地震保険は、**火災保険**に**付帯**して加入することとなっており、地震保険のみに単独で加入することは**できない**。また、地震保険の保険金額は、主契約である火災保険の保険金額の **30 ～ 50%**の範囲であり、上限額は建物 **5,000** 万円、家財 **1,000** 万円までとされている。

予想問題にチャレンジ！

問題　保険に関する次の記述のうち、適切なものはどれか。

1　近年では火事や災害に強い建物が増えていることから、新しく賃貸不動産の経営を始める際には、危険の軽減、分散について考慮する必要はない。

2　保険は各社ごとに商品が異なり、正確な知識のない者が説明をすると、かえってトラブルの原因にもなりかねないから、賃貸不動産経営管理士が内容を理解する必要はない。

3　地震、噴火又はこれらによる津波を原因とする建物や家財の損害を補償するものは地震保険と呼ばれ、地震保険のみ単独で加入することはできない。

4　保険商品の分類には、保険業法上、「第１分野」「第２分野」「第３分野」という分類方法があり、賃貸不動産の経営において、最も有用な保険は第３分野の損害保険である。

解答	

正解	3

1 ×　火事や災害に強い建物が増えているとはいえ、すべての危険を防ぎきれる**ものではない**。新しく賃貸不動産の経営を始める際には、危険の軽減、分散について考慮する必要が**ある**。

2 ×　賃貸不動産経営管理士が保険について内容を理解し、関係者にアドバイスをすることができるようにしておくことは、貸主と借主等の関係者にとって**重要**なことであり、賃貸管理の**支援業務の１つ**である。また、管理業者が保険に対する深い知識を持っていることは、管理業者への信頼の一助となる。

3 ○　地震保険は、**火災保険**に**付帯**して契約することになっており、地震保険のみに、単独で加入することはできない。

4 ×　保険商品の分類には、保険業法上、「第１分野」「第２分野」「第３分野」という分類方法がある。このうち火災などの損害を補てんする保険（損害保険）は「**第２分野**」であり、賃貸不動産の経営において、最も有用である。

第2節 賃貸管理と証券化業務

学習日 ／

頻出度 A

この節で学ぶプロパティマネジメントの業務範囲と、アセットマネジメント業務との違いは頻出です。これらはほぼ毎年出題される重要ポイントですので、しっかりと押さえておきましょう。

I 不動産証券化の流れと現状

重要度 ★

POINT

不動産の証券化とはどういうものか、また、「資産の流動化に関する法律」（資産流動化法）について、確認しておきましょう。

1　不動産証券化とは

不動産証券化とは、不動産投資と不動産事業の管理を行うことを目的として設立された法人が、商業ビルやマンションなどの不動産が生み出す賃料収入などの収益を裏付資産にして**証券**を発行し、**投資家**から資金を調達する手法です。

そのままでは売却しづらい不動産資産を、証券の形にして切り売りすることで、多くの投資家から資金を集めることができ、銀行からの借入れに比べて低いコストで資金調達をすることが可能となっています。

プラスα

ざっくりと言えば、株式会社の株主になることができるような仕組みが、不動産証券化です。投資家がその証券を購入することで資金が集まり、その資金を使用して不動産経営を行った法人が、その利益を投資家に配当します。

以下、日本における不動産投資の簡単な歴史を紹介しますが、試験対策上は重要ではありません。ざっと目を通しておけばよいでしょう。

キーワードでCHECK! 不動産証券化 ⇒

2　不動産証券化の法制度と実務の仕組み

わが国では、1995 年に施行された不動産特定共同事業法（不特法）によって、不動産に関する共同事業が認められました。

そして、1998 年には「特定目的会社による特定資産の流動化に関する法律」（現：資産流動化法）が施行され、特定目的会社が証券を発行して、投資家から不動産への投資資金を集め、不動産を購入して賃料収入を取得し、その利益を投資家に**配当**できるようになりました。

また、1998 年頃より、有限会社（YK）と匿名組合（TK）を組み合わせて利用する YK ＋ TK 型も不動産投資のための仕組みとして使われるようになってきました。

この YK ＋ TK 型は、有限会社が営業者となって投資家との間で匿名組合契約を締結し、証券を発行して資金を集めて不動産を購入し、運用益を投資家に分配するという仕組みです。この仕組みは、外国資本が日本で不動産投資を行う場合などに多く利用されました。

2000 年には、多数の投資家から資金を集める仕組みとして、投資信託及び投資法人に関する法律（投信法）が改正されたことで、J-REIT（ジェイリート、不動産投信）が解禁されました。これを受けて 2001 年には、東京証券取引所に J-REIT の 2 銘柄が上場され、市場はその後規模を拡大しています。

2007 年には金融商品取引法が施行され、不動産を証券化した商品や、不動産の流動化に関係する金融商品の取引等についても適用されることとなりました。

プラスα

この資産流動化法に基づいて設立された特定目的会社のことを TMK と呼びます。

プラスα

金融商品取引法の施行前は、証券取引法という法律がありました。金融商品取引法は、証券取引法を全部改正する形で制定されています。

不動産投資・管理を行う法人が、商業ビルなどが生み出す賃料収入などの収益を資産にして**証券**を発行し、**投資家**から資金を調達する手法のこと。

Ⅱ 不動産証券化と管理業者の役割

重要度 ★★★

POINT

プロパティマネジメントについて、アセットマネジメントとの違いを理解するとともに、費用と収益についても確認しておきましょう。

1　アンバンドリングとは

従来一体として行われていた業務を分離し、各部分について、それぞれ専門的な業務として別々に行うようにすることをアンバンドリングといいます。

不動産証券化に関しても、それぞれの専門家によって業務の役割分担がされており、現在では、賃貸管理の分野においても、アセットマネジメント（AM）と、プロパティマネジメント（PM）によるアンバンドリングが一般的になっています。

◆ AM と PM の役割分担

・**アセットマネジメント（AM）**
投資家からの**委託**を受けて、投資家から集めた**資金**を不動産投資によって**運用**する業務を行う。

・**プロパティマネジメント（PM）**
投資家からの**委託**を受けて、不動産に関する現実の**賃貸管理**や**運営**を行う業務を行う。

プラスα

試験では、アセットマネジメントとプロパティマネジメントの内容を逆にして聞いてくることもあるので、しっかりと両者の内容を押さえておきましょう。

2　プロパティマネジメントとは

プロパティマネジメントとは、上記のとおり、**投資家**からの**委託**を受けて、不動産に関する現実の賃貸管理や運営を行う業務を意味します。この業務については、アセットマネジメントとの関係性の理解が重要です。

キーワードでCHECK!　プロパティマネジメント　⇒

(1) アセットマネジメントとの関連性

アセットマネジメントとは、投資家から委託を受けて、投資家から集めた資金を不動産投資によって運用する業務のことです。具体的には、資金運用の計画、決定・実施、実施の管理を行います。

よく出る!

そして、アセットマネジメントを行う専門家をアセットマネージャーと呼び、次の業務を行います。

◆アセットマネージャーの業務

①不動産投資について、総合的な**計画**を策定する。
②投資を**決定**・**実行**する。
③借主管理、建物管理、会計処理などについて、プロパティマネジメント会社からの報告を受けて、**投資の状況**を把握する。
④現実の管理運営を**指示**する。
⑤不動産の売却によって、投下資本を回収する。

よく出る!

そして、上記のプロパティマネジメント会社は、アセットマネージャーから選定され、その**委託**を受けてプロパティマネジメント業務を担当することとなります。

よく出る!

(2) プロパティマネジメントの内容

賃貸物件について、実際の**賃貸管理**や**運営**を担当するのがプロパティマネジメント会社であり、実際に業務に携わる専門家をプロパティマネージャーと呼びます。

プロパティマネジメントは、**投資家**からの**委託**を受けて、**投資家**のために行われる業務です。そして、プロパティマネージャーは、現実に不動産の管理運営を行い、キャッシュフローを安定させ、不動産投資の採算性を確保するための専門家です。

プラスα
投資運用業の登録を受けていなくても、プロパティマネージャーになることが**できます**。

投資家からの委託を受けて、不動産に関する**現実の賃貸管理**や**運営**を行う業務のこと。その業務に携わる専門家を**プロパティマネージャー**という。

プロパティマネジメントは、「賃貸管理」を言い換えた用語ですが、賃貸管理を**投資家**のために行うという観点から、報告業務や調査・提案業務、所有者の変更に伴う業務に対するウェイトが大きくなっています。

(3) プロパティマネジメントで重要性の高い業務

プロパティマネジメント業務において、重要性が高い業務として、「調査・提案業務」があります。不動産投資において、この「調査・提案業務」が投資家の**投資判断**に密接に関連するためです。

アセットマネージャーが投資家に対し、その説明・情報開示責任を果たすために必要な情報は、管理業者の情報に基づきます。そのため、管理業者としては、透明性の高い説明と報告を行う役割を担っています。

よく出る!

また、投資家の数は多く、常に入れ替わる可能性があることから、調査・提案には、不特定の相手に対する**説明責任**を果たすことが求められ、**客観的な根拠**を常に用意しておくことも求められます。

さらに、賃貸借に関する提案業務には、借主の維持という意味のテナントリテンション（入居者に長く住んでもらうための施策）も含まれます。

これまでの賃貸管理では、借主の入替えに伴う手数料収入の増加は、むしろ好意的に受け止められてきました。しかし、投資家の立場からは、借主の入替えによる空室リスクを避けるため、既存の借主の退出を防ぐよう、手数料収入というコストを削減することが求められています。

また、建築物の価値を維持し、管理の質を高め、長期的な観点から建築物の価値を高める補修を行う計画を立て、提案を行うことも求められます。このような中・長期的な改修・修繕の計画を策定し、実施することを**コンストラク**

キーワードでCHECK! PM（プロパティマネジメント）フィー ⇒

ション・マネジメント（CM）と呼び、プロパティマネジメントの業務の１つとして取り入れられてきています。

プロパティマネージャーには、**収益拡大**と**コスト削減**の両面から、具体的な改修・修繕計画の**基礎資料の収集**、**計画策定**などを行うことが求められ、年間予算の作成を業務に含めることも一般的となっています。

この他にも、報告業務や、所有者の交代に関する業務が重要です。証券化された物件では、物件の**所有者**が頻繁に**交代**するため、旧所有者から新所有者に対して貸主の地位が円滑に**引き継がれる**ようにすることも重要性の高い業務の１つです。

3　PM（プロパティマネジメント）フィー

プロパティマネジメントでは、賃料等を徴収し、預託金を受領し、必要な経費を支出し、アセットマネージャーとの間で精算を行い、取りまとめて報告書を作成します。

不動産鑑定評価基準における**DCF法**の適用過程の明確化の中で、収益費用項目の統一化が図られ、不動産業者（管理会社）が行う管理業務の手数料（費用）を意味する**PM（プロパティマネジメント）フィー**は、対象不動産の管理業務に係る経費として、**運営費用**に計上されることになっています。

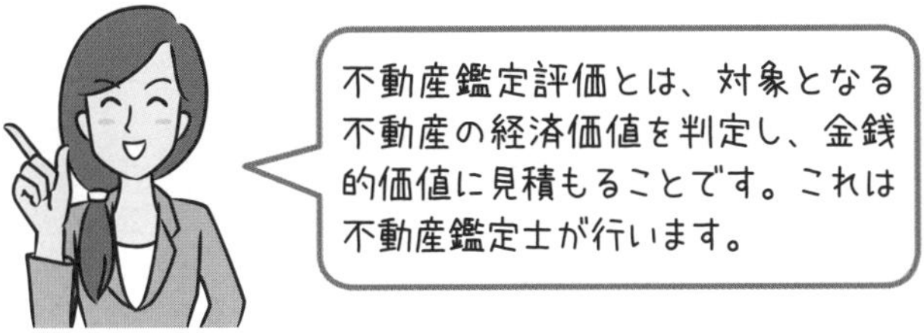

用語

コンストラクション・マネジメント
専門家ではない発注者に代わって、専門家であるコンストラクション・マネージャーが、技術的な中立性を保ちつつ、発注者の側に立って、設計の検討、工事発注方式の検討、工程管理、コスト管理などのマネジメント業務を行うこと。

用語

DCF法
連続する複数の期間に発生する純収益及び復帰価格をその発生時期に応じて現在価値に割り引き、合計する不動産鑑定評価の方法のこと。

不動産業者（管理会社）が行う管理業務の**手数料（費用）**のこと。直接この用語が問われる可能性は低いが、知っていることを前提とした出題はなされる。

一問一答で確認しよう！

□□□**問 1**　不動産証券化とは、不動産投資や不動産事業の管理を行う法人が、証券を発行することで投資家から資金を調達する手法である。

□□□**問 2**　アセットマネジメントは、対象不動産の実際の賃貸管理・運営を行うのに対し、プロパティマネジメントは、資金運用の計画・実施を行う。

□□□**問 3**　プロパティマネジメントは、投資家から委託を受けて、投資家のために行われる業務であり、プロパティマネジメントの業務のうち、調査・提案業務においては、投資家の投資判断に資することが求められる。

□□□**問 4**　プロパティマネジメントは、投資を決定・実行し、借主管理、建物管理、会計処理等について、アセットマネジメント会社からの報告を受けて投資の状況を把握する業務である。

□□□**問 5**　プロパティマネジメントの業務には、中・長期的な改修・修繕の計画を策定して実施するコンストラクション・マネジメント（CM）も取り入れられている。

正解と解説

1 ○　不動産証券化とは、**不動産投資**と**不動産事業の管理**を行うことを目的として設立された法人が、証券を発行し、投資家から**資金**を**調達**する手法である。

2 ×　プロパティマネジメントは、不動産に関する**賃貸管理**・**運営**を行う業務であり、「資金運用の計画・実施」は**アセットマネジメント**の業務である。

3 ○　プロパティマネジメントの業務のうち、調査・提案業務については、**投資家の投資判断**に資することが求められる。

4 ×　投資状況の把握は、**アセットマネジメント**の分野に属する。

5 ○　建物の中・長期的な改修・修繕計画を策定し、実施する業務を**コンストラクション・マネジメント**（CM）といい、日本でも**取り入れられている**。

過去問を確認しよう！

□□□**問題**　アセットマネジメントとプロパティマネジメントに関する次の記述のうち、最も不適切なものはどれか。　（平成 30 年度第 33 問）

1　アセットマネージャーには、収益拡大とコスト削減の両面から、具体的に、計画の基礎資料の収集、計画策定等の調査・提案が求められる。

2　アセットマネジメントは、不動産投資について、資産運用の計画、決定·実施、実施の管理を行う業務である。

3　プロパティマネジメントにおいては、賃料等を徴収し、預託金を受領し、必要な経費を支出し、アセットマネージャーとの間で精算を行う。

4　プロパティマネジメントは、投資家から委託を受けて、投資家のために行われる業務である。

正解　1

1 ×　アセットマネージャーには、不動産投資における**資金運用の計画、決定・実施、実施の管理**という一連の業務が求められている。収益拡大とコスト削減の両面から、具体的に計画の基礎資料の収集、計画策定等の調査・提案が求められるのは、**プロパティマネージャー**である。

2 ○　アセットマネジメントは、不動産投資について、**資産運用の計画、決定·実施、実施の管理**を行う業務である。

3 ○　プロパティマネジメントでは、**賃料等を徴収**し、**預託金を受領**し、**必要な経費を支出**し、アセットマネージャーとの間で**精算**を行ったうえで、これらを取りまとめて報告書を作成することとなる。

4 ○　プロパティマネジメントは、**投資家から委託**を受けて、**投資家**のために行われる業務であり、プロパティマネジメント会社は、絶えず入れ替わる**投資家**のために業務を行う。

予想問題にチャレンジ！

問題 プロパティマネジメントとアセットマネジメントに関する次の記述のうち、最も適切なものはどれか。

1 アセットマネジメント会社は、プロパティマネージャーから選定され、その委託を受けてプロパティマネジメント業務を担当する。

2 プロパティマネジメント会社は、自らの業務に合理性があることについて説明責任を負担する必要はなく、説明責任を果たすための客観的な根拠を準備しておく必要もない。

3 DCF 法における収益費用項目のうち、運営費用の中には、対象不動産の管理業務に係る経費となる PM フィーは含まれない。

4 不動産の所有者の交代に際し、旧所有者から新所有者に貸主の地位が円滑に引き継がれるように尽力することは、重要なプロパティマネジメント業務である。

解答	

正解	4

1 × プロパティマネジメント会社は、**アセットマネージャー**から選定され、その委託を受けて、プロパティマネジメント業務を担当する。つまり、本肢では「アセットマネジメント」と「プロパティマネージャー」が逆の記述になっている。

2 × プロパティマネジメント会社は、投資家のために業務を行う立場にあり、自らの**業務**に**合理性**があることについて、**説明責任**を負担している。よって、その業務の**客観的**な**根拠**を常に準備しておかなければならない。

3 × 不動産鑑定評価基準における DCF 法の収益費用項目のうち、運営費用の中に PM フィーも計上**されている**。

4 ○ 不動産所有者の交代に際し、旧所有者から新所有者に貸主の地位が円滑に引き継がれるように尽力することは、不動産に関する賃貸管理・運営業務に**含まれ**、プロパティマネジメントの業務である。

第3節 賃貸不動産経営と税金

学習日 ／

頻出度 B

賃貸不動産経営と税金に関する部分は範囲が広いため、本書では要点を抽出して紹介します。試験対策上は、本書の内容を押さえておけば十分でしょう。

Ⅰ 所得税に関する知識

重要度 ★★

POINT

所得税については、不動産所得の計算に関して、何が費用（必要経費）とされるかがよく問われます。また、減価償却費の考え方も確認しておきましょう。

1 所得税について

(1) 所得税とは

所得税とは、事業者が「個人」事業主である場合に、その「不動産所得」などにかかる税金です。なお、事業者が法人である場合には、法人税がかかることになります。

所得税がかかる「不動産所得」は、次の計算式で算出されます。

> 不動産所得＝**収入（収益）**金額－**費用**の金額

プラスα

管理業者や賃貸不動産経営管理士は、その業務の１つである賃貸事業の支援のため、賃貸不動産事業を行う際、事業者にどのような税金がかかるのかという点を理解しておく必要があります。

(2) 収入（収益）金額について

上記のとおり、不動産所得は不動産の収入金額から、費用（必要経費）を差し引くことで計算されます。

そして、「収入金額」とは、賃貸借契約などにおいて、その年の１月１日から12月31日までの間に収入すべき金額として確定した家賃、地代などのことです。まとめると、次のものが収入（収益）金額に当たります。

プラスα

所得税は権利確定主義が採用され、お金をもらえる権利の**発生**で収入に計上します。つまり、実際に受領した金額ではなく、未収の場合にも収入金額に**含まれます**。

◆収入（収益）金額に含まれるもの

・賃料、地代、権利金、礼金、更新料
・**敷金**、**保証金**などの名目で**退去時**に**返還しない**もの
・共益費などの名目で受け取る電気代、水道代、掃除代など

プラスα
左の項目は、未収の場合にも収入（収益）金額に**含まれます**。

(3) 費用（必要経費）について

次に、費用（必要経費）として認められるものと、認められないものは、次のとおりです。

◆必要経費と認められるもの

・**事業**税
・**消費**税（**税込**で経理処理をしている場合）
・**事業**の対象物件に係る**固定資産**税・**都市計画**税
・業務上の契約書や領収書に貼付した**収入印紙**の**印紙**税
・損害保険料（**掛け捨て**のもの）
・**修繕費**（資本的支出に該当するものを除く）
・不動産会社への管理手数料
・管理組合に払う管理費
・入居者募集のための広告宣伝費
・税理士報酬で賃貸経営に係るもの
・弁護士報酬
・**減価償却費**
・立退料
・共用部分の水道光熱費
・土地の購入及び建物の建築に要した借入金の利子（事業開始後のもの）
・その他清掃料、消耗品費など

よく出る!

○×チェック!!
所得税、住民税及び事業税は、いずれも不動産所得の計算上、必要経費に含めることができない。

答× **事業**税は、必要経費に含まれる。

プラスα
回収不能の未収賃料は、個人貸主にあっては、**損失が生じた日**の属する**年分**の不動産所得の金額の計算上、**必要経費**に算入されます。

キーワードでCHECK! 必要経費と認められる税 ⇒

◆必要経費と認められないもの

よく出る!

- 所得税
- 住民税
- 借入金の元本返済部分
- 家事費（事業に関連しない支出）

（4）不動産購入時の支出の扱いについて

事業を行うに当たり不動産を購入した場合、その支出は、「必要経費」又は「取得価額（取得費）」のどちらかとなります。

◆不動産購入時に「必要経費」となるもの

- 土地建物の不動産取得税
- 土地建物の登録免許税
- 土地建物の登記費用
- 収入印紙
- 建築完成披露のための支出

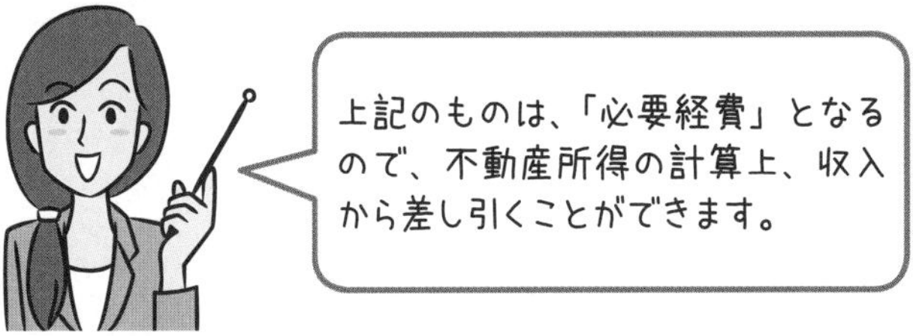

「取得価額（取得費）」に含まれる支出のうち、次ページから解説する減価償却の対象となるものは、一部の例外を除き、結果として、**必要経費**に含まれます。

つまり、「取得価額（取得費）」に含まれる支出は、建物の減価償却対象となるのであれば、原則として、**必要経費**に算入されることとなります。具体的に、「取得価額（取得

プラスα

受取金額が5万円以上の領収書には、収入印紙を貼る必要があります（p.483参照）。

事業税、**消費税**（**税込**で経理処理をしている場合）、**事業**の対象物件に係る**固定資産税**・**都市計画税**、業務上の契約書や領収書に貼付した**収入印紙**の**印紙税**など。

費)」に含まれる支出は、次のものです。

◆不動産購入時に「取得価額(取得費)」となるもの

- ・土地の購入金額(なお、減価償却の対象とは**ならない**)
- ・上記土地上の古屋建物代金及び取壊し費用
- ・整地、埋め立て、土盛り、下水道、よう壁工事費等
- ・建物の建築費、購入代金(工事代金、設計料、工事確認申請料等)
- ・設計変更費用
- ・増改築リフォーム費用
- ・エアコン、給湯設備等の建物付属設備
- ・購入のための媒介手数料
- ・土地の購入及び建物の建築に要した借入金の利子(借入日から使用開始までの期間に対応する利子)
- ・土地建物の固定資産税・都市計画税の精算金

プラスα

建物の増築は、不動産の新たな取得とみなされます。

2　減価償却について

(1) 減価償却とは

建物やその付属設備など、土地以外の固定資産は、一般的に毎年少しずつ劣化していき、その価値が失われていきます。こうした価値が失われていく資産のことを「減価償却資産」と呼びます。

そして、この「減価償却資産」については、その価値を耐用年数に応じて少しずつゼロにしていく一方、それぞれの価値を、それぞれの年の必要経費として計上できます。これを「減価償却」といいます。

ただし、個人所得税では、取得価額が**10万円未満**の少額の減価償却資産については、**全額**をその業務用に使い始めた年の**必要経費**とします。

この減価償却の対象となる資産と、対象とならない資産

プラスα

例えば、3,000万円の建物を購入した際、3,000万円をその年の必要経費として算入するのではなく、毎年100万円ずつ30年かけて必要経費とするのが減価償却です。

よく出る!

キーワードで CHECK!　減価償却の対象と「ならない」主な資産　⇒

は、次のとおりです。

◆減価償却の対象となる資産と対象とならない主な資産

対象となる資産	対象とならない資産
・建物 ・建物付属設備 ・構築物 ・機械装置 ・車両 ・器具備品など	・土地 ・左記資産のうち**事業の用**に供していない部分

プラスα

左の「対象とならない資産」のうち、「**事業の用**に供していない部分」とは、要するに、**自己居住**用の建物などです。

(2) 耐用年数

減価償却の対象となる固定資産は、自由に償却期間（その資産を使う期間）を決められるわけではありません。その構造や細目によって、法定耐用年数が定められています。

例えば、「鉄骨鉄筋コンクリート造」の「住宅」は、耐用年数47年、重量鉄骨造で34年、木造（サイディング張）で22年です。設備について、エレベーターは17年などとされます。つまり、エレベーターの場合、一般的に、17年かけて支出費用を必要経費に算入します。

プラスα

設備の法定耐用年数について、建築付属設備は、一般的に**15**年とされています。なお、その他の耐用年数についての知識は、今のところ出題されていません。

(3) 定額法と定率法の計算方法

減価償却では、耐用年数だけでなく、その償却方法も定められています。一般的には「定額法」か「定率法」かのいずれかの方法によるものとされます。それぞれの方法は、次のとおりです。

プラスα

減価償却の方法について、個人の場合、原則は**定額**法により計算します。ただし、届出書の提出により、**定率**法の採用も可能です。

〔定額法〕

毎年の減価償却費が**同額**となるように計算する方法。

計算方法➡取得価額×定額法の償却率

土地と、建物やその付属設備・機械装置などのうち**事業の用**に供していない部分（＝**自己居住**用）は、減価償却の対象とならない。

〔定率法〕

初期に減価償却費を多くして、年が経つにしたがって、減価償却費が一定の割合で次第に減るように計算する方法。

計算方法➡期首帳簿価額×定率法の償却率

（調整前償却額が償却保証額を下回る場合には、改定取得価額×改定償却率）

よく出る！

なお、建物と2016年4月1日以後に取得した建物付属設備や構築物については、**定額法**のみの方法が認められています。なお、その建物の器具備品などは、「定率法」を選択することもできます。

3　修繕費について

事業用の資産に対して、通常の維持管理費用や原状回復のために支出するものは、修繕費として**必要経費**に算入することができます。

ただし、修繕費という名目でも、資産の使用可能期間を延長させる支出や、資産の価額を増加させる支出などは、税法上、資本的支出となります。

資本的支出は、資産の取得価額に含めて減価償却費として経費化します。修繕費と資本的支出との区別は、修繕や改良という名目ではなく、その実質的な内容によって判断します。

ただし、その金額が20万円未満の場合や、おおむね3年以内の周期で行われる修理や改良である場合は、その支出した金額を修繕費とすることができます。

なお、修繕費か資本的支出かが明らかでない場合は、次のいずれかに該当していれば、修繕費とすることができます。

プラスα

例えば、壊れているオフィスの壁を修繕した場合は「修繕費」に当たることが多いですが、さらに耐震補強を施すような工事まで行うと「資本的支出」に当たる可能性があります。

キーワードでCHECK!　減価償却の方法（定額法）⇒

◆形式基準による修繕費の判定

・その支出した金額が**60万円**未満のとき又はその支出した金額がその固定資産の前事業年度終了の時における取得価額のおおむね10%相当額以下であるとき。
・法人が継続してその支出した金額の30%相当額とその固定資産の前事業年度終了の時における取得価額の10%相当額とのいずれか少ない金額を修繕費とし、残額を資本的支出としているとき。

4　損益通算による税金の相殺

不動産所得の金額は、その年中の不動産所得に係る総収入金額から必要経費を差し引いて計算します。

その結果、不動産所得の損失（赤字）があるときは、他の所得の金額（黒字）と、差引計算（損益通算）を行う必要があります。

ただし、不動産所得の金額の損失のうち、次に掲げる損失の金額は、損益通算の対象となりません。

◆損益通算の対象とならない不動産所得の金額の損失

・別荘など主として趣味、娯楽、保養又は鑑賞の目的で所有する不動産の貸付けに係るもの
・不動産所得の金額の計算上必要経費に算入した土地等を取得するために要した**負債の利子**に相当する部分の金額

5　不動産所得の確定申告

20万円を超える不動産所得がある者は、所得税を納税しなければなりません。

毎年の減価償却費が**同額**となるようにする計算方法で、**建物**と2016年4月1日以後に取得した建物付属設備や構築物については、定額法のみが認められる。

そして、所得税を納税する者は、前年1年間（1月1日から12月31日）の所得税を計算し、その年の翌年2月16日から3月15日までの間に、税務署に確定申告書を提出して、税金を納める手続である「確定申告」をする必要があります。

なお、会社員などの給与所得者は、通常、確定申告を行う必要はありませんが、不動産所得がある場合には、原則として、その所得と不動産所得を**合算**して確定申告を**しなければなりません**。

◆確定申告の手続

確定申告期間	その年の翌年の2月16日〜3月15日
納税期限	3月15日まで（振替納税の場合は4月中旬）
確定申告書の提出先	納税者の住所地を管轄している税務署

6　青色申告について

不動産所得を生ずる事業を営んでいる個人が、一定の要件を満たす帳簿書類を備え付け、税務署に青色申告承認申請を行って承認された場合は、青色申告書による申告を行うことができます。この青色申告者に対しては、税務上各種の特典が認められています。

(1) 青色申告の承認申請手続

新たに青色申告をしようとする場合、その年の3月15日までに「青色申告承認申請書」を所轄の税務署長に提出します。なお、その年の1月16日以後に事業を開始した場合は、事業開始の日から2か月以内に申請すればよいこととなっています。

○×チェック!!

20万円を超える不動産所得がある場合には、賃貸物件の所在地を管轄している税務署ごとに確定申告を行う。

答 ×　確定申告は、**納税者の住所地**を管轄している税務署に確定申告書を提出して行う。

プラスα

青色申告の出題可能性は低いです。ざっと確認しておけば大丈夫でしょう。なお、青色申告書を提出する中小企業者等が、取得価額が30万円未満である減価償却資産を2006年4月1日から2024年3月31日までの間に取得等をして事業の用に供した場合、一定の要件で、その取得価額に相当する金額を損金の額に算入することができます。

キーワードでCHECK!　確定申告書の提出先　⇒

(2) 青色申告の主な特典

青色申告をすると、次のような税務上の優遇を受けることができます。

◆青色申告のメリット

①青色申告特別控除

青色申告を行うと不動産所得から **10 万**円を控除することができます。これを青色申告特別控除といいます。さらに、次の要件を満たしていれば **10 万**円に代えて **55 万**円を控除することができます。

ア　事業的規模により不動産の貸付を行っていること

イ　正規の簿記の原則（複式簿記）により取引を記帳していること

ウ　確定申告書に貸借対照表・損益計算書等を添付して、申告期限内に提出すること

②青色事業専従者給与（事業的規模で不動産貸付を行っている場合に限る）

青色申告者と生計を一にしている配偶者その他親族のうち、年齢が 15 歳以上で、その青色申告者の事業にもっぱら従事している人（青色事業専従者）に支払った給与は、事前に提出した「青色事業専従者給与に関する届出書」に記載された金額の範囲内で労務の対価として適正な金額であれば、必要経費として認められます。

なお、青色事業専従者については、配偶者控除や扶養控除の対象にすることはできません。

③純損失の繰り越し

不動産所得が赤字になり、純損失が生じたときは、その損失額を翌年以後 3 年間にわたって、各年分の所得から差し引くことができます。

プラスα

また、左の55万円の控除の要件を満たしたうえで、e-Tax による申告（電子申告）等の一定の要件を満たす場合には、**65 万**円を控除することができます。

プラスα

事業的規模とは不動産の貸付規模が 5 棟 10 室以上など、社会通念上事業と称するに至る程度の貸付規模をいいます。

プラスα

さらに、その他のメリットとして、原則として、④青色事業者の取得価額 1 個当たり 30 万円未満の少額備品等を、購入時に全額損金算入できます。ただし、年間 300 万円が上限となります。

確定申告書の提出先は、**納税者の住所地**を管轄している税務署である。賃貸物件の所在地を管轄している税務署**ではない**。

Ⅱ 消費税、印紙税、登録免許税

重要度 ★

POINT

消費税や印紙税などについては、出題可能性は低いので、試験対策としては、全体をざっと目を通しておけば足りるでしょう。

1　不動産賃貸経営に関する消費税

（1）不動産取引にかかわる消費税

消費税は、課税事業者が行った「国内取引」に対して課税されます。「国内取引」とは、対価を得て行われる資産の譲渡、貸付け、役務（サービス）の提供のことです。

不動産取引においては、**建物**の売買代金や**仲介手数料**等の支払いについて消費税が課税されますが、**土地**の売買代金については、消費税はかかりません。

プラスα

ここでいう土地には、借地権などの土地の上に存する権利を含みます。

（2）賃貸不動産所有者の消費税の課税方法

消費税は、「課税売上」にかかる消費税から、「課税仕入」にかかる消費税を差し引いて計算します。

課税売上には、事務所等の貸付けによる賃料収入だけでなく、共益費や駐車場売上、自販機の売上その他の業務に関して受領した手数料等も含まれます。

課税仕入には、商品等の仕入れのみならず、水道光熱費、電話代、切手代、修繕費等の営業経費、建物や建物付属設備の購入代金の支払いも含まれます。これらをまとめると、次ページの表のようになります。

なお、消費税については、2023年10月1日からインボイス制度が開始されているので、どういうものかくらいは知っておきましょう。

プラスα

インボイス（適格請求書等保存方式）制度とは、消費税の税率や税額を正しく記載した請求書を発行して保存する制度です。

キーワードでCHECK!　不動産取引において課税される消費税　⇒

◆消費税の課税・非課税（主なもの）

課　税	非課税
課税売上 ・事務所や店舗などの賃料、共益費 ・上記に対する保証金、敷金、一時金等で返還されない部分 ・**駐車場収入**	**非課税売上** ・住宅の貸付による賃料、共益費 ・地代 （これらは貸付期間が１か月未満の場合、課税売上となる）
課税仕入 ・水道光熱費や修繕費等の営業経費 ・**仲介手数料**（売買や賃貸にかかわるもの） ・ローン事務手数料 ・建物の購入代金や建築請負代金	**非課税仕入** ・ローンの金利や保証料 ・火災保険料や生命保険料 ・**土地等の購入代金**、更新料、名義書換料

2　印紙税と登録免許税

（1）印紙税

不動産の取引では、不動産の売買契約書や建物の建築請負契約書などに、印紙税が課されます。印紙税の納付は、収入印紙を契約書等に貼付し、消印することで完了します。

同じ契約書等を複数作成するときは、**１通ごと**に印紙を貼らなければなりません。また、印紙の額は契約書等に記載してある金額によって異なります。

なお、印紙税は、収入金額を業務上の契約書等や領収書等に貼付することにより、所得計算上の**必要経費**となります。また、建物の賃貸借契約書には、印紙税はかかりません。

その他に、領収書などに記載された受取金額が５万円未満の場合や、営業に関しない場合については非課税となっています。

（2）登録免許税

土地や建物を取得したり、物権を設定する際には、所有

プラスα

左の「課税仕入」における「建物の購入代金や建築請負代金」については、令和２年度の税制改正に伴い、2020年10月１日以後の居住用賃貸建物の購入代金・建築請負代金にかかる消費税額については、仕入税額控除が認められないこととなりました。

建物の売買代金や**仲介手数料**等の支払いについては、消費税が課税される。**土地**（借地権などの土地上に存する権利を**含む**）の売買代金については、課税されない。

権の保存の登記、移転登記、抵当権設定登記などの各種登記を行うために、登録免許税が課されます。

Ⅲ 固定資産税と都市計画税についてなど

重要度 ★★

POINT

固定資産税や都市計画税については、選択肢の1つとして、出題されることがあります。いつの時点で税金が課されるのかを押さえておきましょう。

1　固定資産税の概要

固定資産税は、**毎年1月1日**時点の土地・建物などの所有者に対して、市区町村によって課税される税金です。税額は課税標準額の1.4%となります。

なお、納税者は、課税標準や税額について不服がある場合、固定資産評価審査委員会に対して、不服の申立てを行うことが可能です。

2　都市計画税の概要

都市計画税は、**毎年1月1日**時点で、**都市計画区域**内のうち、原則として、**市街化区域**内にある土地・建物などの所有者に対して、市区町村が課税する税金です。課税標準額に最高0.3%を乗じて求めます。都市計画税は、**固定資産税**と一括して納付します。

固定資産税・都市計画税のいずれも、課税標準となるのは、固定資産課税台帳に登録されている固定資産税評価額です。

3　住宅用地の特例

固定資産税と都市計画税については、住宅用地に課税標準の特例措置があり、税負担が軽減されています。内容は次ページのとおりです。

プラスα

未登記の不動産について、はじめての権利に関する登記のことを「**所有権の保存**の登記」といいます（不動産登記法74条）。

用語

都市計画区域
都市計画法に基づき、都市施設計画や土地利用の規制対象とされる区域のこと。

市街化区域
上記の都市計画区域の1つで、優先的・計画的に市街化を図るべきとされる区域のこと。

キーワードでCHECK!　固定資産税　⇒

◆住宅用地の特例（固定資産税・都市計画税）

	固定資産税	都市計画税
小規模住宅用地（200m² 以下の部分）	課税標準×6分の1	課税標準×3分の1
一般住宅用地（200m² 超の部分）	課税標準×3分の1	課税標準×3分の2

4　その他の税の関連知識

(1) 居住用財産の譲渡所得の特例

売却する不動産が賃貸住宅と自宅の併用住宅や、店舗と事務所併用住宅等である場合には、居住用財産の譲渡の特例を組み合わせることも検討できます。

◆居住部分に関する特例

①居住用財産の3,000万円特別控除
②所有期間10年超の居住用財産を譲渡した場合の軽減税率の特例
③特定の居住用財産の買換特例

プラスα

このうち①と②の特例は併用が可能ですが、③の特例を利用する場合には、①と②の特例を利用することはできません。

(2) 特定空き家に対する固定資産税

空家等対策の推進に関する特別措置法によって、放置すれば著しく危険であるなど、一定の状態にある空き家について、自治体が「特定空き家」又は「管理不全空き家」と判断した場合、これまで最大**6分の1**に軽減されていた固定資産税の住宅用地の特例から適用が**除外**されます。

プラスα

「管理不全空き家」とは放置すると「特定空き家」になりうる状態の空き家です。

(3) 空き家にかかる譲渡所得の特別控除の特例

空き家にかかる譲渡所得の特別控除は、被相続人が亡くなったことで空き家になった家屋と敷地の両方を相続した相続人が、それらを**譲渡**した場合に、譲渡所得について

毎年1月1日時点における土地・建物などの所有者に対して、市区町村によって課税される税金のこと。税額は、課税標準額の1.4%となる。

3,000万円を控除できるという特例です。

2019年の税制改正により、被相続人が老人ホーム等に入居したことで空き家になった家屋と敷地を相続した場合にも、一定の条件を満たすことで本特例の適用を受けることができます。

プラスα

ただし、相続人が3人以上で共有相続した場合の特別控除は2,000万円となります。

(4) 居住用超高層建築物にかかる固定資産税等の見直し

高さが60 mを超える居住用超高層建築物、いわゆる「タワーマンション」は、一般的に高層階になるほど取引価格が高くなります。

このため、区分所有者ごとの固定資産税・都市計画税等を階層ごとの補正率によって計算します。

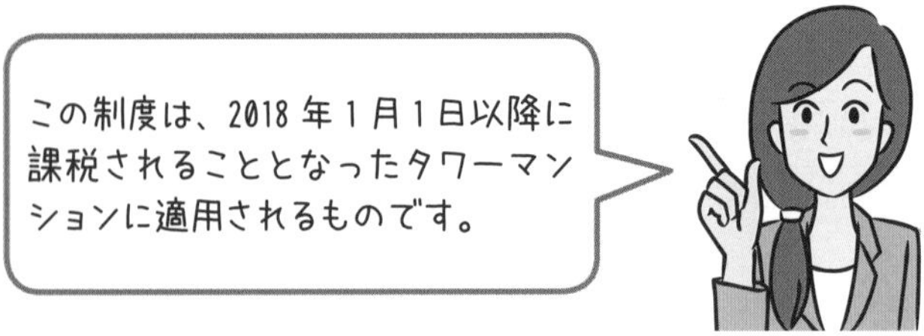

Ⅳ 不動産賃貸経営の法人化

重要度 ★★

POINT

不動産経営を個人事業で行う場合と法人化する場合のメリット・デメリットを確認します。「必ずしも法人化する必要はない」ことを理解しましょう。

1 法人化のメリット・デメリット

不動産賃貸経営を個人事業として行うのではなく、会社を立ち上げて法人化する場合については、次のようなメリットもデメリットもあります。

キーワードでCHECK! 事業を法人化することのメリット ⇒

(1) 個人法人所得分散による超過累進税率の緩和

個人事業の場合、不動産のオーナー 1 人だけの所得となるため、**超過累進税率**の適用によって、その所得が増えれば増えるほど、税率は上がってしまいます。

そこで、会社を設立し、収入を会社に移転させることで、個人であるオーナーと会社の所得を分散させ、超過累進税率の**緩和**を図ることができます。法人化のメリットです。

この他に、オーナーの家族を会社の役員とすることで、家族に役員報酬を支払うことができ、所得の分散が可能です。

(2) 給与所得控除の利用

会社の従業員として給与を受け取る場合、給与所得を計算する上で給与所得控除を受けられます。

家族を従業員とすることで、各人の所得税の計算の過程で給与所得控除を適用することができ、トータルの所得をさらに低くすることができます。法人化のメリットです。

(3) 個人所得を法人の所得とすることでの税率の軽減

不動産の賃貸経営が個人事業の場合は、個人事業主の所得に対して、所得税と住民税が課されます。これに対し、法人が行う場合には、法人税と法人住民税が課されます。

法人の国税と地方税を合わせた**実効税率**は 30.62%とされ、個人の最高税率は 55%(住民税を含み事業税を除く)となります。よって、個人での賃貸経営を法人化することで、効果的に節税できる可能性があります。

(4) 個人事業と会社経営の分岐点

計算の仕方にもよりますが、個人と法人で税額を比較した場合、一般的に、所得が 800 万円を超えると**法人**のほ

用 語

超過累進税率

所得税の税率について、所得が増加するにつれて、その増加部分に順次、高い税率を適用するという制度のこと。つまり、所得の大きい人ほど、より多くの所得税を負担することになる。

プラスα

一般的に、法人のほうが社会的な**信用性**が高いというメリットもあります。

用 語

実効税率

法人の所得金額に対して課される主要な税金である法人税・住民税(法人税割)・事業税について、税がかかる前の利益に対する実際の負担割合のこと。

実効税率が 30%という場合、法人税・住民税(法人税割)・事業税を合計した税額が、税引前利益の 30%に相当することを意味する。

事業を法人化することで、①**超過累進税率**の**緩和**、②**給与所得控除**の利用、③個人所得を法人の所得とすることによる税率軽減、というメリットがある。

うが有利とされています。

個人で不動産経営を行う場合には、収入金額と必要経費の差額が不動産所得となり、その全額が課税対象となります。これに対し、会社形態の場合には、この差額を役員報酬として支払った場合に、給与所得控除を受けることができるため、課税額を圧縮できます。

ただし、法人化を行う場合には、司法書士に払う登記費用や決算書・確定申告書について税理士へ依頼する負担、法人が支払う社会保険料の負担分について考慮に入れる必要があります。

プラスα

法人化すると従業員の社会保険の加入が**義務づけられ**、その費用がかかるデメリットもあります。個人事業の場合、常時雇用する職員数が**５人未満**であれば加入は任意です。また、法人は所得がなくても**税金**の負担があります。

このように、法人化することで確実にメリットが生まれるわけではなく、所得の多寡に応じた節税メリットと負担増を比較検討したうえで、まずは個人で物件を増やしていき、一定の所得を超えた段階から法人化していくという方向性が望ましいといえます。

よく出る!

2　不動産経営に関する４種類の会社形態

不動産賃貸の経営や管理を会社形態により行う方法として、次の４種類の形態があります。

(1) 管理受託方式

不動産管理会社を設立して、個人オーナーが所有する物件の管理を行い、個人オーナーは管理料を不動産管理会社に支払う方法です。管理料を**必要経費**とすることで所得の分散を図ることができます。

プラスα

不動産管理料の設定方法は、他の管理会社に管理業務を依頼した場合の費用が目安になります。賃料の５～8%程度の管理料で業務を請け負う場合が多いです。

(2) サブリース方式（一括転貸）

不動産管理会社を設立して、そこに個人オーナーが所有物件を低額で貸し付け、さらに不動産管理会社が市場価格で第三者に貸し付けることで、その差額を会社の収入とす

キーワードでCHECK!　事業を法人化するメリットは確実にあるか？　⇒

る方法です。

空室リスクを管理業者が負担しない管理受託方式と比べて、空室リスクを管理業者が負担するサブリース方式の場合では、賃料に対する管理料の比率が**高く**なるため、管理料は賃料の 10 ～ 15%が適当と言われています。

なお、上記の管理受託方式やサブリース方式の場合において、個人オーナーが管理会社に支払った管理料が著しく高い場合、その高額の部分について、税務署長の判断により、必要経費への計上が**否認**される場合があります。

例えば、実際の業務内容を第三者へ依頼した場合と比べて、不相当に高額である場合などに否認されます。

(3) 建物所有会社の利用

個人オーナーが所有する土地に、不動産管理会社が建物を建てて維持管理を行う方法です。

個人オーナーから会社に土地を貸す場合には、会社は個人に対して、権利金を支払うか、相当の地代を支払わなければなりません。

この「相当の地代」の金額によっては、会社にとって負担が大きくなる場合もあるため、「土地の無償返還届出書」を税務署長に提出することで、通常の地代の支払いだけで済むようにすることが考えられます。

プラスα

相当の地代は、原則として、その土地の更地価額の 6%程度の金額のことをいいます。なお、通常の地代とは、一般的な借地人と土地所有者間の地代の相場目安で、固定資産税額の 3 倍程度の金額とされます。

(4) 土地建物所有会社の利用

不動産管理会社が建物に加えて、土地も所有する方法です。個人所有の土地建物を会社に移転すると、その土地建物の譲渡所得が生じることになるため、譲渡所得税を支払う必要があります。

事業を法人化することで、確実にメリットが生まれる**わけではない**。個人と法人で税額を比較した場合、一般に所得が 800 万円を超えると**法人**が有利とされる。

一問一答で確認しよう！

□□□**問1**　所得金額の計算上、購入代金が10万円未満の少額の減価償却資産については、全額をその業務の用に供した年分の必要経費とする。

□□□**問2**　印紙税は、業務上の契約書等や領収書に貼付した場合でも、所得計算上の必要経費にならない。

□□□**問3**　住宅の減価償却においては、定額法による方法のみが認められており、定率法によることはできない。

□□□**問4**　給与所得を有するサラリーマンは、年末調整により納税額が確定するので、不動産所得が生じている場合でも、原則として、確定申告による計算・納付をする必要はない。

□□□**問5**　固定資産税は、毎年12月31日現在の土地・建物の所有者に対して課される地方税である。

正解と解説

1 ○　所得金額の計算上、購入代金が**10万円未満**の少額の減価償却資産については、例外的に、**全額**をその業務の用に供した年分の必要経費とする。

2 ×　収入印紙を業務上の契約書等や領収書に貼付した場合には、その印紙税は、所得計算上の必要経費と**なる**。

3 ○　**建物**と**2016年4月1日以後**に取得した建物付属設備や構築物については、定額法のみの方法が認められている。

4 ×　給与所得を有するサラリーマンであっても、不動産所得が生じている場合には、原則として、確定申告をしてその税額を計算し、納付**しなければならない**。なお、厳密には「20万円を超える」不動産所得が生じた場合に必要となるものだが、試験対策上は「不動産所得があれば原則**必要**」と考えていてよい。

5 ×　固定資産税は、毎年**1月1日**現在の土地・建物の所有者に対して課される**地方**税（市町村税）である。12月31日現在では**ない**。

過去問を確認しよう！

□□□**問題**　不動産賃貸経営に関する次の記述のうち、最も不適切なものはどれか。（平成 29 年度第 36 問）

1　個人貸主においては、超過累進税率の適用により所得が増えれば税率も上がるが、資産管理会社を設立し、収入を会社に移転させることにより、個人の所得が分散し、結果として税率の緩和を図ることができる。

2　不動産賃貸経営を法人化すれば、個人の所得に対して課される所得税の税率は、法人に課される法人税の税率より高いため、所得の多寡を問わず、確実にメリットがあるといえる。

3　不動産所有者が自ら設立した資産管理会社に対して支払った管理料が不相当に高額である場合には、税務調査により、管理料の一部につき、必要経費計上が否認されることがある。

4　一般的に、空室リスクを管理業者が負担するサブリース方式による場合の管理料は、空室リスクを管理業者が負担しない管理受託方式による場合の管理料と比べ、賃料に対する比率が高い。

正解　2

1 ○　「累進課税」とは、所得の多寡によって、税率を変える課税方式のことをいい、所得が増えれば増えるほど、**高い**税率が適用され、たくさん税金が課されるシステムのことである。「累進課税」は「単純累進税率」と「超過累進税率」の 2 つに分かれ、日本で採用される「超過累進税率」は、所得が一定額以上になったとき、「超過分」にのみ**高い**税率を適用する。この「超過累進税率」の適用により、所得が増えれば税率も**上がる**。そこで、資産管理会社を設立し、個人の収入を会社の収入とすることで、個人の所得が**分散**できるため、**高い**税率が適用される部分が**減り**、税率の緩和を図ることが**できる**。

2 ×　不動産賃貸経営の法人化をすれば、所得の多寡を問わず、確実にメリットがある**とは限らない**。個人と法人で税額を比較した場合、一般に所得が 800 万円を超えると**法人**が有利とされる。

3 ○　不動産所有者が自ら資産管理会社を設立し、その会社に管理料を支払うことで、必要経費に計上するといった税金対策が行われることがあるが、その管理料が不相当に高額である場合、税務調査によって、管理料の一部について、必要経費への計上を**否認**されることがある。

4 ○　一般的に、空室リスクを管理業者が負担するサブリース方式による場合の管理料は、その負担（家賃保証に係る費用）分だけ管理料が**高く**なり、賃料に対する比率も**高く**なる。

予想問題にチャレンジ！

問題 個人の賃貸不動産経営に関する次の記述のうち、最も不適切なものはどれか。

1 入居者の滞納による未収賃料については、貸主は収入金額に含めなければならない。

2 住民税は、不動産所得の計算上、必要経費に含めることができない。

3 不動産所得の損失額のうち賃貸建物を取得するための借入金利息がある場合、その損失を他の所得と損益通算することができる。

4 個人事業で従業員に給料を支払っている場合、健康保険や厚生年金の社会保険に強制加入しなければならない。

解答	

正解	4

1 ○　不動産所得の計算上、未収入金額も、収入金額に**含めて計上**することとなっている。
2 ○　事業税は必要経費として**認められる**が、所得税や住民税は、必要経費として**認められない**。
3 ○　不動産所得の損失額のうち賃貸建物を取得するための借入金利息がある場合、その損失を他の所得と損益通算することが**できる**。
4 ×　個人事業で従業員に給料を支払っている場合、常時雇用している職員数が**5人未満**であれば、社会保険への加入は**任意**であり、強制加入しなければ**ならないわけではない**。なお、不動産賃貸経営を法人化した場合、たとえ職員が１人であっても社会保険への加入が義務づけられる。

第4節　賃貸不動産経営と相続

学習日 ／

頻出度 B

相続法に関しては、2020 年４月１日より新しい権利である配偶者居住権等の規定が施行されています。今後の出題可能性があるので、本書の内容を押さえておきましょう。

Ⅰ 相続、相続人など

重要度 ★★

POINT

この分野では、相続の概要と法定相続人・相続分について押さえておきましょう。他のテーマの前提知識として必要となる場合もあります。

1　相続と相続人、相続分

（1）相続とは

相続とは、個人が死亡した場合、その人が持っていた財産上の権利義務をその**配偶者**や子などの相続人に、包括的に承継・移転させる制度です。

相続における「被相続人」とは、亡くなった人のことをいい、「相続人」とは、被相続人の財産を承継する人、つまり配偶者や子など、相続権を有する残された人のことをいいます。

用語

配偶者

配偶者とは、婚姻（結婚）した相手方のこと。自分が夫ならば、その配偶者は妻、自分が妻ならば、その配偶者は夫になる。

（2）法定相続人とその相続順位

法定相続人とは、民法で定められた相続の対象となる人のことで、次ページの順序で、法定相続人は決まります。

注意点として、**配偶者**以外の相続人については、自分より先順位の相続人がいる場合、相続人とは**なりません**。

なお、相続の放棄をした人や、相続の欠格事由に該当する人は、相続人から除かれます。

プラスα

遺言により、相続人を指定することもできます。そのような指定がない場合、民法の規定に基づき、法定相続人が決まります。

◆法定相続人の範囲

・配偶者は、**常に相続人**となる（民法 890 条）。

⬇

そのうえで「配偶者と○○」という形で、
以下の順位が高い者から相続人となる。

⬇

第 1 順位：被相続人の**子**（同法 887 条 1 項）。

➡もし**子**が先に死亡していて、**孫**がいる場合、**子**に代わって**孫**が相続する（**代襲相続**、同条 2 項）。

第 2 順位：被相続人の**直系尊属**（同法 889 条 1 項 1 号）。

➡**直系尊属**は、第 1 順位の相続人が**いない**場合に、はじめて相続人となる。

第 3 順位：**兄弟姉妹**（同項 2 号）。

➡**兄弟姉妹**は、上記第 1 ～第 2 順位の相続人がいない場合に、はじめて相続人となる。

まず、被相続人に配偶者がいる場合、その配偶者は**常に相続人**となります。

そして、配偶者と第 1 順位以降の相続人がいる場合、配偶者とその順位の高い者がともに相続人となります。

逆に配偶者がいない場合、第 1 順位以降の順位の高い者が、**単独**で相続人になります。第 1 順位の者と第 2 順位以降の者が「ともに」相続人となるわけでは**ありません**。

（3）相続分

法定相続人（誰が相続人となるのか）が決まったとして、次に各相続人が相続する財産の割合が問題となります。それぞれの相続人が相続する財産の分配の話です。

これを法定相続分といいます。法定相続分は民法に規定されており、次のようになります。

用 語

代襲相続（だいしゅうそうぞく）

被相続人が死亡して相続が開始する以前に、相続する予定だった者が死亡した場合に、その者に、子や孫がいるときに、その子や孫が死亡した者の相続分を「代わりに」相続する制度。

直系尊属（ちょっけいそんぞく）

「直系」とは、父母や祖父母、子、孫、のように、自分から見て直通する系統の親族のこと。そして、「尊属」とは、自分より先の世代に属する血族のこと。

プラスα

配偶者がいる場合は、配偶者は常に相続人となることを前提に、この配偶者に「加えて」、最も順位の高い者が「配偶者とともに」相続人となります。

◆**法定相続分**

①配偶者と子が相続人の場合（民法 900 条 1 号）。
➡ともに **2 分の 1** ずつ。
②配偶者と直系尊属が相続人の場合（同条 2 号）。
➡配偶者は **3 分の 2**、直系尊属が **3 分の 1**。
③配偶者と兄弟姉妹が相続人の場合（同条 3 号）。
➡配偶者は **4 分の 3**、兄弟姉妹が **4 分の 1**。

なお、子が複数いる場合、その法定相続分は**均等**に**按分**します。兄弟姉妹が複数いる場合も同じです。ただし、兄弟姉妹について、父母のいずれか一方を同じくする兄弟姉妹（半血兄弟姉妹）の相続分は、父母の双方を同じくする兄弟姉妹の相続分の **2 分の 1** となります（同条 4 号）。

プラスα

相続分には「指定相続分」と「法定相続分」の 2 つがあります。「指定相続分」は、被相続人が、遺言によって相続分を指定するものです。

この指定がない場合、民法で定められている「法定相続分」の割合に従って、具体的な相続分が決まります。

2　賃貸不動産の財産評価について

相続の話に限ったことではありませんが、例えば、被相続人が有していた不動産（土地建物）の相続が発生した場合、その不動産の財産的価値がどのように評価されるか、つまり、具体的にどのような価額となるかという点は、各相続人の相続分や相続税の額に影響を与えるため、非常に重要です。

（1）土地建物の評価額

土地の評価額は、通常は**路線価額**となります。路線価額は**国税庁**が決定し、**毎年 1 月 1 日**時点の価格が公表されます。路線価額の定められていない地域では、固定資産税評価額に一定の税率をかけて求めます。土地の評価額は、公示価格のおおむね **8 割**の水準になるよう設定されています。

建物の評価額は、固定資産税評価額と同額とされ、建築価格の **5 ～ 7 割**前後となっています。

用語

路線価（額）

市街地的形態を形成する地域の路線（不特定多数が通行する道路）に面する**宅地**の 1m² 当たりの評価額のこと。課税価格を計算する基準となり、**相続**税や**贈与**税のもととなる「相続税路線価」と**固定資産**税や**不動産取得**税などのもととなる「固定資産税路線価」がある。

配偶者がいる場合、配偶者は**常に相続人**となり、そのうえで「配偶者とともに」①被相続人の子、②被相続人の**直系尊属**、③**兄弟姉妹**の順に相続人となる。

(2) 貸家建付地

更地のことを税務上「自用地」といいます。この自用地に賃貸住宅や貸しビルを建設した場合、更地の場合と比べて土地の相続税評価額が**下がります**。

このように賃貸住宅等を建てた自用地のことを**貸家建付地**といいます。

よく出る!

プラスα

土地は、更地のほうが評価額が高いということです。よって、更地の上に賃貸用の建物を建てることで、相続税の節税につながります。

(3) 貸家の評価額

貸家については、30%の評価減が設けられています。建物の相続税の評価額は固定資産税評価額であり、建築代金の5～7割で評価されています。それに加えて、貸家の評価減を加味するため、結果として貸家の相続税評価額は一般的に建築代金の約40～50%程度となります。

(4) 小規模宅地等の評価減

被相続人の貸付事業用宅地等については、「小規模宅地等の評価減の特例」によって、土地の評価を50%減額することができます。

ただし、この特例は、相続開始前**3年以内**に貸付けを開始した不動産については除外されます。また、適用対象となる敷地面積は、200m^{2}までの部分です。

よく出る!

さらに、相続した親族について、次のいずれかの要件を満たす必要があります。

◆貸付事業用宅地等に係る小規模宅地等の特例の要件
（相続した親族に関するもの）

①その親族が、その宅地等に係る被相続人の貸付事業を引き継ぎ、申告期限まで引き続きその宅地等を保有して貸付事業を営んでいること。

②その親族が、被相続人と生計を一にしていた者であっ

キーワードでCHECK! 相続時精算課税制度 ⇒

て、相続開始前から申告期限まで引き続きその宅地等を保有して自己の貸付事業の用に供していること。

3　贈与税について

(1) 贈与税の意義

贈与税は、個人から財産をもらったときにかかる税金です。法人から財産をもらったときには、贈与税は**かかりません**が、**所得税**がかかります。

また、自分が保険料を負担**していない**生命保険金を受け取った場合や、**債務の免除**を受けた場合なども、贈与を受けたとみなされて、贈与税がかかります。

(2) 贈与税の計算方法

贈与税は、1月1日から12月31日までの1年間（暦年）にもらった財産の合計額から、基礎控除額の**110万円**を差し引いた残りの額に対してかかります。

これを暦年課税といいます。したがって、1年間にもらった財産の合計額が**110万円**以下であれば、贈与税はかからないこととなり、贈与税の申告は**不要**となります。

(3) 相続時精算課税制度

贈与においては、上記の**110万円**の控除（暦年控除）のほかに、「相続時精算課税」という制度もあります。

この相続時精算課税は、原則として、60歳以上の親又は祖父母が、18歳以上の子又は孫に財産を贈与した場合、暦年課税に代えて、贈与財産のうち**2,500万円**を**超えた**部分について、**20%**の税率による贈与税が課税されるという制度です。受贈者（子）は、暦年課税とするか、相続時精算課税とするかを選択することができます。

そして、生前贈与で相続時精算課税を受贈者（子）が選

プラスα

相続時精算課税についても、令和6年1月1日以後の贈与からは、年110万円が控除されます。なお、相続時精算課税を選択した場合、その後、同じ贈与者からの贈与について暦年課税へ変更することはできません。

原則として、60歳以上の親や祖父母が、18歳以上の子や孫に財産を贈与した場合、暦年課税に代えて、**2,500万円超**の部分について税率**20%**で贈与税を支払う制度。

択した場合には、贈与者（親）の死亡による**相続時**に、当該贈与財産を相続財産に**加算**して、相続税を計算することになります。

Ⅱ 相続資格の喪失と相続の承認など

重要度 ★★

POINT

相続資格の喪失、相続の承認については過去に出題はありませんが、今後の出題可能性は高いです。特に欠格事由と廃除の相違は押さえておきましょう。

1　相続の欠格事由

相続の欠格事由は、法律上**当然**に相続人になることができない事由を定めるものです。次のものが相続の欠格事由とされます（民法 891 条）。

◆相続の欠格事由

①**故意**に被相続人又は相続について先順位若しくは同順位にある者を**死亡**するに至らせ、又は至らせようとしたために、刑に**処せられた**者
②被相続人の殺害されたことを知って、これを告発せず、又は告訴しなかった者。ただし、その者に是非の弁別がないとき、又は殺害者が自己の配偶者若しくは直系血族であったときは、この限りでない。
③**詐欺**又は**強迫**によって、被相続人が相続に関する**遺言**をし、**撤回**し、**取り消し**又は**変更**することを**妨げた**者
④**詐欺**又は**強迫**によって、被相続人に相続に関する**遺言**をさせ、**撤回**させ、**取り消させ**、又は**変更**させた者
⑤相続に関する被相続人の遺言書を**偽造**し、**変造**し、**破棄**し、又は隠匿した者

プラスα

左の①について、「刑に**処せられた**」ことが必要となるので、殺人罪の容疑があり裁判中の者などは該当**しません**。

用語

隠匿（いんとく）
人目に触れないように隠しておくこと。

キーワードでCHECK!　相続人の廃除を請求できる場合 ⇒

2　相続人（推定相続人）の廃除

兄弟姉妹**以外**の相続人には、法律上必ず留保されなければならない遺産の一定割合があります。これを遺留分といいますが、この遺留分を有する推定相続人が、被相続人に対して**虐待**をしたり、**重大な侮辱《ぶじょく》**を加えた場合、又は推定相続人にその他の**著しい非行**があったとき、被相続人は、その推定相続人の廃除を**家庭**裁判所に**請求**することができ（民法 892 条）、廃除が確定すると相続人となる権利がなくなります。先ほどの欠格事由があれば、当然に推定相続人は相続の資格を失いますが、廃除については、被相続人の**家庭**裁判所への**請求**が必要となります。

プラスα

遺留分の保障を受けることができる者を遺留分権利者といいます。遺留分権利者は、法定相続人のうち**配偶者**、子・孫などの**直系卑属**、父母等の**直系尊属**に限られ、**兄弟姉妹**は、除外されています。

3　単純承認と限定承認

単純承認とは、被相続人の権利と義務を**無制限**に承継することを承認するものです。例えば、被相続人が多額の債務を負っていたとしても、相続人が単純承認を行うと、相続人はその債務も含めて、すべての相続財産を承継することとなります。また、次の場合、相続人は単純承認したものとみなされます（民法 921 条、法定単純承認）。

◆単純承認したものとみなされる事項

①相続人が相続財産の**全部**又は**一部**を**処分**したとき。ただし、**保存行為**及び 602 条に定める期間を超えない賃貸をすることは、この限りでない。
②相続人が 915 条 1 項の期間（**3 か月**）内に、限定承認又は相続の放棄をしなかったとき。
③相続人が、限定承認又は相続の放棄をした後でも、相続財産の全部若しくは一部を**隠匿**し、私にこれを**消費**し、又は悪意でこれを相続財産の目録中に記載しな

プラスα

この 3 か月の期間を熟慮期間といいます。

遺留分を有する推定相続人が、被相続人に対して、①**虐待**、②**重大な侮辱**を加えた、又は、③推定相続人にその他の**著しい非行**があった場合。

かったとき。ただし、その相続人が相続の放棄をしたことによって相続人となった者が相続の承認をした後は、この限りでない。

他方、相続人は、相続によって得た（プラス）**財産の限度**で、被相続人の債務の負担を受け継ぐことができます。これを限定承認といいます。この限定承認は、相続人が数人あるとき、共同相続人が**全員**で**共同**してのみ、これを行うことができます。逆に言えば、共同相続人の一部の者が単独で、限定承認を行うことは**できません**。

また、相続人が限定承認をする場合、自己のために相続の開始があったことを**知った**時から**3か月以内**に、相続人は相続財産の目録を作成して**家庭**裁判所に提出し、限定承認をする旨を**申述**しなければなりません。

プラスα

被相続人に1,000万円の債務（消極財産）と、500万円の積極財産がある場合、500万円の積極財産の範囲でのみ、消極財産も相続するという相続方法です。

用語

申述（しんじゅつ）
書面や口頭で申し述べること。限定承認については、申述書等の書面を用いて行うこととなる。

4　相続の放棄

何らかの理由で、被相続人の財産を相続することをよしとしない場合もあります。このような場合、相続人は相続の放棄をすることができます。

相続の放棄をする者は、その旨を**家庭**裁判所に**申述**しなければなりません。そして、相続の放棄をした者は、その相続に関しては、**はじめから**相続人と**ならなかった**ものとみなされます（民法939条）。

5　承認・放棄を行う期間

相続人となった者は、自己のために相続の開始があったことを**知った**時から**3か月以内**に、その相続について、単純承認、限定承認、又は放棄を行わなければなりません。

相続の承認と放棄は、一度行ってしまうと、たとえ期間内であったとしても**撤回**することは**できません**。

キーワードでCHECK!　配偶者居住権は登記できるか？　⇒

Ⅲ 配偶者居住権など

重要度 ★★

POINT

配偶者居住権等は、2020年4月1日に施行された改正民法で新設された権利です。重要な権利なので出題可能性は十分にあります。

1　配偶者居住権

被相続人の配偶者は、相続開始の時に、被相続人の財産に属した建物に居住していた場合において、遺産分割や遺贈によって設定されていれば、その居住建物を**無償**で使用収益できます（民法1028条1項）。この権利を配偶者居住権といい、当該建物を他の相続人に相続されてしまっても、原則として、**終身**の間、その建物に住み続けることができます。その配偶者が死亡した場合、配偶者居住権は当然に**消滅**します。

なお、配偶者居住権は**登記**することができ（不動産登記法3条9号）、対抗要件は**登記**です。

2　配偶者短期居住権

被相続人の配偶者は、相続開始の時に、被相続人の財産に属した建物に無償で居住していた場合、当該建物の所有権を相続等で取得した者に対し、その居住建物を**一定**の間、無償で使用する権利を有します（民法1037条1項）。この権利を配偶者短期居住権といい、当該建物を他の相続人に相続されてしまっても、**一定**の間、その建物に住み続けることができます。

なお、配偶者「短期」居住権に第三者対抗要件は**認められていない**ため、当該建物を取得者が譲渡した場合には、その第三者に配偶者短期居住権を主張**できません**。

プラスα

被相続人が当該建物を配偶者以外の者と共有していた場合、配偶者居住権は**成立しません**（民法1028条1項ただし書）。

また、ここでいう「配偶者」とは、法律上の配偶者を意味し、内縁の配偶者は**含まれません**。

「配偶者居住権」は登記が**できる**（不動産登記法3条9号）。他方、「配偶者短期居住権」については、登記が**できない**ので注意しておくこと。

Ⅳ 遺産分割と遺言など

重要度 ★★

POINT

遺産分割と遺言がそれぞれどのようなものか、また、この２つの関係を押さえておきましょう。自筆証書遺言は、2019年１月施行の改正点も押さえましょう。

1　遺産分割

遺産分割とは、複数の相続人がいる場合、誰がどの財産を受け継ぐのかを決める手続であり、相続財産を分配する手続です。共同相続人は、被相続人が**遺言**で遺産分割を**禁じた**場合または共同相続人間で遺産分割をしない旨の契約をした場合を除いて、**いつでも協議**によって、遺産分割をすることができます（民法907条１項）。

また、被相続人は、**遺言**によって、遺産分割の方法を定め、若しくはこれを定めることを第三者に委託し、又は相続開始の時から**5年**を超えない期間を定めて、遺産の分割を**禁ずる**ことができます（同法908条１項）。

プラスα

遺産分割の協議がうまくいかない場合、又は協議できないときは、各共同相続人は、遺産分割を家庭裁判所に請求することもできます（民法907条２項）。

2　遺言

被相続人が法律の規定と異なる形で相続を行わせたいと考える場合、被相続人は遺言を行うことで、各相続人の法定相続分と異なる相続分の指定等ができます（民法960条以下）。遺言がある場合、当事者意思を尊重すべく、まずは遺言の内容が優先されます。

ただし、遺言があったとしても、その遺言が法律に定める方式に従ったものでなければ、**無効**となります。遺言が効力を発生するのは被相続人が死亡した後であり、本人の意思を確認することができないためです。

遺言の方式には、普通方式と遺言者が特殊な状況下にある場合の特別方式に大きく分けることができます。

プラスα

どのような内容でも遺言で決められるわけではなく、民法では遺言できる事項（法定遺言事項）が規定されています。例えば、子の認知（同法781条２項）や５年以内の遺産分割の禁止（同法908条１項）などです。

キーワードでCHECK!　遺言の撤回　⇒

◆遺言の種類

- 普通方式（原則）
  - **自筆**証書遺言…全文を、原則として、自ら自書するもの。
  - **公正**証書遺言…公証人が作成するもの。
  - **秘密**証書遺言…公証人・証人が証書を確認するもの。
- 特別方式（例外）
  - 危急時遺言（臨終遺言）
    - 一般危急時遺言
    - 遭難船舶危急時遺言
  - 隔絶地遺言
    - 伝染病隔絶地遺言
    - 船舶隔絶地遺言

遺言は、満**15歳**に達した者（民法961条）であればできます。また、成年被後見人であっても、事理弁識能力を一時的に回復していれば、**2人以上の医師の立会い**を受けることを条件に遺言書を作成できます（同法973条）。

遺言は、被相続人の生前の意思の尊重に趣旨がありますが、この趣旨から、遺言者は生存中、いかなる理由であっても、遺言を**自由**に**撤回**できます（同法1022条）。

そしてこの点から、遺言は**2人以上**の者が**同一証書**で行うことは禁止されています（同法975条）。作成後に各自が自由に撤回しづらくなるからです。

なお、遺言書の偽造や変造を防止するための検認という制度があり、相続人が被相続人の死亡後に遺言書を発見した場合、これを家庭裁判所に提出して、検認を受けなければなりません。ただし、検認手続を怠ったとしても、遺言は無効に**なりません**。

プラスα

自筆証書遺言は、2019年1月13日施行の改正民法により、資料として添付する場合の**財産目録**の自書が不要（コピーやパソコンでの作成可能）となりました。**財産目録**は、必ずしも必要な書類ではありませんが、一般的に相続財産内容の把握のため添付する資料です。

プラスα

被保佐人と被補助人は、常に単独で遺言書が作成できます（民法962条）。

プラスα

検認手続を怠った者は、過料の制裁に処せられる可能性があります。

> 遺言者はその生存中であれば、**いつでも**、遺言の方式に従って、その遺言の全部又は一部を**自由**に撤回することができる（民法1022条）。

一問一答で確認しよう！

□□□**問 1**　過失に基づく交通事故により、被相続人を死亡するに至らせ、刑に処せられた者は、相続の欠格事由に該当し、相続人となることができない。

□□□**問 2**　遺留分権利者は、法定相続人のうち、被相続人の配偶者、子・孫などの直系卑属と父母等の直系尊属、兄弟姉妹に限られている。

□□□**問 3**　遺留分を有する推定相続人が、被相続人に対して虐待を行った場合、相続の欠格事由に該当し、法律上当然にその者は相続人とはならない。

□□□**問 4**　遺言は、未成年者であっても満 18 歳に達すれば行うことができる。

□□□**問 5**　相続人が相続財産の一部を処分した場合、常に相続の単純承認をしたものとみなされる。

正解と解説

1 ×　**故意**に、被相続人又は相続について先順位若しくは同順位にある者を**死亡**するに至らせ、又は至らせようとしたために、**刑に処せられた**者は相続の欠格事由に該当するが、過失に基づく場合は、欠格事由と**されていない**。

2 ×　被相続人の**兄弟姉妹**は、遺留分権利者とされていない。遺留分権利者は、法定相続人のうち、被相続人の**配偶者**、子・孫などの**直系卑属**、父母等の**直系尊属**に限られている。

3 ×　遺留分を有する推定相続人が、被相続人に対して虐待をしたり、重大な侮辱を加えた場合、又は推定相続人にその他の著しい非行があったとき、被相続人は、その推定相続人の**廃除**を家庭裁判所に**請求**することができる。欠格事由には該当**しない**ため、その者は法律上当然に相続人とならない**わけではない**。

4 ×　遺言は、満 **15 歳**に達した者であれば、行うことができる（民法 961 条）。

5 ×　相続人が相続財産の**全部**又は**一部**を処分したとき、その相続人は単純承認をしたものと**みなされる**が、その処分が相続財産の**保存行為**であった場合などは、単純承認したものと**みなされない**。

過去問を確認しよう！

□□□**問題**　相続税に関する次の記述のうち、誤っているものはどれか。

（平成 30 年度第 36 問）

1　所有地に賃貸住宅や賃貸ビルを建設すると、相続税の評価額の計算上、その土地は、貸家建付地となり、更地のときと比べて相続税の評価額が下がる。

2　生前贈与について相続時精算課税制度を選択した受贈者（子）については、贈与者（親）の死亡による相続時に、この制度により贈与を受けた財産を相続財産に加算をして相続税の計算を行う。

3　法定相続人が配偶者と兄弟姉妹の場合の法定相続分は、配偶者 4 分の 3、兄弟姉妹 4 分の 1（複数の場合は人数按分）となる。

4　小規模宅地等についての相続税の課税価格の計算の特例により、被相続人の貸付事業用宅地等については、240m^2 までの部分について 80%減額することができる。

正解　4

1 ○　所有地に賃貸住宅や賃貸ビルを建設した場合は、相続税の評価額の計算上、その土地は**貸家建付地**となり、更地のときと比べて、相続税評価額が**下がる**。

2 ○　贈与においては、**相続時精算課税**という制度が存在する。生前贈与に関して、この制度を選択した受贈者（子）については、贈与者（親）の死亡による**相続時**に、贈与を受けた財産を相続財産に**加算**して、相続税の計算を行うこととなる。

3 ○　法定相続人が配偶者と兄弟姉妹の場合の法定相続分は、配偶者が **4 分の 3**、兄弟姉妹が **4 分の 1**（複数存在する場合は、人数按分）となる（民法 900 条 3 号）。

4 ×　小規模宅地等の評価減の特例により、被相続人の貸付事業用宅地等については、**200m^2 まで**の部分について、**50%**減額することができる。

予想問題にチャレンジ！

問題　相続に関する次の記述のうち、最も不適切なものはどれか。

1　被相続人Aには、配偶者Bと、AB間に生まれた子Cがいる。この場合、被相続人Aの相続財産についてB及びCの法定相続分は、ともに2分の1ずつである。

2　被相続人Aには、配偶者Bと、AB間に生まれた子Cがいる。この場合、B及びCが限定承認を行うという意思が一致するときに限って、相続に対する限定承認を行うことができる。

3　被相続人Aには、配偶者Bと、AB間に生まれた子Cがいる。Bが相続を放棄した場合、Cは相続の放棄をすることができなくなる。

4　被相続人Aには、配偶者Bと、AB間に生まれた子Cのほか、Aの父DとAの姉Eがいる。Aが死亡した場合、遺留分権利者となりうるのはB及びCである。

解答	

正解	3

1〇　配偶者と子が相続人となる場合、その法定相続分はともに**2分の1ずつ**となる（民法900条1号）。

2〇　共同相続人がいる場合、限定承認については、共同相続人**全員**が**共同**してのみ行うことができる。

3×　相続の放棄は、共同相続人がいた場合でも、各相続人が**各自単独**で行うことができる。したがって、共同相続人である配偶者Bが相続の放棄を行ったとしても、その後、子Cは相続の放棄を行うことが**できる**。

4〇　遺留分権利者は、法定相続人のうち**配偶者**、子・孫などの**直系卑属**、父母等の**直系尊属**に限られ、**兄弟姉妹**は、遺留分権利者から除外される。また、被相続人に配偶者と子がいる場合、**直系尊属**は法定相続人とはならず、遺留分はない。したがって、本肢について遺留分権利者となりうるのは、被相続人Aの**配偶者**であるB、及びAの**直系卑属**であるCである。

さくいん

す

せ

そ

た

ち

本書に関する正誤等の最新情報は、下記のアドレスでご確認ください。
http://www.s-henshu.info/cfktm2403/

上記掲載以外の箇所で正誤についてお気づきの場合は、**書名・発行日・質問事項（該当ページ・行数・問題番号**などと**誤りだと思う理由）・氏名・連絡先**を明記のうえ、お問い合わせください。

・web からのお問い合わせ：上記アドレス内【正誤情報】へ
・郵便または FAX でのお問い合わせ：下記住所または FAX 番号へ
※電話でのお問い合わせはお受けできません。

［宛先］コンデックス情報研究所
『1回で合格！ 賃貸不動産経営管理士 テキスト＆問題集 '24年版』係
住　所：〒359-0042　所沢市並木3-1-9
FAX 番号：04-2995-4362（10:00～17:00　土日祝日を除く）

※本書の正誤以外に関するご質問にはお答えいたしかねます。また、受験指導などは行っておりません。
※ご質問の受付期限は、2024年11月の試験日の10日前必着といたします。
※回答日時の指定はできません。また、ご質問の内容によっては回答まで10日前後お時間をいただく場合があります。
あらかじめご了承ください。

編著：コンデックス情報研究所
平成２年６月設立。法律・福祉・技術・教育分野において、書籍の企画・執筆・編集、大学および通信教育機関との共同教材開発を行っている研究者・実務家・編集者のグループ。

イラスト：ひらのんさ
企画・編集　成美堂出版編集部

1回で合格! 賃貸不動産経営管理士 テキスト&問題集 '24年版

2024年５月20日発行

編　著　コンデックス情《じょう》報《ほう》研《けん》究《きゅう》所《しょ》

発行者　深見公子

発行所　成美堂出版
〒162-8445　東京都新宿区新小川町1-7
電話(03)5206-8151　FAX(03)5206-8159

印　刷　広研印刷株式会社

ISBN978-4-415-23835-7